Carolin Philipps
Anna Amalia von Weimar

Zu diesem Buch

Die heute als Mäzenin und Intellektuelle verehrte Anna Amalia von
Sachsen-Weimar-Eisenach war eine empfindsame Frau, die unter
den Erwartungen ihrer einflussreichen Familie litt. Sechzehnjährig
mit Herzog Ernst August verheiratet, schien es erst, als nehme ihr
Leben einen ähnlichen Lauf wie das vieler junger Adeliger. Doch der
frühe Tod ihres Mannes machte die kaum zwanzigjährige Mutter
zweier Söhne nicht nur zur frühen Witwe, sondern vor allem zur
Regentin der Herzogtümer Weimar und Eisenach. Carolin Philipps
beschreibt die einzigartige Emanzipationsgeschichte einer jungen
Frau, die Dichter wie Wieland, Herder, Goethe und Schiller nach
Weimar holte und somit ein eher unbedeutendes, kleines Fürstentum weltbekannt machte.

Carolin Philipps, geboren 1954, studierte Englisch und Geschichte in
Hannover und Bonn. Heute lebt sie als freie Autorin in Hamburg
und hat sich auf historische Biografien starker Frauen spezialisiert.
Zuletzt erschienen von ihr die erfolgreichen Bücher » Therese von
Bayern «, » Friederike von Preußen « und » Luise. Die Königin und
ihre Geschwister «.

Carolin Philipps

Anna Amalia von Weimar

*Regentin, Künstlerin
und Freundin Goethes*

Mehr über unsere Autorinnen, Autoren und Bücher:
www.piper.de

Von Carolin Philipps liegen im Piper Verlag vor:
Friederike von Preußen
Die Dunkelgräfin
Therese von Bayern
Anna Amalia von Weimar
Luise
Königin Caroline Mathilde von Dänemark
Therese von Thurn und Taxis

Originalausgabe
ISBN 978-3-492-31055-0
1. Auflage Mai 2019
3. Auflage September 2023
© Piper Verlag GmbH, München 2019
Umschlaggestaltung: Büro Jorge Schmidt, München
Umschlagabbildung: Wikimedia
Satz: Eberl & Koesel Studio, Kempten
Gesetzt aus der Arno Pro
Gedruckt von ScandBook in Litauen
Printed in the EU

Inhalt

Prolog

» Ja, was man so erkennen heißt!
Wer darf das Kind beim rechten Namen nennen?
Die wenigen, die was davon erkannt,
Die thöricht g'nug ihr volles Herz nicht wahrten,
Dem Pöbel ihr Gefühl, ihr Schauen offenbarten
Hat man von je gekreuzigt und verbrannt. «[1]   Goethe, Faust

Historische Wahrheit tut manchmal weh, weil man sich von lieb gewonnenen Vorstellungen trennen muss. Wer den Namen Anna Amalia von Sachsen-Weimar hört, dem fallen in der Regel spontan Worte wie Anna-Amalia-Bibliothek, Musenhof, Geniezeit und die Namen Goethe, Schiller, Wieland, Herder und Charlotte von Stein ein. Anna Amalias Leben wird fokussiert auf die Jahre ab Ende 1775, als Goethe nach Weimar kam und weitere »schöne Geister« nach sich zog.

Die Legendenbildung von Anna Amalia als Begründerin und Leitstern eines Musenhofes begann schon zu ihren Lebzeiten. Und wenn man sich die Nekrologe nach ihrem Tod ansieht, dann webten zahlreiche Dichter und Historiker weiter an Teppichen mit unterschiedlichen Farben, aber dem immer gleichen Muster: Das Leben Anna Amalias sollte nicht nur als Vorbild in puncto Pflichterfüllung dienen, ihr Name sollte den Ruhm Weimars als Sitz der Musen, als neues Athen auch für kommende Jahrhunderte verkünden. Die Person Anna Amalias mit all ihren menschlichen Stärken und Schwächen, ihrer Lebenslust und ihrem Lebensfrust spielte dabei keine Rolle. Quellen wurden vernichtet, Nachlassbestände »gereinigt«, kontroverse Meinungen unterdrückt, denn es ging darum, ein ideales Bild von ihr und ihrer Zeit zu schaffen, das mit der Realität so viel gemein hatte wie die weißen antiken Köpfe und Statuen, die man damals in Italien kaufte oder als Abgüsse herstellen ließ, mit den ursprünglich grellbunten Statuen der Antike, bei denen die Farbe nur im Laufe der Jahrhunderte ausgeblichen war.

Mehr als drei Jahre bin ich durch die Archive in Wolfenbüttel, Weimar, Berlin, Darmstadt und Wien gezogen, habe unzählige originale Briefe, Gedichte und Texte, Primär- und Sekundärquellen gelesen und ausgewertet. Ich bin auf Widersprüche gestoßen, auf Überraschendes, auf absurd erscheinende Hypothesen.

Was war Dichtung, was Wahrheit? Wie war die Beziehung zwischen Anna Amalia und Goethe? Waren sie ein heimliches Liebespaar?

Jede Arbeitshypothese ist, auch wenn sie abwegig erscheint, zulässig und letztlich das Salz in der Suppe jeder Forschung, weil man durch sie einen neuen Blickwinkel bekommt, den man sich aber nicht dadurch trüben lassen sollte, dass man aus seiner Arbeitshypothese unbedingt historische Wahrheit machen möchte.

Anna Amalia war mehr als »Goethes Herzogin«. Sie war auch die Frau, die mit 16 Jahren nach Weimar verheiratet wurde, 16 Jahre als Witwe das Herzogtum bis zur Volljährigkeit ihres Sohnes in Kriegs- und Friedenszeiten regierte. Sie war diejenige, die erklärte, dass ihr Leben eigentlich erst im Alter von 51 Jahren mit ihrer zweijährigen Reise nach Italien begonnen habe, wo sie sich erneut verliebte. Und sie war natürlich auch die Mäzenin, die den Musen und den »schönen Geistern« in Tiefurt ein Zuhause schuf, die aber auch, insbesondere an die selbst ernannten Kunstrichter Goethe und Schiller, die warnenden Worte richtete: »Sorget also dafür, o ihr Menschen, dass ihr nicht mit Leichtsinn und verderbtem Gefühl euch nährt zum Himmel der heiligen Musen, damit sie nicht fliehen vor dir wie für *[vor]* ein unheiliges Wesen, das ihnen *[die Musen]* verunreinet; tretet zum Heiligsten mit Demuth und reinem Herzen, Stolz und Eitelkeit ist ihnen verhasst. «[2]

I. Kindheit
(1739–1756)

1. Geburt – Eltern – Geschwister

»Nicht geliebt von meinen Eltern, immer
zurückgesetzt, meinen Geschwistern in
allen Stücken nachgesetzt, nannte man mich
nur den Ausschuß der Natur.«[1]

Mit dieser Bilanz beginnt Anna Amalia ihre Aufzeichnungen *Meine Gedanken*, die sie ca. 1772 im Alter von 33 Jahren schrieb. Dass sie tatsächlich von ihren Eltern nicht geliebt und die anderen ihr vorgezogen wurden, lässt sich durch weitere Quellen nicht belegen. Bei dem von Anna Amalia als verletzend empfundenen Ausdruck »Ausschuss der Natur« handelt es sich um ein Bonmot ihres Großvaters, des preußischen Königs Wilhelm I. (1688 – 1740), der weiblichen Nachwuchs eher spaßeshalber so oder als Unkraut bezeichnete. 1720, nach der Geburt seiner fünften Tochter Luise Ulrike, schrieb er in einem Brief: »Gestern ist wieder eine auf die Welt gekommen … Man muss sie versaufen oder Nonnen daraus machen. Männer kriegen sie nit alle.« Anna Amalias Mutter Philippine Charlotte (1716 – 1801), die sich mit ihrem Vater besonders gut verstand und über dessen groben Scherze lachen konnte, schrieb ihm nach der Geburt ihrer ersten Tochter Sophie Caroline (1737 – 1817): »Ich sehe doch, dass Er immer guter Laune ist, weil er mich aufzieht mit dem ›Unkraut‹, was ich in die Welt gesetzt habe … Wenn mein lieber Papa zustimmt, meine Schwestern Ulrike und Amalie zu ertränken, so bin ich zufrieden, dass meine Tochter in ihrer Gegenwart umgebracht wird. Aber dessen ungeachtet würde ich sie lieber hüten, denn ich liebe sie sehr.«[2]

Die Braunschweiger Familie übernahm diese »scherzhafte« Ausdrucksweise, wahrscheinlich ohne sie einem empfindsamen Kind wie Anna Amalia, das ohnehin unter der Überlegenheit ihrer älteren Schwester Sophie Caroline litt, die als Lieblingstochter der Mutter galt, zu erklären.

Hinzu kam bei Anna Amalia, dass sie sehr selbstkritisch war, wie ihr Erzieher Johann Friedrich Wilhelm Jerusalem (1709–1789) 1754 sehr treffend über seine 15-jährige Schülerin schrieb: dass sie »ihre Kritik auch schon als Kind gegen sich selber richtete und deshalb nie Unbefangenheit und Wagemut genug hatte, um vor andern zu glänzen, nie Eitelkeit genug, um über ihre eigene Erfahrung und Leistung glücklich zu sein«.[3]

Ihre Mutter wurde mit 14 Jahren mit dem Erbprinzen Karl von Braunschweig-Wolfenbüttel (1713–1780) verlobt. Sein Vater, Ferdinand Albrecht von Braunschweig-Bevern (1680–1735) war zwar Reichsgeneralfeldmarschall in kaiserlichen Diensten, hatte sich aber auch das Vertrauen des preußischen Königs erworben, sodass diese Freundschaft 1733 in einer Doppelhochzeit mündete: Die Schwester Karls, Elisabeth Christine (1715–1797), heiratete Kronprinz Friedrich (1712–1786) von Preußen, Karl die inzwischen 17-jährige Philippine Charlotte.

Zwei Jahre später, 1735, übernahm Karl nach dem Tod des Vaters die Regentschaft im Herzogtum, und als am 9. Oktober 1735 mit der Geburt des Erbprinzen Karl Wilhelm Ferdinand (1735–1806), Anna Amalias ältestem Bruder, auch die Thronfolge gesichert war, konnte man die Ehe zumindest aus dynastischer Sicht als Erfolg betrachten.

Eigentlich hätte Herzog Karl I. sparen müssen, vor allem an der Hofhaltung. Stattdessen veranstaltete er prachtvolle Feste, leistete sich ein 16 000 Mann starkes Heer und förderte teure und letztlich nicht erfolgreiche Projekte wie die Zucht von Seidenraupen.[4] Philippine Charlotte, die am preußischen Hof ein ganz anderes Niveau an Unterhaltung gewohnt war, unterstützte ihren Mann beim Aufbau der Residenzstadt zu einem kulturellen Zentrum mit Theater- und Opernaufführungen und Konzerten.[5]

Im Schloss von Wolfenbüttel, das die Familie ab 1736 bewohnte, steht im ehemaligen Schlafzimmer ihrer Mutter noch heute das Bett, in dem Anna Amalia am 24. Oktober 1739 als fünftes von dreizehn Kindern geboren wurde. Über die Beziehung zu ihren Eltern während ihrer Kindheit wissen wir nicht viel. Es wird die in Fürstenhäusern üblichen, auf wenige Stunden am Tag reduzierten Treffen gegeben haben, wobei sich ihre Mutter in jedem Jahr mehrfach über Wochen, manchmal Monate in Berlin bei ihrer Familie aufhielt und dort alle Vorzüge einer preußischen Prinzessin genoss. Im Sommer verbrachten die Kinder einige Wochen mit ihrer Mutter auf Schloss Salzdahlum. 1793 notierte sie rückblickend an ihren Sohn Friedrich August, dass sie dort »inmitten ihrer kleinen Herde« glücklich gewesen sei.[6]

Die Beziehung zu den Eltern wurde vor allem über das vierte Gebot geregelt: Die Kinder sollten ihre Eltern lieben, sie ehren und ihnen gehorchen. Anna Amalias jüngster Bruder Leopold schrieb mit 14 Jahren einen französischen Aufsatz zu diesem Thema, in dem er unter anderem die rhetorische Frage stellte: »Ist es nicht ganz natürlich, von Liebe erfüllt zu sein für die, denen man seine Existenz verdankt?«[7]

Auch wenn es sich bei ihrem Vorwurf, man habe sie als »Ausschuss der Natur« betrachtet, um ein Missverständnis gehandelt hat, so lässt doch der folgende, im Alter von sieben Jahren an ihren Vater verfasste Brief erkennen, wie sehr Anna Amalia geglaubt hat, sich um die Anerkennung ihres Vaters bemühen zu müssen.

»Mein sehr lieber Papa!

Erlauben Sie, mein lieber Papa, dass ich Sie an Ihre kleine Amalie erinnere, die Sie nicht weniger liebt, als es ihre Brüder und Schwestern tun, obgleich sie noch nicht gewagt hat, es zu zeigen. Sobald ich ein wenig größer sein werde, werde ich es umso besser fertigbringen, ebenso wie auch meine Studien. Daher bitte ich Sie nur um ein bisschen Geduld, und Sie werden sehen, dass ich mich umso besser benehmen werde. Ich bitte Sie, mein sehr lieber Herr Papa, bald wiederzukommen und mich immer mit Ihrem kostbaren Wohlwollen zu beehren. Ich versichere Ihnen, dass ich Sie unendlich liebe und dass ich mit einem sehr tiefen Respekt die Ehre habe, mein sehr lieber Papa, Ihre sehr gehorsame und untertänige Tochter Anna Amalia zu sein. «[8]

2. Erziehung

*»Meine Erziehung zielte auf nichts weniger, als mich
zu einer Regentin zu bilden. Sie war, wie alle Fürsten Kinder
erzogen werden.«*[1]

Anna Amalia erhielt zunächst den für Prinzessinnen in Fürstenhäusern üblichen Unterricht in den Grundkompetenzen
wie Lesen und Schreiben in deutscher und französischer
Sprache, im Rechnen, außerdem in Geografie, Geschichte,
Tanzen, Zeichnen und dem Erlernen von Kartenspielen, was
im gesellschaftlichen Hofleben unentbehrlich war. Sie lernte
das Klavichord zu spielen und beim Hoforganisten Friedrich
Gottlob Fleischer (1722–1806) Komposition. Ein Schwerpunkt der Erziehung lag beim Religionsunterricht, den der
Hofprediger Abt Jerusalem übernahm, einer der bekanntesten liberalen Theologen der Aufklärungszeit, den der Herzog
1742 an seinen Hof als Prediger und Erzieher seiner Kinder
holte. Der Abt legte großen Wert darauf, dass die Prinzessinnen nicht nur auswendig lernten, sondern verstanden, was sie
lernten. Eine Diskussion über den Inhalt oder gar ein Zweifeln an dem, was in der Bibel oder im Katechismus stand, war
aber nicht vorgesehen, denn die christliche Lehre sollte als
»unentbehrlich« für »die wahre Glückseligkeit« begriffen
werden.[2]

Ab Herbst 1748 übernahm der Hofkaplan Matthias Theodor Christoph Mittelstaedt (1712–1777) die Erziehung und
den Unterricht von Anna Amalia und ihrer Schwester Sophie
Caroline, die zusammen unterrichtet wurden, wobei sich der
Unterricht nach den Fähigkeiten der älteren Schwester rich-

ten sollte. Das war für Anna Amalia sicherlich oft eine Überforderung. Nur in einigen Stunden wurde darauf Rücksicht genommen: Bei der Lektüre der Bibel wurde ihr der Inhalt in einer Extrastunde erklärt, und in Geschichte und Staatenkunde gab es für sie nur die »Haupt Facta«.[3]

Im Vergleich zu anderen Prinzessinnen ließ Herzog Karl I. seinen Töchtern aber durchaus eine über das übliche Maß hinausgehende Bildung zukommen und forderte regelmäßig Berichte von Abt Jerusalem über die Erziehung seiner Kinder an. Wenn Anna Amalia später schrieb, dass sie nicht zur Regentin erzogen wurde, dann bezog sie sich darauf, dass ihre Schwester und sie keinen Unterricht in Verwaltungs- und Staatsrecht bekamen wie ihre Brüder, bei denen die Möglichkeit, dass sie eines Tages regieren würden, wahrscheinlicher war.

Es war insgesamt ein strenger Tagesplan, überwacht von Gouvernanten und Erziehern, die zumindest in der Erinnerung von Anna Amalia einiges zu wünschen übrig ließen. »Diejenigen, die zu meiner Erziehung bestimmt waren, hatten noch selbst nötig, gouverniert zu werden. Eine Person, die sich völlig ihren Leidenschaften überließ, war die, die ein junges Herz führen sollte. Sie hatte leider viele Leidenschaften, folglich auch viele Launen, die ich allein entgelten musste.«[4]

Ihr Gefühl, dass sie zurückgesetzt wurde, auch durch die Unterlegenheit gegenüber ihrer älteren Schwester, die von allen wegen ihrer Schönheit und ihrer Intelligenz bewundert wurde, machte sie sehr empfindlich, wie sie selbst schreibt: »Ein feines Gefühl, welches ich von der Natur bekommen hatte, machte, daß ich sehr empfindlich die harte Begegnung fühlte. Es brachte mich öfters zur Verzweiflung, sogar daß ich einmal mir das Leben nehmen wollte. Durch diese harten Unterdrückungen zog ich mich ganz in mich selbst, ich wurde zurückhaltend: Ich bekam eine gewiße Standhaftigkeit, die bis zum Starrsinn ausbrach; ich ließ mich mit Geduld schimpfen und schlagen und tat doch so viel wie möglich nach meinem Sinn.«[5]

Mit 15 Jahren, am 28. Dezember 1754, erfolgte die Konfirmation durch den Hofprediger Mittelstaedt. Dies bedeutete traditionsgemäß den Abschluss ihrer Erziehung. Abt Jerusalem erstellte ein »moralisches Tableau« über seine beiden Schülerinnen. Sophie Caroline wurde von ihm in den höchsten Tönen gelobt: »Was für ein Geist, was für ein Herz!«

Über Anna Amalia schrieb er: »Sie hat die brillante Lebhaftigkeit nicht, aber eben den soliden Verstand, die feine Empfindung, das edle Herz. Ihr Geist hat die Zeit nicht gehabt, sich schon völlig zu entwickeln. Sie fängt erst an, in der großen Welt zu erscheinen, und sie hat noch nicht Mut genug, wie sie ist zu scheinen. Sie hätte alles Feuer, ihren Sentiments das schönste Leben zu geben. Aber sie verbirgt sie noch vor sich selbst. Bei mehrerem Mute würde sie wohl einen weit größeren Eklat machen; doch weiß ich nicht, wo sie mehr bei gewinnen würde. Nichts ist schöner als ihr Embarras, wenn sie glaubt, dass sie ihr gutes Herz entdeckt hat, und in dem Augenblick sehen Sie das fürtrefflichste Herz! Was ist beredter als eine solche Bescheidenheit! Sie wird daher vielleicht nie von allen erkannt werden, denn sie wird auch ihre Wohltaten verbergen, aber denen, die das Glück haben, ihr nah zu sein, wird sie allemal unendlich schätzbar sein.«[6]

3. Kriegswirren

» Es ist schwieriger, zu regieren als Kriege zu führen «,

sollte Anna Amalia viele Jahre später in ihr Notizbuch zusammen mit anderen Gedanken schreiben.[1] Insgesamt 25 Kriegsjahre, von denen sie und ihre Familie unmittelbar betroffen waren, hat sie erlebt, ohne die Jahre, in denen die Kriegsgefahr noch in letzter Minute abgewendet werden konnte, zu zählen.

1740, ein Jahr nach ihrer Geburt, geschahen zwei Ereignisse, die ihr späteres Leben nachhaltig beeinflussen sollten: In Preußen bestieg ihr Onkel am 31. Mai 1740 als Friedrich II. (1712 – 1786) den preußischen Thron, und in Wien starb Kaiser Karl VI. (1685 – 1740).

Mit dem Tod des Kaisers war die männliche Linie der Habsburger ausgestorben, und nach dem ursprünglich geltenden Salischen Gesetz, nach dem Mädchen nicht erbberechtigt waren, wäre das Reich geteilt worden oder an eine andere Herrscherfamilie gefallen. Daher hatte Karl VI. vorausschauend das Salische Gesetz abgeschafft und in der sogenannten »Pragmatischen Sanktion« (1713) festgelegt, dass die habsburgischen Erblande unteilbar seien und, wenn kein männlicher Habsburger als Erbe zur Verfügung stehe, auch Frauen den Thron übernehmen könnten – in diesem Fall seine Tochter Maria Theresia (1717 – 1780).

Dieses Hausgesetz hatte er sich von den Fürsten Europas garantieren lassen, auch vom preußischen König Friedrich Wilhelm I., der sich allerdings als Gegenleistung eine Unterstützung bei den preußischen Ansprüchen auf die Herzogtümer Jülich und Berg zusichern ließ. Das war ihm zwar zugesagt worden, der Kaiser aber sprach 1738/1739 trotzdem den vorläufigen Besitz von Jülich und Berg dem Hause Sulzbach zu, sodass Friedrich II. sich 1740 nicht mehr an das Versprechen des Vaters gebunden sah und die Regentschaft Maria Theresias nur akzeptieren wollte, wenn er nun als Ersatz die reichen schlesischen Provinzen erhalten würde, auf die die Preußen ebenfalls ein Anrecht zu haben glaubten.[2]

Maria Theresia musste fünf Jahre lang Krieg führen, bis sie ihre Regentschaft durchgesetzt hatte.

Von diesem Krieg war auch das Herzogtum Braunschweig-Wolfenbüttel betroffen, und zwar wegen der Verwandtschaftsverhältnisse in ganz besonderer Weise. Karls I. Tante mütterlicherseits, Elisabeth Christine (1691–1750), war seit 1708 mit dem österreichischen Kaiser Karl VI. verheiratet. Die spätere österreichische Regentin Maria Theresia war also eine Großcousine Anna Amalias. Mit dem preußischen Königshaus war die Familie durch Anna Amalias Mutter und ihre Tante Elisabeth Christine verwandt.

Herzog Karl I. war Generalfeldwachtmeister in kaiserlichen Diensten und hatte dem Kaiser die Treue geschworen. Als nun aber Friedrich II. 1740 das zu Österreich gehörende Schlesien angriff, verlangte er von seinem Schwager die Stellung von 1330 Soldaten, was dieser natürlich ablehnen musste. Der preußische König drohte daraufhin mit »Gewaltmaßnahmen«, woraufhin sich Anna Amalias Mutter mit einem entsetzten Brief an ihren Bruder wandte.[3] Sie erreichte allerdings nur, dass Friedrich seine Forderung auf 900 Soldaten unter Führung von Karls 19-jährigem Bruder Ferdinand, der einer der bedeutendsten Feldherren Preußens wurde, reduzierte. Auch Anna Amalias Brüder Karl Wilhelm Ferdinand (1735–1806), Friedrich August (1740–1805), Albrecht Heinrich (1742–1761) und Maximilian Julius Leopold (1752–1785) standen später in preußischen Militärdiensten, sehr zum Missfallen der österreichischen Herrscherin Maria Theresia.

Es würde zu weit führen, die Einzelheiten dieses Ersten Schlesischen Krieges aufzuführen, der am 28. Juli 1742 durch den Frieden von Berlin beendet wurde. Schlesien wurde zwischen Österreich und Preußen aufgeteilt. Der Konflikt zwischen den Habsburgern und der aufstrebenden Großmacht Preußen sollte aber bis Ende der 1780er-Jahre immer wieder zu neuen kriegerischen Auseinandersetzungen führen, die auch die Regierungszeit Anna Amalias stark belasteten.

II. Hochzeit und Ehejahre
(1756–1758)

1. Hochzeit mit Ernst August Constantin von Sachsen-Weimar-Eisenach

» In meinem 16ten Jahre wurde ich aus denen harten
Banden erlöset. Man verheiratete mich so wie gewöhnlich man
Fürstinnen vermählt«,

schrieb Anna Amalia später in ihrem Text » Meine Gedanken «.[1] Der von ihren Eltern ausgewählte Heiratskandidat war der 18-jährige Erbprinz Ernst August II. Constantin von Sachsen-Weimar-Eisenach (1737 – 1758). Nach dem frühen Tod seines Vaters 1748 – seine Mutter, Sophie Charlotte von Brandenburg-Bayreuth (1713 – 1747), war bereits ein Jahr früher gestorben – kam der Erbprinz 1749 unter die Vormundschaft von Herzog Friedrich III. von Sachsen-Gotha-Altenburg (1699 – 1772) und wurde am Hof zu Gotha erzogen. Die Verwaltung seiner Herzogtümer Weimar und Eisenach, die seit 1741 in Personalunion regiert wurden, übernahmen auf Anweisung des Kaisers Herzog Franz Josias von Sachsen-Coburg-Saalfeld für den Weimarer und Friedrich III. von Sachsen-Gotha-Altenburg für den Eisenacher Teil.

Die schwache Gesundheit des jungen Herzogs ließ befürchten, dass er womöglich ohne männliche Nachkommen sterben und sein Herzogtum dann an eine der anderen protestantischen ernestinischen Linien (Sachsen-Gotha-Altenburg, Sachsen-Coburg-Saalfeld oder Sachsen-Hildburghausen) fallen oder, was die anderen unbedingt vermeiden wollten, vom katholischen Kurfürsten von Sachsen annektiert werden würde. Sein Vormund wollte daher eine Heirat mit seiner Tochter Friederike Luise (1741 – 1776), um sich im

Falle des Todes von Ernst August Constantin das Herzogtum Sachsen-Weimar-Eisenach zu sichern.²

Herzog Franz Josias von Sachsen-Coburg-Saalfeld (1697– 1764) dagegen, dessen Sohn mit Anna Amalias Tante Sophie Antoinette verheiratet war, favorisierte eher die Hochzeit mit einer Tochter aus dem Hause Braunschweig. Daher nahm bereits im Februar 1755 der Direktor des Weimarischen Obervormundschaftskollegiums Carl Gustav von Mandelsloh, Kontakt zu Anna Amalias Vater auf und teilte ihm die Absicht Ernst August Constantins mit, eine seiner Töchter zu heiraten, und bat um ein Porträt der von Karl ausgewählten Tochter.³

Nachdem der Kaiser ihn für volljährig erklärt und er seine Regierung am 29. Dezember 1755 mit 18 Jahren angetreten hatte, reiste Ernst August II. Constantin im Februar 1756 unter dem Pseudonym eines Grafen von Allstedt nach Braunschweig, angeblich zur alljährlichen Lichtmess-Messe. Begleitet wurde er von seinem Premierminister Graf von Bünau und 40 Personen Gefolge.⁴

Am 20. Februar 1756, nach nur wenigen Tagen des Kennenlernens, hielt der Erbprinz um Anna Amalias Hand an. Ihre Mutter schrieb am selben Tag noch an ihren Bruder Friedrich II., dass ihr Mann und sie diese Verbindung für »angemessen« hielten. Sie hätte bereits einen Boten an ihre Mutter Sophie Dorothea geschickt, um deren Segen und Einverständnis einzuholen.⁵

Bereits eine Woche später konnte Philippine Charlotte ihrem Bruder von der Zustimmung der Mutter berichten. Da auch er offensichtlich keine Einwände habe, könne die Verlobung bekannt gegeben werden und die Hochzeit »tout de suite« erfolgen. »Der junge Herzog will nicht länger warten.« Sie empfahl ihre Tochter für die Zukunft der Gnade und dem Wohlwollen ihres Bruders, des mächtigen Preußenkönigs.⁶

Sowohl für Herzog Karl I. als auch für Friedrich II. bedeutete eine familiäre Bindung zu einem weiteren sächsischen Fürstentum in der Mitte des Reiches eine Stärkung ihrer politischen Position in möglichen Konflikten mit dem Kaiserreich, die ja auch nicht lange auf sich warten ließen.

Drei Wochen dauerte die Verlobungszeit, die mit Konzerten, Theateraufführungen, Bällen und Maskenfesten angefüllt war. Und natürlich musste in dieser Zeit auch der Ehevertrag ausgehandelt werden, der dem üblichen Schema bei Fürstenhochzeiten entsprach. Die Braut verzichtete auf alle Erbansprüche in ihrem Heimatland und erhielt eine Mitgift von 18 000 Reichstalern, die »nach vollbrachtem ehelichen Beylager« von Herzog Karl I. an seine Tochter ausgezahlt werden sollte. Außerdem erhielt sie jährliche Einkünfte aus Braunschweig über 6000 Taler, und der Herzog sollte sie mit Schmuck, Silbergeschirr, Bettwerk, fürstlichen Kleidern und Gerätschaften »solchergestalt ausstatten und versehen, wie solche einer Fürstl. Prinzeß zukommt«. (Artikel 3)

Ernst August Constantin musste seiner Frau am ersten Morgen nach dem Beischlaf die sogenannte Morgengabe überreichen: »nebst Überreichung eines rühmlichen Kleinods« – 5000 Pistolen.[7] Es war ein Kapital, das Anna Amalia allein gehörte und das jährlich mit 10 Prozent verzinst werden sollte. (Artikel 6) Ihr stand darüber hinaus ein Hand- und Spielgeld in Höhe von 6000 Reichstalern zu, das vierteljährlich auszuzahlen war. (Artikel 7)

Die Artikel 9 bis 26 regelten Anna Amalias Leben nach einem möglichen Tod ihres Mannes. Im Vergleich zu anderen Heiratsverträgen waren diese Artikel sehr ausführlich, weil bei der schlechten Gesundheit des Herzogs mit seinem frühen Tod gerechnet wurde, einem Tod, bei dem der Nachfolger noch minderjährig sein könnte.

Als Witwensitz wurde das Schloss Allstedt, 70 Kilometer nördlich von Weimar, vorgesehen, das auf Kosten des Herzogtums unterhalten, außerdem mit standesgemäßen Möbeln, Tafelsilber (für 6000 Taler), Kupfertöpfen und -pfannen, Zinn, Leinen, Tapeten, Tischen, Stühlen, Bänken, Küchenzeug und was sonst noch mehr zu einem »fundo instructo« gehörte ausgestattet werden sollte. Damit im Falle eines Wittums die Prinzessin das Schloss mit »Ehre und guter Bequemlichkeit« bewohnen könne.[8]

Einer der wichtigsten Artikel regelte die Obervormundschaft für die Kinder für den Fall, dass der Herzog so plötzlich versterben sollte, dass er keine Regelung mehr treffen konnte. Dann sollten die Vormundschaft und die Erziehung der Kinder bei der Witwe bleiben, solange sie sich nicht wieder verheiratete. Die Landesadministration aber sollte während der Minderjährigkeit eines zukünftigen Erbprinzen einem »regierenden Herrn aus der nächsten Linie«, aber nicht nach der Verwandtschaft, zusammen mit der Mutter übertragen werden. (Artikel 24)[9]

Die Hochzeitsfeierlichkeiten fanden vom 16. bis 19. März 1756 in Braunschweig in der Schlosskapelle statt. Nach dem Festessen löste Herzog Karl I. höchstpersönlich die Strumpfbänder seiner Tochter und verteilte sie an die ledigen adligen Damen, ein symbolischer Akt, der auf eine eigene baldige Hochzeit deuten sollte.[10] Am Morgen nach der Brautnacht wurde vor allen versammelten Gästen von Legationsrat Peter von Stüven die traditionelle Strohkranzrede gehalten, in der die Hochzeitsnacht mit dem Verlust des Jungfernhäutchens gefeiert wurde, eine Tradition, die auch am preußischen Hof üblich war: Heute sei der große Tag, an dem Anna Amalia statt des Brautkranzes den schönsten Schmuck auf dem Kopf trage: den Stroh-Krantz. Auch der Ehegatte dürfe stolz sein. »Selbst Herkules hatte weniger Feuer und Lebhaftigkeit in den Augen, als er mit Omphale die erste Nacht« verbrachte und »eine ihm noch ungewohnte Verrichtung übernehmen musste. Es ist geschehen. Eur. Durch. prange mit ihre schöne Stroh-Krantze. Hymen (Jungfernhäutchen) hat triumphieret ...«. Von heute an werde Anna Amalia ihrer Großmutter und Mutter immer ähnlicher. »Jetzt sind Sie Mutter ...«[11]

Auch an den folgenden Tagen wurde gefeiert: Festessen, Bälle, Theater, Operetten, Ballettvorführungen. Die Bevölkerung nahm an diesen Feiern nicht teil. Sie sollte für das Brautpaar beten und musste sich über die sogenannte Prinzessinnensteuer finanziell beteiligen.[12]

Am 20. März reiste Anna Amalia mit ihrem Mann und seinem Gefolge nach Weimar ab. Sie durfte ihre langjährige Kammerfrau und zwei Garderobenfrauen mitnehmen, alle anderen Damen und Herren ihres Hofes kamen aus Weimar. »Die Trennung hat mich sehr berührt, und der Abschied war von beiden Seiten zärtlich«, schrieb Philippine Charlotte an Friedrich II.[13]

2. Das erste Jahr in Weimar

» Sie werden glauben, da ich nun aus dene Fesseln befreit war,
müße ich gewesen seyn, wie ein junges Füllen welches seine
Freiheit bekommt «,

schrieb Anna Amalia Jahre später rückblickend auf diesen
Abschied von ihrer Familie, »nichts weniger: Ich fühlte
mich vielmehr wie eine Person, die nach einer großen aus-
gestandenen Krankheit in ihrer Genesung sich auch kraftlos
fühlet«.[1]

Das Herzogtum Sachsen-Weimar-Eisenach, das für die
nächsten 51 Jahre Anna Amalias Heimat werden sollte, lag 250
Kilometer von ihrem Heimatort Braunschweig entfernt, eine
etwa viertägige Fahrt mit der Kutsche. In dem ungefähr 36
Quadratmeilen großen Herzogtum, das aus den nicht zusam-
menhängenden Herzogtümern Weimar und Eisenach und
dem Landesteil Jena bestand, lebten um 1756 etwa 90 000
Menschen.[2]

Während die Stadt Braunschweig 22 500 Einwohner hatte,
wohnten in der Residenzstadt Weimar mit ihrem eher dörfli-
chen Charakter nur ca. 6000. Der größere Teil der Stadt war
von einer Mauer umgeben, es gab vier Stadttore, die abends
zwischen sechs und halb zehn Uhr je nach Jahreszeit geschlossen und morgens zwischen vier und sechs Uhr geöffnet wurden. Engwinklige Gassen, ungepflastert und abends ohne
jede Beleuchtung, durchzogen die Stadt. 800 Häuser mit
Stroh- oder Holzschindeldächern und etwa 150 Scheunen gab
es innerhalb der Stadtmauern, Schweine liefen frei herum, der
Schäfer zog mit seinen Schafen durch die Gassen. Teiche,

Tümpel und nicht abgedeckte Abwasserkanäle verbreiteten einen übel riechenden Gestank.[3]

Ernst August Constantin hatte von seinem Vater ein durch dessen Neubauten, seine Jagdleidenschaft und immens hohe Militärausgaben hoch verschuldeten Staat übernommen. Das Land war arm, es gab neben der Landwirtschaft nur einige Textilfabriken, ansonsten aber keinen nennenswerten Handel, denn Weimar lag abseits der großen Handelsstraßen. Handwerker und Kaufleute setzten darum große Hoffnung auf das Herzogpaar, mit dem seit dem Tod des letzten Herzogs endlich wieder eine Hofhaltung in Weimar einziehen würde und damit neue Aufträge vom Hof und dessen Beamten zu erwarten waren.[4]

Als sich am 24. März die Kutschen der Grenze näherten, warteten dort zur Begrüßung das Husarenkorps und der Postmeister mit 13 blasenden Postillonen, die die Kutsche in die Stadt hinein begleiteten. Vor dem Stadttor hatte sich eine große Menschenmenge versammelt, von der Altenburg kam Kanonendonner und von den beiden Kirchtürmen und dem Schlossturm erklangen die Glocken. Auf dem Markt stand das Landregiment, auf dem Schlosshof das Militärkorps. Am östlichen Schlossflügel hatte sich zur Begrüßung die »Landesherrschaft« aufgestellt: der Reichsgraf von Bünau, der schon vorausgefahren war, die Minister, Räte, Kavaliere und ihre Damen – alle »en robe«. Danach wurde an verschiedenen Tafeln öffentlich gespeist. »Der Zulauf der Menschen, bey der Ankunft, sowohl als bey der Tafel, war unbeschreiblich«, hieß es in der halb offiziellen Wochenzeitung, den *Weimarische(n) Wöchentliche(n) Anzeigen.*[5]

Anna Amalia trug bei diesem Einzug ein golddurchwirktes blaues Kleid, darüber einen Purpurmantel, ihre braunen, weiß gepuderten Haare trug sie hochgesteckt, mit einer Rose über dem linken Ohr. Ihr Gesicht war weiß geschminkt, wie es modern war, vor allem, damit das »Schönheitspflaster« auf der Wange, die »Mouche«, besser zur Geltung kam, eine Modeerscheinung, die aus Frankreich gekommen war.[6]

Nach dem Festmahl ging es weiter zum Sommersitz Schloss Belvedere, das einige Kilometer vor Weimar lag und über eine große Parkanlage sowie eine Orangerie verfügte. Hier sollte das Paar die Sommermonate verbringen. Einzelheiten über das gemeinsame Leben dort liegen nicht vor. Ernst August II. Constantin liebte das Theater und die Musik und spielte selbst Geige. Anna Amalia war in Braunschweig an einem Hof aufgewachsen, an dem Musik, Kunst und Literatur eine große Rolle spielten. Auf dieser Ebene dürften sie sich wohl begegnet sein.

Allerdings interessierte sich der Herzog mehr für die Jagd und seine Hunde, wie seine Schwiegermutter an ihren Bruder schrieb: »Ich fürchte, dass er genauso wird wie sein Vater.«[7]

Nur über die größeren offiziellen Ereignisse in dieser Zeit liegen kurze Berichte vor. So wurde am 6. Mai auf Schloss Belvedere die Hochzeit von Ernst August Constantins Halbschwester Ernestine Albertine (1722–1769) mit Philipp II. Ernst Graf zu Schaumburg-Lippe (1723–1787) mit Festessen und abendlichem Ball gefeiert. Am 2. Juni wurde der 20. Geburtstag des Herzogs feierlich begangen. Abends zogen Bergleute aus Ilmenau mit Fackeln und Bergmusik vor das Schloss. Die *Weimarische(n) Wöchentliche(n) Anzeigen* druckten eines von vielen Lobgedichten ab:

> *Er lacht; wer lacht nicht bey dem Glück?*
> *Ist Constantin nicht höchst beglückt?*
> *Er lächelt, welch ein heitrer Blick!*
> *Die Fürstin ists, die ihn entzückt;*
> *Amalia rührt seine Brust,*
> *Amalia erwäckt die Lust,*
> *Die izt sein Antlitz heiter machet.*

O zärtlich Paar! Wer ist Dir gleich?
Monarchen selbst beneiden Euch,
Wann ihr so froh und zärtlich lachet. «[8]

Als amtierende Herzogin hatte Anna Amalia zum ersten Mal einen eigenen Hofstaat mit einer Oberhofmeisterin – Frau von Schlotheim –, einem Oberhofmeister – Herrn von Benckendorff –, und mehreren Hofdamen. Sie nahm an der Seite ihres Mannes auch an einer Ständeversammlung teil. Der Herzog war für die Bewilligung von Steuern und für das Verabschieden von Gesetzen auf die Zustimmung der Landstände angewiesen, die in gewissen Abständen zu einem Landtag einberufen werden mussten. Anna Amalia war am 10. Juni sowohl beim feierlichen Einzug in die Hofkirche als auch bei der Eröffnungsrede Ernst August Constantins auf der Galerie anwesend, diesmal noch als Zuschauerin.

Ende Oktober ging es für den Winter zurück nach Weimar in die Wilhelmsburg, eine Wasserburg, die durch die Ilm, künstliche Wassergräben und Mauern von der Außenwelt abgeschlossen war und in die man nur über Brücken gelangen konnte. Im Süden – am heutigen Fürstenhaus und Carl-August-Denkmal – war ein Lustgarten, ebenfalls von Mauern umgeben. Weitere Möglichkeiten für Spaziergänge waren eine Baumpflanzung jenseits der Ilm, genannt der » Stern « wegen der sternförmig angelegten Wege, und der » Wälsche Garten « an der » Ackerwand «.[9]

In Weimar feierte Anna Amalia am 24. Oktober zwei Tage lang ihren 17. Geburtstag mit Gottesdienst, Festessen an fünf Tafeln mit 96 Gedecken und einem abendlichen Ball. Die *Döbbelinsche Theatergesellschaft*, die der Herzog für mehrere Monate verpflichtet hatte, führte das Stück » Die Durchlauchtigste Liebe « von Arnold Heinrich Porschen auf.[10]

Auf den ersten Blick sah das alles sehr idyllisch aus. Und

Anna Amalia wird es einerseits genossen haben, im Mittelpunkt zu stehen, was sie zu Hause in Braunschweig ja immer vermisst hatte. Aber der Schein trog. Offiziell war der Herzog der Regierende, faktisch aber führte der mächtigste Staatsbeamte, Heinrich von Bünau (1697–1762), die Geschäfte mit sparsamer Hand. Als Premierminister und Vorsitzender des Geheimen Consiliums, des höchsten Beratungsgremiums des Herzogs, mussten alle Anordnungen des Herzogs von ihm gegengezeichnet werden. Er entwarf auch die »Handschreiben«, die der Herzog an andere Reichsfürsten schickte, und ließ, um zu sparen, Ernst August Constantin nur drei Viertel der ihm zustehenden Schatullgelder auszahlen.[11]

Bereits am 11. August 1756 hatte Anna Amalias Vater einen Brief von seinem Schwager, Friedrich III. von Brandenburg-Bayreuth (1711–1763), erhalten: Er informierte Karl I., dass die Herzogin und der Herzog in Weimar in »dergestalt beschränkten Umständen sich befinden«, dass man ihnen Schreiben, die an sie gerichtet waren, wenn man sie für »nicht passend« hielt, vorenthalte. Er erachte es als Onkel für wichtig, dass er davon Meldung mache. Er bat Karl darum, ihn zu informieren, was er von der Sache wisse und was für Maßnahmen er plane, um den Herzog und seine Frau »aus einer solchen einer Sclaverey nicht unähnlichen Situation zu retten«.[12]

3. Gewitterwolken

»Durchlauchtigster Fürst, freundlich geliebter Vetter.«

So beginnt ein Brief Friedrichs II. von Preußen aus Dresden vom 21. Januar 1757 an den Herzog von Sachsen-Weimar. Er erklärte darin, wie wichtig ihm dessen Freundschaft sei und dass er, auch wenn seine Armee derzeit in unmittelbarer Nachbarschaft lagere, »nicht nur präciseste Ordres« gegeben habe, dass man die Lande des Herzogs mit Respekt behandle, sondern er werde auch, falls doch »einige Unordnung vorfallen sollte«, sofort für Abhilfe sorgen. Unterschrieben war der Brief mit »Ew Durchlaucht freundwilliger Vetter Friderich«.[1]

Als das Schreiben in Weimar persönlich durch Friedrichs Flügeladjutanten im Schloss abgegeben wurde, wusste man in Weimar natürlich längst, dass seit Mitte November des Vorjahres der preußische König mit seinen Brüdern, mit dem Onkel von Anna Amalia, Ferdinand, und dem Herzog von Braunschweig-Bevern samt Gefolge in Dresden, 200 Kilometer entfernt, eingetroffen war und sich die Staaten Europas bereits seit Monaten im dritten Schlesischen Krieg befanden, den man auch den Siebenjährigen nennt.

Maria Theresia hatte der Verlust Schlesiens an die Preußen keine Ruhe gelassen. Durch eine Heeresreform und neue Verbündete, wie die Franzosen und die Russen, versuchte sie, ihre Ausgangslage für eine Rückgewinnung zu verbessern. Friedrich II., der durch seine Spione erfahren hatte, dass im Frühjahr 1757 ein Angriff auf Preußen geplant war, veröffentlichte daraufhin ein Manifest, in dem er erklärte, dass er sich nun »für berechtigt (halte) zum Gebrauch der Macht, die

ihm der Himmel gegeben hat, um Gewalt der Gewalt entgegenzusetzen, die Anschläge seiner Feinde zu vereiteln und
die Sache des Protestantismus und der deutschen Freiheit vor
den Unterdrückungsgelüsten des Wiener Hofes zu schir-
men«.[2]

Und während das Weimarer Herzogpaar noch den Sommer 1756 auf Schloss Belvedere genoss, marschierte die preußische Armee am 29. August 1756 in das Kurfürstentum Sachsen ein, besetzte Anfang September die Hauptstadt Dresden.
Kurfürst Friedrich August II. von Sachsen (1696–1763), der
gleichzeitig König von Polen war, zog sich mit seinem Hof
nach Warschau zurück.

Es war der Beginn eines Krieges, der auch das Herzogtum
Sachsen-Weimar-Eisenach wirtschaftlich weiter in den Ruin
trieb. Anfang 1757 traten Russland, Frankreich, Schweden und
die Mehrzahl der Reichsfürsten auf Österreichs Seite in den
Krieg ein, während Hannover, Braunschweig-Wolfenbüttel,
Hessen-Kassel und Sachsen-Gotha sich auf die preußische
Seite stellten. Offiziell wurde am 17. Januar 1757 der soge-
nannte »Reichskrieg« gegen Preußen erklärt wegen Land-
friedensbruchs durch den Einmarsch in Sachsen. Das war
auch für Preußens Verbündete, zum Beispiel Anna Amalias
Vater, eine kritische Situation. Obwohl er schon 1750 die Führung des kaiserlichen Regimentes abgegeben hatte, war er als
Reichsfürst dem Kaiser verpflichtet. Mit Anna Amalias Onkel
Ferdinand, ihrem ältesten Bruder Karl Wilhelm Ferdinand,
dem Erbprinzen von Braunschweig-Wolfenbüttel und dem
Herzog von Braunschweig-Bevern zogen gleich mehrere Mitglieder des Fürstenhauses gegen den Kaiser und das Reich in
den Krieg. Die Garantieerklärung Friedrichs für das Herzogtum Sachsen-Weimar-Eisenach war daher wohl auch eine indirekte Aufforderung, sich neutral zu verhalten.

Zunächst machte das Kriegsgeschehen noch einen Bogen

um Weimar. Das Herzogpaar begab sich Anfang März mit einem großen Hoflager von 40 Personen plus Bediensteten zu seinem Antrittsbesuch in Eisenach. Neben Ausflügen zur Wartburg und nach Wilhelmsthal wurde auch der Landtag am 22. März feierlich eröffnet.

Und während die Preußische Armee im Mai Prag eroberte, im Juni aber bereits wieder Böhmen und Ostpreußen aufgeben musste und Oberschlesien und den größten Teil Sachsens an die Österreicher, Hannoveraner, Hessen und Franzosen verlor, verlebte das Herzogpaar die Sommermonate wieder auf Schloss Belvedere.

Die *Weimarische(n) Wöchentliche(n) Anzeigen* lieferten in diesen Wochen ihren Lesern neben kurzen Kriegsberichten Tipps für den Anbau von Tartuffeln – Kartoffeln –, die bereits in vielen Teilen des Reiches zur Vermeidung von Hungersnöten gefördert wurden. Zwar war der Anbau bereits 1737 durch ein Edikt des Vaters von Ernst August Constantin verfügt worden, aber das galt nur für die fürstlichen Kammergüter und auch nur zur Wildfütterung. Der Herzog ließ nun den Anbau der Tartuffeln »als einer zum Lebens-Unterhalt und vielerley Gebrauch höchst nöthigen und nützlichen Frucht« fördern und setzte Prämien für den Anbau aus. Auch Rezepte wurden in aller Ausführlichkeit beschrieben: Man konnte die Tartuffel in Bratröhren wie Kastanien braten, als »Zugemüß« zu Fleisch zubereiten oder als Salat mit Essig, Öl und Speck oder gerieben mit Eiern, Milch, Äpfeln, Safran und Zimt in Butter braten.[3]

Anna Amalia hatte andere Sorgen. Es fiel ihr schwer, Vertrauen zu jemandem in ihrem Hofstaat zu fassen. Offenbar hatte ihr Mann davon ihrem Vater berichtet, der in seiner Antwort dem Herzog den Rat gab, dass Anna Amalia sich an die Damen am Hofe richten solle, die Erfahrung hatten und die sich ihr gegenüber ehrlich verhielten. In einem eigenen

Schreiben an den Vater vom 12. Mai 1756 beklagte sie sich, dass es »unglücklicherweise« nicht viele Menschen gab, »die ihr Wohl im Sinne« hatten »und ich nenne jene meine Freunde, die mir die Wahrheit sagen und mir gute Ratschläge geben, und ich hoffe, dass mein lieber Papa mit mir übereinstimmt. Ich flehe Eure Durchlaucht untertänigst an, mir hier Ihren Rat zu geben, es gibt so unverschämte Menschen, die behaupten, dass sie zukünftig Macht über meine Person und über alles, was mich betrifft, erlangen werden … Darum bitte ich Sie um die Gnade, mir Ihre Meinung zu sagen, und wenn mein lieber Vater es für gut hält, dass ich mich von anderen beherrschen lasse, werde ich es auf den Befehl meines lieben Papas hin tun«. Auch wenn sie mit den üblichen Bezeugungen des Respekts »die demütige, sehr gehorsame und sehr untertänigste Tochter und Dienerin Amalie« schließt, lässt sich doch aus dem letzten Satz ihr Ärger darüber, dass ihr Mann ohne ihr Wissen den Vater informiert hatte, nicht überhören.[4]

Zehn Tage später erhielt sie die Antwort des Vaters. Er war besorgt und sah »mit Kummer die Unzufriedenheit, die seine Tochter gegenüber den Menschen hatte«, die, wie sie schrieb, sie belogen. Noch mehr betrübte ihn, dass seine Tochter offenbar nicht eine einzige Dame hatte, der sie vertrauen konnte. Gerade »für eine Prinzessin gibt es Gründe, sich an eine oder mehrere Frauen von Rang zu binden … Ich werde Euch niemals drängen, Euch den Launen derer zu unterwerfen, die euch Respekt schulden, und es scheint mir, dass ich auch nichts dergleichen an Monsieur le Duc, Euren lieben Mann, geschrieben habe …«. Er riet ihr, soweit es möglich war, die Fehler ihrer Umgebung zu ertragen und nicht zu misstrauisch zu sein, sondern es mit einer »vorsichtige(n) Freundschaft« zu versuchen. »Da Ihr mich um meine väterlichen Anweisungen gebeten habt, hier sind sie, meine liebe Tochter.«[5]

4. Geburt des Erbprinzen

»Im 17. Jahre wurde ich zum erstenmal Mutter.
Könnte ich Ihnen beschreiben das Gefühl, welches ich bekam,
als ich Mutter wurde! Es war die erste und reinste Freude,
die ich in meinem Leben hatte«,

schrieb Anna Amalia im Rückblick. »Mir war, als war ich auch von verschiedenen andern meiner Empfindungen entbunden worden. Mein Herz wurde leichter, meine Ideen wurden klärer, ich bekam mehr Zutrauen zu mir selber.«[1]

Am 2. Juni 1757, am Geburtstag des Herzogs, wurde die Schwangerschaft der Herzogin öffentlich gemacht.[2] Das Volk wurde von den Kanzeln aufgefordert, für eine »glückliche Schwangerschaft« zu beten.[3] Der Vater hatte ihr schon in seinem Brief vom Mai gratuliert und ihr gewünscht, dass alles gut ginge. Ihre Mutter schickte »Kinder Zeug«.[4] Am 3. September 1757 um 5:30 morgens wurde Anna Amalia von »einem höchstgesund und wohlgestallten Erbprinz, zur unbeschreiblichen Freude Ihres Herrn Gemahls Hochfürstl. Durchl. sowohl als des gantzen Landes, höchstbeglückt entbunden«,[5] hieß es in den *Weimarische(n) Wöchentliche(n) Anzeigen*.

Am selben Tag erreichte der Krieg auch Weimar: Ein 380 Mann starkes Korps Infanteristen der Reichsarmee fiel unter Graf von Rantzau ein, drei Tage später folgten weitere 200 Mann. Sie wurden bei der Bevölkerung einquartiert und auch versorgt. Immerhin, wie die *Weimarische(n) Wöchentliche(n) Anzeigen* schrieben, »verdienen (sie) das Lob der besten Manneszucht«. Es gab also offenbar keine Plünderungen, Vergewaltigungen und ähnliche Gräueltaten.[6]

Während Anna Amalia in ihrem Wochenbett lag – an der Taufe ihres Sohnes am 4. September konnte sie noch nicht teilnehmen –, wurde Weimar zum Durchzugsort der verfeindeten Truppen. Fast täglich kamen sie durch die Stadt, oft mit Munitions- und Bagagewagen. Am 12. September erschien der preußische König mit Gefolge in Neumark, drei Stunden von Weimar entfernt, die preußische Armee campierte zwischen Buttstädt und Rastenberg, 21 bzw. 27 Kilometer von Weimar entfernt. Abends marschierte ein 800 Mann starkes österreichisches Husarenkorps durch die Vorstadt Richtung Erfurt.

Je näher der preußische König rückte, desto größer wurde die Angst, trotz Garantiebrief. Hatte er nicht gerade, wie die *Weimarische(n) Wöchentliche(n) Anzeigen* meldeten, in Leipzig vom Magistrat der Stadt innerhalb von zwei Tagen 300 000 Taler verlangt, sonst würde es zu Plünderungen kommen?[7] Wie viel galt die Garantie des preußischen Königs noch?

Erfurt, 23 Kilometer von Weimar entfernt, wurde bis zur Eroberung durch die Preußen zum Zentrum der französischen Truppen mit der Zentrale des mobilen Hospitals der Armee, das neben Fulda, Hanau und Heidelberg auch seit August 1757 in Eisenach eine Krankenstation unterhielt.

Am 5. November schlug die preußische Armee die Reichsarmee und die Franzosen bei Rossbach, 50 Kilometer vor Weimar. Die flüchtenden Soldaten, verfolgt von den Preußen, stürmten auch durch Weimar. »Da war weder Regiment noch Compagnie beysammen«, schreibt ein Augenzeuge, »sondern alles floh einzeln in der größten Eil, unwissend, wohin, auf vielerley Wegen und Straßen, als nach Weimar, Erfurth, Gotha, auch über den Wald nach Illmenau und Arnstadt, sodann nach Sachsenburg, Weißensee, Kölln an der Los, Langensalza, Mühlhausen und so fort; ohne dass man der Armee einen Ort bestimmet hätte, wo sie sich auf allen Fall wiedersetzen sollte. Noch Tage später zogen versprengte Reste der Reichsarmee und der Franzosen durch Weimar.« In der Stadt gab es erneut Einquartierungen von preußischen Offizieren, Nahrungsmittel mussten abgegeben werden, und die Bauern wurden zu Spanndiensten gezwungen.[8]

Und so begannen die *Weimarische(n) Wöchentliche(n) Anzeigen* das Jahr 1758 mit einem Gebet und dem Wunsch nach Frieden:

»... Laß keinen mehr nach Blute dürsten;
Benimm ihm alle Kriegeslust;
Erhalte unsern LandesFürsten,
Die Fürstin, nebst dem Karl August;
Dass Stadt und Land im neuen Jahre,
O Allmacht, deine Treu erfahre.«[9]

5. Krankheit und Tod Ernst Augusts Constantins

Die Herzogin »befinden sich in dero gesegnetem Zustand
ganz wol (wohl), und man hat alle Sorgfalt, dass die affection
(Kummer) Ihrselben nicht schaden möge.«[1]

Dies schrieb der braunschweigische Vizekanzler Georg Sep-
timus Andreas von Praun (1701–1786) an Karl I., in dessen
Auftrag er seit Anfang März 1758 in Weimar weilte. Und er
fügte hinzu: Der Erbprinz habe seit dem Aufenthalt seinen
dritten Zahn »ohne allem Ungemach« bekommen.[2]

Das waren die guten Nachrichten und nicht der Grund,
warum Vizekanzler von Praun nach Weimar geeilt war. Ernst
August Constantin galt immer als etwas kränklich, darum ja
auch seine schnelle Hochzeit mit Anna Amalia. Aber seit Anfang 1758 war er ernsthaft erkrankt, ab Februar durchgängig
bettlägrig.

Am 20. Februar 1758 bat Anna Amalia den Grafen von Bünau zu einem Gespräch, wahrscheinlich wegen des Testamentes, das der Herzog bereits einen Tag später unterschrieb. Für
den Fall seines Todes setzte er bis zur Volljährigkeit des Erbprinzen als Regenten und Obervormünder seines Sohnes
seine Frau und den dänischen König Friedrich V. (1723–1766)
ein, der mit Juliane von Braunschweig-Wolfenbüttel (1729–
1796), einer Tante Anna Amalias, verheiratet war. Graf von
Bünau sollte als Obervormundschaftlicher Minister im Amt
bleiben.[3]

Dieses Testament trug eindeutig die Handschrift des Premi-
erministers Graf von Bünau. Denn da der dänische König nicht

vor Ort war, kam ihm als Quasi-Stellvertreter bei der Unerfahrenheit Anna Amalias eine entscheidende Rolle zu, zumal er per Testament nur im Todesfall ersetzt werden konnte.

Ab März wurde die Krankheit des Herzogs als lebensbedrohlich angesehen, und Anna Amalias Vater war um die Zukunft seiner Tochter besorgt. In einem Brief vom 9. März schrieb er daher an seinen Vizekanzler von Praun: Die »missliche Gesundheit« des Herzogs von Sachsen-Weimar habe ihn veranlasst, ihn nach Weimar zu schicken, sich vor Ort ein Bild von dem Zustand des Herzogs zu machen und zu »verhüten«, dass im zu »befürchtenden Fall des Wittumsstandes« nichts festgelegt werde, was gegen den Heiratsvertrag verstoße und die Rechte seiner Tochter verletze.[4]

Dabei ging es um drei Rechte Anna Amalias:

Erstens die alleinige Erziehung der fürstlichen Kinder: Karl I. befürchtete, dass Graf von Bünau den kranken Ernst August Constantin zu einer offiziellen Verfügung überreden könnte, durch die der Herzog von Sachsen-Gotha, der schon die Vormundschaft für Ernst August Constantin gehabt hatte, oder er selbst ein Mitspracherecht bekommen würde und dadurch die Befugnisse Anna Amalias eingeschränkt würden. Beides, vor allem aber das Erstere, sollte von Praun verhindern.

Zweitens die Mitverwaltung der Landesregierung: Hier fürchtete Karl I., dass Anna Amalia benachteiligt werden könnte, da sie ja noch nicht volljährig war, was Voraussetzung für eine Regentschaft oder auch Mitregentschaft war. Von Praun bekam den Auftrag, bei von Bünau nachzuforschen, was die sächsischen Hausgesetze für einen solchen Fall vorsahen.

Drittens Anna Amalias Einnahmen als Witwe: Zusätzlich zum Wittumsgehalt müssten Anna Amalias Einnahmen als Herzogin aufrechterhalten bleiben, da sie für Kindererziehung und Landesregierung zusätzliche Ausgaben haben würde.[5]

Karl I. wusste zu dem Zeitpunkt noch nicht, dass Graf von Bünau den kranken Herzog bereits zu testamentarischen Verfügungen überredet hatte, die der in seinem Zustand nicht durchschaute, die aber die Rechte Anna Amalias tatsächlich einschränkten.

Am 14. März kam von Praun in Weimar an und begab sich am nächsten Tag sofort zum Grafen von Bünau und abends zum Herzogpaar, das hocherfreut war, weil der Vater ihn geschickt habe, wie von Praun schrieb. Der Herzog, der im Bett lag, wirke »erquickt«. Obwohl er durch die sechswöchige Krankheit sehr schwach war, hofften alle, dass er wieder gesund werden würde. Vor allem Anna Amalia sei über die Besserung »innigst erfreut«. Sie lasse ihren Gemahl kaum aus den Augen, aber an diesem ersten Abend habe sie sich nach der Tafel mit von Praun alleine getroffen, um sich nach allem zu erkundigen. Offenbar, so lautete das Fazit von Prauns für Karl I., »ist alles hier in sehr guter Ordnung«.[6]

In den folgenden Wochen gingen alle sieben Tage Briefe zwischen Karl I. und seinem Vizekanzler hin und her. Hauptthema war neben den Berichten über die Gesundheit des Herzogs das Problem der Minderjährigkeit Anna Amalias. Volljährig wurde man erst mit 21 Jahren, eine vorzeitige Volljährigkeit musste beim Kaiser beantragt werden. Wie konnte Anna Amalia also bis zu einer Volljährigkeitserklärung im Namen des minderjährigen Erbprinzen Regentin sein? Es müsste aber doch möglich sein, meinte ihr Vater, dass eine minderjährige Fürstin, wenn sie einen »andern regierenden Herrn zum Mitvormund« neben sich habe, regieren könne. Dafür müssten eigentlich die Bestimmungen des Ehevertrages ausreichen. Trotzdem wäre es besser, wenn diese Bestimmungen noch einmal durch eine »förmliche Fürstväterliche Anordnung« des Herzogs bestätigt würden und eine »dispositio testamentaris« gemacht werde. Ein weiteres Problem war, ob eine Fürstin dann nachträglich, wenn sie volljährig wäre, noch zur Mitvormundschaft gelangen könne, wie das in den Römischen Gesetzen als auch von berühmten Staatslehrern vorgesehen war.

Karl I. regte auch hierüber eine testamentarische Verfügung des Herzogs an, »und es wäre sehr gut, wenn Wir in dem Testament ersucht würden«, seiner Tochter »während der Minderjährigkeit Bei der Vormundschaft (zu) assistieren, wozu Wir uns bereit und willig erzeigen werden«.[7]

Im Laufe des Monats März ging es mit der Gesundheit des Herzogs mal besser, mal schlechter. Fieber, unruhiger Puls, Blut im Stuhl. Schwanken zwischen Hoffnung und Verzweiflung. Der Herzog hatte wuchernde Polypen im Darm, die ihn schon in der Jugend gequält hatten, wahrscheinlich handelte es sich um adenomatöse Polyposis, eine Erbkrankheit, bei der es zu einem massenhaften Befall des Dickdarms mit Polypen kommt. Heute weiß man, dass die Wahrscheinlichkeit der Entartung eines oder mehrerer dieser Polypen zu Darmkrebs bei nahezu 100 Prozent liegt. Leibarzt Johann Friedrich Hufeland (1730–1787), mit dem von Praun in täglichem Gespräch war, hatte auch den Rat anderer Ärzte hinzugezogen, damit man ihm im Todesfall keine Vorwürfe machen konnte.[8]

Zusammen mit Gottfried Nonne (1710–1765), der im Geheimen Consilium saß und als Gegner von Bünaus galt, gelang es von Praun, das Testament vom 21. Februar zugunsten Anna Amalias zu ergänzen. Ende März konnte von Praun nach Braunschweig melden, dass der Herzog inzwischen eine testamentarische Verfügung unterzeichnet hatte, in der Karl I. ersucht wurde, bis zur regulären Volljährigkeit seiner Tochter oder bis die venia aetatis – die vorfristige Volljährigkeitserklärung – erteilt würde oder falls Anna Amalia vor der Volljährigkeit des Erbprinzen sterben sollte, die Verwaltung des Landes zu übernehmen. Falls Karl aber nicht mehr leben sollte, würde dies sein Nachfolger übernehmen. Der König von Dänemark sollte nur noch tutela honoraria, eine Ehrenvormundschaft ohne konkrete Aufgaben, ausüben, aber keine Vormundschaftsrechte mehr haben.

Der Graf von Bünau sollte weiterbeschäftigt werden, solange er das wollte oder »die Administration es für nützlich hält, sich seiner Dienste zu gebrauchen«.[9] Das kam einer praktischen Entmachtung des Grafen gleich. Von Praun bat Karl I. auch um eine Vollmacht, damit er im Todesfall sofort die Dienerschaft und die Miliz verpflichten und für das Anschlagen der Patente sorgen könne, die geplant und entworfen werden mussten. Es war ganz entscheidend, dass jeder sofort wusste, dass es kein Machtvakuum gab, sondern der regierende Herzog von Braunschweig-Wolfenbüttel gemäß Testament die Regierung vorläufig übernahm.

Am 24. März meldete von Praun, dass auch die Deklaration der Verfügung vor zwei Zeugen vollzogen worden war und somit alles rechtens und für den Todesfall vorbereitet sei. Allerdings ginge es dem Herzog besser, sodass er seine Rückreise in wenigen Tagen antreten wolle. Es sei dem Herzog »leichter ums Herz« geworden, nachdem die Deklaration erfolgt sei, denn das vorangegangene Testament sei wohl nicht ganz »nach dero freyem Willen« zustande gekommen.[10]

In manchen Biografien über Anna Amalia heißt es, dass Graf von Bünau nichts von diesem testamentarischen Zusatz wusste und bei der Testamentseröffnung ganz überrascht war.[11] Das stimmt so nicht, denn am 27. März schreibt von Praun, dass von Bünau Bescheid wisse, sich aber nichts anmerken lasse, und dass er keinen Verdacht habe, dass von Praun etwas »suggeriert« habe.[12]

Von Praun reiste dann nach Braunschweig zurück, aber schon am 27. Mai 1758 schrieb Nonne an Karl I., dass der Herzog im Sterben liege. Anna Amalia sei »so voller Jammer«, dass sie nicht selbst schreiben könne. Sie bitte ihren Vater, nach Weimar zu kommen,[13] was diesem aber nicht möglich war, da der Erbprinz mit seinem Onkel Ferdinand in den Krieg gezogen war. Der amtierende Herzog von Braunschweig konnte in dieser Situation sein Land nicht verlassen. Er schickte aber wieder seinen Vizekanzler, der die Situation in Weimar ohnehin durch seinen letzten Aufenthalt dort besser einschätzen konnte. Doch noch bevor von Praun am 31. Mai in Weimar ankam, starb der Herzog am 28. Mai mit 20 Jahren. Anna Amalia war 18,5 Jahre alt und im fünften Monat wieder schwanger.

Karl I. hatte seinem Vizekanzler neben genauen Anweisungen, was zu tun war, auch den Auftrag gegeben, seiner Tochter seine »zärtlichste mitleidige Empfindung« mitzuteilen und er solle zu ihrer »Tröstung und Aufrichtung in Ihrem großen Leide alles mögliche beytragen«.[14]

Anna Amalia war nun nach dem Testament ihres Mannes alleinige Vormünderin und Regentin. Ihr Vater sollte bis zu ihrer Volljährigkeit an ihrer Stelle regieren, es sei denn, der Kaiser würde sie vorzeitig für vollmündig erklären.

Eine Wiederheirat hat Anna Amalia offenbar nie in Betracht gezogen. Nach den Bestimmungen des Ehevertrages und des Testaments hätte sie dann die Hälfte ihres Witwengehaltes verloren. Außerdem hätte sie bei einer Wiederverheiratung vor 1775, dem Zeitpunkt der Volljährigkeit ihres Sohnes, ihre Aufgabe als Obervormünderin verloren und damit die Aufsicht über die Erziehung ihrer Kinder. Auch die Regentschaft des Herzogtums, die sie im Namen ihres Sohnes und nach dem Willen ihres Mannes ausüben sollte, wäre ihrem neuen Mann übertragen worden. Das hätte sie niemals riskiert, ebenso wenig wie sie wohl ihre neu gewonnene persönliche Unabhängigkeit aufgegeben hätte.

III. Regentin und Obervormünderin (1758–1775)

1. Kampf um die alleinige Vormundschaft

1.1. Angst, Unsicherheit und Intrigen

» In meinem achtzehnten Jahre fing die größte Epoche meines Lebens an. Ich wurde zum zweyten Male Mutter, wurde Wittin, Obervormünderin und Regentin «,

schrieb Anna Amalia später im Rückblick auf diese Zeit. » Die schnellen Veränderungen, welche Schlag auf Schlag kamen, machten einen solchen Tumult in meiner Seele, daß ich nicht zu mir selbst kommen konnte. Ein Zusammenstoß von Ideen, von Gefühl, die alle unterentwickelt waren. Kein Freund, vor dem ich mich aufschließen konnte!«

Aus diesen Zeilen sprechen Angst und Unsicherheit. Beim Tod ihres Mannes war sie wieder schwanger, umgeben von Menschen, denen sie nicht vertraute, von denen sie aber wusste, dass sie womöglich versuchen würden, das Testament anzufechten, um ihr die Kinder und die Regentschaft zu nehmen. Sie hatte keine Ahnung vom Alltag einer Regierung, und das Herzogtum befand sich obendrein mitten in einem Krieg.

» Ich fühlte meine Untüchtigkeit, und dennoch mußte ich Alles in mir selber finden. Wenn man die Gefahr vor Augen sieht oder der Mensch viele Leiden hat, so nimmt er seine Zuflucht zum Gebet. Nie habe ich mit wahrer und mehrer Inbrunst gebetet als zu dieser Zeit; ich hätte die größte Heilige werden können ... In diesem Jahre, wo sonst alles blühet, war bey mir nur Nebel und Finsterniß.«[1]

Die Einzigen, auf die sie sich verlassen konnte, waren ihr Vater, der aber nicht vor Ort war, und sein Vizekanzler, der im Namen Karls I. bereits am 31. März 1758 das Patent über den Antritt von dessen Obervormundschaft und Landesadministration anschlagen ließ, noch bevor ein eventueller Protest der anderen sächsischen Fürsten eintreffen konnte. Immerhin war die Regentschaft eines fremden Fürsten über ein sächsisches Fürstentum so nicht vorgesehen gewesen. Letztendlich verzichteten sie aber auf einen Einspruch.

Bereits am Tag der Beerdigung, am 4. Juni 1758, setzte Karl I. den Kaiser in Kenntnis, dass er die Vormundschaft und die Landesverwaltung, die ihm durch das Testament des verstorbenen Herzogs angetragen worden waren, anerkenne und hoffe, dass der Kaiser das gutheiße.[2] Anna Amalia selbst beantragte am 15. Juni beim Kaiser die vorzeitige Volljährigkeit mit dem Ziel, die testamentarisch verfügte alleinige Obervormundschaft und Landesverwaltung ausüben zu können.[3] Diesen Antrag seiner Tochter unterstützte auch ihr Vater in einem weiteren Brief an den Kaiser und betonte, dass »Fähigkeit und gute Eigenschaften« seiner Tochter »den Mangel der noch abgehenden Jahre sattsam ersetzen«.[4] Bezogen auf seine Übernahme der Vormundschaft bis zu einer Entscheidung des Kaisers, versicherte er, dass sein »vornehmstes Augenmerk« sein werde, »durch meine reichspatriotische Gesinnung und unwandelbare Treue und Devotion für Kaiserl. Majest. Allerhöchste Gnade und Zuneigung mich immer würdiger zu machen«.[5]

Aber genau an dieser Gesinnung und Treue schienen der Kaiser und seine Berater zu zweifeln, wie sich zeigen wird. Immerhin hatte Karls Bruder Herzog Ferdinand von Braunschweig-Wolfenbüttel gerade erst die Franzosen, die aufseiten der Österreicher kämpften, zweimal geschlagen: in der Schlacht von Rheinberg und in der Schlacht bei Krefeld. Bei dieser letzten Schlacht hatte auch der Erbprinz von Braun-schweig-Wolfenbüttel, welcher sich an der Spitze der Infan-terie befunden hatte, »Wunderproben von dero Tapferkeit bewiesen. Dero gute Aufführung und unerschrockener Muth kann nicht genugsam gepriesen werden. Man ist ihnen den größten Theil des Sieges schuldig«[6], schrieben die *Weimari-sche(n) Wöchentliche(n) Anzeigen.* Der Sieg gegen den Kaiser wurde im halb offiziellen Regierungsblatt gefeiert, auch das war keine vertrauensbildende Nachricht, was die Treue der Weimarer Regierung zum Kaiser anbetraf.

Während man auf die Entscheidung des Kaisers wartete, übernahm Karl I. die faktische Verwaltung des Fürstentums mithilfe seines Vizekanzlers von Praun und in Absprache mit dem Weimarer Geheimen Consilium.

Mit den Kriegswirren ging auch eine Auflösung der inne-ren Ordnung im Lande einher, mit der sich die provisorische Regierung in Weimar auseinandersetzen musste. Man hatte keine Kontrolle mehr darüber, wer sich im Land aufhielt, sodass man sich gezwungen sah, unter anderem eine mehr-seitige Verfügung gegen »alle Rottenweise herumstreifende Jauner- Streicher- und Räuber-Gesindel auch Zigeuner« zu erlassen. Niemand durfte nunmehr ohne einen beglaubigten Pass durch das Land reisen, ansonsten konnte er mit Zucht-haus bestraft werden. Außerdem mussten die Gastwirte bei Strafe alle Fremden, die bei ihnen Unterkunft suchten, mit genauen Angaben melden. Diebe, die mit Degen, langen Messern, Beilen, Äxten und Brecheisen aufgegriffen wurden, konnten nach der Verfügung nicht nur mit lebenslanger Lan-desverweisung, sondern auch mit Todesstrafe oder mit bis zu lebenslangem Zuchthaus bestraft werden, wobei »solche in das Zuchthaus eingebrachte ruchlose Züchtlinge« jeden Sonnabend öffentlich ausgepeitscht wurden, was vor allem der Abschreckung dienen sollte.[7]

Alle Anweisungen geschahen, und das wurde auch jedes Mal deutlich gemacht, in des eigentlichen Herrschers Namen: Erbprinz Carl August, der noch nicht einmal sein erstes Lebensjahr vollendet hatte.

»So nahm ich mir die Freyheit, Ew. Gnaden hierüber meine Gedanken in kindlicher Ehrfurcht und Vertraulichkeit gehorsamst zu eröffnen«, schrieb Anna Amalia am 26. Juni 1758 an ihren Vater, der auch über ihren Hofetat und ihren neuen Hofstaat entscheidend mitbestimmte. Wenn sie eigene Vorschläge machte, dann immer als »gehorsame Tochter«. Laut Ehevertrag standen Anna Amalia als Witwe 30000 Reichstaler jährlich zu.[8] Das war aber gedacht für den Fall, dass sie sich auf das Schloss Allstedt zurückziehen würde mit entsprechender Ausstattung und Grundversorgung. Keinesfalls war diese Summe für eine Hofhaltung ausreichend, die sie nun als Regentin benötigte. Das Ansehen einer Regierung, die die Fürsten in dieser Zeit als Stellvertreter Gottes und allein durch seine Gnade führten, wurde durch einen entsprechenden Glanz bei der Hofhaltung dokumentiert. Durch Verhandlungen von Prauns im Namen Karls I. mit dem Consilium konnte der Etat auf 50000 Reichstaler heraufgesetzt werden, 36000 davon für die Hofhaltung, den Rest zu Anna Amalias eigener Verfügung.[9]

Während Anna Amalia an den eigentlichen Regierungsgeschäften in dieser Zeit keinen Anteil hatte, wurden bei der Neueinrichtung des Hofstaates ihre Wünsche berücksichtigt, auch wenn sie sich mit von Praun und Nonne beraten hat. Geheimrat Nonne handelte mit Sicherheit nicht uneigennützig, wenn er Anna Amalia einen Brief an ihren Vater schreiben ließ, in der sie die »Pensionierung« ihres Oberhofmeisters von Benckendorff, des Hofmarschalls von Schardt, Vater der späteren Goethe-Freundin Charlotte von Stein (1742–1827), und des Oberkämmerers von Goechhausen vorschlug, denn das waren Anhänger des Grafen von Bünau, eines Gegners von Nonne.

Dies war eigentlich nicht ganz im Sinne Karls I., der, solange die Verhältnisse noch so unklar waren, keinen der altgedienten Hofbeamten sofort vom Hofe entfernen lassen, sondern sie lieber nur mit anderen Aufgaben betrauen wollte.

Zum neuen Oberhofmeister des Hofes erwählte Anna Amalia, wie sie ihrem Vater mitteilte, den bisherigen Oberstallmeister Friedrich Hartmann von Witzleben (1722–1788) »wegen seiner guten Eigenschaften« und »in Rücksicht auf das ihm von dem seeligen Herzog bis in den Tod bezeigte Vertrauen«. Er werde das in ihn gesetzte Vertrauen rechtfertigen, wenn er alleine die »direction« behalte, schrieb sie an den Vater. Dagegen seien »tausend unangenehme und in der Folge schädliche collisiones zu befürchten«, wenn die anderen drei Hofbeamten auch noch blieben. »Bei dem gottseligen Herzog, der seine Leute kannte, waren eben diese drey Personen nicht gelitten, doch mehr als der Graf von Bünau, welcher durch sein herrschsüchtiges und eigennütziges Betragen« den Herzog »vor und in der Krankheit dergestalt geärgert (hat), dass, wenn der Tod nicht dazwischengekommen wäre, ohnfehlbar eine Veränderung erfolgt seyn würde.«[10]

Was ja so viel bedeutet, dass der Herzog seinen Premierminister entlassen hätte. Dies hatte auch Anna Amalia im Sinn, die sich bei ihren Entscheidungen zumindest in der ersten Zeit meist von dem leiten ließ, was im Sinne ihres verstorbenen Mannes zu sein schien.

Vor allem aber fühlte sie sich in diesen Monaten einsam und unsicher. So beendete sie ihren Brief an den Vater mit der Bitte um Nachsicht, weil sie ihm ihr »ganzes Herz vertraulich« ausschütte. »Wem kann ich mich sicherer anvertrauen als meinem verehrungswürdigen Vater, der bey mei-

nem betrübten Wittumstande mein einziger Trost und Zuflucht ist?«[11]

1.2. Verhandlungen, Entführungspläne und die Geburt eines Prinzen

*» So bald Unserer Frauen Gemahlin Liebden veniam aetatis
oder die Jahre, so zur majorennitat erforderlich erlanget, sollen
Sie die Vormundschaft und alleinige Landes Administration
antreten.«*

So lautete der Paragraf 3 des Kodizils vom 22. März 1758, das
auf Betreiben Karls I. dem ursprünglichen Testament Ernst
August Constantins beigefügt war. Umso größer war das
Entsetzen, als das kaiserliche Dekret vom 1. August 1758 in
Weimar eintraf. Der Kaiser erteilte zwar Anna Amalia die vorzeitige Volljährigkeit, setzte aber als gleichberechtigten Mitvormund und Co-Administrator ausgerechnet den Kurfürsten von Sachsen ein.[12] Der kaiserliche Hof hatte politische
Gründe für diese Entscheidung: Der Kurfürst stand im Gegensatz zu Karl I. tatsächlich auf der Seite des Kaisers. Wie aus
Depeschen des sächsischen Gesandten in Wien, dem Grafen
Flemming, vom Juli 1758 an den kursächsischen Premierminister Heinrich von Brühl hervorgeht, war man in Wien darüber besorgt, dass Preußen und Großbritannien versuchten,
die protestantischen Prinzen des Reiches auf ihre Seite zu
bringen, indem man ihnen einredete, dass der Bündnisvertrag
von Versailles vom 1. Mai 1757 zwischen den katholischen
Mächten Österreich und Frankreich sehr gefährliche Konsequenzen für die protestantische Religion haben werde. Man
glaubte daher in Wien zu wissen, dass neben den Häusern von
Hessen und Braunschweig auch die Regierungen in Gotha

und Weimar sich den Preußen anschließen würden, vor allem, wenn in Weimar nun ein Braunschweiger Fürst die Regierung kommissarisch übernehmen sollte.[13]

Friedrich August II. von Sachsen, der seit 1733 auch als August III. auf dem polnischen Thron saß und dafür zum katholischen Glauben übergetreten war, lebte seit seiner Niederlage gegen die Preußen in Warschau. Eine Rückgewinnung seines Kurfürstentums konnte August III. nur mithilfe des Kaisers und der Reichstruppen erreichen. Aus Sicht des Kaisers war der sächsische Kurfürst daher ein verlässlicher Garant dafür, dass sich unter seiner Mitvormundschaft das Herzogtum Sachsen-Weimar-Eisenach nicht den Preußen anschließen würde. Die Situation in Weimar und das Schicksal Anna Amalias waren längst keine internen Angelegenheiten des Fürstentums mehr, sondern hatten reichspolitische Dimensionen angenommen.

Keine Woche nach dem Brief des Kaisers erreichte Karl I. ein offizielles Kondolenzschreiben des Kurfürsten zum Tode seines Schwiegersohnes, in dem er gleichzeitig mitteilte, dass er die Mitvormundschaft annahm.[14]

Karl I. aber beschloss zunächst abzuwarten mit dem Argument, dass »einer in hoher Schwangerschaft Sich befindlichen Fürstin, die alle Augenblicke Ihre Niederkunfft vermutet«, nicht zugemutet werden könne, diesen kaiserlichen Erlass sofort umzusetzen.[15] Anna Amalia hatte bereits im Juni von Praun erklärt, dass sie die Verwaltung bei Karl I. lassen würde, weil sie sich während der Schwangerschaft »keinen affairen zu unterziehen imstande seyn« würde und die Staatsangelegenheiten in Weimar »in andere Hände so ganz allein zu geben Scheu und Bedencken« habe.[16]

Allerdings machte sich Karl I. ernsthafte Sorgen um seinen Enkel, den der Kurfürst womöglich entführen lassen könnte. Im Hauptstaatsarchiv in Weimar liegt eine dicke Akte mit dem Titel »Sicherstellung der Durchl. Erb- und Landprinzen«, in der sich, beginnend mit dem 15. August 1758, die Korrespondenz zwischen Karl I. und seinem Vizekanzler befindet. Karl I. befürchtete vonseiten des Kurfürsten eine »Bekehrungs-Sucht« zum katholischen Glauben und daher einen »Anschlag« auf die Person des Erbprinzen, um ihn »zu eigener Erziehung« abzuholen. Er hoffte, dass es nicht so weit komme, aber man wisse ja, was der »Religions-Eifer« tun könne und wozu »eifrige Beicht-Väter« die »billigsten und besten Lerner verleiten« können.

Abgesehen davon, was das für Anna Amalia bedeutet hätte, würde ein katholischer Erbprinz in Sachsen-Weimar auch die Position des katholischen sächsischen Kurfürstentums zuungunsten der kleineren protestantisch sächsischen Fürstentümer des ernestischen Zweiges stärken, die die durch die Personalunion mit Polen weiter angewachsene Macht des Kurfürsten ohnehin schon als bedrohlich empfanden.

Karl I. befahl von Praun, dass dieser unter strengster Geheimhaltung den Grafen von Bünau über die Gefahr informieren solle. Seine Tochter dürfe davon nichts wissen, um sie nicht »unnötigerweise bekümmert« zu machen. Mit Bünau solle er auch alle möglichen Vorsichtsmaßnahmen besprechen und beim kleinsten Verdacht Maßnahmen zur Sicherung des Prinzen vornehmen.[17] In seinem Antwortbrief schlug von Praun vor, dass Anna Amalia nach ihrer Niederkunft beide Kinder selber nach Braunschweig in Sicherheit bringen solle.[18]

Es war gut, dass Anna Amalia davon nichts wusste. Sie geriet ohnehin mit zunehmender Schwangerschaft immer mehr in Panik. Bereits Anfang Juni 1758 hatte sie ihren Vater durch Praun bitten lassen, dass ihre Mutter zur Geburt nach Weimar kommen möge. Auch den Vater hatte sie darum gebeten, der aber abgelehnt hatte. Ein Besuch Karls I., der immerhin der Schwager des preußischen Königs war, hätte vom Kaiser als

Signal gedeutet werden können, dass Anna Amalia sich in ihrer Regentschaft aufgrund ihrer Verwandtschaft mehr dem Preußenkönig Friedrich II. zuwenden würde. Karl I. wollte die Verhandlungen wegen der vorzeitigen Volljährigkeit Anna Amalias nicht gefährden und blieb in Braunschweig.[19]

Von Praun informierte Karl I. in diesen Wochen regelmäßig über das Befinden seiner Tochter. Mitte Juli schrieb er: Sie sei »ganz munter und wol aussehend«, es sei ihr nur übel wie bei der ersten Schwangerschaft. Der Leibchirurg Engelhardt habe aber versichert, dass »alle Anzeichen von einer gesunden Frucht« vorhanden seien.[20]

Am 1. September, fünf Tage vor der Geburt, schrieb Anna Amalia selbst einen Brief an ihren Vater, in dem sich ihre ganze Angst zeigte, die sicherlich durch die ungewisse Situation, aber auch durch die Furcht vor dem Tod im Kindbett, die alle Frauen damals hatten, verstärkt wurde. So kurz vor der Entbindung wolle sie die Zeit nutzen, die ihr noch bliebe, schrieb sie. Sie versicherte ihrem Vater ihre Unterwürfigkeit und bat ihn, seine Gnade auch weiterhin auf ihren Kindern zu lassen. Für den Fall, dass »die Göttliche Vorsehung beschlossen hat, mich von dieser Welt zu nehmen, flehe ich, Monsieur cher Papa, dass Ihr die Gnade habt, ihnen Vater zu sein und sie zu Euch zu holen«. Sie war überzeugt, dass sie bei ihm in guten Händen wären, »und das wäre mir immer ein sehr großer Trost, meine Kinder wohlauf zu wissen, aber ich hoffe doch, dass der gute Gott mir helfen wird, und ich hoffe, dass mein lieber Papa mir verzeiht, wenn ich mir die Freiheit genommen habe, ihm meine Kinder anzuvertrauen«.[21]

Der Antwortbrief Karls I. folgte unmittelbar. »Euer Brief hat mich unendlich bekümmert, meine sehr liebe Tochter«, schrieb er. In der Situation, in der sich jede schwangere Frau befinde, sei es ganz natürlich, Momente der Sorge und Traurigkeit zu haben. »Ich bin überzeugt, dass der Allmächtige nach den Schlägen, die so traurig für uns waren, uns jetzt trösten möchte durch die glückliche Niederkunft meiner liebsten Tochter.« Sie solle auf den Allmächtigen hoffen wie er selbst, und dann werde alles gut. Falls der Allmächtige ihn aber mit dem Verlust seiner Tochter »überwältigen« wolle, »könnt Ihr ganz sicher sein, dass meine eigenen Kinder mir nicht lieber sein werden als Eure und dass ich ihnen die ganze Fürsorge zukommen lassen werde, deren ich in der Lage bin«. Aber sie solle solche dunklen Gedanken vermeiden: »Wir werden zusammenleben, mein liebes Kind, und Gott ehren, der unser Rückhalt ist.« Er beschwor sie noch einmal, den traurigen und finsteren Vorstellungen keinen Raum zu lassen. »Was mich tröstet, ist, dass sie ein gutes Omen sein sollen, wie man mir versicherte. Sie gehen öfters den besonders glücklichen Niederkünften voraus. Ich umarme Euch und gebe tausend Segenswünsche Euch und dem kleinen Sohn oder der kleinen Tochter, die Gott mir geben wird.«[22]

»So, wie das Saamenkorn, das man im Frühling sät, Durch einen muntern Halm, im Sommer aufersteht: So sieht man Constantin, den frommen Fürst der Sachsen, Den man im Lenz begrub, im Sommer wieder wachsen«, schrieben die *Weimarische(n) Wöchentliche(n) Anzeigen* über die Geburt des Prinzen Constantin am 8. September 1758.[23] Anna Amalias Mutter hatte es nicht mehr rechtzeitig geschafft, sie kam erst vier Wochen später zusammen mit Anna Amalias Schwestern Sophie Caroline und Elisabeth Christine Ulrike in Weimar an, wo sie angenehme Wochen verbrachte, wie sie ihrem Bruder Friedrich II. schrieb. Vor allem erfüllte es sie mit Befriedigung, dass ihre Tochter vollkommen glücklich gewesen wäre, »wenn der Himmel ihr ihren Gemahl länger gelassen hätte«. Immerhin habe er ihr die beiden Prinzen geschenkt, die »der Trost der Mutter und des ganzen Landes« seien. »Der Älteste ist ganz liebenswert, gesund und robust und zeigt, obwohl er noch so jung ist, großes Verständnis und Geist ... Er ist voller Lebendigkeit und Fröhlichkeit.« Der Hof sei sehr hübsch und in Ordnung. Man sei hier extrem auf der Seite des preußischen Königs: »Schade, dass ihre Streitmacht und puissances nicht mit ihren guten Absichten mithalten können.«[24] Der Krieg war aber auch in Weimar immer präsent, wie sie an ihren Bruder Friedrich weiter schrieb. Sie hoffte sehnsüchtig auf einen Sieg ihres Bruders gegen den kaiserlichen Oberbefehlshaber Leopold Joseph Graf von Daun (1705–1766). Dann wäre der Frieden nicht mehr weit »zu unserem Vorteil und zur Schande des Hauses Österreich, das amüsiert darauf wartet, den Reichsbann über die Prinzen und alle, die nicht auf ihrer Seite sind, zu verhängen«.

Wegen des Todes ihrer Schwester, der Markgräfin Wilhelmine von Preußen, und ihres 26-jährigen Schwagers Friedrich Franz (1732–1758), der als Kommandant ein preußisches Infanterieregiment geführt hatte und gefallen war, musste Anna Amalias Mutter ihren Aufenthalt in Weimar abkürzen. Sie verließ ihre Tochter am 22. Oktober in guter Gesundheit, wie sie ihrer Mutter schrieb, obwohl sie »seit der großen Veränderung sehr zerbrechlich geworden ist«.[25]

1.3. Protest und Widerstand

In Weimar hatte man eine offizielle Reaktion auf den Beschluss aus Wien bewusst bis nach der Geburt Constantins ausgesetzt, weil man Anna Amalia schonen wollte. Mitte September 1758 aber formierte sich der Widerstand in Weimar und den anderen sächsischen Fürstentümern. Sie alle wollten eine weitere Ausdehnung der Macht des sächsischen Kurfürsten und damit letztendlich der des Kaisers in Wien verhindern.

Karl I. wünschte eine klare Legitimation seiner Tochter und beauftragte die Weimarer Regierung, die rechtliche Lage und die entsprechenden Hausgesetze der sächsischen Linien zu prüfen. Christian Gottlieb Buder, Professor für Staats- und Lehnsrecht an der Universität in Jena, verfasste ein ausführliches Gutachten, in dem die Rechtmäßigkeit des Kodizils bestätigt wurde.[26] Parallel dazu ersuchte Karl I. den sächsischen Kurfürsten, auf die Mit-Vormundschaft zu verzichten, da sie dem letzten Willen seines Schwiegersohnes widerspräche.[27]

Erst Ende Oktober erhielt Karl I. einen Antwortbrief von August III., in dem er mitteilte, dass er nicht bereit sei, die Anfrage des Kaisers abzulehnen. Außerdem glaube er nicht, dass das dem Testament des Herzogs widerspräche. Nach sächsischem Recht könne eine Frau ohnehin nur dann regieren, wenn sie einen Mitvormund bzw. einen Mitlandesverwalter beigefügt bekommen habe.[28] Im November schalteten sich auch die Herzöge der anderen sächsisch-ernestinischen Linien mit Protestbriefen an den Kaiser ein: Sachsen-Coburg-Meiningen, Sachsen-Coburg-Saalfeld, selbst Sachsen-Hildburghausen, das immerhin offiziell auf kaiserlicher Seite stand. Sie forderten den Kaiser auf, das Recht eines Familienvaters, seinen unmündigen Kindern einen Vormund per Testament zu geben, zu respektieren. Das sei nicht nur allgemeines Recht, sondern auch explizit das Recht des Fürstlichen Sächsischen Gesamthauses, was der Kaiser durch entsprechende Verträge zugesichert habe.[29]

Anfang November 1758 schrieb auch Anna Amalia einen Brief an den Kaiser, in dem sie sich zu einem ungewöhnlichen Schritt entschloss. Dabei muss man immer berücksichtigen, dass sie diese offiziellen Schreiben natürlich mithilfe ihrer Berater, allen voran Vizekanzler von Praun, im Auftrag ihres Vaters verfasste: Das Testament ihres Mannes beweise, dass er ihr die » alleinige Vormundschaft und Landes-Administration « anvertrauen wollte. Nur darum habe sie vorzeitige Volljährigkeit beantragt, was mit den Hausgesetzen der sächsischen Fürstenhäuser durchaus vereinbar sei. Falls der Kaiser aber ihre Bitte abschlagen sollte, so würde sie die vorzeitige Volljährigkeit, die er ihr bereits verliehen hatte, nicht annehmen, sodass ihr Vater nach der » Intention und Vorschrift « ihres Gemahls weiterhin Vormund und Landesverwalter bis zu ihrer gesetzlichen Großjährigkeit bleiben könne.[30] Zeitgleich schrieb auch Karl I. aus Braunschweig in gleicher Lesart an den Kaiser.[31] Ähnlich lautete auch der Brief Karls I. an August III., und er fügte noch hinzu: » Dass Fürstinnen, und zumahlen Fürstl. verwittwete Mütter in Deutschland allein und ohne Zuthuung eines Mit-Regenten besonders, wenn Ihnen, wie von des Hochseeligsten Herrn Herzogs zu Sachsen-Weimar Liebden geschehen, ein geheimes Consilium zugeordnet ist, regieren können, ist eine allgemein bekannte und niemals bestrittene Warheit. « Karl I. erinnerte den Kurfürsten an die Herzogin von Sachsen-Hildburghausen, Sophia Albertine (1683 – 1742), die nach dem Tod ihres Mannes von 1724 bis 1728 die Regentschaft für ihren unmündigen Sohn Ernst Friedrich I. von Sachsen-Hildburghausen geführt hatte. » Es hat also nicht den geringsten Zweifel, dass eine Herzogin von Sachsen allein regieren könne «, schloss Karl I. seinen Brief.[32]

Ende 1758 lagen die Akten über die Vormundschaftsangelegenheit, einschließlich des Kodizils, gedruckt vor und waren damit öffentlich geworden. Anna Amalia bat in einem Brief vom 30. November 1758 die Reichsstände in Regensburg um Unterstützung, weil das Abändern eines fürstlichen Testaments einen Präzidenzfall schaffe, der Folgen für alle hätte. Zusagen bekam sie allerdings zunächst nur von den verwandten bzw. ohnehin gegen den Kaiser opponierenden Häusern

Brandenburg-Bayreuth, Hessen-Kassel und Brandenburg-Preußen.[33]

Am 22. Dezember 1758 wurde eine Entscheidung des Kaiserlichen Reichshofrates veröffentlicht, in dem alle Gesuche in dieser Sache für »abgeschlagen und für unstatthaft« erklärt und der Auftrag an den König von Polen als Mitvormund bestätigt wurde.[34] Der Reichshofrat mit Sitz in Wien war neben dem Reichskammergericht die höchste gerichtliche Instanz im Heiligen Römischen Reich Deutscher Nation. Vor allem bei den protestantischen Reichsständen galt er im Gegensatz zum Reichskammergericht als »Instrument des Kaisers«, weil man ihm unterstellte, dass die katholischen Parteien bevorzugt und die Territorialherren, die nach politischer Selbstständigkeit strebten, behindert würden.[35]

Karl I. dachte aber nicht daran, aufzugeben. In einem Rundschreiben an alle Fürsten beklagte er die Entscheidung des Reichshofrates und griff zum ersten Mal den König von Polen direkt an. Er sei durch die Umstände seines Landes ungeeignet, sich um das Herzogtum Sachsen-Weimar zu kümmern, da er außerhalb des deutschen Reiches in seinem eigenen Königreich – Polen – unterwegs und direkt in den Krieg verwickelt sei. Karl I. kündigte an, dass er über seinen »Vormundschaftlichen Comitial-Gesandten zu Regensburg bei der allgemeinen Reichsversammlung ein mit Beilagen versehenes Pro Memoria in seinem Namen« abgeben wolle.[36]

Dem Kaiser gegenüber wurde Karl I. am 25. Januar sehr deutlich, wenn auch mit der gebotenen Höflichkeit. Er finde kaum Worte für das zweite »Kayserliche Hofraths-Conclusum«, hielte es aber für seine Pflicht, die Folgen für seine Tochter und die seiner Pflege anvertrauten Prinzen und das Land abzuwenden. Wie solle denn der polnische König bei seiner Situation seine täglichen Pflichten als Obervormünder und Mitregent nachkommen? Eine polnische Mit-Administration könne das Land nur »völlig zu einem Schau-Platz des Krieges« und die Einwohner zu Opfern machen.[37] Unterstützung bekam er von den anderen sächsischen Herzögen, die sich ebenfalls mit einem weiteren Brief an den Kaiser wandten.[38] Auch Anna Amalia schrieb an den Kaiser und klagte über die »äußerst schmerzvollen Empfindung…, in die sie in ihrem ohnehin Kummer- und bedrängnisvollen Wittwen-Stande« zusätzlich durch die Entscheidung des Kaisers gesetzt wurde.[39] Eine Antwort erhielt sie nicht.

Parallel zu den erfolglosen Protestschreiben nahmen Karl I. in Braunschweig und sein Vizekanzler in Weimar Anfang Januar 1758 die Fluchtpläne vom Herbst wieder auf. Von Praun hatte inzwischen auch den Statthalter Theodor von Dalberg (1744–1817), der zeit seines Lebens ein Freund des Weimarischen Fürstenhauses war, wegen einer möglichen Flucht um Rat gefragt. Der meinte zwar, dass aktuell wohl nichts zu befürchten sei, aber er habe nun gesehen, dass sich Wien über alle »principia politica et juridica« hinweggesetzt und nach »ungebundener Willkühr« gehandelt habe, und könne daher nicht ausschließen, dass man in Wien sich »erdreisten« könne, sich der Prinzen zu bemächtigen und diese an einen dritten Ort zu bringen, sobald man andere glauben machen könne, der preußische König wolle sie in Schutz nehmen.

Daraufhin wurde beschlossen, dass die Herzogin die beiden Prinzen im nächsten Frühjahr unter dem Vorwand eines Besuches nach Braunschweig bringen sollte, wo sie bleiben würden, bis die Gefahr vorbei sei.[40]

Drei Wochen später sah die Situation schon anders aus. Per Eilstafette ließ Karl I. von Praun seine Befehle zukommen. Es ging nun weniger um den Kurfürsten als um den Krieg, der immer näher rückte. Und die Stadt Weimar, meinte Karl I. sei nicht ausreichend gesichert.[41]

Und er hatte recht. Während sich das französische Heer um Hanau und Niederhessen ins Winterquartier begeben hatte und Frankfurt als Hauptquartier besetzt hielt, war der preußische General von Aschersleben nach Thüringen gekommen, um die auferlegten Kriegssteuern einzutreiben. Ein österreichisches Regiment rückte bis Ilmenau vor.

Daher wollte Karl I., dass seine Tochter unverzüglich und ohne Zeitverlust nach Braunschweig komme, möglichst ohne dass es auffiel. In einem beigefügten »Memoriam« hatte er bereits alles bis ins kleinste Detail geplant: die Route, kurze und längere Tagesstrecken, Mitnahme von Gefolge einschließlich eines Arztes und Gepäck.[42]

Das Wichtigste aber war, dass Anna Amalia nun endlich informiert werden musste. Nach von Prauns Brief zu urteilen, war sie erleichtert und erfreut, dass sie nach Braunschweig kommen sollte. Allerdings gab es nun ein anderes Problem: Von Praun musste nach Braunschweig berichten, dass der Hofarzt Hufeland und der Geheime Kammerherr Engelhardt die Reise für zu gefährlich hielten, nicht nur wegen der Kälte, sondern weil Constantin einen kleinen Zahn bekommen hatte, der sich entzündet hatte. Da das Zahnfieber zur damaligen Zeit bei Kindern eine der Haupttodesursachen auch in Fürstenfamilien war, wollten die Ärzte nicht die Verantwortung übernehmen, falls unterwegs etwas passierte. Auch die Herzogin zögerte.[43]

Ein weiteres Problem war die Geheimhaltung. Schon als die Eilmeldung angekommen war, habe das Gerede angefangen. Man fragte sich überall in Weimar, ob in Braunschweig etwas vorgefallen sei.[44] In der Umgebung sei alles ruhig, schrieb von Praun, bei Gefahr aber würde die Bürgerschaft nur ungerne die Herzogin abreisen sehen. Es würden böse Erinnerungen an die Abreise des damaligen Erbprinzen Ernst August Constantin nach Gotha wach,[45] der erst Jahre später nach Weimar zurückgekehrt war. Von der Anwesenheit der Herzogin und der Prinzen versprach man sich außerdem einen gewissen Schutz vor den verfeindeten Truppen.

Ende Januar schrieb auch Hofarzt Hufeland einen sechs Seiten langen Brief an Karl I. über den Gesundheitszustand der beiden Prinzen. Der Erbprinz habe seit einer Woche Fieber und Entzündungen der Atemwege, Schmerzen im rechten Ohr, er röchele und sei »ganz matt und hinfällig«, es bestünde sogar Todesgefahr. Die Herzogin sei in »große(r) Unruhe und Besorgniß«. Ursache war der Durchbruch der unteren Zähne. Er rate davon ab, den Prinzen eine solche Reise bei der kalten Witterung zuzumuten. Der kleine Prinz Constantin sei sehr unruhig, schreie die ganze Nacht hindurch, er habe Fieber und Durchfall. Auch bei ihm wollten ein paar Zähne durchbrechen. Nun sei ja bekannt, wie vielen »gefährlichen Zufällen« die Kinder beim Zahnen ausgesetzt seien. Daher sei die Reise noch immer zu gefährlich.[46] Den ganzen Februar dauerte es, bis beide Prinzen wieder gesund waren.[47]

Karl I. ging davon aus, dass seine Tochter wohl eine negative kaiserliche Antwort über ihre Vormundschaftssache bekommen würde, was eine baldige Abreise der Kinder unbedingt erforderte.[48] Als die Weimarer Ärzte aber erneut von einer Reise wegen weiterer Zahnentzündungen bei Constantin abrieten, zog Anna Amalia den Braunschweiger Hofrat und Leibarzt Keck hinzu.[49] Keck war der Meinung, dass keine Gefahr bestünde, wenn man mit aller Sorgfalt vorginge. Nun war der Arzt allerdings nicht in weimarischen Diensten, musste also auch keine beruflichen Konsequenzen befürchten, falls den Prinzen doch etwas passierte.

Anna Amalia machte sich gerade zur Abreise bereit, als ein Brief des Oberbefehlshabers der Reichsarmee, Pfalzgraf Friedrich Michael von Zweibrücken-Birkenfeld (1724–1767) eintraf, der durch seine Spione offenbar von der bevorstehenden Flucht der Herzogin und der Prinzen erfahren hatte.[50] Er habe gehört, schrieb er, dass sie von der ihm unterstellten Armee »ein widriges Ungemach« befürchte und deshalb ihre Residenz und ihre Lande verlassen wolle, um anderweitig unterzukommen. Im Auftrag der kaiserlichen Majestäten solle er ihr eröffnen, dass sie unter ihrem allerhöchsten Schutz stehe und darum ruhig in ihrer Residenz verbleiben könne. Er habe auch seine Untergebenen entsprechend angewiesen und werde jedes Vorkommnis besonders aufmerksam verfolgen, damit sie vollkommen beruhigt sein könne.[51]

Das änderte die Situation. Der zurate gezogene Statthalter meinte, dass man den kaiserlichen Hof sehr verärgern würde, wenn man die Reise nun doch antrete. Karl I. legte daraufhin den Fluchtplan erst einmal beiseite. Da die Prinzen immer noch mit ihren Zähnen beschäftigt waren und Hufeland abgeraten hatte, solle man abwarten, schrieb er von Praun. Wenn die Preußen siegten, sei ohnehin keine Gefahr, und andernfalls könne man Allstedt schnell erreichen.[52]

1.4. Sieg über den Kaiser

> *»Daß Frauenzimmer, wenn wol erzogen, an Fähigkeiten und gründlicher Einsicht, Personen von männlichem Geschlechte, von gleichen Jahren, es noch bevor thun können, beweiset die Erfahrung«,*

steht in dem Gutachten, das Karl I. am 26. März 1759 im Namen seiner Tochter zusammen mit den Herzögen von Sachsen-Gotha und Sachsen-Hildburghausen beim Reichstag in Regensburg als des »Reichsobristen Richter« einreichte. Es ginge nicht darum, »die ausnehmenden Eigenschaften der verwitweten Frau Herzogin anzupreisen, die ohnehin nicht nur in den Weimarer und Eisenacher Landen, sondern auch ausser solchen so bekannt sind, dass man vor dem Vorwurf völlig sicher ist, als ob es Hochgedachter Ihro Durchl. an irgendeiner notwendigen Eigenschaft einer trefflichen Landes Regentin fehle«.[53] Karl I. bat hingegen darum, wie es das Gesetz vorschrieb, dass der Reichstag sich auf einer allgemeinen Reichsversammlung mit dem Gutachten beschäftige, um dann ein entsprechendes Schreiben an den Kaiser zu richten.

Es sei »wider alle Reichsverfassung und für die hohen Stände des Reichs von unendlich schädlichen Folgen«, wenn man die kaiserlichen Verfügungen bezüglich der Vormundschaftssachen, vor allem, wenn sie in die »innerliche Regierung der Staaten« eingriffen und die »auf dem Grund der Reichsverfassung beruhende und in den Gesetzen vorgeschriebene Rechtsordnung« missachteten, akzeptierte und die Entscheidung »Ihro Kayserl. Majest. Alleiniger Willkür« überließe. Testamentarische Verfügungen regierender Reichsfürsten »nach Gefallen, abzuändern«, darin verfügte Vormünder abzusetzen oder zu behindern und andere einfach einzusetzen, sei nicht statthaft.[54]

Das Reichsgutachten beschäftigte sich auf 14 Seiten mit den beiden strittigen Fragen:

1. Darf der Kaiser sich über das Testament eines Reichsfürsten hinwegsetzen? Das Fazit lautete: Das Vorgehen des Kaisers verletzt die Verfassung und verstößt gegen Reichsgesetze.

2. Können Frauen Regenten sein? Hier lautete das Fazit: Ja, auf jeden Fall. Es gibt genügend Beispiele für regierende Fürstinnen. »Und da Regenten ihre heimlichen und andere Räte und Collegia haben, deren Gutachter sie hören und durch welche ihnen die Regierungslast erleichtert wird, so ist gar nicht abzusehen, was hierunter ratione fexus der Landes Regenten für ein Unterschied vorwalten könne.« Das Gutach-

ten schließt mit der »zuverlässige(n) Hoffnung«, dass der Kaiser »als ein Gerechtigkeit liebender und die Reichsverfassung und Reichsgesetze zur Richtschnur Ihrer Handlungen setzender Monarch« entsprechende Änderungen mache und den Willen des Herzogs respektiere und nichts verfügen werde, was einen Präzidenzfall schaffen könne.[55]

Am selben Tag noch schrieb der Sekretär bei der französischen Reichstagsgesandschaft in Regensburg, Christian Friedrich Pfeffel von Kriegelstein (1726–1807), einen Brief an den Geschäftsträger der französischen Regierung, Joseph-Roch Boyer de Fonscolombe (1720–1799) in Wien. »Die Angelegenheit von Weimar beginnt in ein kritisches Stadium zu treten.« Die Herzöge von Braunschweig, Gotha und Hildburghausen hätten zusammen mit der verwitweten Herzogin die Intervention der Reichsstaaten bei Ihrer kaiserlichen Majestät gefordert, um eine Bestätigung der testamentarisch verfügten Vormundschaft zu erreichen. Pfeffel zweifelte nicht daran, dass man dieser Aufforderung nachkommen werde, denn eine große Zahl an Ministern, selbst die der katholischen Staaten hätten dazu entsprechende Anweisungen bekommen. »Ich will gar nicht erst von den protestantischen Staaten sprechen, die alle auf der Seite der verwitweten Herzogin zu sein scheinen.« Es müsse unbedingt eine Einigung erzielt werden. Sonst könnte der Reichstag womöglich in einem Moment zerbrechen, wo die Einheit der Staaten das Allerwichtigste sei. De Fonscolombe informierte unverzüglich die mit Frankreich verbündete Regierung des Kaisers.[56]

Nun endlich kam Bewegung in die vormundschaftliche Angelegenheit Anna Amalias. Bereits Anfang April 1759 bekam der österreichische Gesandte Franz von Sternberg (1749–1763), der mit dem kursächsischen Hof nach Warschau ins Exil gegangen war, die Anweisung, den Kurfürsten sehr diplomatisch zu informieren, dass er die Mitvormundschaft nicht mehr antreten solle, weil man in Wien anders entscheiden werde. Der sächsische Hof war auch bereit, das zu akzeptieren, legte aber größten Wert auf die Erklärung, dass man sich nach dieser Vormundschaft nicht gedrängt habe. Der Kurfürst habe sich nur aus Gehorsam gegenüber dem Kaiser darauf eingelassen.[57]

Am 9. Juli 1759 erteilte der Kaiser Anna Amalia dann die alleinige Obervormundschaft und Landesadministration. Anna Amalia musste sich offiziell wie alle Reichsfürsten verpflichten, unter anderem Soldaten für die Reichstruppe zu stellen, die gegen ihre eigenen Verwandten in Preußen und Braunschweig-Wolfenbüttel kämpften.[58] Aber in ihren persönlichen Briefen aus diesen Jahren an ihren Onkel, den preußischen König, wünschte sie ihm Kriegsglück gegen seine Feinde, womit eben genau die Österreicher gemeint waren, denen Anna Amalia als Reichsfürstin verpflichtet war.[59]

Eine Zwickmühle, die sie in den nächsten Jahren bis 1763 noch oft in Schwierigkeiten bringen würde.

Es dauerte noch bis zum 30. August 1759, bis Anna Amalia zum ersten Mal ihre Untertanen mit den Worten begrüßen konnte: »Wir, Anna Amalia, von Gottes Gnaden Herzogin zu Sachsen, Jülich, Kleve und Berg, auch Engern und Westfalen, geborene Herzogin zu Braunschweig und Lüneburg, Landgräfin zu Thüringen, Markgräfin zu Meißen, gefürstete Gräfin zu Henneberg, Gräfin zu Mark und Ravensberg, Frau zu Ravenstein, Obervormünderin und Regentin.« Sie erwarte Gehorsam, Treue und Fleiß von ihnen, mit denen die Menschen sich »Unsere Fürstliche Gnade, Huld und Protection« verdienen sollen.[60]

»Dieses ist das erste Exempel in diesem Hochfürstl. Hause, dass eine verwitwete Herzogin die vormundschaftliche Regierung führet«, schrieben die *Weimarische(n) Wöchentliche(n) Anzeigen.*

Der Regierungsantritt Anna Amalias wurde im ganzen Herzogtum gefeiert:

> » Hör auf, verwaistes Land, um deinen Fürst
> zu weinen;
> Nunmehr regiert Amalia!
> Sie wird, zu deinem Wohl, als seine Sonne scheinen,
> Dergleichen Weimar niemals sah.
> Die beyden Prinzen wird Sie dergestalt erziehen,
> Daß man sie fromm und weise nennt.
> Der Himmel segne doch Ihr fürstliches bemühen!
> Gesegnet sey Ihr Regiment! «[61]

2. Obervormundschaftliche Regentin in Vertretung des Sohnes

2.1. Regentin zwischen Macht und Ohnmacht

»Nachdem der erste Sturm vorüber war, daß ich mich mit mehrer Ruhe und Gelassenheit selber fühlen konnte, war meine erste Empfindung, daß meine Eitelkeit und Eigenlieb erwachte. Regentin zu seyn, unabhängig zu schalten und walten, in denen jungen Jahren, konnte wohl nichts anders hervorbringen.«[1]

Die ersten Wochen schienen diesen Eindruck von Machtbesitz zu bestätigen. Da war Ende September der Besuch ihrer Schwester Sophie Caroline, die auf dem Weg in ihre neue Heimat nach Bayreuth war. Nachdem die Verhandlungen wegen einer Hochzeit mit dem englischen Kronprinzen George gescheitert waren, hatte man sie nun mit dem Markgrafen Friedrich III. von Brandenburg-Bayreuth verheiratet, dessen erste Frau, ihre Tante Wilhelmine von Preußen (1709 – 1758), verstorben war. Während ihr Mann weiterreiste, blieb Caroline einige Tage in Weimar. Anna Amalia, die immer im Schatten ihrer Schwester gestanden hatte, zeigte ihr nun als regierende Herzogin ihre Schlösser, speiste mit ihr öffentlich, wobei Anna Amalia den Vorsitz an der Tafel hatte, und ließ abends ihr zu Ehren einen Ball ausrichten.[2]

Auch die Glückwünsche des ganzen Hofes zu ihrem 20. Geburtstag am 24. Oktober 1759 nahm sie zum ersten Mal als Regentin entgegen. Am nächsten Tag folgte ein Besuch mit ihrem Hofstaat im Gymnasium, wo »acht muntere Jünglinge, in verschiedenen Sprachen, das Andenken dieses unschätzbaren Tages« ausdrückten. »Die hohe Gegenwart unserer Duchlauchtigsten LandesRegentin gereichet dem Hochfürstl. Gymnasio um deßwillen zu einer besonderen Ehre, da selbiges, seit seiner Stiftung, dergleichen Ehre nicht genossen hat.«[3] Für die Bevölkerung hatte Anna Amalia vom Kaiser die »alleinige Vormundschaft und LandesAdministration ohne Ausnahme und Einschränkung« erhalten, wie die *Weimarische(n) Wöchentliche(n) Anzeigen* am 4. August 1759 verkündet hatten.[4]

Faktisch aber gab es einen großen Unterschied zu anderen regierenden Fürsten: Anna Amalias Herrschaft war von vornherein als Übergangsregierung gedacht und würde automatisch mit der Volljährigkeit ihres Sohnes Carl August am 3. September 1775 enden. Sie war nur die Vertretung, vom Kaiser eingesetzt, das Erbe ihres Sohnes zu verwalten und es ihm unbeschadet in 16 Jahren zu übergeben. Im Unterschied zu anderen Fürsten, deren Regentschaft mit dem Tod endete und die daher für Misswirtschaft und andere Probleme von ihren Nachfolgern nicht zur Verantwortung gezogen werden konnten, legte der Kaiser in der venia aetatis ausdrücklich fest, dass Anna Amalia ein Verzeichnis erstellen müsse über die von ihr verwalteten Gebiete, um hinterher Rechenschaft über das, was den »unmündigen Prinzen zustehet«, abzulegen.[5]

Auch die Richtlininien ihrer Politik waren bereits vorgegeben, nämlich durch das Testament Ernst August Constantins. Strukturverändernde Reformen waren nicht zulässig. Den Ständen und Untertanen sollten ihre rechtmäßigen Freiheiten und Privilegien belassen werden, aber man solle ihnen nicht mehr gestatten, »besonders die Einmischung in die Regierungs-Geschäfte«. Recht und Gerechtigkeit sollten »schleunig und unpartheyisch« gehandhabt werden und das, »was jeder patriotische Reichs-Fürst« dem Kaiser und dem Reiche schuldig sei, müsse befolgt werden. Sie sollte »Nahrung, Handel und Wandel« fördern. Einen besonders großen Raum nahmen die Bestimmungen zu einer Politik des Sparens ein, bei der sich die Handschrift von Bünaus, der durch seine Statthalterschaft in Eisenach genau wusste, wie marode die finanziellen Zustände im Herzogtum waren, deutlich zeigte.[6]

Besonders belastend für Anna Amalias Regierung aber war der andauernde Krieg, der die Innen- und Außenpolitik bis 1763 dominierte, seine Folgen wirkten sich bis zum Ende ihrer Regentschaft aus. Böhmen, Polen, Schlesien und der gesamte Westen des Reiches waren Schauplatz eines Krieges, der zu Beginn der Regentschaft Anna Amalias ins vierte Jahr ging und weitere drei Jahre dauern sollte. Das Herzogtum Sachsen-Weimar-Eisenach war zum Durchzugsgebiet von Truppen geworden, Werber der Österreicher und der Preußen zogen auf Befehl aus Wien und Berlin durch das Land und pressten die Männer in ihre Heere. Die Preise für Grundnahrungsmittel waren abhängig vom Ausmaß der Verwüstungen, die die Soldaten auf den Feldern anrichteten.

Hinzu kam ein weiterer Punkt, der Anna Amalia nach der ersten Euphorie ausbremste. Sie erkannte, dass sie auf die Aufgaben, die eine Regentin zu erfüllen hatte, in keinster Weise vorbereitet war: »Da stand ich nun ganz nackend, meine Eigenliebe wurde gedemüthigt durch das Gefühl meines Unvermögens. Ich sah auf einmal das Große, was auf mich wartete, und fühlte dabey meine gänzliche Untüchtigkeit. Wahrheit und Eigenliebe kämpften, zum Glück daß Wahrheit die Oberhand behielt. Ich hatte schon Stolz genug, um mich in der Welt hervorzuthun; er war aber nur noch in einem Schlummer. Meine Unvermögenheit kränkte mich sehr: Ich wurde gegen mich mißtrauisch, ich fühlte immer und wußte nicht, was. Ach! Wie glücklich wär ich gewesen, wen ich damals einen Freund gehabt hätte, der die größte Kenntniß des menschlichen Herzens beseßen hätte, mir das aufzuschließen, was mir selber ein Rezel *[Rätsel]* und in mir so tief verschlossen war. Es sollte aber nicht seyn, und es schien, ich solte ganz durch eigene Erfahrung gebildet werden.«[7]

Es gibt wohl kaum einen anderen Regenten, der seine eigene Unzulänglichkeit und die große Einsamkeit zu Beginn seiner Herrschaft so schonungslos ehrlich eingestanden hat.

2.2. Unterricht in Staatskunde und Verwaltung

» Wahre Gottesfurcht und unpartheiische Justizpflege sind die eigentlichen Stützen von einem guten Regiment ... «

So begann Vizekanzler von Praun im Juli 1759 seinen Aufsatz »Nachrichten, so einem angehenden Regenten zur Kenntniß seines Staats dienlich seyn können«, der die Grundlage für seinen Unterricht mit Anna Amalia bilden sollte. Denn wenn sie auch einen weitaus intensiveren Unterricht in Wolfenbüttel und Braunschweig gehabt hatte als viele ihrer adligen Geschlechtsgenossinnen, so waren doch im Vergleich zu ihren Brüdern zwei Bereiche ausgespart worden: Verfassungslehre und Verwaltungsrecht. Niemand ging davon aus, dass Anna Amalia und ihre Schwestern dies jemals brauchen würden.

Nun aber war dieser Fall eingetreten, und von Praun hatte von Karl I. den Auftrag erhalten, seine Tochter in einem Schnellkurs auf die Regentschaft vorzubereiten.

Nur durch Gottesfurcht und unparteiische Justiz könne »der göttliche Segen erworben werden, ohne welchen auch alle noch so guten Unternehmungen derer Großen in der Welt nicht gedeyen können«, heißt es weiter in dem Aufsatz.

Die Wohlfahrt eines Landes zu fördern sei aber die »vornehmste Pflicht« des Regenten.

Eine unparteiische Justizpflege, die zweite Säule einer guten Regierung, könne nur erreicht werden, wenn die Gerichte im Lande mit gewissenhaften, geschulten Personen besetzt würden, »damit niemandem das Seine mit Unrecht oder betrüglichem Schein des Rechtes entzogen werde«. Eine Rechtsprechung leide aber nicht nur darunter, wenn sich der Richter durch das Ansehen einer Person oder durch Bestechung oder Feindseligkeit »die Augen verblenden« lasse und so der Arme gegenüber dem Reichen benachteiligt werde, sondern auch, wenn man sich aus »Mitleiden gegen Bedürftige« beeinflussen lasse, ohne die Sache richtig zu prüfen.

Ein wichtiger Unterrichtsgegenstand waren auch und gerade in dieser Kriegszeit Kenntnisse die Außenpolitik betreffend. Daher sollte ein Regent davon »wenigstens eine general idée« haben, um bei Ereignissen »wachsam« und »behutsam« zu reagieren. Von Praun erklärte Anna Amalia ihre »besondere(r) Verbindlichkleit« gegenüber dem Kaiser, dem Reich, dem Kreis, in dem ihr Land lag, gegenüber dem evangelischen Klerus, den anderen fürstlichen Linien ihres Hauses und den Ständen des Landes. Da ein Herrscher oder eine Herrscherin nicht alles alleine machen könnten, brauchten sie treue, uneigennützige und geschulte Diener.

Und dann fügte von Praun etwas hinzu, was das Misstrauen gegenüber den Menschen in ihrer Umgebung, das Anna Amalia ohnehin schon in reichlichem Maße besaß, nur noch verstärkte: Da die »Verstellung und andererseits die Verläumdung, besonders bey den Höfen große Überhand genommen, so hat eine Herrschaft acht auf sich zu haben, um nicht auf eine oder andere Weise überrascht zu werden«. Sie dürfe nicht zu streng, aber auch nicht zu gleichgültig sein, vor allem aber nicht zu leichtgläubig bei den sie umgebenden

Personen sein. Und er wiederholte noch einmal, wie wichtig es sei, unparteiisch Urteile zu fällen, damit niemand benachteiligt werde.[8]

Anna Amalia lernte auch die wichtigsten Dinge über die Behörden des Landes, die Bedeutung des Geheimen Consiliums, über Steuern und Finanzbehörden, über geografische und historische Gegebenheiten der einzelnen Landesteile des Herzogtums. Zum Teil benutzte von Praun dazu die für den Unterricht ihres verstorbenen Mannes erstellten Verzeichnisse.[9]

Über allem aber stand: Ein Regent solle den Untertanen Liebe statt Furcht einflößen und aus dem Gebot der Nächstenliebe alle Zustände nach Möglichkeit verbessern und sich immer daran erinnern, »daß nicht die Unterthanen für sie [die Regenten], sondern sie für die Unterthanen geschaffen sind«.[10]

Dieser Unterricht wird bei Anna Amalia zunächst vor allem ein Gefühl der Überforderung ausgelöst haben, da sie all diese Dinge unter einem enormen Zeitdruck lernen musste. Denn sobald sie ihre Regentschaft angetreten hatte, würde der Vizekanzler ihres Vaters das Land verlassen müssen, da die Vormundschaft damit offiziell beendet war. Und so beschreibt sie ihre Stimmung Jahre später im Rückblick: »Ich blieb eine Weile in dieser Dumpfheit der Sinne. Auf einmal erwachten bey mir alle Leidenschaften. Mir wars wie einem Blinden, der auf einmahl das Gesicht erhält. Es war Krieg; Meine Brüder und nächsten Verwandten, die alle mit darinnen verwickelt waren, erwarben sich den größten Ruhm. Man hörte nichts als den Namen Braunschweig, Er wurde besungen von Feind und Freund, mit Lorbeeren bekränzt. Alles dieses erweckte meinen Stolz und Eitelkeit, ich angelte nach Ruhm und nach Lob. Tag und Nacht studierte ich, mich selbst zu bilden und mich zu den Geschäften tüchtig zu machen.«[11]

2.3. Umstrukturierung der Regierung

»Da ich unter anhoffendem Göttlichen Beystand und Segen die
Obervormundschaftliche Regierung dieser Lande angetreten habe,
um sie zum Nuzen und Bestand Meiner unmündigen Prinzen und
deren Lande zu führen«,

so beginnt Anna Amalia ihren Brief vom 8. September 1759 an
den Geheimen Rat von Rhediger, in dem sie ihm und seinen
Kollegen ihre Vorstellung von ihrer Regierungsmitarbeit un-
terbreitet. Sie möchte, wie ihr Vater, »alles mit eigenen Augen ... sehen und mit eigenen Ohren ... hören«. Sie wolle
regelmäßig im Geheimen Consilium erscheinen und auch
außerhalb der Sitzungen offen sein für mündliche und schriftliche Vorträge, »einem jeden ein aufmerksames Gehör ...
ertheilen«, auf den Rat treuer Diener hören und danach ihre
Beschlüsse fassen. Alle eingehenden Schreiben, Berichte und
Hilfsgesuche sollten, sofern kein spezieller Adressat genannt
war, zuerst an sie gehen, sie werde sie dann an das Geheime
Consilium weiterschicken. Jeden Sonnabend wolle sie nicht
nur die wöchentlichen Kammer- und Kassen-Auszüge vorgelegt bekommen, sondern auch einen Extrakt aus den Sit-
zungsprotokollen, damit sie einen Überblick bekomme, was
in der Woche »vorgekommen und was darauf resolviret worden« sei.[12]
Insgesamt bedeuteten diese Vorstellungen der Herzogin
eine stärkere Kontrolle der Regierungsgeschäfte als bisher.
Der Urheber dieses Vorstoßes war Vizekanzler von Praun, der
Anna Amalia geraten hatte, sich die Regierungspraxis ihres
Vaters zum Vorbild zu nehmen: Der Regent stand im Mittelpunkt der Regierung, indem er vom Geheimen Consilium
die Kontrolle übernahm.[13] Damit wurde das Consilium von

einem Entscheidungsorgan im Stile des Grafen von Bünau wieder zum beratenden Organ der Regentin zurückgestuft.

In der Theorie war das ein guter Plan, in der Praxis wäre er aber wohl schwer durchzuführen gewesen, da Anna Amalia nicht über die nötigen Kenntnisse verfügte und mit Sicherheit auch zeitlich überfordert gewesen wäre, alle eingehenden Schreiben eigenhändig einzusehen. Das machten ihr die Räte zwei Tage später, als Anna Amalia ihre Vorstellungen in einem mündlichen Vortrag vor dem Consilium erläuterte, deutlich. Man einigte sich darauf, dass nur die Handschreiben von Fürsten und anderen bedeutsamen Personen, die Briefe von den auswärtigen Gesandtschaften und die Bittgesuche zuerst zu ihr gelangen sollten, bei allen anderen solle das bisherige Verfahren beibehalten werden.[14]

Mehr Kontrolle der Regierungsgeschäfte, das gefiel vor allem dem Grafen von Bünau, dem Premierminister und Vorsitzenden des Geheimen Consiliums, nicht, der sich in einem Brief an Anna Amalia vom 25. August 1759 selber als »Werkzeug« Gottes bezeichnete.[15] Er selbst hatte sich eine lebenslange Anstellung sichern wollen, als er im Testament die Sätze verankerte, dass er so lange beschäftigt bleiben solle, »solange es seine Leibes- und Gemüths-Kräfte einigermaßen gestatten«.[16]

Anna Amalia hätte von Bünau nach den Erfahrungen während ihrer ersten zwei Jahre in Weimar längst entlassen, hatte aber dem Wunsch des Vaters entsprochen, nichts zu überstürzen. Von Bünau, der das Misstrauen Anna Amalias aber genau registrierte und wohl ahnte, dass er an diesem Hof keine Zukunft haben würde, kam seiner bevorstehenden Entlassung deshalb mit seinem Rücktrittsgesuch zuvor, das Anna Amalia am 13. Dezember 1759 bewilligte.

Vositzender des Geheimen Consiliums wurde nun Carl Ernst von Rhediger (?-1766). Gottfried Nonne (1710–1765), der zusammen mit von Praun das zweite Kodizil, mit dem von Bünau quasi entmachtet worden war, verfasst hatte, wurde auf Gesuch von Anna Amalia vom Kaiser bereits am 31. August 1759 in den Adelsstand erhoben, am 13. September ernannte sie ihn zum »wirklichen Geheimen Rath« mit Sitz im Geheimen Consilium.[17]

Der Dritte im Consilium war Johann Popo von Greiner (1708–1772), der Einzige, dem sie in Weimar wirklich vertraute. »Dieses war der Mann, in dessen Arme ich mich warf; ich liebte ihn als meinen Vater. Von ihm habe ich die Wahrheit kennengelernt und sie lieb bekommen.« Er war nicht »von den außerordentlichen großen Köpfen«, schreibt sie Jahre später, aber er hatte sich hochgedient und verstand von den Geschäften viel. Für sie wichtiger war aber noch, dass »ein feines Gefühl [ihn] beseelte ..., also war er einer wahren Freundschaft fähig. Er war Freund seiner Freunde; seine Seele war zu edel und zu aufrichtig, als daß er schmeicheln konnte ... Es waren viele, die sich um meine Gunst und Freundschaft bewarben. Einige suchten sie durch Schmeicheleien, andere durch den falschen Schein der Wahrheit und frommen Aufrichtigkeit, unter welchen sie ihre eigenen Interessen suchten, und andere aus Eitelkeit, um sich damit zu brüsten. Es vergnügte mich inniglich zu sehen, wie man nach meinem Zutrauen strebte. Ich erhielt sie alle in der Hoffnung, nahm sie bey ihrer schwächsten Seite, lernte sie dadurch kennen und hütete mich wohl vor ihrer Freundschaft. Mein Herz war voll, es wollte Luft haben, mir war alles zu eng; es war mir wie einem Fisch, der nach frischem Wasser schnapt; ich fand endlich ein Freund, mit aller Freude, die man empfindet, wen man einen Schatz gefunden hat. Wie glücklich und wie froh war ich!«[18]

2.4. Regentin in Kriegszeiten (1759–1763)

2.4.1. Balanceakt zwischen Preußen und Österreich

»... Schenk uns, erbarmender Gott, im neuen Jahre den Frieden,
Und brich das wütende Mordschwert entzwey!
Lass jeden siegenden Held die Hand zur Einigkeit bieten!
Ein jeder trage das Seinige bey!
Der Friede breite sich aus, wie sich Nebel verbreiten,
Wenn sich im Mittag die Sonne verkriecht!«[19]

Es war eher ein frommer Wunsch, den die *Weimarische(n)*
Wöchentliche(n) Anzeigen zu Neujahr des Jahres 1760 abdruck-
ten. Die Innenpolitik stand vor allem in den kleineren Fürstentümern wie im Herzogtum Sachsen-Weimar-Eisenach
ganz im Zeichen der Außenpolitik, was für Anna Amalias
Stellung als Regentin von Vorteil war. Ihre Position auch gegenüber dem Geheimen Consilium wurde durch ihre verwandtschaftlichen Beziehungen und direkten Kontakte in
beide Kriegslager gestärkt, denn dadurch wurde es einfacher,
die Balance zu halten und Weimar vor Plünderungen, wie sie
zum Beispiel in anderen Städten der Umgebung vorkamen, zu
schützen. Sowohl von Friedrich II. als auch von Maria Theresia liegen Anweisungen an ihre Offiziere vor, das Herzogtum
zu schonen.[20]

Nachrichten über Erfolge und Niederlagen ihrer Brüder
und Onkel, die allesamt im Siebenjährigen Krieg – zumeist in
preußischen Diensten – kämpften, erreichten Anna Amalia
fast täglich. Den Erbprinzen Karl Wilhelm Ferdinand, Anna
Amalias Bruder, hielten die Engländer aufgrund seiner militärischen Erfolge für den »unüberwindlichen Prinzen«.[21]
Wenn ihre Brüder oder einer der anderen Verwandten mit

ihren Truppen in der Nähe waren, kamen sie in Weimar vorbei, wo Anna Amalia sie bewirtete und aus erster Hand Informationen erhielt.[22] Aber es kamen auch immer wieder Nachrichten über Verwundungen oder Todesfälle, wie im August 1761 die Nachricht, dass ihr Bruder Albrecht Heinrich, von einer feindlichen Kugel am Hals getroffen, mit 19 Jahren gestorben war.

Auch Anna Amalias Geburtsstadt wurde angegriffen. Am 8. Oktober 1761 besetzte Prinz Xaver von Sachsen mit einem sächsisch-französischen Korps Wolfenbüttel und belagerte Tage später auch Braunschweig. Es war Anna Amalias Bruder Friedrich August, der als Kommandant eines Infanterieregimentes die Einnahme Braunschweigs verhinderte.

Im Oktober 1760 waren russische und österreichische Truppen mit 40 000 Mann bis nach Berlin vorgedrungen, belagerten Spandau und besetzten Potsdam.[23]

Zwar gab es immer wieder Hoffnung auf Frieden, aber es blieb bei der Hoffnung. Die verfeindeten Mächte rüsteten weiter auf und rekrutierten frische Soldaten aus den besetzten Gebieten.

Auch im Herzogtum Sachsen-Weimar-Eisenach gab es Rekrutierungen durch preußische Werber, die in das Land eindrangen und zwangsweise junge Leute aufgriffen und in die Armee steckten. Diese »Werbungen« waren ein Rechtsbruch, gegen den man protestieren konnte, ohne dass es etwas nutzte.

Anders war es mit den Forderungen des Kaisers. Anna Amalia war als Reichsfürstin verpflichtet, für den Kriegsfall ein sogenanntes »Reichs-Contingent« an Soldaten bereitzuhalten. In mehreren Memoiren zwischen November 1760 und Februar 1761 versuchte der weimarische Gesandte in Wien, Christoph Johann von Rehboom, auf Anweisung Anna Amalias die Forderungen des Kaisers nach neuen Rekruten zu verhindern und Entschädigung für die angerichteten Schäden der Soldaten zu bekommen. Das Fürstentun Weimar war durch die Lieferungen und andere Dienste für das Württembergische Korps und die eingeschleppte Viehseuche »völlig entkräftet«.[24] Besonders schlimm hatte es eine Gruppe von 125 Mann unter dem Rittmeister von Westenhagen, der in Ober-Weimar stationiert war, getrieben, die im Angesichte der Residenz »unleidliche Insolentien« gemacht und die Unterthanen misshandelt hatten. Außer den normalen Portionen und Rationen musste man jedem Mann täglich zwei Pfund Fleisch, viel Bier, Brantwein und andere Getränke unentgeltlich geben. Die Soldaten zündeten auch die Orte an. Das allergrößte Übel aber, welches dieses Korps zurückgelassen hatte, war eine Viehseuche, die mit ihm ins Land gekommen war und an verschiedenen Orten ganze Ställe »gänzlich ausgeleert« hatte.[25]

Das Fürstentum Eisenach aber sei durch das französische Winterquartier »vollends und gar zugrunde gerichtet«.[26] In der Nicolaikirche in Eisenach waren die preußischen Gefangenen der Franzosen untergebracht. Sechs Öfen hatte man dort eingebaut, zum Kochen und Wärmen wurden im Gebäude überall Feuer angemacht und dafür alles Holz in der Kirche abgebrochen. Die Feuergefahr war daher sehr groß. Die St. Annenkirche war zum Magazin geworden. »Die ganze Welt mag urtheilen, ob und woher ein solches aufs Äußerte ausgesogenes und verwüstetes Land« das Reichskontingent oder weitere Truppen unterhalten könne.[27] Anna Amalia ließ Rehboom zum Abschluss schreiben, dass sie das Schicksal ihrer »auf das Äußerste ausgesogenen Länder« in die väterlichen Hände des Kaisers und in die von Maria Theresia lege.[28]

Zeitgleich mit dem Kaiser verlangte der preußische König neue Rekruten vom Herzogtum. Bislang hatte sich die Korrespondenz zwischen Anna Amalia und ihm auf den Austausch von Glückwünschen und Höflichkeiten beschränkt. Als etwas gewagte Glückwünsche an ihn kann man die zum Sieg in der Schlacht von Turgau am 3. November 1760 bezeichnen, die allgemein als die Entscheidungsschlacht des Siebenjährigen Krieges gilt. Anna Amalia versicherte ihren Onkel ihrer Anteilnahme und ihrer guten Wünsche, die sie ohne Unterlass für sein persönliches Wohlergehen und das seiner Armeen habe. Sie würde sich noch mehr freuen, wenn der König, nachdem er seine Feinde besiegt habe, Europa den Frieden gäbe, der von allen Seiten so sehr gewünscht werde, woraufhin er ebenso viel Bewunderung von der Welt bekommen werde wie im Krieg. Sie unterschrieb mit » die sehr untertänige, sehr gehorsame und sehr ergebene Nichte und Dienerin Amelie «.[29]

Von Frieden aber war noch lange nicht die Rede, Friedrich II. benötigte neue Soldaten, um weiterkämpfen zu können. Von seiner Nichte verlangte er daher 150 Rekruten. Ihre Bitte, darauf zu verzichten, lehnte er ab. Sie erneuerte ihre Bitte, betonte aber gleichzeitig: » Ihr seid der Herr, Sire, und ich könnte mich dem Willen und der Macht eines Monarchen wie Euch nicht widersetzen «, aber sie werde » den Offizier, dem Ihr Eure Befehle gebt, agieren lasse(n), ohne ihm in irgendeiner Weise zur Hand zu gehen «.[30] Sie hatte wohl gehofft, den König umstimmen zu können. Stattdessen erschien ein Major von Anhalt mit seinem Adjutanten bei ihr, der die Rekruten ausheben sollte. Sie glaubte an ein Missverständnis und schrieb empört an ihren Onkel, dass dadurch das Fürstentum » von aller jungen und diensttauglichen Mannschaft entblößet worden, daß aus selbigem die verlangten Recruten ohne Zugrunderichtung der Manufacturen und des Ackerbaus, mithin ohne den völligen Ruin des Landes selbst, zu nehmen nicht möglich seyn will «.[31]

Da der Major auf seinen Befehlen beharrte, schrieb sie ein drittes Mal an Friedrich, ebenfalls ohne Erfolg.[32]

Auf die Rückseite des Briefes, der im Preußischen Geheimarchiv liegt, hatte Friedrich eine Anweisung an seinen Sekretär gegeben, dass das Schreiben höflich beantwortet werden solle, dass man auch Schonung walten lassen wolle, aber dass die 150 Rekruten, die der König unbedingt brauche, ein Land wie Weimar nicht ruinieren würden.[33]

Anna Amalia aber gab nicht auf. Sie schrieb ein weiteres Mal Ende März 1761. Sie berief sich auf Friedrichs Wohlwollen und seinen Schutz, den er ihr immer versichert hatte: »Ich war sehr betrübt, Sire, zu sehen, wie sich diese süße Hoffnung verflüchtigt hat durch die Ausführung eines Befehls, den der Leutnant de Rein angeblich von Eurer Majestät erhalten hat und nach dem er mit äußerster Härte gegen meine Untertanen vorgeht.« Obwohl sie Friedrich doch klargemacht hatte, dass sie die jungen Männer unbedingt auf den Feldern brauche, habe der Leutnant alle, deren er irgend habhaft werden konnte, ausgehoben: Bauern, Beamte, altersschwache Greise. Durch diese Methode, verhängnisvoll für das Land, habe er die Hälfte zusammenbekommen und angekündigt, weiter zu machen. Sie hoffte, dass Friedrich das Problem lösen werde. Er möge Mitleid haben und nicht zulassen, dass das Land für immer zugrunde gerichtet werde. Auch dieses Schreiben war ohne Erfolg.[34]

Dass Friedrich II. sich überhaupt auf eine solche Diskussion einließ, ist schon erstaunlich. Das war natürlich der verwandtschaftlichen Beziehung geschuldet, geändert hat es nichts. Das musste auch Anna Amalia schließlich einsehen. Sie befahl, dass man »in aller Stille und mit nötiger Behutsamkeit nach dienstlichen, jedoch aber auch entbehrlichen Leuten sich umsehen« solle, damit man einige Rekruten zusammenbringen könne. Als die preußischen Werber abgezogen waren, ließ sie am 4. April 1761 bekannt machen: Jeder, der sich in den Wäldern versteckt und so auch die nötige Feldarbeit versäumt habe, könne und solle nun dieser Arbeit ohne Furcht nachkommen.[35]

2.4.2. Kriegslasten

» Unsere Noth ist nunmehr aufs Höchste gestiegen «,

wurde zur selben Zeit, da Anna Amalia mit Wien und Berlin wegen der Soldaten verhandelte, aus Halle gemeldet. »Brod, Fleisch, Wein, u.s.f. ist aufgezehrt, das Holz verbrannt, und gleichwohl sehen wir kein Ende unseres Elends.« Die Kontributionen würden von den Kroaten – in habsburgischen Diensten – mit »der größten Schärfe« eingetrieben. Die Hälfte der Häuser stehe leer, die Besitzer seien geflüchtet. »Zween Bürger haben sich bereits wieder ersäuft, davon einer eine schwangere Frau und 4 unerzogene kinder hinterlassen.«[36] Auch die Preußen waren dafür bekannt, dass sie Kontributionen ohne Rücksicht eintrieben, wie aus Dresden und anderen Städten gemeldet wurde.[37]

Wenn Anna Amalia auch nicht verhindern konnte, dass sie ihre Untertanen in den Krieg schicken musste, dass es Einquartierungen und das Winterlager in Eisenach gab, so hat sie doch das Schlimmste durch ihre ständigen Eingaben in Berlin und Wien, durch ihr Berufen auf die verwandtschaftlichen Beziehungen verhindern können: Das Herzogtum Sachsen-Weimar-Eisenach wurde nicht besetzt, niemand musste fliehen, es wurden keine Kontributionen erpresst.

Bei einem Durchmarsch über Jahre von Tausenden von Soldaten unterschiedlicher Heere gab es natürlich immer wieder Übergriffe, wie ein Bericht aus Eisenach vom März 1761 zeigt: In Eisenach und den Dörfern ist »nicht ein einziges Stück brauchbares Zugvieh mehr anzutreffen«. Die französischen, sächsischen und alliierten Truppen hatten alles mitgenommen. »Französische und andere Marodeurs fallen in die Dörfer ein, erpressen Geld und Pferde, plündern und rauben.«[38]

Belastend für die Bürger waren auch die Einquartierungen von Offizieren und Soldaten, die versorgt werden mussten. Die Offiziere speisten am Hofe in Weimar oder auf Schloss Belvedere. Dort empfing Anna Amalia Offiziere aller durchreisenden Truppen.[39] Auch dies war ein Balanceakt, denn schließlich zogen Soldaten gegnerischer Verbände durchs Land. Wie sehr man in Weimar darauf bedacht war, möglichst neutral zu bleiben, zeigen die Verordnungen vom Mai und Oktober 1760, die ein Jahr später noch einmal wiederholt werden mussten: Die Untertanen sollten sich auf »keynerlei Weise« in die »Kriegshändel« mischen, das hieß, von Deserteuren, die durch das Land kamen, keine Pferde oder Montierungsstücke kaufen, da dies »ganzen Gemeinden und Unschuldigen zum empfindlichsten Schaden und Nachtheil gereichen kann«. Bei einer Unterstützung von Deserteuren, die, wenn sie gefasst wurden, in Kriegszeiten fast immer mit der Todesstrafe rechnen mussten, konnte nämlich auch die entsprechende Gemeinde zur Rechenschaft gezogen werden. Auch das Kaufen von Gegenständen, die durchziehende Soldaten als Beute gemacht hatten, wurde streng verboten. Um Panik unter der Bevölkerung zu verhindern, wurde zudem das Korrespondieren über »die allgemeine Lage« und das Erfinden und Propagieren falscher Nachrichten verboten.[40]

Eine Hauptsorge der Regierung unter Anna Amalia war es, die Bevölkerung ausreichend mit Nahrungsmitteln zu versorgen. Das meiste wurde im Land selbst produziert. Voraussetzung dafür aber war, dass die Bauern ihre Felder bestellen, Gemüse anbauen und Kühe, Schweine und Geflügel züchten konnten. Verwüstungen der Felder durch durchmarschierende Truppen, der Einzug der Bauern als Soldaten oder für Spanndienste, die Lieferungen von Getreide und Fleisch an die Soldaten, die zusätzlich ohne Bezahlung ernährt werden mussten, das alles hatte die Nahrungsversorgung mehr als kompliziert gemacht. Die Preise für Getreide, Brot, Fleisch und Bier stiegen rapide an, an manchen Markttagen gab es gar keinen Weizen oder Hafer zu kaufen. »Aus Landesmütterlicher Milde« ordnete Anna Amalia an, dass aus den herrschaftlichen Vorräten Korn verbilligt verkauft werden solle.[41] Im Mai 1762 schließlich sah sich die Regierung gezwungen, die Lebensmittelkosten »wegen unerhört hohen Preisen« zwangsweise per Verordnung festzusetzen. Auch die Löhne für Drescher- und Fuhrdienste, auf die die Bauern angewiesen waren, wurden staatlich herabgesetzt.[42]

Das Ansteigen der Preise und der Mangel an Grundnahrungsmitteln lag aber auch an den sogenannten Aufkäufern, die im Lande herumfuhren und den Bauern ihr Getreide, aber auch Butter, Käse und Geflügel abkauften, um diese Güter außer Landes zu bringen und in noch stärker betroffenen Regionen auf den Märkten teuer zu verkaufen. Eine »Hochfürstliche Verordnung«, die mehrfach wiederholt werden musste, verbot das daraufhin bei Geldstrafe. Wer nicht zahlen konnte, wurde mit »harter Leibes- auch wohl ZuchthausStrafe« bestraft. Wer hingegen Täter denunzierte, dem wurde der vierte Teil der eingehenden Strafgelder ausgezahlt.[43]

Die Menschen im Herzogtum, die kaum genug zum Leben hatten, konnten natürlich auch immer weniger Steuern und Abgaben zahlen, sodass sich die öffentlichen Kassen leerten. Im September 1762 ergriff die Regierung eine drastische Maßnahme, vor allem um die leeren Steuerkassen zu füllen: Durch die »Hochfürstliche Münz-Verordnung« wurden die in Eisenach seit 1759 geprägten Silberscheidemünzen an Sechsern und Dreyern, also Münzen mit geringerem Material- als Nominalwert, auf die Hälfte ihres Wertes herabgesetzt. Anna Amalia verfügte gleichzeitig, dass Steuern und Abgaben nur noch nach den neuen Werten bezahlt werden dürften.[44]

Im Verlauf des Krieges waren die Untertanen von der Regierung immer wieder zum Sparen aufgefordert worden. Da das nicht half, gab es Verfügungen, die das Tanzen und andere Vergnügungen wie das Karten- und Würfelspiel in den Gasthöfen an Sonn- und Feiertagen bei Strafe verboten.[45] Jeder solle das Geld für den Unterhalt seiner Familie zusammenhalten. Leider hielten sich viele Bürger und andere Einwohner nicht daran und »setzen durch das angewöhnte und fortdauernde Dorflaufen und Spielen um's Geld ihre Nahrung hinten außen und stürzen sich und die Ihrigen in Armut«.[46]

Auch Anna Amalia selbst wurde immer wieder von ihrem Hofmarschall zum Sparen »aufgefordert«. 1760, als sie während des Siebenjährigen Krieges für ihren Hofetat statt 57 000 Talern 57 253 forderte, schrieb ihr der Geheime Rat Nonne: »Die armen Untertanen werden bis auf den letzten Blutstropfen ausgesaugt, und an dem Hofe der besten Fürstin, einer wahren Mutter der Untertanen, soll zu der Zeit Pracht und Überfluss herrschen?«[47] Eine Kritik vonseiten der Bevölkerung an der Regierung oder den sozialen Zuständen war dagegen nicht so offen zulässig. Manchmal versteckte sie sich allerdings hinter Witzen, Anekdoten oder Parabeln, wie jener mit dem Titel »Der Organist und der Balkentreter«, die die *Weimarische(n) Wöchentliche(n) Anzeigen* im Juni 1761 veröffentlichten: Ein hochnäsiger Organist stritt sich mit dem Balkentreter, der daraufhin während einer Hochzeit in den Streik trat, um dem Organisten zu zeigen, dass ohne ihn die Orgelpfeifen stumm blieben. Der Streit eskalierte, bis die Orgel ihnen zurief, sie sollten endlich Ruhe geben, denn eigentlich sei sie das wichtigste Element. Aber, so schloss sie:

>> *Die Gaben sind getheilt. Was bildet ihr euch ein?*
Der Kleine muss so gut, als wie der Große seyn. <<

Und so lautete die Moral dieser Parabel:
>> *Ihr, denen Gott das Recht der Herrschaft erblich gönnt,*
Und schlechte Leute kaum des Ansehns würdig nennt,
Dankt's Gott, dass euch das Glück so vortheilhaft
geschienen!
Wär euer Knecht ein Herr, wer solt euch denn
bedienen? <<[48]

2.4.5. Friedensgespräche, neue Forderungen und endlich Frieden

> *Ich bitte Eure Hoheit mir zu glauben, dass es nur aus*
> *Rücksicht auf Ihre Person geschieht, dass ich befohlen habe,*
> *abgesehen von diesen wenigen Rekruten nichts vom Land*
> *von Weimar einzufordern*,[49]

schrieb Friedrich II. an seine Nichte am 30. November 1762.
Wieder einmal sollte sie Rekruten stellen, obwohl doch das
Kriegsende absehbar schien. Nach dem Tod der Zarin Eliza-
veta Petrowna (1709–1762) war ihr, wenn auch nur für wenige Monate, Zar Peter III. (1728–1762) auf den russischen
Thron gefolgt. Er war ein Verehrer des preußischen Königs,
mit dem er sofort Frieden schloss und ihm außerdem ein
15 000 Mann starkes Korps zur Verfügung stellte. Auch zwischen England und Spanien wurden Ende 1762 erste Vorge-
spräche über einen Frieden geführt. Aber noch gab es zwischen den Hauptgegnern – dem Kaiser mit dem Reichsheer
und den Preußen – keine Friedensangebote. Jede Partei suchte
durch einen letzten militärischen Sieg über den Gegner eine
möglichst gute Ausgangsposition für die Verhandlungen, um
bessere Bedingungen in einem Friedensvertrag zu erhalten.

Das Direktorium, das Friedrich im besetzten Sachsen eingesetzt hatte, forderte Ende November weitere 400 Rekruten
aus Weimar. Anna Amalia appellierte an seine Güte, die er ihr
sonst immer gezeigt habe, indem er auf diese Forderung ver-
zichte.[50] Zusätzlich spannte Anna Amalia auch einen ihrer
Brüder ein: Friedrich August von Oels, der Oberst eines
braunschweigisch-wolfenbüttelschen Regimentes war. Da sie
sein gutes Herz für die Unglücklichen kenne, bat Anna Amalia ihn um Fürsprache bei ihrem Onkel, dem preußischen
General Herzog Ferdinand von Braunschweig-Wolfenbüttel
(1721–1792), für »mein armes Land von Eisenach«. Ihr Bruder schrieb daraufhin einen vier Seiten langen Brief an Herzog Ferdinand, betonte die schwierige Lage in Eisenach und
bat im Namen Anna Amalias um Mitleid und die Verschonung vor weiteren Einquartierungen.[51]

Zusätzlich dazu schrieb Anna Amalia ihrem Vater einen
Brief: »Monseigneur, mon très cher papa.« Sie bedauerte
sehr, dass sie ihn um eine Intervention beim König für ihr
armes Land bitten müsse. Sie habe sich bereits durch die Stellung von Rekruten an den preußischen König die Feindschaft
des Hofes in Wien zugezogen. Sie vertraue nun auf die Güte
ihres Vaters, der sie sicherlich nicht in dieser unglücklichen
Lage lassen werde.[52] Der Herzog versprach ihr, sich darum zu
kümmern.[53]

In dem bereits oben zitierten Auszug aus dem Brief vom
30. November 1762 lehnte Friedrich II. Anna Amalias Bitte ab.
Daraufhin wandte sie sich an ihre Mutter, die zwei Briefe an
ihren Bruder schrieb mit der Bitte, ihre Tochter mit der Rekrutierung zu verschonen, damit sie nicht erneut Probleme mit
dem Wiener Hof bekomme, der schon angefangen habe, sie
zu schikanieren. »Wenn Ihr sie schützen könnt, bei ähnlich
ungerechten Methoden, durch den dieser Hof sie aus Rache
leiden lässt und das auch in Zukunft tun wird, dann wird

meine Tochter Euch niemals irgendetwas verweigern, womit sie euch eine Freude machen könnte« und dass sie vorzugsweise ihm Rekruten abgeben würde mehr als jeder andere. »Ich wage Euch zu sagen, dass sie voller Begeisterung für ihre Sache ist so sehr, dass sie bereit ist, sich für sie zu opfern.«[54]

Anna Amalia hatte unterdessen angefangen, die Rekruten auszuheben. Als sie 235 Mann zusammenbekommen hatte, kam aber ein Befehl des preußischen Kommandanten aus Gera, der ihr mitteilen ließ, dass keine weiteren Rekruten gebraucht würden, sondern sie stattdessen für jeden ausstehenden Mann 120 Écus zahlen sollte.

Empört schrieb Ann Amalia erneut an ihren Onkel. Angeblich seien doch Rekruten so wichtig. Er möge seinem Kommandanten befehlen, dass er die Rekruten, die man mit so viel Mühe ausgehoben habe, akzeptiere und für den Rest die Summe pro Mann senke.[55]

Postwendend kam die Antwort: »Madame ma Cousine.« Es tue ihm leid, dass seine Offiziere seinen Befehl falsch verstanden hätten und sie das so viel Sorge gekostet habe. Man werde die Rekruten, die schon ausgehoben wurden, annehmen, und was den Rest anbetreffe und das verlangte Geld, da solle sie ganz beruhigt sein. Er werde ihre Aufmerksamkeit und ihre Freundschaft in dieser Sache nie vergessen.[56]

Und dann war der Frieden endlich da, nach sieben langen Jahren Krieg: Am 10. Februar 1763 unterzeichneten Großbritannien, Portugal, Frankreich und Spanien den Friedensvertrag von Paris, am 15. Februar 1763 folgten Preußen, Österreich und Kursachsen mit dem Vertrag von Hubertusburg.

Maria Theresia verzichtete endgültig auf die Gebiete, u. a. Schlesien, die sie schon nach dem ersten Schlesischen Krieg hatte abtreten müssen. Friedrich II. seinerseits verzichtete auf Entschädigungen für alle Verluste, die er während des Krieges zu verzeichnen hatte. Außerdem verpflichtete er sich in einem geheimen Zusatzabkommen, Maria Theresias Sohn Joseph seine brandenburgische Kurstimme für die bevorstehende Königswahl zu geben.

Einen Tag später kam ein preußischer Feldjäger mit blasenden Postillions durch die sächsischen Orte, um den Generalfrieden zu verkünden, am 16. Februar folgten preußische Postkommissare und Feldjäger mit 20 preußischen und kursächsischen Postillons mit brennenden Fackeln und überbrachten die Friedensnachricht. Die Truppen lösten sich auf, alles strömte in die Heimatländer zurück.

Am 2. April 1763 verkündeten die *Weimarische(n) Wöchentliche(n) Anzeigen*, dass allen aus Furcht vor der Rekrutierung oder aus anderen Gründen vom Militär »desertirten LandesKinder[n] sicher und ungehindert zu den Ihrigen zurückzukehren, erlaubet sey«. Sie würden »mit aller durch ihre Entweichung sonst verdienten Strafe verschonet«.[57]

Überall wurden Friedensfeste gefeiert, in Weimar am 30. April 1763 mit Glockengeläute, Abfeuern der Kanonen auf der Altenburg, Trompeten- und Posaunenklang vom Stadtturm. Auf dem Markt sang der Schülerchor Dankeslieder, in der Hauptkirche wurde ein Dankgottesdienst abgehalten, ebenso in allen Kirchen des Landes. Am Tag darauf gab es Musik und Tanz für die Bürgerschaft, mittags war bei Hofe große Tafel, und jedes Mal, wenn auf die Gesundheit getrunken wurde, wurden die Kanonen von der Altenburg abgefeuert, abends gab es einen Ball. Gefeiert wurde eine ganze Woche lang.[58]

Aus Wien kam ein Bericht des Gesandten Rehboom an Anna Amalia. Er hatte mit Maria Theresia über sie gesprochen, die gesagt habe: »Sie ist eine wackyre Frau; und eine gescheite brave Frau, die sich auch bey dem vergangenen Kriege aus manchen verdrießlichen und critischen Umständen noch ganz brav und galant herauszuwickeln gewusst hat. Man kan Sie nur von allen Seiten nicht genug loben: und Sie ist doch noch so jung. Ich habe Sie auch von Herzen lieb.«[59]

2.5. Regentin in Friedenszeiten (1763–1772)

2.5.1. »Herrscherin« von Gottes Gnaden

»Sire! Die Gärten von Belvedere haben Früchte von der Art hervorgebracht, die, wie man mir sagte, nach dem Geschmack Eurer Majestät sind.«

So beginnt ein Brief, den Anna Amalia an ihren Onkel, den preußischen König, im Mai 1765 schrieb.[60] Sie schickte ihm die ersten Früchte – vielleicht frühe Erdbeeren – als einen Tribut und als Zeichen ihrer respektvollen Ergebenheit. Ihr Onkel bedankte sich postwendend, versicherte ihr seine »Freundschaft und vollkommene Wertschätzung« und schickte ihr mit den Worten, dies sei eine kleine »bagatelle« vom »alten Onkel« ein Geschenk zurück, von dem wir leider nicht wissen, was es war.[61]

Austausch von Geschenken statt Konflikte wegen auszuhebender Soldaten sind symbolisch für die außenpolitisch friedlichen Jahre ab 1763, auch wenn das Herzogtum nach wie vor ein Reichskontingent Soldaten in Bereitschaft zu halten hatte. Das war Anna Amalias Pflicht als Reichsfürstin auch in Friedenszeiten. Zwar informierten die *Weimarische(n) Wöchentliche(n) Anzeigen* ihre Leser ausführlich über die wichtigsten innen- und außenpolitischen Ereignisse aus den Hauptstädten Europas, so zum Beispiel über kleinere »Scharmützel« zwischen Preußen, Polen und Russen an der polnischen Grenze, wo die Russen 50000 Mann postiert hatten. Auch über die 12 000 Mann starken regulären Truppen und 20 000 Mann Landmiliz, die Großbritannien »in deutschen Landen« für alle Eventualitäten unterhalten wollte und über die Ausrüstung von 12 Kriegsschiffen, die Großbritannien für die Kolonien in Nordamerika ausrüstete, weil Frankreich sich angeblich nicht an einen Artikel des Friedensvertrages gehalten habe, wussten die Weimarer Bescheid.[62]

Latent war die Gefahr eines neuen Krieges auch in diesen Jahren vorhanden, aber die Ereignisse waren weit weg und berührten die Weimarer Verhältnisse in keiner Weise. Auch den Tod Kaiser Franz I. im Jahr 1765, wodurch sein ältester Sohn Joseph II., der schon im Vorjahr zum römisch-deutschen König gekrönt worden war, offiziell Kaiser des Heiligen Römischen Reiches und Mitregent seiner Mutter Maria Theresia wurde, nahm man zwar zur Kenntnis, es wurde über die Beerdigungs- und Krönungsfeierlichkeiten ausführlich berichtet, aber es hatte keinen Einfluss auf die Weimarer Regierung, die sich mit ganz anderen Sorgen herumschlagen musste.

Die Schulden, die Anna Amalia und ihr Mann von ihrem Schwiegervater übernommen hatten, waren längst nicht abgetragen, sondern im Gegenteil durch den Siebenjährigen Krieg noch angewachsen. Außerdem wurde die Verwaltung ihres Herzogtums durch die geografischen und historischen Gegebenheiten erschwert. Jeder Landesteil hatte Sonderrechte und eigene Verwaltungen – immerhin waren Eisenach und Jena erst 1741 zu Weimar gekommen. Landtage, die ein großer Kostenfaktor waren, musste Anna Amalia alle fünf Jahre stets in allen drei Landesteilen getrennt abhalten.[63]

Eine Verfassung im heutigen Sinn gab es noch nicht, nur eine Absichtserklärung der »von Gottes Gnaden« herrschenden Fürsten, in diesem Fall der Fürstin, die bei Regierungsantritt ihren Untertanen »Unsere Fürstliche Gnade, Huld und Protection« versprochen hatte. Wie alle Feudalherrscher dieser Zeit bezog sie aus diesem Gottesbezug die Rechtfertigung für ihr Handeln. Dafür erwartete sie Gehorsam, Treue und Fleiß von ihren Untertanen, um sich diesen Schutz zu verdienen.[64] In ihren Verfügungen, Mandaten, die sie mit »Von Gottes Gnaden Wir Anna Amalia« einleitete, war viel von der »landesmütterlichen Fürsorge« die Rede.

In Prauns Lehren für Anna Amalia befindet sich der Satz: »Nächst dem wird von einem Regenten ein guter Haußhalt erfordert, um die Bedürfnisse eines Staates bestreiten zu können, ohne die Unterthanen über die Gebühr zu beschweren.« Ein guter Haushalt, das bedeutete bei der finanziellen Situation des Herzogtums vor allem Sparen, wie schon der Paragraf 11 des Testaments vorgab.[65]

Anna Amalia nahm die Forderungen des Testamentes persönlich durchaus ernst, wie ein Brief an ihren Vater kurz vor Kriegsende zeigt, auch wenn sie immer wieder von Nonne ermahnt wurde, dass ihr Hof zu viel Geld verbrauchen würde. Daraufhin hatte sie sich Ende 1762 hingesetzt und eine Bilanz ihrer gesamten Kassen gemacht, wie sie ihrem Vater schrieb. Von den 60 000 Écus hatte sie 36 000 unter anderem für den Unterhalt ihrer Tafel und für die Gehälter ihrer Bediensteten vorgesehen, aber die Ausgaben waren, seit sie die Regentschaft übernommen hatte, immer höher gestiegen, sodass sie 4000 bis 8000 Écus pro Jahr zu der Summe von 36 000 zufügen musste. Ihr Oberhofmarschall von Witzleben, der als oberster Verwaltungsbeamter des Hofes für alle Wirtschaftsbelange zuständig war, hatte das mit dem »exorbitante[n] Preis der ganzen Esswaren« begründet.

Sie hatte aber bei ihrer Bilanzierung festgestellt, dass die Summe von 36 000 Écus »in gutem Silber« eigentlich ausreichen musste. Trotzdem verlangte von Witzleben alle zwei bis drei Monate eine Aufstockung. »Die ganze Unordnung kommt nur durch das Phlegma und die Bequemlichkeit des

Herrn von Witzleben, der wohl glaubt, dass es unter seiner Würde sei, bei der Haushaltung ins Detail zu gehen, und sich von seinen Untergebenen [die die Einkäufe tätigen] so viel sie wollen plündern lässt, die ihm mehr anrechnen, als sie selber ausgegeben haben«, schrieb sie verärgert. Und unglücklicherweise sei der Oberhofmarschall auch noch so empfindlich und habe überhaupt kein »Ehrgefühl« gegenüber seiner eigenen Autorität. Als Kompromiss wollte er jemanden an die Seite gestellt bekommen, der sich mit dem Haushalt und den verschiedenen Kammern auskenne. Dabei sah er nicht, dass, »um die Misstände abzustellen, ich mich von ihm trennen müsste, weil er es niemals akzeptieren würde, dass jemand, der nicht von ihm abhängt, die Kontrolle über den Haushalt bekommt«.

Anna Amalia war nun entschlossen, nach dem Beispiel der Höfe in Berlin und Bayreuth jemanden von außerhalb mit der Kontrolle ihres Hofetats zu beauftragen, am liebsten wäre es ihr, wenn der Vater ihr jemanden vom *Collegium Carolinum* in Braunschweig schicken würde.[66] Immer, wenn sie einen vertrauenswürdigen Menschen suchte – Lehrer für ihre Kinder, Berater –, dann wandte sie sich nach Braunschweig. Ihren eigenen Beratern in Weimar traute sie nicht.

Karl I. zeigte zwar volles Verständnis für ihre Klagen. Die Untergebenen würden sich nicht von alleine um eine Vermehrung der Kasse bemühen, wenn der Chef nicht jedes Detail kontrollierte. Er riet ihr aber trotzdem ab, in diesen Zeiten einen Bevollmächtigten einzustellen. Der könne nicht sachgerecht urteilen, weil in diesen Kriegsjahren die Preise stark schwankten. Sie solle noch Geduld haben und auf den Frieden warten. Danach würden die Preise wieder stabiler werden und man könne Pläne mit einer gewissen Grundlage machen. Dann würde er ihr gerne jemanden schicken, der die Finanzen kontrollierte.[67]

Natürlich lag es nicht nur am »Phlegma« und der »Bequemlichkeit« ihres Oberhofmarschalls, dass auch in den folgenden Jahren die Kosten für den Hof und der zur Verfügung stehende Etat zu keiner Zeit harmonierten. Das führte immer wieder zu Konflikten zwischen dem Oberhofmeister und Geheimrat Nonne in Vertretung des Geheimen Consiliums, wobei große Übereinstimmung darin bestand, dass die Kosten für die standesgemäße Erziehung ihrer beiden Söhne nur schwer zu berechnen waren und dass eine Regentin natürlich das Ansehen des Herzogtums nach außen vertreten musste, was automatisch bedeutete, dass über das Jahr nicht planbare Kosten für Repräsentation, Besuche bei oder von auswärtigen Fürsten und Ähnliches entstanden.[68]

Es gab allerdings wohl kein Fürstentum zu dieser Zeit, das schwarze Zahlen schrieb, vor allem während und nach einem jahrelangen Krieg. Aber die anderen Herrscher vererbten ihre Schulden nach ihrem Tod an ihre Nachfolger, ohne dass sie zur Rechenschaft gezogen werden konnten. Anna Amalia war »nur« die Vertreterin ihres Sohnes und musste, so war es vom Kaiser eindeutig befohlen worden, über ihre Verwaltung Rechenschaft ablegen. Gelöst wurde das Problem nicht, die Hofkasse musste auch in den nächsten Jahren mit Zuschüssen aus der fürstlichen Kasse und aus der Kammerkasse unterstützt werden.

»Fürchte dich nicht, fruchtbares Land! Freu dich und juble; denn der Herr hat Großes getan.«[69] – Zu diesem Bibelzitat predigte Generalsuperintendent Siegmund Barsch über die »Forderungen Gottes« an ein Volk »nach überstandenen Drangsalen« im feierlichen Gottesdienst zu Beginn des Landtages, in dem wie in diesen Zeiten der Feudalherrschaft auch anderswo üblich, nicht das ganze Volk vertreten war, sondern nur Besitzer von Rittergütern, Abgeordnete der Städte und ein Prälat von der Akademie in Jena. Sie konnten auch keine neuen Gesetze beschließen, sondern nur bestehende kritisieren und um neue »untertänigst« bitten. Das wichtigste Recht, das sie besaßen, war das der Bewilligung von Steuern. Viele Ausgaben von Staat und Hof konnten zwar durch die Erträge der großen Kammergüter abgedeckt werden, trotzdem waren Steuern für die Regierung eine ganz wichtige Einnahmequelle.

Anna Amalia hatte den ersten Landtag, dem sie als Regentin vorstand, »in Gnaden« für den 27. Mai 1763 in Weimar einberufen. Der Auftritt der regierenden Herzogin und ihres Gefolges, der in den *Weimarische(n) Wöchentliche(n) Anzeigen* ausführlich beschrieben wird, erinnert eher an eine höfische Machtdemonstration, und das war wohl auch die Absicht dahinter. Um acht Uhr versammelten sich alle Vertreter der Stände, die Minister, Räte und der gesamte Hof im Großen Saal des Residenzschlosses. Nachdem man die Herzogin von ihren Gemächern abgeholt hatte, zog man unter Glockengeläut in die Hofkirche ein. Auch die beiden Prinzen mit ihrem Erzieher waren anwesend. Nach dem Gottesdienst wurde die Herzogin in ihre Gemächer zurückgebracht, gegen ein Uhr wieder abgeholt und erneut in den Großen Saal geleitet. Auf dem Fürstenthron sitzend, umgeben von ihren Söhnen, ihren Hofdamen, den Räten, Ministern und Offizieren, ihr gegenüberstehend die Deputierten, begann der Landtag mit einer Rede des Geheimen Rats Nonne.[70]

Die Verhandlungen zwischen den Deputierten und Anna Amalia beziehungsweise ihren Räten erfolgten nach genau vorgeschriebenem Ritual und ausschließlich auf schriftlichem Weg. Zuerst überreichte der Geheime Hofrat Schmidt den Deputierten die sogenannte »Propositionsschrift« der Regierung. Darin erneuerte die Regentin zunächst ihre schon in der Regierungserklärung abgegebenen Schutzzusagen. Außerdem garantierte sie erneut den Ständen und Untertanen ihre alten Rechte und Befugnisse. Dafür erwartete sie, dass die Stände sich mit ihren Rechten zufriedengäben und sich »nicht anmaßen, am allerwenigsten zu Schmälerung der landesherrlichen Befugnisse und Regalien etwas vor[zu]nehmen«, sondern die Regierung ihren Pflichten gemäß zu unterstützen.[71]

Sie versprach, die Bildung zu fördern, da »von der Erziehung der Jugend das Wohl des Landes fürnehmlich abhanget«. Sie hoffte, dass der Landtag die entsprechenden Gelder für die Akademie und das Gymnasium weiter bewilligen würde. Zusätzlich wollte sie eine Summe haben, um die Bezahlung der Lehrer auf dem Land zu verbessern, die bislang nebenher noch andere Arbeiten verrichten müssten, was auf Kosten eines guten Unterrichtes ginge. Sie selbst habe diese in den letzten Jahren bereits aus den Kammergeldern unterstützt.

600 Taler sollten jährlich bewilligt werden, damit die Bauern und Landarbeiter, die sich beschwert hatten, weil sie bislang neben ihren Abgaben auch Frondienste beispielsweise bei Reparaturen der fürstlichen Bauten und auch beim Fegen des Schlossgrabens machen mussten, gegen diese Summe für immer von solchen Frondiensten befreit würden.

Um die Folgen der zahllosen Brandkatastrophen für die Bevölkerung zu mildern, wurde die Errichtung einer Brandkasse vorgeschlagen.[72]

Anna Amalia versprach, auch in Zukunft für eine unparteiische Justiz zu sorgen, das Polizeiwesen »auf einen guten Fuß [zu] setzen«, Handel und »Nahrung des Landes zu befördern und überhaupt vor den leiblichen Wohlstand sämtlicher Untertanen unermüdliche Vorsorge zu tragen«. Dies waren nur einige der Posten, um die es auf diesem Landtag ging und für die Anna Amalia für die nächsten Jahre eine Bewilligung der entsprechenden Gelder und Steuern benötigte.[73]

Drei Wochen später erhielt die Herzogin die sogenannte »Präliminarschrift«, in der alle Beschwerden und Wünsche der Stände zusammengefasst waren: Die Steuern sollten nur noch für ein Jahr bewilligt werden. In jedem Amt sollte ein Amtsmedikus eingestellt werden, der den Armen eine kostenlose medizinische Erstversorgung anbieten solle. Und außerdem wollte man die öffentliche Kirchenbuße abgeschafft sehen.[74]

Der nächste formale Schritt war die »Resolutionsschrift« der Regierung, in der die Vorschläge des Landtages angenommen oder abgelehnt wurden. Um die abgelehnten Punkte näher zu erläutern, baten die Stände um ein Treffen, damit sie Anna Amalia ihre Punkte näher erläutern konnten, und sie forderten zusätzlich die Offenlegung der Kassen und das Vorlegen von Rechnungsbelegen. Anna Amalia lehnte, von ihren Beratern angeleitet, ein persönliches Treffen ab, das in dem formalisierten Prozedere auch gar nicht vorgesehen war. Keiner wollte nachgeben. Aber der Landtag kam unter Zugzwang, weil die Steuerzahler die Landtagssitzung finanzieren mussten, und wenn es länger als vier Wochen dauerte, wäre das als Verschwendung angesehen worden. Also reichte der Landtag schließlich doch noch seine »Bewilligungsschrift« für Anna Amalias Vorschläge ein. Allerdings wurden die Steuern nur für ein Jahr bewilligt, die ständige Deputation sollte sie im darauffolgenden Jahr neu bewilligen. Das hätte dem Landtag einen nicht unerheblichen Machtzuwachs gebracht.

In ihrer Abschlussrede wiederholte Anna Amalia noch einmal die einzelnen Beschlüsse, korrigierte aber zum »Erstaunen« der Stände einige eigenmächtig: Den Militäretat erhöhte sie von 30 000 auf 32 000 Taler. Und die Steuerbewilligung nahm sie auf fünf Jahre an, obwohl die Stände für ein Jahr votiert hatten.[75]

Am 1. November 1763 folgte dann der Reichstag in Eisenach. Auch hier lief alles nach dem vorgeschriebenen Prozedere ab. Probleme, wie zum Beispiel das Eintreiben der Steuern, wurden angesprochen, aber am Ende nicht berücksichtigt. Geheimrat Nonne hatte das Schlusswort: »Es gibt Regenten, welche in der vorgefassten Meinung stehen, das Volk sei bloß um ihretwillen geschaffen, die Besitzungen der Untertanen gehörten dem Fürsten eigentümlich zu, er könne über ihr Vermögen und Leben willkürlich gebieten. Auf der anderen Seite gibt es schädliche Vorurteile bei denen Untertanen. Oftmals messen sie die Bedürfnisse des Staates nach ihren eigenen Bedürfnissen ab. Sie glauben, man könne viel ersparen. Sie sehen die herrschaftlichen Abgaben als einen Raub an ihren Gütern an. Sie möchten zur gemeinen Notdurft lieber gar nichts beitragen. Glücklicherweise finden beiderlei Vorurteile bei uns keine Anwendung.« Er lobte die Regentin, die »uneigennützig« das Beste für das Land wolle, und er lobte die Stände, die sich als »rechtschaffene Patrioten erwiesen« und die geforderten Summen bewilligt hätten.[76]

Offiziell war alles in Einigkeit friedlich zu Ende gegangen, aber wohl hauptsächlich deshalb, weil den Abgeordneten des Landtages bewusst war, dass es eben kein demokratisches Verfahren war, an dem sie teilgenommen hatten, sondern dass es am Ende doch der regierenden Herzogin und ihren Beratern überlassen blieb, welche Kompromisse sie einzugehen bereit waren und welche nicht.

2.5.2. Landwirtschaft und Handel

*»Ackerbau und Handlung [Handel] sind die beyden Röhren,
welche dem Cörper des Staats die erforderlichen Nahrungssäfte
zuführen. Je größer dieser ihr Zufluss ist, desto besser befindet
er sich«,[77]*

heißt es in einem Aufsatz »Beobachtungen vom Ackerbau«, den die *Weimarische(n) Wöchentliche(n) Anzeigen* im Oktober 1764 veröffentlichten. Nach sieben Jahren Krieg ging es für die Regierung unter Anna Amalia vor allem darum, diese beiden »Röhren« wiederzubeleben. Nicht nur im Sinne der Bevölkerung, sondern auch, um Steuern einnehmen zu können, mit denen die Verwaltung und der Hof finanziert werden konnten. Die Landesregierung versuchte durch Ge- und Verbote sowie Tipps, die durch öffentliche Anschläge oder einen Druck in der Zeitung veröffentlicht wurden, die Ernteerträge und die Fleischproduktion zu steigern. So wurde den Bauern neben dem Einsatz von Düngesalzen[78] das Kultivieren von bestimmten Futterpflanzen für Pferde und Kühe wie der sehr proteinreichen Esparsette empfohlen, weil ihre schwer arbeitenden Tiere damit langfristig ihr Körpergewicht und eine gute Kondition halten konnten. Außerdem sollten Obstbäume angepflanzt werden.[79]

Einige Empfehlungen muten etwas merkwürdig an, aber angeblich sollen sie geholfen haben: Zum Beispiel sollte man für eine reiche und frühe Ernte Kuh-, Pferde-, Schaf- und Ziegenmist mit siedendem Wasser mischen und einige Tage einweichen lassen. Danach wurden Salpeter und Natrium hinzugefügt, alles gut verrührt und mit einer entsprechenden Menge Korn vermengt. Wenn die Masse aufgequollen war, wurde sie auf das Feld gebracht.[80]

Auch gegen Ungeziefer, wie die schwarzen Kornwürmer sowie Raute und Grind bei Schafen, gab es zahllose Rezepte, Korianderpflanzen wurden gegen Maulwürfe eingesetzt.[81] Die Raupen waren eine besondere Plage. Daher wurden immer wieder Aufforderungen mit der Androhung von strengen Strafen für Grundstücks- und Gartenbesitzer erlassen, die Raupen einzusammeln.[82] Wegen der Spatzenplagen gab es die Verordnung, Spatzenköpfe abzuliefern.[83]

Nur gegen die häufigen Unwetter mit Überschwemmungen und gegen die Viehseuchen gab es kein Rezept, sondern nur Präventivmaßnahmen, um eine Ausbreitung zu verhindern. So wurde im August 1763 verboten, dass auf dem Buttstedter Markt Vieh verkauft wurde, das auf dem Weg dorthin durch verseuchte Gebiete gezogen war. Kein Auswärtiger durfte ohne das von seiner Gerichtsobrigkeit unterschriebene Attest am Viehmarkt teilnehmen.[84]

Das Hauptmittel, um die Versorgung mit Grundnahrungsmitteln zu garantieren, waren aber Eingriffe in die Preis- und Lohngestaltung. Die Preise auf dem Markt für bestimmte Nahrungsmittel wie Getreide und Fleisch waren schon während des Krieges per Verordnung festgelegt worden. Die Armen tranken Mehl- oder Biersuppe zum Frühstück, daher war Bier ein Grundnahrungsmittel, und sein Preis wurde wie der von Mehl und Brot durch die Regierung festgesetzt, ebenso gab es feste Preise für Öl, Seife und Kerzen. Auch die Löhne für Fuhr- und Tagelöhner, auf die Bauern und Händler angewiesen waren, wurden künstlich niedrig gehalten, wie auch die Preise bestimmter Handwerker wie Schmiede und Schuster.[85]

Wer diese Vorschriften missachtete und mehr forderte, wurde genauso zu einer Geld- oder Gefängnisstrafe verurteilt wie derjenige, der bereit war, mehr zu bezahlen. Der Bauer durfte seine Produkte zudem nicht an den meistbietenden Höker verkaufen, der die Waren dann außer Landes brachte, sondern war gezwungen, sie auf dem heimischen Markt zum festgesetzten Preis anzubieten.[86] Selbst die Haut seiner geschlachteten Tiere durfte der Bauer nur an die Gerber und Kürschner im Herzogtum abgeben.[87]

Während der größte Teil der Bevölkerung kaum das Nötigste zum Überleben hatte, konnte, wer das nötige Geld besaß, weiterhin Luxuswaren aus dem Ausland erwerben, die in den *Weimarische(n) Wöchentliche(n) Anzeigen* angepriesen wurden. Stefano Salice am Alten Kornmarkt in Weimar hatte im Angebot: »italienische Sardellen, frische Muscheln, frisch geräucherte Lachse, Zitronen, frische Datteln, Mandeln in Schalen, italienische Oliven, CervelatWürste, ParmesanKäse, candierte PomeranzenSchalen, Trüffel, Caffée aus Martinique.« Herr Dufour bot feinen »grünen Kaisertee, Lavendelwasser, Zedernöl, extra guten Malagawein, Canary Sekt und Burgunder Wein«an.[88]

2.5.3. Falsche Münzen

> *Sie zählt zu den dunkelsten Kapiteln der Regentschaft*
> *Anna Amalias.*

So lautet das Fazit des Historikers Marcus Ventzke über die »verantwortungslose Währungspolitik« zwischen 1760 und 1772, die das Land zusätzlich zu den Schäden, die der Krieg verursacht hatte, belastete und einen großen Teil der Bevölkerung in die Armut trieb.[89]

Da jeder Herrscher das Münzregal, also das Recht, seine eigenen Münzen prägen zu lassen, für sich in Anspruch nahm, hatte es im Reich unzählige Münzen gegeben, die den Handel erschwerten – allein schon dadurch, dass beim Umrechnen in eine andere Währung immer Verluste entstanden. Bereits 1559 war durch die Reichsmünzordnung festgelegt worden, wie hoch der Silbergehalt der einzelnen Taler sein musste: Aus einer sogenannten feinen Mark Silber, also exakt 233,856 Gramm, konnte man maximal neun Taler schlagen.

Da sich daran aber kaum noch ein Land hielt, hatten sich 1753 einige größere Staaten zusammengeschlossen und sich auf den sogenannten Conventionstaler geeinigt, von dem man 10 Silbertaler aus einer feinen Mark – das Äquivalent war die Kölner Mark mit etwa 233 Gramm Silbergewicht –

schlagen durfte. Diese Taler galten auch als Zahlungsmittel in Weimar.[90]

Das Problem waren nun aber die Scheidemünzen: silberne und kupferne Kleinmünzen, die die kleinen Leute im täglichen Leben zur Zahlung benutzten, in denen Preise festgesetzt und Löhne bezahlt wurden. Theoretisch sollte der Silberwert einer Münze dem Nennwert entsprechen. In Krisenzeiten gingen aber viele Regierungen, auch die weimarische, dazu über, Silberanteile durch Kupfer zu ersetzen, weil die Produktionskosten für die kleinen Münzen zu hoch waren. Das kam einer faktischen Entwertung der Münze gleich. Den Münzherren brachte das einen großen Gewinn, den Menschen, die sie benutzten, Verluste.

»Gegen jede fiskalische und wirtschaftspolitische Vernunft hatte man in jener Zeit die Eisenacher Münze wieder in Betrieb genommen und das Land mit großen Mengen sogenannten schlechten Geldes überschwemmt.« Der Pächter der Eisenacher Münzprägeanstalt, Georg Bohl, brachte diese Münzen auch »fassweise« in die benachbarten Staaten. Da keine Regierung minderwertige fremde Münzen im Umlauf dulden konnte, fiel das natürlich ziemlich bald auf. Die Eisenacher Münzen wurden im Wert herabgesetzt oder sogar als Zahlungsmittel außer Kraft gesetzt und schwappten dann nach Weimar zurück, »wo sie wie eine landesweite Seuche grassierten«.[91]

»Von Gottes Gnaden Wir Anna Amalia« verfügte die Herzogin im April 1763 »in Obervormundschaft« des Erbprinzen und als »LandesRegentin« wegen der im Münzwesen »eigerissenen und beynahe allgemein gewordenen Unordnung und Zerrüttung« eine neue Münzordnung, die bis zu einer allgemeinen von Kaiser und Reich zu machenden Vorschrift gelten sollte. Die in der angefügten Tabelle aufgeführten Münzen, es handelte sich um während des Krieges geschlagene Münzen, wurden verboten. Es wurden nur noch die nach dem geltenden Reichsfuß geschlagenen Münzen akzeptiert.[92] – »Angesichts der eigenen Beteiligung an der Münzverschlechterung mußten alle Versuche der Regierung zur Stabilisierung des Münzwesens unglaubwürdig erscheinen«, kommentiert Ventzke dieses Vorgehen der Regierung.[93]

Das Problem für die Menschen wurde durch diese Verordnungen nicht gelöst. Daher gab es auch offiziell Widerstand gegen die Münzpolitik der Regierung: Die Weimarer Stände forderten bereits 1763 die »Abstellung der Unrichtigkeiten beym MünzWesen«, und auch die Eisenacher Stände protestierten auf dem Landtag 1763 dagegen. Das Geheime Consilium wies alle Kritik zurück und verwahrte sich »gegen das fast allgemeine Vorurtheil, als ob durch Ausprägung der geringhaltig gewesenen ScheideMünzen dem Lande ein beträchtlicher Schaden zuerwachsen«.[94]

Dabei hätten es die Räte besser wissen müssen, denn die Folgen dieser Kipper- und Wipperpolitik waren bereits durch die Krisen im 16. Jahrhundert bekannt. Verantwortlich für die Münzmanipulationen war Geheimrat Nonne, der Anna Amalia erklärte, dass der Gewinn für das Reichskontingent, das ja auch in Friedenszeiten bereitgehalten werden musste, verwendet würde.[95] Wie Ventzke anhand der im Weimarer Staatsarchiv vorliegenden Dokumente schlüssig nachweist, war Anna Amalia umfassend über die Prägung der Münzen einschließlich der technischen Details informiert, und sie »quittierte selbst den Gewinn, den die Münze auswarf, und der nicht etwa den Kammern oder Landschaftskassen, sondern ihrer Schatulle und dem Hof zugutekam«, allein 1761 beispielsweise 4000 Reichstaler.[96]

Anna Amalia, 1763 erst 24 Jahre alt, durchschaute diese komplizierten wirtschaftspolitischen Zusammenhänge aber wohl nicht in ihrer ganzen Konsequenz. Wirtschaftspolitik gehörte zu den Gebieten, die sich nicht im Schnellkurs lernen ließen, es gibt wohl auch keinen anderen Herrscher ihrer Zeit, von dem bekannt wäre, dass er sich mit den wirtschafts- und finanzpolitischen Fragen seiner Regierung ausgekannt hat. Sie schrieb später selbst: »Die Geschäfte, von denen ich nun gar nichts wusste, vertraute ich Leuten an, die durch lange Jahre richtige Kenntniße davon besaßen.«[97]

Die Folgen der Münzpolitik zeigten sich auch bei der Steuerzahlung. Schon die noch während des Krieges verabschiedete Münzverordnung[98] hatte verfügt, dass Steuern und indirekte Abgaben in Zukunft in Talern und Groschen abgeliefert werden mussten. Kupfermünzen waren zur Zahlung dafür gar nicht mehr vorgesehen, sie stellten aber das hauptsächliche Zahlungsmittel der kleinen Leute dar. Schon bald gab es Klagen, dass die Menschen die Kupfermünzen auf der Steuerstube nicht mehr loswürden. Man musste sie in Groschen oder Taler umtauschen, was für die kleinen Leute einen großen Wertverlust bedeutete. Gleichwohl wurden von den »herrschaftlichen Institutionen« und den Kriegskassen an Beamte, Angestellte und Soldaten Lohn, Soldzahlungen und Pensionen in Kupfermünzen ausgehändigt, den gleichen Münzen, die die Behörden als Steuern nicht annehmen wollten.

Bauern auf dem Markt, Händler und Handwerker mussten dagegen Kupfermünzen als Bezahlung annehmen, ihre Abgaben und Steuern aber in höheren Einheiten bezahlen. Sie durften, um den Verlust auszugleichen, aber keinesfalls die Preise ihrer Produkte oder Leistungen erhöhen.

Im November 1763 berichteten die Weimarer Bürgermeister, dass die Bauern keine Kupfermünzen mehr annehmen wollten und die Handwerkerschaft vor dem »Ruin« stünde. Das Gleiche galt für die Fleischer, Bäcker, Seifensieder und andere Handwerker.[99]

Die Steuerkassen der Regierung hatten die Folgen ihrer Münzpolitik bereits Mitte Mai 1762 zu spüren bekommen. Geheimrat Nonne als Landschaftskassendirektor beklagte sich vor dem Geheimen Consilium über die mangelnde Zahlungsmoral der Untertanen. Er schlug vor, gegen die säumigen Zahler »die hiesigen Husaren« einzusetzen. Die anderen beiden Mitglieder des Geheimen Consiliums und auch die Herzogin waren einverstanden, dass man gegen diese »Saumseligkeit und Renitenz« der Untertanen mit der nötigen Härte vorgehen müsse.

Und so bekam die Weimarer Garde den Befehl, die Steuern einzutreiben. Dazu quartierte man Soldaten in den Dörfern und Städten ein, die dann, einschließlich ihrer Pferde, von den Untertanen unterhalten werden mussten, bis alle Steuern bezahlt waren. Wenn die Gelder nicht gezahlt werden konnten, sollten das Vieh, die beweglichen Produktionsgeräte und auch das Saatgut gepfändet werden.[100]

Die Lage in den Steuerkassen verbesserte sich dadurch kaum, weil die Menschen nicht zahlen konnten, selbst wenn sie gewollt hätten. Dafür entstand große Unruhe unter der Bevölkerung. Nonne ließ dennoch erneut am 27. Februar 1765 in den *Weimarische(n) Wöchentliche(n) Anzeigen* im Namen Anna Amalias verkünden, dass man mit »Befremden« wahrgenommen hatte, dass »sehr viele Contribuenten nicht nur ein, sondern zwey, vier und mehrere Jahre mit ihren Steuern in Rest verblieben«. Alle Erinnerungen und Strafen hätten daran nichts geändert. Daher würden nun bei allen Bürgern, die eine Besoldung bekämen, die Restschulden einbehalten und in die Steuerkasse einbezahlt. Den anderen, die keine Besoldung erhielten, würden »Husaren zur Exekution eingeleget«. Wo auch das nichts bringe, sollten die Rückstände durch Zwangsversteigerung eingetrieben werden. Eine letzte Aufforderung ging an alle, ihre Steuerrückstände bis Ostern zu bezahlen, sonst würden »ohne Ansehen der Person« die angekündigten Maßnahmen erfolgen. Bei allen anderen »unangesessenen Bürger[n], Handwerkern und Hausgenossen« blieb es bei der bereits getroffenen Verordnung, dass sie ihre Steuerschulden »durch Zuchthaus- und Wege-Arbeit abverdienen« mussten.[101] Dieselbe Aufforderung wurde einen Monat später erneuert. Vor allem die »hiesigen angesessenen Honoratioren« kümmerten sich offenbar nicht um die Ermahnungen. Und so kam am 26. Mai 1770 »noch ein- und zum letztenmale« eine Erinnerung mit Termin.[102]

In einer Zeit, in der weite Teile der Bevölkerung ohnehin durch die Folgen des Krieges verarmt waren, verschlimmerte die Regierung die Situation durch Münzfälschungen. Den meisten Gewinn machten der Münzpächter Bohl, der Hof und die Herzogin. Ein Zeitgenosse bezeichnete die Münzfälschungen als Unglück, das »beinahe größer sei als der ausgestandene Krieg und die Theuerung«.[103]

Inwieweit die Bevölkerung Anna Amalia persönlich für diese Situation im Land verantwortlich machte, darüber schweigen die Quellen. Ob in diesen Jahren allerdings der Großteil der Bevölkerung in den Jubel eingestimmt hätte, den die *Weimarische(n) Wöchentliche(n) Anzeigen* alljährlich auf der ersten Seite zu Neujahr veröffentlichten, mag bezweifelt werden. Der unbekannte Autor der 1766 geschriebenen Zeilen beschwor die ungebrochene Hoffnung auf Wohlergehen für alle im neuen Jahr:

> *Denn es wacht der Unsterbliche noch über Weimars Gefilden,*
> *denn es wacht AMALIA noch, unsre Göttin auf Erden.*«[104]

2.5.4. Fürsorge und öffentliche Ordnung

2.5.4.1. Feuerschutz

> *Gestern hatte das Dorf Cunig, bey Jena gelegen, das Unglück,*
> *daß es gantz, sammt Kirche und Schule, bis auf zwey Häuser,*
> *durch eine heftige Feuersbrunst, in einer Zeit von etwa*
> *3–4 Stunden in die Asche gelegt wurde.*«[105]

Die meisten Häuser im Herzogtum waren aus Lehm erbaut und hatten Dächer aus Schindeln oder Stroh. Bei einem Feuer brannten daher meist ganze Dörfer oder Stadtteile ab. Aus diesem Grund kam dem Feuerschutz eine besondere Bedeutung zu. 1768 wurden Ziegel als Dachmaterial für Neubauten verpflichtend, wer die alten Schindeldächer durch Ziegel ersetzte, bekam den fünften Teil der Kosten ersetzt. Die meisten Menschen waren aber zu arm, um sich das leisten zu können.[106]

Immer wieder wurde die Bevölkerung auch unter Strafandrohung dazu aufgerufen, im Winter und bei Frost in jedem Haus eine Wanne oder ein Fass mit Wasser so aufzustellen, dass es nicht einfrieren konnte, für den Fall eines Brandes.[107] Wer mit Schießpulver handelte, musste eine Genehmigung vom Rat einholen. In Gasthäusern oder Privathäusern durfte Schießpulver nicht über Nacht gelagert werden.[108]

Immer wieder wurde auch das Verbot an die Frauen wiederholt, im Winter während des Gottesdienstes »Feuer-Stübgen«, blecherne Töpfe mit glühenden Kohlen, unter ihren Röcken zu platzieren, um sich zu wärmen. Eine Geldstrafe drohte, da dies nicht nur gesundheitliche Schäden durch den schwefligen Dampf der Holzkohlen, sondern auch einen Brand auslösen konnte. Durch die einseitige Hitze könnten zudem Frauenkrankheiten verursacht werden, die der Autor aber nicht nennen mochte, »um seinen Leserinnen keine Röthe zu verursachen«.[109]

Bei einem Brandschaden, der fast immer ein Totalschaden war, kam Hilfe über sogenannte Hauskollekten, von denen Anna Amalia mehrere ausschrieb. Aber die brachten immer weniger Geld, bei Feuersbrünsten waren sie nicht anwendbar. Die Betroffenen konnten meist ihre Häuser aus Geldmangel nicht wieder aufbauen, verließen ihren Hof und zogen als Bettler umher oder gingen in fremde Kriegsdienste.[110]

Daher hatte Anna Amalia schon 1763 die »Errichtung einer gemeinschaftlichen Brandkasse« angeregt. Jeder, der dort einzahlte, sollte im Brandfall seinen Schaden ersetzt bekommen. Die Landtage in Weimar und Jena genehmigten die Brandkasse auch, Eisenach folgte erst 1772. Am 23. August 1768 nahm die Brandkasse, »das gemeinnützigste Werk« der Regierung Anna Amalias, ihre Arbeit auf. Allerdings wurde sie von der Bevölkerung nicht angenommen, da das Prinzip nicht verstanden oder zu schlecht kommuniziert wurde. Die Menschen vermuteten eine neue Steuer dahinter, die sie je nach Wert ihrer Häuser bezahlen sollten. Sie gaben daher den Wert zu gering an oder rissen sogar »entbehrliche Baulichkeiten« ein.[111] Auch die Auflagen, die sie beim Wiederaufbau beachten mussten, um später ein Recht auf Entschädigung zu haben, zum Bespiel den Einsatz von Ziegeln für das Dach, wurden nicht beachtet. Die Brandversicherung wurde aus diesen Gründen 1781 wieder aufgelöst.

2.5.4.2. Gesundheits- und Armenfürsorge

Bekanntmachung:

> *Dem Publico wird hierdurch bekannt gemacht,*
> *daß voritzo [zur Zeit] der geschickte Mund- und Zahnarzt,*
> *Hr Johann Georg Keimling, sich allhier befindet,*

dessen Geschicklichkeit sich hauptsächlich in Ausnehmung der
abgebrochenen Schiefer und Stifter bestehet; und der außerdem
die hohlen Zähne künstlich zu kauterisieren und mit einem beson-
deren Metal auszufüllen weis: nicht minder neue durch Kunst
gemachte Zähne einsetzet, auch alle schwarze und gelbe Zähne
renoviret, und sonst verschiedene Remedia wider den Scharbock
[Skorbut] und Leichdorn [Hühneraugen] … bey sich führet «,[112]

verkündeten die *Weimarische(n) Wöchentliche(n) Anzeigen.*
Der Sorge für die Gesundheit der Bevölkerung kam eine
große Bedeutung zu, allein schon deshalb, weil nur gesunde
arbeitsfähige Menschen Steuern und Abgaben zahlen konnten. Während sich Adlige und gut betuchte Bürger den Hofarzt Hufeland leisteten, hatte der Weimarer Landtag erst 1763
die Einstellung eines Arztes von Amts wegen gefordert, der
zumindest eine kostenlose Erstversorgung garantieren sollte.[113]

Für viele Untertanen blieben daher nur die wandernden
Ärzte, die umherzogen und ihre Dienste anboten. Immer wieder aber musste die Regierung Verordnungen mit harten
Strafandrohungen gegen sogenannte Empiriker verkünden,
die keine medizinische Ausbildung hatten, trotzdem aber
Medizin verordneten oder Behandlungen durchführten, wobei sie sich allein auf ihre Erfahrung stützten ohne theoreti-
sche Kenntnisse einer Krankheit.[114]

Ein größeres Problem waren Epidemien wie die Blattern,
auch » Kinderblattern « genannt, oder Windpocken,[115] bis
zum Ende des 18. Jahrhunderts Todesursache bei zehn Prozent der kleinen Kinder. Impfungen kamen gerade erst auf,
waren aber noch sehr umstritten und für die arme Bevölkerung zudem in keiner Weise finanzierbar.

Die Pest galt eigentlich in Europa als besiegt, aber im November 1770 trat sie in Polen, dem Königreich Ungarn und
dem Fürstentum Siebenbürgen wieder auf. Da es aber gegen

diese Seuche, die im Mittelalter und der frühen Neuzeit ganze Städte und Landstriche entvölkert hatte, noch keine Mittel gab, wurden auch im Herzogtum Sachsen-Weimar-Eisenach Vorsichtsmaßnahmen getroffen: Alle Fremden, die keinen Pass und keine Bescheinigung, dass sie eine Quarantäne durchlaufen hatten, vorweisen konnten, durften nicht einreisen. »BettelLeute, BärenFührer, Zigeuner und anderes liederliches Gesindel« durften auch mit Pass nicht einreisen, ebenso wenig jeder andere, der aus den infizierten Ländern kam. Das Gleiche galt für Waren, vor allem für die »leicht Gift fangenen« wie Federbetten, Pelz und Rauchwerk und Kleidungen. Es war auch bei »schwerer Strafe« untersagt, sich Waren aus diesen Ländern schicken zu lassen. Das galt vor allem für Händler und Kaufleute.[116]

Neben den Verordnungen finden sich in der Zeitung aber auch praktische Gesundheitstipps. Zum Beispiel eine Abhandlung »Vom Nutzen des Ohrenschmalzes«, den man sich bei »Blödigkeit« in den Augen in die Augenwinkel schmieren, dann den Kopf hin- und herdrehen sollte, bis das Auge tränte. Nach einer Viertelstunde würde das Auge wieder klar. Wen es juckte, der sollte das Ohrenschmalz an die Augenbrauen schmieren, außerdem helfe es bei Bissen und Stichen giftiger Tiere.[117]

2.5.4.3. Anordnungen, Verbote und Strafen

> *Also ordnen und befehlen Wir in angeregter OberVormundschaft und als Landesregentin, dass die Thore nachfolgender massen geschlossen und wiederum geöffnet werden sollen.«*

So beginnt die Verordnung Anna Amalias über die Öffnungszeiten der Stadttore: Im Winter wurden sie ab 6 Uhr geöffnet, ab 18 Uhr geschlossen, ab Mai um halb 4 oder 4 Uhr geöffnet, ab halb 10 abends geschlossen. Sonntags wurden sämtliche

Tore von vormittags zwischen 8 und 11 Uhr und mittags von 1 bis 3 Uhr geschlossen.[118]

Die Wiederherstellung einer Ordnung war nach den Kriegsjahren eine vorrangige Aufgabe der Regierung unter Anna Amalia. Das Land war nicht nur verwüstet worden, es gab auch keine Kontrolle mehr über die Fremden: Soldaten, Bettler, umherziehende Diebesbanden, die die Landesgrenze ohne Pass oder Genehmigung überschreiten konnten. Die Regierung ließ ein Landhusaren-Corps aufstellen, da »verschiedenes Zigeuner- und anderes ... mit Gewehr versehenes liederliches RäuberGesindel, welches die Unterthanen nicht allein in große Furcht gesetzet, sondern auch die Straßen sehr unsicher gemachet« im Lande war.[119]

Die meisten Verordnungen befassten sich aber mit dem Verhalten der einheimischen Bevölkerung, deren einziges Vergehen oftmals war, dass sie das Vergnügen der Herrschaften störte. Da waren die Personen, die zu Fuß oder zu Pferde von Jena und anderen Orten nach Weimar zurückkamen, oder die von Tiefurt, Cronsdorf, Sissenborn und Denstedt kommenden »Biergäste«, die die Alleen und Fußsteige »mit Reuten und Klatschen, und auch hin- und hergehen missbrauchen«. Auch die Metzger, die ihre Kälber und anderes Vieh dort durchführten und durch das Blöken und Hetzen der Hunde die Fasanerie »gar verstöhret und vertrieben«, und die Leute, die Erd- und Himbeeren suchten – sie alle wurden ermahnt. Ihr Verhalten würde der »Hochfürstl. Gnädigster Herrschaft zu großem Missfallen gereichen«. Daher sollte jeder die Alleen und Gehsteige vernünftig gebrauchen, auf der ordentlichen Fahrstraße außerhalb vom Gehölz bleiben, das Erd- und Himbeersuchen wurde bei Strafe verboten.[120]

Eine ganze Reihe von Verordnungen befasste sich mit dem Verhalten am Sonntag. Bürger und Untertanen liefen oder fuhren vor und nach der Kirche »dem Sabbaths-Mandat«

zuwider auf die Dörfer, um Bier zu trinken, »solches aber nicht nur überhaupt zur Entheiligung des Sabbaths gereichet, sondern auch zu vielen Sünden und Ärgernissen Anlass gebet«.[121] An Sonn- und Feiertagen war das Schlittenfahren vor der Kirche während des Gottesdienstes verboten, vor allem mit Pferden, die mit Glocken geschmückt waren, was ohnehin nur die Adligen durften. Wer nach außerhalb mit dem Schlitten fahren wollte, müsse das vor oder nach dem Gottesdienst tun, sonst riskierte man eine Verhaftung.[122]

Andere Maßnahmen, die die Regierung Anna Amalias verfügte, galten der Verschönerung der Stadt Weimar und der Umgebung. Weimar war noch stark dörflich geprägt, erst 1771 mussten alle innerhalb der Ringmauer liegenden Scheunen für den Bau neuer Wohnhäuser Platz machen. Schweine und Schafherden zogen regelmäßig durch die Straßen. Dadurch und durch die Wagen, die Mist und Schutt abtransportierten, wurden der Markt und die Gassen verdreckt. Daher verfügte die Regierung, dass alle Wagen Seitenbretter und vorne und hinten ein weiteres Brett als Spritzschutz haben mussten.[123] Auch mussten alle Hausbesitzer die Gassen zur angegebenen Zeit kehren, damit das dafür extra angeschaffte Fahrzeug beim Abfahren des »GassenUnraths« nicht aufgehalten würde »und die Reinlichkeit der Stadt befördert werde«. Es drohten sonst harte Strafen.[124]

Ein besonderes Problem waren die offenen stinkenden Abwasserkanäle, die die Straßen durchzogen. Trotz Verbots wurden immer wieder Kehrricht, Unrat, Stroh, zerbrochene Gefäße, Sand und anderes hineingeworfen, sodass sie verstopften und überliefen.[125]

Besondere Regeln galten für die »Brandeweinbrenner«, denen das »Auschütten und Auslaufen ihrer Gewässer auf die Straßen Bei Vermeidung harter Strafe« untersagt wurde.[126]

Eine Straßenbeleuchtung gab es anfangs noch nicht, wer

abends unterwegs war, musste seine eigene Laterne mitnehmen. 1769 wurde ein »Laterneninstitut« ins Leben gerufen, zu dem alle Honoratioren einen Taler jährlich zahlen sollten, die Kauf- und Handelsleute 16 Groschen, die Handwerksleute 6 oder 8 Groschen, die »Fabrikanten« 4 Groschen.[127]

Bereits 1757 war der Rehmenteich in Weimar zugeschüttet worden, daraus entstand zusammen mit der Esplanade die heutige Schillerstraße, eine Lindenallee mit Gartenlaube und Goldfischteich als Promenade für die Regentin und ihren Hofstaat. Die Esplanade, mit Sicherheit eine der schönsten Stellen im damaligen Weimar, zog natürlich auch Menschen an, die dort nicht erwünscht waren und durch Verordnungen ferngehalten wurden: Frauen mit kleinen Kindern mussten aufpassen, dass die Kinder keinen Schaden in den Bosketten – den Gruppen von beschnittenen Büschen und Bäumen – machten oder Steine in das Bassin warfen. Die Strafe waren 5 Groschen und 5 Pfennige – eine teure Angelegenheit, denn damals kostete beispielsweise ein Pfund Schweinefleisch 1 Groschen und 8 Pfennige. Alternativ ging es ins Gefängnis.[128]

»Wonach sich ein jedes zu achten und vor Strafe zu hüten, auch die Ungnade Durchlauchtigster LandesHerrschaft zu vermeiden wissen.« So endet eine Bekanntmachung des Rates zu Weimar 1764. Kindern, Gesinde und Handwerksburschen, »besonders letztern zur Nachtzeit, wo die meisten Bosheiten vorzugehen pflegen«, wurde der Aufenthalt auf der Esplanade vor dem Frauentor strengstens untersagt.[129] Auch die »wegen der zum Vergnügen Hochfürstlich gnädigster Landesherrschaft allhier angelegten LindenAllee« nach Schloss Belvedere wurde durch Androhung von Geld- und Gefängnisstrafen vor Vandalismus geschützt.[130]

»Wir erblicken den ausgereckten Arm Gottes, der das Schwerd in die Hand der Obrigkeit liefert, sie dadurch zu bestätigen, dass sie sey eine Rächerin zur Strafe über die da

Böses thun«, schrieben die *Weimarische(n) Wöchentliche(n) Anzeigen*.[131] In der Strafrechtspflege wurde die »Peinliche Halsgerichtsordnung« Karls V. von 1532 als Reichsgesetz weiterhin befolgt. In ihr war das Maß der Strafen für bestimmte Delikte festgelegt: Bei Diebstählen oder leichteren Vergehen, wie zum Beispiel Vandalismus, bei »muthwillige[m], boshafte[n] Beschädigen der an den Straßen, auf den Feldern stehenden Obst- und andere Bäume«[132] gab es eine Geldstrafe oder das Abarbeiten des Schadens. Bei Kapitalverbrechen wie Mord und Totschlag, schwerem Raub, Vergewaltigung, Brandstiftung und auch bei Münzfälschung konnte die Todesstrafe verhängt werden durch Enthaupten, Vierteilen, Rädern, Hängen, Ertränken, lebendig Begraben und Ähnliches. Die Vollstreckungen waren in der Regel öffentlich, da sie der Abschreckung dienen sollten.

Es gab aber immer ein richtiges Verfahren, so wie am 21. September 1764, als vier bewaffnete Diebe »nach vollführter Inquisition und von zwei Hofadvokaten geführter Verteidigung« und nachdem man zwei Gutachten von »diversen Universitäten« eingeholt hatte, zum Tode verurteilt. Das Urteil wurde »in Beyseyn einer großen Menge Volks vollstrecket, mit dem Schwert bzw. mit dem Strang.«[133]

Eine andere Art von Strafe war die öffentliche Kirchenbuße, die von den Kirchen für Ehebruch, uneheliche Geburt, vorehelichen Geschlechtsverkehr, sofern man ihn nicht vor der Trauung gestanden hatte, verhängt wurde. Im Armesünderhemd musste man dann vor die versammelte Gemeinde treten. Diese Buße galt aber nur für die Armen. Wer Geld hatte, konnte sich freikaufen.[134] Die Schande war so groß, dass viele junge Mädchen ihre Schwangerschaft verheimlichten oder ihr neugeborenes Kind töteten. Dann aber drohte ihnen die Todesstrafe. Anna Amalia wollte die öffentliche Kirchenbuße auf Drängen der Landstände abschaffen, aber das weimarische Oberkonsistorium, die protestantische oberste Verwaltungsbehörde, lehnte ab.

2.6. Repräsentation zwischen Pflicht und Vergnügen

Viele Schreiben sind durch »besonders auch Uns unangenehmer und beynahe eckelhafter Schmeicheleyen und Lobeserhebungen, ungebührlich ausgedehnet«,

vermerkte Anna Amalia, der die ständigen inhaltslosen Ehrbezeugungen ein Dorn im Auge waren. In ihrer offiziellen Verfügung Ende 1764 an ihre Untertanen heißt es weiter: »Von Gottes Gnaden, Wir Anna Amalia« ließ ihre Untertanen wissen, dass sie »höchst missfällig« sei, weil viele an sie gerichtete Bittschreiben zu »weitläufig« seien. Das wolle sie nicht weiter hinnehmen. Jeder, der ein Anliegen habe, möge das, vor allem bei juristischen Angelegenheiten, auf dem vorgesehenen Instanzenweg vorbringen in einem kurzen Schreiben ohne alle »allotrium«, also unnütze Nebensächlichkeiten, worunter Anna Amalia vor allem die »Uns missfallenden Schmeicheleyen« verstand. Sonst würde man keine Antwort bekommen.[135]

Auch in den *Weimarische(n) Wöchentliche(n) Anzeigen* konnte man zu verschiedenen Anlässen abgedruckte Huldigungen voller Schmeicheleien lesen: »Der heutige Tag sey für unsere erhabenste Regentin ein Anfang der glücklichsten Reihe von Tagen, der nur die entfernteste Zeit ein Ziel setze! Nach undenklichen Jahren sey Sie noch deine Freude, o Weimar, wie Sie heute dein Glück ist!«, hieß es beispielsweise zu Neujahr 1765.[136]

Während Anna Amalia durchaus bewusst war, dass offiziellen Huldigungen zu ihrem Status als regierende Fürstin dazugehörten und sie sie hinnehmen musste, wehrte sie sich dagegen, wann immer sie konnte. Und dies wurde von den sie umgebenden Räten in der Regel auch respektiert. In der Eingangsrede zum Weimarer Landtag 1763 sagte zum Bespiel Geheimrat Nonne, er wolle nicht von den Wohltaten für das Land durch die Herzogin reden, »weil ich mir ein Gesetz auferlegt habe, unsere verehrungswürdigste Fürstin niemals ins Angesicht zu loben«.[137]

Da sich das Leben der Regentin und ihrer Untertanen normalerweise in zwei völlig verschiedenen Welten abspielte, wurden regelmäßige Begegnungen zwischen Regentin und Volk inszeniert. Eine davon waren die Spaziergänge, die Anna Amalia mit dem ganzen Hof nach der Tafel an Sonn- und Feiertagen auf der Esplanade machte. Der Oberhofmarschall ging voraus, es folgten die sechs Pagen, einer trug ihre Schleppe. Dahinter kam die »niedere« Hofdienerschaft, sie bestand aus Läufern, ihrer Leibgarde und einem »Zwerg«.[138] Während die Adligen den Aufmarsch auf den Bänken am Rande sitzend verfolgten, versammelten sich die Bürger und Honoratioren außerhalb der Sperre. Es gab einen kurzen Stopp am Goldfischbecken, wo die Herzogin die Goldfische mit Semmeln fütterte. Ab und zu nahm sie ihren Tee in der Grotte am Platz.

Auch ihre Ausritte zu Pferde dienten dem Zweck, vom Volk gesehen zu werden. Sie ritt auf einem dicken weißen Gaul, begleitet von jungen adligen Begleitern, vorweg ritt Oberstallmeister von Stein. Zu Pferde nahm sie auch die Militärparaden auf den oberweimarischen Wiesen ab.[139] Beim Reiten kam ihr kleiner Fuß besonders gut zur Geltung, wie Carl Friedrich Ernst von Lyncker (1727–1807) schreibt: »Allgemein wurde ihr kleiner Fuß bewundert, und da sie täglich ein Paar neue Schuhe anlegte, die sie dann den Kammerfrauen überließ, so kamen solche häufig zum Verkauf, und jede Dame war stolz darauf, ihren Fuß in die Schuhe der Herzogin zu zwängen. Die hof- und andern Kavaliere trugen aus Galanterie kleine goldene Schuhe als Uhrketten-Berlocke.«[140] Vor dem Frauentor standen kleinere Häuser und das Jägerhaus, dahinter das Schießhaus mit großem Garten, wo das Vogelschießen stattfand, an dem auch Anna Amalia und die Prinzen teilnahmen.[141] An besonderen Festtagen oder wenn auswärtiger Besuch, Fürsten oder Familienmitglieder der Regentin zu Besuch waren, wurde »öffentlich« gespeist. Die öffentliche Tafel war an allen Höfen Teil des Hofzeremoniells, wo sich der Fürst dem Hofstaat und seinen Untertanen zur Schau stellte.

Auch die offiziellen Ehrungen zu den Geburtstagen der Herzogin und der beiden Prinzen waren Inszenierungen, die nach dem immer gleichen Ritual abliefen: Hofleute, Regierungsbeamte, Adlige und vornehme Bürger gaben ihre Glückwünsche und Huldigungen ab, mittags wurde an mehreren Tafeln gespeist, und abends gab es einen Ball.

Als Zuschauer konnte das Volk im Winter von Weitem auch an Hofschlittenfahrten »teilnehmen«. Sie sahen die vornehmen Damen in Pelzmänteln in einsitzigen Schlitten, die wie bunte Muscheln, Schwäne, Meerjungfrauen oder Seefische aussahen. Vor die Schlitten wurden Pferde gespannt mit Federbüschen auf dem Kopf, der Körper mit einem Tuch bedeckt, an dem farbige Quasten und Zimbeln und »wohl mehrere Hundert Schellen« befestigt waren. Reiter, ebenfalls mit Quastenhüten geschmückt, ritten vorneweg. Der Oberstallmeister führte den Zug an.[142]

Ein großer Saal im Erdgeschoss des Schlosses diente als Theater, zu dem auch Bürgerliche im Parterre Zutritt hatten. Reisende Schauspieltruppen gastierten immer nur vorübergehend, bis es von 1768 bis 1771 mit der *Kochschen Truppe* wieder eine in Weimar fest engagierte Gruppe von Schauspielern gab. Neben Komödien kamen auch anspruchsvolle Stücke von zeitgenössischen Dichtern wie Voltaires Trauerspiel »Zayre« und Lessings »Minna von Barnhelm« zur Aufführung. Ballettaufführungen und Konzerte ergänzten das Programm, mit dem sich die Hofgesellschaft an den Abenden vergnügte. Zunehmend wurden auch weimarische Dichter für das Theater gewonnen, wie der Hofmeister der Pagen Johann Carl August Musäus (1735 – 1787) und Gottlieb Ephraim Heermann (1727 – 1815), einer der Lehrer der beiden Prinzen. Hofkapellmeister Ernst Wilhelm Wolf (1735 – 1792), der auch die Prinzen unterrichtete und bei dem Anna Amalia Unterricht in Klavier und im Komponieren nahm, schrieb die Musik zu einigen der aufgeführten Stücke.[143]

»Die Herzogin tanzt schön, leicht und mit vielem Anstand; die jungen Prinzen, die als Zéphir und Amour maskiert waren, tanzten auch sehr gut. Die ganze Maskerade war sehr voll, animiert, und auch eine Menge artiger Masken, wohl zwei, bis dreihundert.« So beschreibt ein Reisender, der um 1770 am Hofe von Weimar weilte, die regierende Herzogin. Sie war »prächtig en domino und brillierte auch sonst mit ihrem Schmuck von Juwelen«.[144]

Die Damen, auch Anna Amalia, hatten ihre Hunde, zumeist Möpse oder Windspiele, dabei, wie es Mode war. Das Tabakschnupfen aus edlen Dosen wurde von Damen und Herren gleichermaßen ausgeübt. »Dies war denn auch bei der Herzogin zu ununterbrochener Gewohnheit geworden.«[145] Zu jedem Ball gehörten Spieltische, an denen meist das beliebte Kartenspiel Pharo gespielt wurde. Auch die Herzogin spielte gerne, allerdings nie lange, weil sie lieber tanzte. »Sie tanzte mit jeder Maske und blieb bis um Drei, als fast alles aus war«, schreibt der unbekannte Reisende um 1770.[146]

3. Obervormünderin

3.1. Erziehungsprinzipien in Theorie und Praxis

> »Ich ließ mich, was mich selbst betraf, der Natur lediglich über,
> und gegen meine Kinder überließ ich mich der mütterlichen
> Liebe ...«,

so schreibt Anna Amalia im Rückblick.[1] Ganz so einfach war es nicht, denn das Testament ihres verstorbenen Mannes schränkte die Erziehungsfreiheit der Mutter ein, die alleine keine Entscheidungen treffen konnte, vielleicht auch aus der nicht ganz unberechtigten Sorge heraus, dass eine 18-Jährige mit der Regentschaft und der Erziehung des zukünftigen Herzogs ohne kompetente Berater überfordert sein könnte.

Ab dem vierten Lebensjahr sollten die Prinzen »der Aufsicht der Frauenzimmer entnommen« und einem Hofmeister übergeben werden, nach Absprache mit dem Consilium. Der Hofmeister sollte dann eine »ordentliche Instruction entwerfen« und wenigstens alle Vierteljahre einen schriftlichen oder mündlichen Bericht abgeben. Auch die anderen Informatores, Sprach- und Exercitien-Meister und Bediensteten sollten sich um die »Gesundheit, eine gute Erziehung, Wachsthum im Christentum, in den Wissenschaften, um anständige Leibes-Übungen« und »christ-Fürstliche(n) Tugenden« kümmern »unter des Hofmeisters Direction und Unserer Gemahlin Liebden mit Zuziehung des Geheimen Consilii, Ober-Aufsicht«. Es sollten keine Mühen und Kosten gespart werden, um die Prinzen so aufzuziehen, dass sie als Erwachsene Gottes Ehre befördern, sich vor Lastern hüten, Land und Leuten nützlich sein und den Glanz des Hauses bis auf die späte Nachkommenschaft erhalten und vermehren konnten.[2]

Für die ersten vier Jahre, in denen es vor allem darum ging, das Überleben der Kinder zu sichern, hatte Anna Amalia die Oberaufsicht über die Erziehung an Charlotte von Quernheim übergeben. Da Anna Amalia durch ihre Regentenpflichten nicht viel Zeit für ihre Kinder hatte und auch ab und an für längere Zeit in der Residenz im Landesteil Eisenach weilte, forderte sie von Frau von Quernheim detaillierte tägliche Berichte und gab ihr strenge Anweisungen, wie sie mit den Kindern umzugehen hatte. »Ihr wisst sehr gut, wie sehr ich sie liebe.« Daher solle die Oberaufseherin sich alle »erdenkliche Mühe« geben, gerade bei Carl, der dazu bestimmt sei, eines Tages ein ganzes Volk glücklich zu machen, und das hinge ganz stark von der ersten Erziehung ab, die er bekäme.[3]

Im selben Jahr bat Anna Amalia ihren Vater, ihr den Professor und Bibliothekar am Braunschweiger Collegium Carolinum, Johann Wilhelm Seidler (1718–1777), als Lehrer für ihre Söhne zu schicken. Der Vater antwortete prompt, er freue sich über Neuigkeiten von ihr. Die »Sorgfalt«, mit der sie sich schon »zu so früher Zeit um die Erziehung ihrer Kinder, seiner Enkel, kümmere«, fand seine volle Unterstützung. Seidler könne er nur empfehlen, vor allem, nachdem er sich erkundigt habe, dass dieser ein spezielles Talent für die Erziehung von Kindern im zarten Alter habe.[4]

Im Frühjahr 1761 trat Seidler sein Amt in Weimar an, zunächst nur mit dem vierjährigen Carl August, ab 1764 auch mit Constantin. Er unterrichtete zunächst Rechnen, Lesen und Schreiben, dann Latein und Religion, später Geografie, Mathematik und Physik. Zusätzlich hatte man aus Gotha um die Übersendung der Instruktionen gebeten, die das Consiliumsmitglied Johann Popo von Greiner 1748 für die Erziehung von Carl Augusts Vater ausgefertigt hatte.[5]

Seidler sah sein wichtigstes Erziehungsziel aber darin, dass der Erbprinz » sich klar werden (soll), dass er der Vater des Landes werden muss; er muss ein Herz, das nur die Religion bildet, für alle seine Kinder haben; ihm muss die harte und saure Arbeit des Bauernstandes ebenso bemerkenswert sein als das künstliche schönste Meisterstück «.[6]

Bereits ab Herbst 1760 – der Erbprinz war gerade drei Jahre alt geworden – befasste sich Anna Amalia intensiv mit der Suche nach einem geeigneten Erzieher für ihre Söhne. Dieser sogenannte Hofmeister übernahm nur selten den Fachunterricht selbst, aber er musste den der anderen Lehrer überwachen, ebenso wie den Haushalt der Prinzen einschließlich der Bediensteten. Offiziell hatte Anna Amalia die Oberaufsicht bei der Erziehung, aber es war der Hofmeister, der den Jungen beibrachte, wie sie sich bei Hofe zu benehmen hatten. In der Praxis konnte sie kaum eingreifen, da sie ihre Söhne nur stundenweise sah, manchmal wochenlang gar nicht. Damit würde der neue Hofmeister einen Einfluss auf die Kinder bekommen, der den der Mutter überstieg.

Anna Amalia schlug dafür den Grafen Johann Eustach von Schlitz (1737 – 1821) – genannt von Goertz – vor, der schon allein deshalb für sie vertrauenswürdig war, weil er seine erste Ausbildung am Carolinum in Braunschweig erhalten hatte. Danach hatte er in Leiden und Straßburg studiert und war seit 1759 als Legationsrat am Weimarer Hof tätig.

Und so schrieb Anna Amalia an das Geheime Consilium, das ja laut Testament mit ihr zusammen entscheiden sollte: » Geist und Welt sind ihm eigen, er gehört zu denen, die mit Freudigkeit die Dinge erfassen; ihn zeichnen Kenntnisse aus, die er mit Fleiß, Lektüre und ernstem Studium der Wissenschaft zu vermehren strebt. Seinen deutschen Stil kenne ich nicht, aber er schreibt und spricht ein vorzügliches Französisch. Er ist weder frech noch anmaßend, sondern bescheiden und demütig, vielleicht ein wenig schüchtern. Er ist weder ränkevoll noch menschenfeindlich, aber willfährig und dienstfertig.«[7]

Sie beendete ihren Vorschlag mit den Worten: »Hier, meine Herren, meine Ideen über den Grafen Goertz. Als die Jüngste habe ich meine Meinung zuerst gesagt, um berichtigt zu werden durch Ihre Erfahrung und Weisheit.« Sie erwarte nun die Meinung der Mitglieder. »Sagt Ihnen der Vorgeschlagene nicht zu, wohlan: so zeigen Sie mir einen Anderen! Ich schmeichle mir, Sie überzeugt zu haben, dass ich mit Vergnügen Ihre Ratschläge höre und befolge: Ihre Redlichkeit und Ihr wahrer Eifer, welchen ich stets erkannt, haben mich Sie lieben gelehrt. Keine Persönlichkeit und Parteilichkeit wird mich jemals bestimmen können, wenn es sich um das Wohl meiner Kinder handelt.« Wenn sie die Antwort des Consiliums habe, werde sie alles ihrem Vater schicken, »von dem ich weiß, dass er mich herzlich liebt und dass ich mich stets bei seinem Rat wohlbefunden habe«.[8]

Die Geheimen Räte waren skeptisch wegen des gräflichen Hangs zur Satire, hatten aber auch keine bessere Idee. Karl I. riet seiner Tochter, den Grafen doch erst einmal probeweise anzustellen und den Titel »Gouverneur« noch zu vermeiden.

Wie das Testament es vorsah, wurde Graf Goertz zunächst aufgefordert, ein Konzept für die Erziehung des Erbprinzen vorzulegen, das er auch Anfang November 1761 einreichte: Gottesfurcht, kindliche Ehrfurcht, uneingeschränktes Vertrauen und willigen Gehorsam seiner Mutter gegenüber und Höflichkeit und Bescheidenheit gegenüber jedermann, wenn es dessen Stand erfordert, waren grundlegende Erziehungsziele.[9] Neben Lesen, Schreiben und Rechnen sah der Lehrplan Latein und Religion, Geografie, Mathematik, Physik,

Naturrecht, biblische Geschichte, Staaten-, Reichs- und sächsische Geschichte vor. Ab 1765/66 kamen die Fächer Literatur, Statistik, allgemeine Poesie, französische Lektürestunden, Universalhistorie und Englisch dazu.[10]

Anna Amalia genehmigte den Vorschlag mit einiger Verzögerung erst im April 1762, und am 7. Mai 1762 wurde der Erbprinz im Alter von bald fünf Jahren an den Grafen Goertz übergeben, der fast vierjährige Constantin nahm nur an einigen Unterrichtsstunden teil.[11]

Alle sechs Monate berichtete Goertz Anna Amalia und dem Geheimen Consilium von den Entwicklungsfortschritten des Erbprinzen; den ersten Bericht lieferte er aber schon nach einem Monat ab: Die Gesundheit des Erbprinzen sei gut, die häufigen Spaziergänge und andere Bewegungen täten ihm gut. Er dürfe auch weiter bis acht Uhr morgens schlafen, weil »der Schlaf die beste Nahrung« in diesem Alter sei. Der Erbprinz sei sehr wissbegierig, lerne eifrig, habe ein gutes Gedächtnis, und es bestünde kein Zweifel, dass er »in frühen Jahren ein Herr von vielen Wissenschaften und Kenntnissen sein könnte«. Sehr behutsam sprach Goertz die Schwächen des Erbprinzen an, die noch zu korrigieren seien. Gerade Kinder mit viel Verstand hätten oft einen unbiegsamen Willen. Und dann kam das, was Anna Amalia befürchtet hatte: »Die Schmeicheleien, ehe der Verstand seine völlige Reife bekommen hat, können mehrere schädliche Wirkungen haben, und der Gehorsam in denen Sachen, wo ihre Kräfte des Verstandes die Ursachen noch nicht einsehen können, fällt schwer.« Der Erbprinz habe schon in seinem jungen Alter »eine so ziemlich genaue Kenntnis von dem hohen Stande«, in den er durch »göttliche Vorsehung durch seine Geburt« gesetzt worden sei. Dadurch falle ihm das Gehorchen sehr schwer.[12]

In diesem Zusammenhang waren die Huldigungsfeiern, zu denen die Geburtstage Carl Augusts von Anfang gerieten, wenn alle Minister, Räte und der ganze Hof zusammenkamen, um ihm zu gratulieren, eher schädlich.

Graf Goertz versuchte im Einklang mit Anna Amalia dem entgegenzusteuern und konnte schon bald berichten, dass es durch seine Ermahnungen Fortschritte gäbe. Außerdem lasse er den Erbprinzen, um »sein Herz rührend zu machen«, von dessen 100 Talern »Taschengeld«, die er jedes Vierteljahr bekomme, selbst etwas an Notleidende austeilen.[13]

Goertz vermerkte Anfang 1765 in seinem Tagebuch, dass Anna Amalia ihn zu strengeren Maßnahmen gegen den »Widerspruchsgeist« ihres ältesten Sohnes aufgefordert habe. Auch in ihren Briefen an ihre Kinder betonte sie, dass sie Gehorsam und gutes Benehmen von ihnen erwarte, um ihre Freundschaft und Liebe zu gewinnen.[14] Als Lernmethode setzte Graf Goertz in der Regel weniger auf eine »strenge Erziehung« als auf die Einsicht seines Schülers, auch wenn er manchmal zur Rute griff.[15] Dazu äußerte sich Anna Amalia nicht, vielleicht weil die Rute anders als heute als legitime, nicht infrage gestellte Erziehungsmethode, unter der auch sie zu leiden gehabt hatte, galt. Nur bei der allabendlichen Prüfung des Gewissens, die Carl August ablegen musste, hatte sie Vorbehalte. Im September 1767 teilte sie Goertz mit, dass er den Erbprinzen dabei nicht zu streng behandeln solle, sonst fördere das noch seine Neigung, sich zu verstellen. Goertz wies diesen Vorwurf zurück. Die Gewissensprüfung sei ein geeignetes Mittel, den Erbprinzen zur Tugend zu führen.[16]

Trotz seiner zweifelsfreien Verdienste um die Erziehung des Erbprinzen hatte Anna Amalia ein im Laufe der Jahre wachsendes Problem mit dem Grafen, der für ihren Sohn allein schon durch die Zeit, die sie miteinander verbrachten, zu seiner wichtigsten Vertrauensperson wurde. Das beweist auch die lebenslang gute Beziehung zwischen Carl August und seinem Erzieher.

Mit ihrem Erzieher lebten die Kinder räumlich getrennt von ihrer Mutter, wenn auch in der Nähe: Im Sommer auf Schloss Belvedere in einem Seitenpavillon und im Winter auf der Wilhelmsburg in einer eigenen Suite. Besuche bei der Mutter fanden für eineinhalb Stunden vier Mal in der Woche vor dem Abendessen statt. Die Mutter kam außerdem mit ihren Hofdamen ab und an zum Tee oder Kaffee zu Besuch.[17]

Das waren Besuche, kein gemeinsames Leben, und führten natürlich zu einem eher distanzierten Verhältnis zu ihren Kindern, was bei ihrer Regentschaft kaum anders zu verwirklichen und in Fürstenfamilien die Regel war. Anna Amalia versuchte wenigstens durch schriftliche Eingriffe und Mahnungen in die Erziehung einzugreifen und den Grafen immer wieder spüren zu lassen, dass sie die Oberaufsicht über die Erziehung hatte. Graf Goertz wiederum reagierte zunehmend empfindlich auf das Misstrauen der Regentin und war mehrfach in Versuchung, sein Amt aufzugeben.

Über den jüngeren Prinzen schrieb Graf von Goertz in einem seiner Berichte, dass sein Hauptproblem die »Furchtsamkeit« sei. Anna Amalia, die als Kind selbst nicht nur im Unterricht im Schatten ihrer älteren Schwester gestanden hatte, warnte den Grafen davor, den Jüngeren zu vernachlässigen und den Erbprinzen zu bevorzugen, weil der eines Tages sein Herr sein würde. Goertz wies das zurück. Sein Eifer sei für beide Prinzen absolut gleich, doch ihre Fähigkeiten seien es nicht. Auf seine Anregung hin wurde Constantin ab Ende 1768 bis auf wenige Stunden alleine unterrichtet.[18]

Während Graf Goertz versuchte, den Kindern die wenige Freizeit, die ihnen neben dem Unterricht blieb, »zu den ihnen noch nicht gäntzlich zu verwehrenden kindischen Spielen« zu lassen, war Anna Amalia darauf bedacht, sie zu verschiedenen Anlässen bereits in das offizielle Hofleben einzubeziehen. Sie nahm die Prinzen mit auf die Jagd oder zu

Besichtigungen.[19] Praktischer Unterricht im Auftreten vor Publikum. Aus diesem Grund musste Carl August auch an den Spieleabenden bei Hofe teilnehmen. Das Kartenspiel um Geld, eines der Hauptvergnügen der Hofgesellschaft, sollte »die Affekte kontrollieren und die fürstliche Tugend der Großzügigkeit einüben«. Carl August und später auch Constantin sollten »edel« spielen, hatte Anna Amalia verfügt – das hieß, sie mussten verlieren.[20]

Bei allen Konflikten zwischen Anna Amalia und dem Grafen Goertz waren sie sich in einem wichtigen Punkt einig: in ihrem Bemühen den Erbprinzen zu Bescheidenheit und Gehorsam zu erziehen, eine fast unmögliche Aufgabe wegen der vielen Hof- und Staatsdiener, die Carl August als dem künftigen Herrscher schmeichelten und ihm schon sehr früh deutlich machten, dass er etwas Besonderes war und dass seine Wünsche anderen Befehle waren. Das wurde zusätzlich dadurch erschwert, dass Anna Amalia selbst bei offiziellen Anlässen wie beim Landtag in Weimar ihren Sohn durchaus in seiner Stellung als Erbprinz mit den entsprechenden Huldigungen und einigen Grußworten auftreten ließ, ebenso an seinen Geburtstagen.

3.2. Erziehung unter Beobachtung der Öffentlichkeit

» Bald sorget das zärtliche Mutter Herz um das Wohl ihrer Kinder, bald hat es mit Neid, Tücken und Arglist zu kämpfen, bald hat es nöthig der eigenen warmen Empfindung einhalt zu thun«,

klagte Anna Amalia im Rückblick auf diese Jahre.[21] Die Erziehung des Erbprinzen geschah unter den aufmerksamen Blicken der Öffentlichkeit. Kinderfrauen, Prinzenerzieher, Ärzte, ja selbst Anna Amalia waren immer unter Beobachtung und möglichen Anschuldigungen ausgesetzt. In den Anfangsjahren ging es in erster Linie darum, dass die Kinder, vor allem der Erbprinz, überlebten. Unter seinen Paten war bei der Taufe auch die »Landschaft« des Herzogtums eingetragen worden, deren Mitglieder daraus ein besonderes »Recht« ableiteten, sich bei vermeintlichem Bedarf zu Wort zu melden.[22]

Und die Öffentlichkeit passte genau auf: Als Graf Goertz mit dem fünfjährigen Carl August eines Sommertages statt mit der Kutsche zu fahren die fünf Kilometer vom Schloss Belvedere zum Residenzschloss zu Fuß ging, wurde einige Tage später eine Beschwerde von zwei Viertelsmeistern beim Leibarzt Hufeland eingereicht, weil der Graf die Gesundheit des Prinzen gefährde.[23]

Im Mai hatte Carl Friedrich Kaltschmied (1706–1769), Senior der medizinischen Fakultät der Universität Jena, an der Prinzentafel gegessen und kritisierte später die Ernährung der Kinder durch die Herzogin als schädlich für die Gesundheit. Das war ein ungeheurer Vorwurf, der vor allem den Grafen Goertz traf. Kaltschmied war auch Deputierter des Landtages, der zu dieser Zeit in Weimar tagte. Anna Amalia, die davon erfuhr, beauftragte noch vor Ende des Landtages Leibarzt Engelhardt, den Vorwurf zu prüfen und gegebenenfalls die Ernährung umzustellen. Das Geheime Consilium wurde ebenfalls von ihr eingeschaltet.[24]

Auch als Anna Amalia 1763 ihren Sohn mit nach Eisenach nehmen wollte, um ihn vor dem dortigen Landtag zu präsentieren, gab es Ärger. Die Fahrt von 45 Kilometern dorthin führte durch zwei fremde Gebiete: Erfurt/Kurmainz und Gotha. Vorsichtshalber holte sie über Goertz ärztlichen Rat ein. Die Reise wurde als unbedenklich eingestuft, sollte aber besser über zwei Tage verteilt erfolgen, und besorgt war man natürlich schon, weil man einen Unfall nicht ausschließen konnte. Anna Amalia war dennoch nicht beruhigt. Sie schrieb an den Grafen Goertz, dass sie auf die Mitnahme der Prinzen verzichten werde, falls das Wetter nicht besser würde, weil die »Tadler« es nicht versäumen würden, auch die kleinste Indisposition ihrer Kinder selbst drei oder vier Monate danach auf diese Reise zu schieben.[25] Letztendlich war ihr das Risiko, dass man ihr Vorwürfe machen könnte, zu groß, und so ließ sie ihre Kinder in Weimar.

Auch die Konfirmation Carl Augusts, die am 27. März 1771 stattfand, war ein öffentlicher Akt bei Anwesenheit des gesamten Hofes. Im Mittelpunk stand das zweistündige Examen über die »vornehmsten Wahrheiten der christl. Glaubens- und Sittenlehre«, das Seidler vornahm. Mit dieser religiösen Volljährigkeit war der erste wichtige Abschnitt der Erziehung abgeschlossen.[26]

Graf Goertz hatte schon seit Längerem angeregt, zur weiteren Bildung vor allem des Erbprinzen über die übliche Kavalierstour in andere Gegenden und an andere Fürstenhöfe nachzudenken. Das aber war für Anna Amalia zu diesem Zeitpunkt kein Thema. Stattdessen reiste sie im Mai 1771 zusammen mit dem Grafen Goertz, den beiden Prinzen und 40 weiteren Personen des Hofes nach Braunschweig.

Ihre Eltern kamen ihnen zusammen mit ihren Geschwistern, Prinzessin Augusta und Prinz Leopold, bis Blankenburg entgegen. Es war das erste Wiedersehen mit dem Vater nach 15 Jahren, und zum ersten Mal wurden Anna Amalias Söhne, Carl August, knapp 14 Jahre, und der 13-jährige Constantin, dem Mann vorgestellt, der immer wieder Hilfe und Ratschläge für ihr Wohl gegeben hatte. Anna Amalias Mutter schrieb an ihren Bruder Friedrich II.: »Die Kinder sind sehr gut erzogen; sie sind keine Kinder mehr, sondern unterhalten sich wie Erwachsene und plaudern nett und mit viel Aufmerksamkeit und Höflichkeit.«[27] Ein umfangreiches Programm war in Braunschweig zu Ehren Anna Amalias und der Prinzen vorbereitet worden: Opern- und Ballettaufführungen, Bälle, Feuerwerke, Ausflüge in die Umgebung, öffentliche Tafel. Höhepunkt war der zweitägige Besuch des preußischen Königs, den man mit dem gesamten Hof auf Schloss Salzdahlum empfing. Auch hier wurde das Betragen des zukünftigen Weimarer Herzogs vom ganzen Hof sehr gelobt. Friedrich II. unterhielt sich mit ihm und stellte ihm Fragen, die Carl August zur vollen Zufriedenheit des Königs beantwortete.[28]

Graf Goetz, der gehofft hatte, dass dieses Lob auch auf Anna Amalia und ihre Beurteilung seiner Erziehung positiv wirken würde, sah sich bitter getäuscht.[29] Ihr Blick war längst zu sehr getrübt durch ihre Eifersucht auf den zunehmenden Einfluss des Grafen auf ihre Kinder.

4. Enttäuschungen, Krisen, Selbstzweifel (1771–1775)

4.1. Hungersnot 1771/72

»Es haben Ihro der Frau Herzogin Regentin Hochfürstl. Durchl.
bey denen täglich höher steigenden FruchtPreisen in Landesmüt-
terlicher Beherzigung des Wohls und Bestens höchst Ihro eignen
Obervormundschaft Lande und Unterthanen und der deßfals sich
stündlich mehr nöthig machenden Obsorge vor selbige«, verfügt,
daß der Verkauf von Getreide und Früchte an Auswärtige, bzw,
die Ausfuhr bis auf bestimmte Ausnahmen verboten wird.

So beginnt eine in den *Weimarische(n) Wöchentliche(n) Anzeigen* veröffentlichte Polizeiverfügung vom 7. Mai 1771.[1] Nicht
nur der Preisanstieg wurde zum existenziellen Problem für
viele – ein Scheffel Weizen hatte sich von 1 Taler, 15 Groschen
auf 4 Taler verteuert, der Preis stieg täglich höher, und auf den
Märkten gab es immer weniger Waren.[2]

Anna Amalia veranlasste noch vor ihrer Reise nach Braunschweig, dass den Bürgern und Untertanen in den Städten
und auf dem Land das Korn zum Brotbacken und Gerstensa-
men zum Aussäen aus den fürstlichen Ämtern Niederroßla,
Heußdorf und Jena zum Verkauf angeboten werden sollten.
Wer nicht sofort zahlen konnte, durfte bis Martini – 11. November – mit der Bezahlung warten.[3]

Als Brotersatz wurden den Menschen bis zur nächsten Getreideernte weiße Rüben vorgeschlagen, die man sofort aussäen, bereits Ende Juni ernten und so die Zeit bis zur neuen
Getreideernte überbrücken konnte. Gerieben und zur Hälfte

mit Korn gemischt, könnte man ein gesundes und schmack-haftes Ersatzbrot daraus machen. Weiterhin wurde wie schon in den Jahren des Krieges der Anbau der Kartoffel empfohlen, weil man daraus Brot, anderes Backwerk und sehr gesundes Mehl machen konnte, mit dem sich unter anderem Suppen kochen ließen.[4] Um den unkontrollierten Preisanstieg in den Griff zu bekommen, wurden am 21. Mai 1772 erneut die Preise festgeschrieben.[5]

Zu diesem Zeitpunkt ahnte noch niemand, dass Europa am Beginn einer der schwersten Hungerkrisen des 18. Jahr-hunderts stand. Sonst hätte Anna Amalia ihre monatelange Reise nach Braunschweig womöglich doch noch verschoben. Bevor sie abfuhr, hatte sie ein Papier unterschrieben, das das Geheime Consilium berechtigte, »ad mandatum Serenissi-mae speciale«, also in ihrem Namen ohne direkte Rückspra-che, Entscheidungen zu treffen. Diese einmalige, eigentlich auf die Zeit ihrer Abwesenheit begrenzte Vollmacht wurde jedoch auch nach ihrer Rückkehr von den Geheimen Räten genutzt, um weiterhin Entscheidungen zu treffen, über die sie erst im Nachhinein informiert wurde.[6]

Ursache der Krise waren insgesamt drei wetterbedingte Missernten in den Jahren 1770 bis 1772. Der harte Winter 1770 mit bis in den April andauerndem Frost und Schneefällen hatte zur Folge, dass die Sommersaat komplett ausfiel. Es gab starke Regenfälle von April bis November, die das Getreide und Gemüse auf den Feldern oder in den feuchten Scheu-nen verfaulen ließen, und schwere Überschwemmungen, die fruchtbares Ackerland vernichteten.

In den kommenden Jahren bemühte sich die Regierung, die Krise und ihre Folgen in den Griff zu bekommen, nach Berger die »größte wirtschaftspolitische Herausforderung« nach dem Siebenjährigen Krieg.[7]

Eine Folge der Krise war die zunehmende Zahl der Bettler, die von den Bauernhöfen kamen. Aber auch Menschen aus Handwerksberufen verloren immer häufiger ihre Lebensgrundlage. Sie bettelten aus Scham nicht selbst, sondern schickten ihre Kinder zum Betteln auf die Straßen. Auch viele Soldatenkinder waren unter ihnen. Die General-Polizei-Direcctions- und Almosen-Commission sah sich daher genötigt, das Betteln in Häusern und Gassen bei »empfindlicher Zuchthausstrafe« zu verbieten. Selbst das Austeilen von privaten Almosen wurde bei einem Reichstaler Strafe untersagt. Zum Ersatz sollten die städtischen Armen aus einem Fond, für den alle Einwohner Weimars einen Beitrag zahlen sollten, mit dem notwendigsten Brot versorgt werden.[8]

Hunger und Not trafen aber auch in diesen Jahren nicht die ganze Bevölkerung. Im Stephanischen Laden am Kornmarkt waren weiterhin Trüffel, Datteln, kandierte Pommeranzenschalen, Parmesankäse, italienische Schokolade, extrafeiner Blütentee und seidene Waren »um billige Preise zu haben«.[9]

Zwei Jahre nach Ausbruch der Krise lebte immer noch »eine nicht unbeträchtliche Anzahl hiesiger Armen« in größtem Elend. Viele von ihnen konnten durch eine »milde Beysteuer« vor dem Hungertod gerettet werden. Die Herzogin hatte für die Armenfürsorge einen Beitrag von 200 Reichstalern aus ihrer Schatulle beigesteuert, der Erbprinz gab 100 Reichstaler. Insgesamt wurden 53 747 Pfund Brot verteilt, schrieben die *Weimarische(n) Wöchentliche(n) Anzeigen* im Februar 1773.[10] 1775 war das Problem des Bettelns immer noch nicht gelöst, was vor allem daran lag, dass viele ihre Beiträge in die Almosenkasse nach wie vor nicht zahlten. Die säumigen Zahler wollte die Almosen-Commission zum Jahresende namentlich öffentlich machen: »zum Lobe der Wohlthätigen und zur Beschämung der Lieblosen«.[11]

Die Verarmung der Bevölkerung zeigte sich auch beim Eintreiben der Steuern. 1771 teilte der landschaftliche Steuereinnehmer des Amtes Weimar, Heinrich Ernst Schnorr, den Geheimen Räten mit, dass in seinem Amt (Weimar und Oberweimar) nur ein Sechstel der Untertanen Steuern zahlten, ohne dass man sie mit Strafen eintreiben musste.

Auch die Landflucht verschärfte sich. Wer nicht zahlen konnte, dem wurden das Vieh, das Saatgut und die Geräte gepfändet und den Betreffenden die Lebensgrundlage genommen, alte und kranke Menschen und die Kinder, die in solch einem Haus lebten, der Obdachlosigkeit ausgesetzt. Dagegen gab es immer häufiger Proteste. Die Betroffenen zündeten nicht selten die Häuser und Scheunen der Steuereintreiber an.[12] Schnorr warf der Steuerkommission vor, durch die Exekutivmaßnahmen würde das Land »dermaßen entkräftet, dass die armen Untertanen davon zu ziehen und ihr Brod anderwerts zu suchen, sich genöthigt sehen«.[13]

Die massiven Proteste gegen die Steuerzahlungen und das teilweise solidarische Verhalten der Steuereintreiber waren aber auch ein Signal dafür, dass der bevorstehende Regierungswechsel die Autorität der Herzogin und ihrer Regierung zunehmend schwächte. An grundlegende Reformen des Systems war zu diesem Zeitpunkt gar nicht mehr zu denken. Es ging noch mehr als in den Jahren zuvor darum, das Bestehende so gut wie möglich zu bewahren und alles andere der kommenden Regierung unter Carl August zu überlassen.

4.2. Erziehung des Erbprinzen – letzte Phase

4.2.1. Pockenimpfung

» Und ein erb-Prinz als unser durchl. herr sind, Sind ein von Gott zur Regierung bestimmter Fürst, Der Sein Eignes Ja Wort und Einwilligung zu dieser Bedenklichen und zweiffelhaften Operation geben muss.«[14]

So lautete das Urteil in einem Gutachten des Collegium Medicum in Eisenach, das vom *Geheimen Consilium* in Auftrag gegeben worden war. Es ging um eine Entscheidung, die Anna Amalia treffen musste, die sie aber seit Jahren vor sich hergeschoben hatte und vor der sie sich fürchtete, weil die Folgen nicht absehbar waren: die Impfung des Erbprinzen gegen die Pocken.

Im 18. Jahrhundert waren die Pocken eine der verheerendsten Seuchen. Jährlich bis zu 400 000 erkrankte Menschen starben, erblindeten oder wurden entstellt. In Abständen von vier bis fünf Jahren kam es zu Epidemien, bei denen vor allem Kinder betroffen waren. Eine gezielte Infektion, bei der Pockeneiter von leicht Erkrankten auf den Impfling übertragen und so eine in der Regel milde Erkrankung ausgelöst wurde, konnte einen Menschen dauerhaft schützen. Doch diese Überzeugung setzte sich nur sehr langsam durch. Zehn Tage lang musste der Patient in völliger Isolation leben, um lokale Epidemien zu verhindern. Da es immer wieder zu Todesfällen kam, war das Verfahren noch sehr umstritten.[15]

Die Entscheidung, ob die beiden Prinzen geimpft werden sollten, war so wichtig, dass das *Geheime Consilium* zwischen 1763 und 1771 insgesamt dreimal darüber konferierte. Anna Amalia, die nach entsprechenden Erfahrungen in der Vergangenheit eine so wichtige Entscheidung über die Gesundheit ihrer Kinder nicht alleine treffen wollte, forderte die Stände ihres Herzogtums auf, sich zu äußern, weil »die von Gott geschenkten Prinzen« nicht allein ihr als Mutter, sondern »auch in gewißermaaße dem ganzen Lande zugehören«.[16]

Die beiden Hofärzte Hufeland und Engelhardt, die die Impfung an sich zwar als medizinischen Fortschritt begrüßten, wollten in diesem konkreten Fall keine Verantwortung übernehmen. Eine vormundschaftliche Regierung dürfe sich nicht auf Experimente einlassen. Es wurden weitere Gutach-

ten von Mitgliedern der medizinischen Fakultät in Jena eingeholt, aber die Meinungen gingen weit auseinander. Ein klares
Votum für die Impfung bekam Anna Amalia von keiner Seite.
Alle hatten zu viel Angst vor der Verantwortung. Schließlich
folgte sie den Ratschlägen ihrer Leibärzte, die rieten, die Impfung aufzuschieben, bis die Gesundheit der Prinzen gefestig-
ter war.[17]

Im Sommer 1767 kam es zu einer Pockenepidemie in Weimar, bei der von Juli bis Dezember 875 Menschen erkrankten,
von denen 47 starben. Im Mai und Juni waren bereits Berichte
aus Wien über eine Blatternerkrankung der Kaiserin Josepha
Marie, die daran auch starb, eingetroffen. Während man im
Weimarer Consilium über eine Ausquartierung der Prinzen
diskutierte,[18] suchte Anna Amalia Rat bei ihrem Vater – dem
Mann, dem sie bedingungslos vertraute, den sie als »Vater
ihrer Kinder« bezeichnete. Er empfahl ihr, die Impfung nicht
zu diesem Zeitpunkt machen zu lassen, und so entschied
Anna Amalia, »die Vorsehung« über ihre Kinder wachen zu
lassen.[19]

Carl August wurde erst im September 1771 geimpft. Man
hatte eine Lösung gefunden, die die Verantwortung alleine
auf den potenziellen Impfling übertrug, der durch seine Konfirmation am 27. März 1771 in kirchlichen Angelegenheiten
mündig und eigenverantwortlich wurde. Am 24. Oktober 1771
wurde der Geburtstag Anna Amalias wie immer feierlich mit
einem Dankesgottesdienst begangen. »Es verdoppelte sich
aber unsere Freude« schrieben die *Weimarische(n) Wöchent-
liche(n) Anzeigen*, »da unser Durchlauchtigster Erbprinz ...
nach glücklich überstandener Einimpfung der Blattern völlig
wiederum genesen und besagten Tages öffentlich erschienen.«[20] Im Kirchengebet hieß es, Carl August selbst habe
»mit Gott den Entschluss gefasst, dazu auch die Einwilligung« seiner Mutter erhalten, sich impfen zu lassen.[21]

4.2.2. Wieland

»Ich gestehe Ihnen offen, daß, wenn ich noch einmal von vorn anzufangen hätte, ich meinen Kindern eine ganz andere Erziehung geben würde«,

schrieb Anna Amalia am 29. März 1772 an Christoph Martin Wieland (1733–1813), den sie im November 1771 auf Vermittlung des Grafen Goertz kennengelernt hat. Sie halte ihren ältesten Sohn nicht für falsch oder heuchlerisch, aber ihm fehle die Offenheit, die man sonst bei Kindern in seinem Alter fände. Er sei sehr zurückhaltend. »Irre ich nicht, so ist dies ein Mangel der Erziehung oder auch seine große Eigenliebe, die ihm nicht gestattet, so offen zu sein, wie es einem hochherzigen Menschen gebührt.«[22]

Es war das Schicksal vieler Erbprinzen, dass sie so von Eltern und ihrer Umgebung beurteilt wurden. Dabei waren sie einfach nur innerlich zerrissen durch die hohen Erwartungen, die man schon im Kleinkindalter an sie als zukünftige Herrscher hatte, durch den umfangreichen Stoff, den sie mit Erfolg bewältigen mussten, durch die Schmeicheleien, die sie gar nicht als solche verstanden, für die sie aber am Ende mit härteren Erziehungsmaßnahmen büßen mussten. Manchmal war es einfacher, das zu tun, was erwartet wurde, ohne es zu verstehen und ohne es zu fühlen.

Auch Anna Amalia, die Anfang der 1770er-Jahre ihre eigenen Kindheitserinnerungen aufschrieb, erzählt, wie misstrauisch sie als Kind gewesen war und wie sehr sie sich in sich selbst zurückgezogen hatte.[23] Daher muss es verwundern, dass sie in diesem Punkt so wenig Verständnis für ihren Sohn hatte.

Nach der Konfirmation ging die Erziehung des Erbprinzen

in die letzte Phase. Schon Ende 1768 hatte Graf Goertz ange-
mahnt, dass man sich über die »reiferen Jahre« Gedanken
machen müsse. Ihm schwebte ein Studium an einer auswärtigen Universität oder eine Kavalierstour an auswärtige Höfe
vor, um die theoretischen Studien durch praktische Erfahrung und Kenntnisse zu erweitern.

Anna Amalia zögerte wegen der hohen Kosten einer solchen Reise und weil sie zu Recht befürchtete, dass der Einfluss des Grafen auf ihren ältesten Sohn noch größer werden
würde. Darum versuchte sie, ihren ehemaligen Erzieher, den
Abt Jerusalem, als Begleiter für eine solche Reise zu gewinnen. Er war gerührt über ihr Vertrauen, musste aber aus gesundheitlichen Gründen absagen. Er war immerhin 63 Jahre
alt, und die Reise war ihm zu anstrengend.[24]

Anna Amalia legte das Reisethema nach dieser Absage erst
einmal wieder beiseite. Stattdessen bemühte sie sich als Ersatz
für die Reise um eine Weiterbildung ihres Sohnes vor Ort
durch einen neuen Lehrer, den sie in Christoph Martin Wieland gefunden zu haben glaubte. Wieland, der seit 1769 in Erfurt Philosophie unterrichtete, war nicht abgeneigt, nachdem
sein Plan, an den Wiener Hof zu wechseln, gescheitert war.

Anna Amalia, der er aus seinem Werk *Der goldne Spiegel*
vorlas, in dem der Weise Danischmende in der Fantasiewelt
Scheschian dem Sultan und seinem Hof von dem aufgeklärten Monarchen Tifan erzählt, gefielen seine Ansichten zur
Prinzenerziehung. Sie bat ihn um seine Meinung zu ihrem
Sohn, um den sie sich Sorgen machte, weil er keine empfindsame Seele habe, die die »Voraussetzung aller guten Handlungen« sei.[25]

14 Seiten lang war seine Antwort: Er versicherte Anna
Amalia, dass das Herz ihres Sohnes gut sei. »Der Prinz wird
nicht leicht gerührt; die Eindrücke, die er empfängt, zeigen
sich wenig nach außen, und es ist nicht sehr leicht, seine Seele

zu erschüttern. Es ist dies keineswegs die Sucht, sich über die andern Sterblichen zu erheben; es ist wohl mehr ein Fehler des Temperaments; ... Bei den Fürsten hängt Alles davon ab, dass sie sich gewöhnen, nie zu vergessen, dass sie Menschen sind, und dass sie folglich überall Ihresgleichen erkennen ... Man mache aus ihm einen aufgeklärten Fürsten, so will ich für sein Herz bürgen.«[26]

Anna Amalia war ihm sehr dankbar, dass er sie über den »moralischen Charakter« ihres Sohnes beruhigt hatte. Dass Carl August ein gutes Herz habe, daran habe sie nie gezweifelt. Ebenso wenig an seinem Verstand. Wahrscheinlich sei er der Erste seines Hauses, der einen habe. Sie hatte an ihm nur »eine gewisse Härte« beobachtet, die in ihren Augen generell ein »großes Laster« war, aber ein »doppelt großes bei einem Regenten. Das Glück meines Sohnes liegt mir zu sehr am Herzen, um nicht auf alles einzugehen, was zur Erfüllung meiner Wünsche beitragen kann«.[27]

Wieland schloss derweil Freundschaft mit Graf Goertz[28] und schickte ihm seine Korrespondenz mit Anna Amalia. Auch den Brief, in dem sie schrieb, dass sie mit der bisherigen Erziehung nicht zufrieden sei. Graf Goertz war zutiefst getroffen. Er formulierte einen Kündigungsbrief, ohne ihn jedoch zunächst abzuschicken. »Diese Menschen sind derart verachtenswert«, beklagte er sich bei seiner Frau.[29]

Wieland wurde als Lehrer für Moral- und Geschichtsphilosophie, Natur- und Staatsrecht eingestellt. Darüber hinaus sorgte er für Abwechslung im Erziehungsplan. Für Wieland war das Theater ein wichtiger Teil der Erziehung der Prinzen, was Anna Amalia begrüßte und sogar förderte. »Dort lernen sie das Schlechte in den Menschen kennen und gewöhnen sich daran, Mitleid zu haben; dort, wo sie die Stimme der Natur vernehmen.«[30]

4.3. Constantin

» Prinz Constantin ist immer traurig und niedergeschlagen «,

schrieb Graf Goertz Ende 1773 an seine Frau.[31] An anderer
Stelle bezeichnet er ihn als » verlorenes Kind «. » Es zerreißt
mir das Herz. «[32] Constantin, ein Jahr jünger als sein Bruder,
der temperamentvoll war, Pferde und das Jagen liebte, war
sensibel, musisch begabt, spielte Geige und Flöte sowie verschiedene Tasteninstrumente und schrieb Gedichte.[33]

Schon Anfang 1772 hatte Goertz Anna Amalia eine militärische Laufbahn für Constantin vorgeschlagen, eine Idee, auf
die sie zunächst nicht einging, obwohl er die einzige standesgemäße Möglichkeit für nachgeborene Söhne in protestantischen Fürstenhäusern war, die keinen Anspruch auf Titel und
Macht hatten.[34] Ende 1773 wandte sich der 15-jährige Constantin an Fritsch, von dem er wusste, dass er das Vertrauen
Anna Amalias besaß, mit der Bitte, seiner Mutter zu sagen, er
wolle beim Militär Karriere machen. Fritsch machte Anna
Amalia deutlich, wie sinnvoll das für ihren jüngsten Sohn sei,
um sich und seinem Bruder » die Unannehmlichkeit « zu ersparen, » an dessen Hof das traurige Gewerbe des Müßiggän-
gers zu treiben, abwechselnd gelangweilt und langweilend,
selbst mitunter den Späßen desselben Hofes ausgesetzt, dessen Herr er sein würde, wenn das Recht der Erstgeburt nicht
gegen ihn entschieden hätte «. In der Braunschweigischen Familie gab es viele Vorbilder für Militärkarrieren, aber da Constantin der Letzte aus dem Hause war und im Falle des Todes
des Erbprinzen selbst Herzog werden würde, sollte Anna
Amalia ihm eine Stellung verschaffen, » in der er seinen Weg
machen kann, ohne zu großen Gefahren ausgesetzt zu sein «.
Außerdem brauche er eine besondere Erziehung: einen Gou-

verneur, der selbst Soldat war und ihn anders als die bisherigen Lehrer auf seinen militärischen Beruf vorbereiten könne.
Graf Goertz solle daher abgelöst werden und an seine Stelle
der neue Erzieher treten, um aus ihm »einen guten Militär«
zu machen.[35]

Vorgesehen für den Posten wurde Carl Ludwig von Knebel
(1744–1834), der sich im Herbst 1773 in Weimar aufgehalten
hatte. Dieser wollte ursprünglich Theologe werden, hatte ein
abgebrochenes Jurastudium hinter sich, war vier Jahre Fähn-
rich in Potsdam gewesen und schrieb Verse und Prosa. Constantin wollte ihn zunächst nicht akzeptieren, da er gehört
hatte, dass er nicht viel vom Militärwesen verstand. Und genau das hatte Knebel ganz offen auch vor seiner Einstellung
gesagt. Ihm gehe es vor allem darum »das Herz meines Prinzen zu bilden, ihn von den Fehltritten durch Leidenschaften
seines Alters abzuhalten und zu warnen, Neigungen der Güte,
der Rechtschaffenheit und der Ehre in ihm zu bestärken und
zu wecken«.[36]

Graf Goertz war über den bevorstehenden Machtverlust
nicht begeistert, und so wurde Knebel schließlich nur zum
»sous gouverneur« ernannt, die Oberaufsicht sollte Graf
Goertz behalten. In einem Brief vom Januar 1775 beschrieb
Anna Amalia die Erwartungen, die sie an Knebel hatte: »Bemühen Sie sich, daß sein Vertrauen in Sie wächst! Das ist alles,
was ich wünsche.« Sie wisse, dass Knebels Gedanken »edel«
seien und dass er nicht aus Eitelkeit versuchen werde, ihr zu
schmeicheln. Sie hoffe, dass er ihr immer die Wahrheit sagen
werde.[37]

Außerdem kaufte sie im September 1774 für Constantin
eine Kompagnie in der niederländischen Armee durch Vermittlung ihres Onkels Ludwig Ernst von Braunschweig-Lüne-
burg, dem ehemaligen Regenten der österreichischen Niederlande.

Die unterschiedlichen Erziehungsmethoden des Grafen Goertz und Knebels kollidierten bereits zwei Monate später auf der Reise der Prinzen mit ihren Erziehern nach Karlsruhe, Straßburg und Paris. Schon aus Straßburg beklagte sich Goertz bei Anna Amalia, dass sich alle guten Erwartungen, die man an Constantins Verhalten gehabt hatte, in »nichts« aufgelöst hätten. »Er begeht keine großen Ausschweifungen, doch er hat ebenso wenig Vertrauen zu Herrn v. Knebel wie zu mir und zeigt keinerlei Verlangen, sich zu vervollkommnen.«[38] Vier Tage später folgte der nächste Brief an die Herzogin, in dem Graf Goertz eine ausführliche Analyse des Prinzen abliefert. Er würde sich nur mit »Oberflächlichem« abgeben, nicht mit dem »Eigentlichen«. Er versuche nicht, den Leuten, vor allem denen mit Verdienst, zu gefallen, sei selbstgefällig, und statt auf den Rat von Freunden zu hören, würde er nur das machen, was ihm gefalle.[39]

Anna Amalia schickte daraufhin an Constantin einen Brief, dass man sie über sein Verhalten informiert habe. Sie hoffe, dass dies die nötige Wirkung habe, schrieb sie an Knebel. »Seine empfindliche Seele und sein natürlicher Geist« ließen sie hoffen, dass er sich mit der Zeit weiterentwickeln werde. »Man muss auch mit ein wenig Geduld und Milde seine große Jugend und seine Lebhaftigkeit berücksichtigen, das sind die einzigen Mittel, mit denen man bei ihm Erfolg haben könne.«[40]

Knebels Erziehungskonzept war eher ein Laisser-faire ohne Sanktionen für Fehlverhalten, Goertz dagegen setzte klare Regeln, es gab Verbote, die eingehalten werden mussten. »Prinz Constantin bereitet mir oft Kummer, und Herr von Knebel macht ihn noch größer. Es ist nicht zu begreifen, wie so ein Mann für diese Stelle genommen werden konnte«, schrieb der Graf an seine Frau.[41]

Constantin empfand die Beziehung zu seinem Erzieher

Knebel nach den ersten Schwierigkeiten eher als freundschaftliches Verhältnis, worüber sich Knebel in seinem Tagebuch lustig machte: »Glaubt, es geschähe bloß um der eigenen Existenz willen, dass man (sich) für die Person des Prinzen interessiere.« Er ärgerte sich über die Fürsten, die glaubten, sie könnten persönliche Liebe erwarten. Fürsten könnten Treue verlangen, aber keine Freundschaft.[42]

Knebel war als Erzieher ein Fehlgriff in mehrerer Hinsicht: Er selbst hatte kaum Kenntnisse im Militärdienst, sollte aber Constantin auf eine Militärlaufbahn vorbereiten. Anna Amalia verlangte von ihm weder ein Erziehungskonzept noch Erziehungsberichte. Herder urteilte später, dass Knebel Constantin zum »Dilettanten in den Künsten« ausgebildet hätte.[43] Als Neureicher ohne Besitz und Vermögen verachtete Knebel den Stand des Fürsten, was er Constantin ständig vermittelte. Der beklagte sich später nach seiner Volljährigkeit bei Knebel: »Du wirfst mir so oft meinen Stand vor, dass er dich gedrückt hat ... Mein Gott, wäre er nicht Gabe des Himmels, ich änderte ihn gerne.«[44] Die Vorträge, die Knebel ihm später über die Pflicht als Mitglied des Reichsfürstenstandes hielt, konnten Constantin, der seinen eigenen Stand inzwischen verachtete und sich nach einem bürgerlichen Glück fernab vom Hofleben sehnte, nicht mehr erreichen. Umso mehr die Gespräche mit Knebel über soziale Missstände und die Situation der Untertanen, die für den Luxus ihrer Herrscher ausgebeutet wurden. »Allein die Auseinandersetzungen mit den von Knebel aufgeworfenen Fragen mussten die Grundfesten seiner standeskonformen Erziehung erschüttern.«[45]

Auch Constantins Bruder hielt nicht viel vom Hofleben und suchte sich nach seiner Volljährigkeit so viel als möglich fernzuhalten, wie sein pubertäres Verhalten in den ersten Jahren seiner Regentschaft zeigt. Die Auflehnung gegen überkommene Werte und Verhaltensweisen, gegen Spießbürger und die Etikette gehen in eine ähnliche Richtung. Aber im Gegensatz zu Constantin hatte Carl August nie grundsätzliche Zweifel an seinem Stand als Teil der Reichsfürstenfamilie mit den sich daraus ergebenden Rechten und Pflichten. In dem Punkt war er seiner Mutter sehr nahe. Und während Knebel auch nach Beendigung seiner wenig ruhmreich erfüllten Aufgabe als Erzieher weiterhin in Weimarer Kreisen ein geschätzter Freund und Briefpartner Anna Amalias und Goethes blieb und als solcher bis heute anerkannt ist, führte seine »Erziehung« bei Constantin in den kommenden Jahren zu einer zunehmenden Entfremdung von seiner Mutter und seinem Bruder, und auch im gesellschaftlichen Leben Weimars geriet er ins Abseits.

4.4. Skandale und Verluste

*»Man sagt, dass sie die schrecklichste Person der Welt ist,
die weder Schamgefühl noch Anstand hat, die mit einer
Dreistigkeit ohnegleichen alberne und überspannte Reden hält,
ohne jemanden zu schonen«,*

vermerkte Anna Amalias Mutter Anfang Juli 1772 an ihren Bruder Ferdinand in Berlin. Sie wünschte sich diese Person weit weg, weil das eine »sehr üble Nachbarschaft« sei. »Der Himmel wolle, dass sie niemals hierherkommt und mir schreibt. Es ist mir unmöglich, eine so dumme unverschämte Person zu empfangen … Sie hat auch nicht einen Hauch von Religion und Moral. Sie hat überhaupt keine Skrupel.«[46]
Die Rede war von der ehemaligen Königin von Dänemark, Caroline Mathilde (1751–1775), die gerade wegen Ehebruch geschieden, des Landes verwiesen und in die Verbannung in die Nähe von Braunschweig geschickt worden war, wo Char-

lottes Schwiegertochter, Erbprinzessin Augusta, sie regelmäßig in Begleitung des zukünftigen Herzogs besuchte. Beide Prinzessinnen waren Schwestern des englischen Königs Georg III., und nun war die Jüngste eine der Hauptpersonen in einem angeblichen Komplott, das gegen den dänischen König, die Königinwitwe Juliane Marie von Braunschweig-Wolfenbüttel-Bevern (1729–1796) und gegen deren Sohn Friedrich (1753–1805) gerichtet sein sollte.

Das Ereignis in Kopenhagen war der große, europaweit diskutierte und kommentierte Skandal des Jahres 1772, und Anna Amalias Familie stand im Mittelpunkt, denn die Königinwitwe Juliane Marie war eine Schwester Karls I.[47]

Es war aber vor allem auch die Geschichte einer 15-jährigen Prinzessin, die an einen 17-jährigen König, bei dem sich schon bald Anzeichen von Geisteskrankheit zeigten, der sexuell krank war und nächtelang durch das Rotlichtviertel von Kopenhagen zog, verheiratet worden war. Sie verliebte sich in den Leibarzt ihres Mannes, Johann Friedrich Struensee (1737–1772), wurde schwanger von ihm. Struensee, dem der König bedingungslos vertraute, wurde von ihm mit immer mehr Titeln ausgezeichnet: Vorleser des Königs, Kabinettssekretär, Konferenzrat, Geheimer Kabinettsminister. Er ging, getragen von den Idealen der Aufklärung Freiheit, Gleichheit und Humanität, begeistert an die Arbeit, das Land zu reformieren.

Mit seinen im Prinzip sehr lobenswerten Reformen, die aber seiner Zeit weit voraus waren, machte er sich aber nicht nur die Offiziere und die Geistlichkeit zu Feinden, sondern auch den Adel des Landes, die einen Bürgerlichen, der ihre Privilegien beschnitt, nicht akzeptieren wollten. Das änderte auch seine Erhebung in den Adelsstand nicht. Hinzu kam, dass man im Volk anfing, über seine Beziehung zur Königin zu reden. Die am 7. Juli 1771 geborene Tochter Caroline Mathildes, Louise Auguste (1771–1843), wurde allgemein nur »Prinzessin Struensee« genannt.

Die Unzufriedenen sammelten sich um Juliane Marie, die Stiefmutter des amtierenden Königs Christian VII., die ihren eigenen Sohn Friedrich gerne als neuen starken Mann im Land eingesetzt hätte und die sich durch Struensee und seinen Einfluss auf den König zurückgesetzt fühlte. Ohne ihre Mitwirkung wäre das Komplott wohl nicht erfolgreich verlaufen. Am 18. Januar 1772 wurden Struensee, seine Freunde und Verbündeten verhaftet, die Königin auf Schloss Kronsberg im Norden Dänemarks unter Hausarrest gestellt. Christian VII. wurde gezwungen, die entsprechenden Befehle zu unterschreiben, er selbst, krank wie er war, war zufrieden mit dem Dreierverhältnis, weil Struensee und Caroline Mathilde ihn gut behandelten.

In Braunschweig und anderswo wurde natürlich auch die fatale Rolle der Königinwitwe diskutiert. Sie hatte im Grunde eine Palastrevolution gegen die amtierende Königin in die Wege geleitet, was ja eigentlich Hochverrat war und unter normalen Umständen mit dem Tod hätte geahndet werden müssen, wenn sie ihren geisteskranken Stiefsohn nicht zur nachträglichen Genehmigung der Revolte gezwungen hätte.[48]

Für das Fürstenhaus Braunschweig-Wolfenbüttel war die ganze Situation eine doppelte Katastrophe: Juliane Marie, die Schwester Karls I., die im Mittelpunkt des Staatsstreiches stand gegen die amtierende Königin Caroline Mathilde, die Schwiegertochter Karls I., Anna Amalia, die während des Siebenjährigen Krieges so stolz auf ihre Brüder gewesen war, die dem Namen Braunschweig-Wolfenbüttel alle Ehre machten, was für sie selbst ein Ansporn war, musste in allen Zeitungen Europas nun das Gegenteil lesen.

Am 8. Februar 1772 wurden in den *Weimarische(n) Wöchentliche(n) Nachrichten* zum ersten Mal Auszüge aus Zeitungsberichten aus Kopenhagen abgedruckt. In aller Ausführlichkeit wurden ohne jede Bewertung – das wäre bei der verwandtschaftlichen Nähe der Regentin zu den Akteuren sicherlich gefährlich geworden – die neuesten Fakten und die Gerüchte dargestellt. Dass auch am Hofe die Entwicklung genau beobachtet wurde, zeigt ein Brief des Grafen Goertz an seine Frau vom April 1772, als die Gefahr eines englischen Angriffs auf Dänemark wahrscheinlich wurde. »Der König von England muss ernsthaft für seine Schwester Partei ergreifen.«[49]

Da Caroline Mathilde die jüngste Schwester des englischen Königs war und man in England nicht ausschließen konnte, dass man auch ihr den Prozess machen würde, war die Situation nicht ganz ungefährlich für den Frieden in Europa, die Engländer hatten schon Kriegsschiffe bereitgestellt. Der preußische König Friedrich II. schrieb 1773 eine Satire zu dem Skandal: »Totengespräch zwischen dem Herzog von Choiseul, Graf Struensee und Sokrates.« Er ließ Struensee im Totenreich als Minister ohne Kopf auftreten. Diese Satire, stark beeinflusst von der Version Juliane Maries, mit der er brieflichen Kontakt hatte, schürte noch die Stimmung gegen Struensee und Caroline Mathilde, weil sie unterstellte, dass die beiden dem König Opium gegeben hatten, um ihn besser beherrschen zu können.[50] Kurze Zeit später konnte man diese Satire auch beim Hofbuchlieferanten Hofmann in Weimar kaufen.

Der ehemalige Erzieher Christians VII., Élie-Salomon-François Reverdil (1732 – 1808), den man nach dem Putsch des Landes verwiesen hatte, beschreibt in seinen Memoiren, wie er in Begleitung eines englischen Agenten nach Braunschweig kam. Er wollte der Familie persönlich von den Geschehnissen in Kopenhagen berichten. Es könnte sein, dass die Ereignisse zu einer Spaltung der Braunschweiger Familie führen könnten, schreibt Reverdil nach seinem Besuch am Braunschweiger Hof. Die Erbprinzessin wollte, obwohl sie ihre Schwester auch nicht für ganz unschuldig hielt, zumindest nicht, dass man sie offiziell verurteilte. Der Rest des Hofes dagegen war unbedingt für einen Prozess, damit das Verhalten der Ex-Königin Juliane durch eindeutige Beweise untermauert wurde, nicht nur der Ehebruch, sondern auch das angebliche Staatsverbrechen. Das war für das Ansehen der Braunschweiger Familie ganz wichtig, denn nur so wäre der »Hochverrat« Juliane Maries und ihrer Komplizen gerechtfertigt worden.[51]

Im Prozess wurde Struensee wegen Majestätsbeleidigung, auf die die Todesstrafe stand, angeklagt, nicht nur wegen der Beziehung zur Königin, sondern auch, weil er im Namen des Königs regiert hatte. Am 25. April 1772 wurde er zum Tode verurteilt und drei Tage später öffentlich hingerichtet. Juliane Marie übernahm für ihren kranken Stiefsohn die Regentschaft. Auf einen Prozess gegen die Schwester Georgs III., Caroline Mathilde, verzichtete man aber vorsichtshalber.

Auch Johann Wolfgang Goethe (1749–1832) und seine Freunde verfolgten die Geschehnisse in Kopenhagen. Er gehörte 1772 zu dem Kreis um Johann Heinrich Merck (1741–1791) und anderen Akademikern, die Artikel und Rezensionen verfassten, die Merck in den *Frankfurter Gelehrte(n) Anzeigen* herausgab. Goethe führte bei den Diskussionen der Gruppe über die von ihnen gelesenen Bücher Protokoll und stellte »bei Gegenständen, denen ich mich gewachsen fühlte, die mir besonders am Herzen lagen« eigene Rezensionen vor. Um »Sinn und Geist jener Tage wieder hervorzurufen«, hat Goethe »Auszüge von Stellen, an denen ich mich wiedererkenne« in seine Werksammlung »Dichtung und Wahrheit« übernommen.[52] Und zu diesen Texten gehört auch die Rezension über die »Bekehrungsgeschichte« Struensees durch den Prediger Balthasar Münter (1735–1793) aus Kopenhagen, der Struensee im Gefängnis besuchte, um ihn zum Glauben zurückzuführen.[53]

Ab August 1772 konnte man in regelmäßigen Abständen in Weimar beim Hofbuchhändler C. L. Hoffmann die neuesten Werke zum Thema Struensee und Caroline Mathilde erhalten. Angefangen von Münters Bekehrungsgeschichte für 16 Groschen,[54] über die Verteidigungsrede Struensees im Prozess,[55] die Urteile gegen ihn und seine Mitangeklagten[56] bis hin zu angeblich selbst geschriebenen Memoiren der Königin.[57]

Diese Schriften und darüber hinaus fast jede andere der über das Schicksal Caroline Mathildes erschienenen befinden sich im Bestand der Anna-Amalia-Bibliothek in Weimar. Auch wenn es sich nicht mehr eindeutig nachweisen lässt, wann genau sie angeschafft wurden, kann man davon ausgehen, dass Anna Amalia sich genau informiert hat. In jeder Zeitung Europas wurde der Skandal monatelang besprochen. Die Verurteilung Struensees war einhellig, wenn auch die Strafen als zu barbarisch angesehen wurden. Caroline Mathilde sah man eher als Opfer und die Königin Juliane Marie als Intrigantin. Einhellig war aber das Urteil, dass es für das Haus Braunschweig äußerst blamabel sei, wie ein Zweig der Familie den anderen bekämpfte.

Dies war innerhalb weniger Jahre schon der zweite europaweite Skandal, in den die Braunschweiger Familie Anna Amalias verwickelt war. Drei Jahre zuvor, 1769, war es um Anna Amalias jüngste Schwester Elisabeth Christine Ulrike (1746–1840) gegangen, die seit 1764 mit dem preußischen Thronfolger Friedrich Wilhelm (1744–1797), einem Neffen Friedrichs II., verheiratet war. Da Friedrich Wilhelm sich aber weiterhin Mätressen hielt, fühlte sich die junge Prinzessin vernachlässigt und verliebte sich 1768 in einen Musiker namens Pietro. Die Gerüchteküche brodelte, zwei der Brüder

Anna Amalias, die in preußischen Militärdiensten standen, hatten angeblich davon gewusst und ihre Schwester sogar unterstützt. Es gab Verhaftungen von Kammerdienern und anderen angeblich Beteiligten. Es war sogar von einem Komplott gegen die königliche Familie die Rede.

»Der berüchtigte Pietro« wurde schließlich verhaftet, bei ihm fand man Briefe, die das Verhältnis zur Prinzessin bestätigten, es gab einen Riesenskandal.[58] »Am liebsten möchte man die Verbrecherin nach Braunschweig schicken, aber dort will man nichts von ihr wissen«, wie der Kammerdiener der Königin Elisabeth Christine (1715–1797) in seinen geheimen Aufzeichnungen schreibt. Die Scheidung wurde im April 1769 ausgesprochen, die Kronprinzessin wurde von ihrer Tochter getrennt und nach Stettin gebracht.[59] »Die Dame aus Stettin« wurde sie von ihrer Mutter nur noch genannt, der Kontakt zur Familie brach bis auf wenige Ausnahmen komplett ab.[60] »Sie können sich nicht den unendlichen Schmerz vorstellen, den ich empfinde, wie ich von Ihnen die empörenden Umstände erfahre über das schlechte Benehmen meiner Tochter«, schrieb die entsetzte Charlotte Philippine an ihren Bruder Friedrich II. »Ich bin verzweifelt, dass sie sich so weit vergessen hat, sich zu so großen Niedrigkeiten und Unwürdigkeiten hinreißen zu lassen, die sie entehren und die ein ewiger Flecken auf dem Ehrenschild der Familie sein werden.«[61]

Auch der drohende Staatsbankrott in Braunschweig Anfang der 1770er-Jahre verursachte Aufsehen. Man befürchtete sogar die Einsetzung einer Debitkommission durch den Kaiser, was einer teilweisen Entmündigung des regierenden Fürsten gleichgekommen wäre.

Anna Amalias Vater, dem sie immer in schwierigen Situationen vertraut hatte, der ihr mit Ratschlägen auch zu finanziellen Fragen zur Seite gestanden hatte, hatte sein Fürstentum finanziell ruiniert. Die Situation war schon zu Beginn seiner Regentschaft durch Misswirtschaft seines Vorgängers bedenklich gewesen. Aber eine aufwendige Hofhaltung, eine italienische Oper, ein deutsches Theater, prunkvolle Feste, der Unterhalt für ein stehendes Heer von bis zu 16 000 Soldaten, die aufwendige Mätressenwirtschaft und nicht zuletzt die Folgen der Verwüstungen durch den Siebenjährigen Krieg führten 1770 beinahe zum Staatsbankrott. Schließlich übernahm Erbprinz Karl Wilhelm Ferdinand 1773 die Finanzverwaltung, was einer faktischen Entmachtung seines Vaters gleichkam, auch wenn er offiziell erst 1780 mit dem Tod seines Vaters sein Nachfolger wurde.

In Weimar musste zeitgleich Anna Amalia mit dem Verlust ihres einzigen » Freundes « fertigwerden. » Fürsten sind von Jugend auf mit Ungeziefer umringt «, hielt sie in diesen Jahren in ihren persönlichen Aufzeichnungen » Meine Gedanken « fest. » Hierdurch werden sie entweder misstrauisch gegen Alle oder werfen sich unwürdigen Menschen in die Arme. Treffen sie Jemanden, den sie ihrer Freundschaft würdig achten, so ist es etwas sehr Seltenes, dass Dieser sich in seinem Gemüt nicht über sich selbst erhebt und die freundschaftliche Neigung des Fürsten nicht missbraucht. «[62] Johann Popo von Greiner (1708 – 1772) war so ein Freund, Geheimer Rat und Oberaufseher der Bibliothek, der für Anna Amalia seit Beginn ihrer Regentschaft ein Vertrauter war, dem sie wie ihrem Vater vertraute. Schon 1768 hatte er im Alter von 60 Jahren um seine Entlassung gebeten, weil er sich zu alt und kränklich fühlte, um seine Pflichten angemessen zu erfüllen. Anna Amalia, die ihn um jeden Preis halten wollte, wandte sich Hilfe suchend an den Geheimen Rat Jakob Friedrich von Fritsch (1731 – 1814): » Sie kennen seine Gewandtheit und seine Erfahrung in den Geschäften, besonders sein vortreffliches Herz und wissen, wie ich in Verzweiflung sein werde, mich eines solchen Mannes beraubt zu sehen, besonders da diese Art von Männern von Tag zu Tag seltener wird.«[63]

Als er am 17. September 1772 starb, war sie untröstlich. Nach seinem Tod wurde das Geheime Consilium neu aufgestellt: Der nicht adlige Christian Friedrich Schnauß (1722–1797) wurde aufgenommen, Jakob Friedrich von Fritsch übernahm den Vorsitz. Er wurde in den kommenden Jahren der Vertraute Anna Amalias, wenn er auch nie die Vertrauensstellung von Greiners erhielt.

4.5. Putschversuch und Rebellion

» Weimar ist das Land der Unentschiedenheit geworden «,

schrieb Graf Goertz an seine Frau.[64] Er und sein Freund, der Gothaer Minister Sylvius Ludwig von Frankenberg waren besorgt über die Gesamtlage in Weimar. Goertz hielt den neuen Vorsitzenden des Consiliums Fritsch, mit dem er sich schon vorher nicht gut verstanden hatte, für inkompetent, die Lage in den Griff zu bekommen.

Um das Herzogtum vor dem Schlimmsten zu bewahren und Reformen durchsetzen zu können, planten Goertz und von Frankenberg bereits ab Ende 1771 beim Kaiser eine vorgezogene Volljährigkeit Carl Augusts mit 17 Jahren, was die Regentschaft Anna Amalias ein Jahr früher beendet hätte und damit auch die Ministertätigkeit Fritschens. Sie hofften, nach dem Regierungswechsel ins Geheime Consilium berufen zu werden, und hatten auch schon umfangreiche Personaländerungen geplant, mit denen sie dann ihre Reformen, vor allem eine strenge Sparpolitik, durchsetzen wollten. Der Etat dürfe nicht länger überschritten werden, hatte Frankenberg gefordert. Man müsse »ins lebendige Fleisch« schneiden, keine

»überflüssigen Beamten« anstellen und die entfernen, die sich dagegenstellten.[65]

Die Pläne des Grafen von Goertz erledigten sich Ende 1772 aber von selbst, als er und sein Freund erkennen mussten, dass es für die von ihnen gewünschte vorzeitige Volljährigkeit keine ausreichenden Gründe gab, die den Kaiser zur Absetzung der Regentin veranlassen würden.[66] Anna Amalia erfuhr von dem »Putschplan« wohl erst im Sommer 1775, als Wieland, der Teile davon kannte und sich inzwischen mit dem Grafen überworfen hatte, ihn an die Herzogin verriet.

Größere Probleme bereiteten die Bürgerproteste, die unter dem Namen »Illmenauer Rebellion« (1768–1779) in die Geschichte eingegangen sind.

»Wahre Gottesfurcht und unpartheiische Justizpflege sind die eigentliche Stützen von einem guten Regiment«, hatte Georg von Praun Anna Amalia beigebracht.[67] Genau diesen Grundsatz missachtete Anna Amalia, als sich die Bürger von Ilmenau 1766 gegen Beschlüsse ihrer Regierung stellten, ein Streit, der erst durch Goethe 1779 beendet wurde und dem Ansehen ihrer Regierung sehr schadete.

1766 wurde der Ratsherr Heinrich Ernst Hartung für ein Jahr zum Bürgermeister in Ilmenau gewählt. Die Bevölkerung war mit der Wahl unzufrieden, weil sich der neue Bürgermeister, der als Ratsherr in den Jahren davor für den Holzertrag, das Brauwesen und die Ziegelei zuständig war, persönlich bereichert hatte. Die Bürger beschwerten sich in Weimar, und die eingesetzte Kommission gab ihnen recht. Hartung wurde abgesetzt. Daraufhin schickte er ein Gesuch an Anna Amalia, in dem er sie bat, ihn wegen seiner persönlichen Situation wieder in seine Ämter einzusetzen, die Beschwerden seien Verleumdungen. Beim großen Brand von 1752 habe er sein ganzes Vermögen verloren, im Siebenjährigen Krieg als Bürgermeister vieles ausgestanden, und seine Tochter sei wegen des Unglücks des Vaters »melancholisch« geworden. Das stimmte so nicht, denn die Tochter, so stellten es die Bürger später klar, war schwanger von einem Mann von Stand, der sie aufgrund der bürgerlichen Herkunft nicht heiraten wollte.

Anna Amalia forderte einen ausführlichen Bericht an und verfügte, dass bis dahin kein weiteres Verfahren gegen Hartung stattfinden dürfe. Dieser Bericht, in dem jede einzelne der 16 Bürgerbeschwerden behandelt wurde, stellte aber ganz deutlich klar, dass sie zum Teil berechtigt waren und eine Wiedereinsetzung des Bürgermeisters daher nicht befürwortet werden konnte. Das war eine klare Aussage der Regierung Anna Amalias zugunsten der zu Recht protestierenden Bürger. Und wenn Anna Amalia sich an die Lehren von Praun gehalten hätte, wäre das Thema erledigt gewesen.

Sie ließ sich aber vom Mitleid für den Bürgermeister leiten und beschloss, in Anbetracht seiner guten Dienste während des Krieges »und auch aus Mitleiden mit denen elenden Umständen, worinne sich seine Familie, dem Vernehmen nach, befindet« Gnade walten zu lassen und ihn wieder als Bürgermeister einzusetzen, allerdings erst im nächsten Jahr, weil es ja inzwischen schon einen neuen Bürgermeister gab.[68]

Hartung wurde nach Weimar befohlen und verwarnt, für den Fall, dass er rückfällig würde, müsse er mit Entlassung rechnen. Das hieß: Gnade vor Recht, Mitleid mit einem Einzelnen, der dieses auch noch mit Lügen erworben hatte gegen die gerechtfertigten Ansprüche einer Gemeinde, in der es den meisten Mitgliedern wesentlich schlechter ging als dem ehemaligen Bürgermeister.

Obwohl die Ilmenauer die Anweisung bekommen hatten, die herzogliche Regierung nicht weiter zu belästigen, wandten sie sich erneut an die Herzogin wegen ihrer »welt-berühmte(n) Gnade und angebohrene(n) Menschenliebe sowohl überhaupt als insbesondere gegen uns arme Bürgerschaft«. Die Regierung antwortete, dass sie der Fürstin von einer Begnadigung abgeraten hatte, aber nun, wo diese einmal ausgesprochen worden sei, könne man nichts mehr machen. Die Bürger müssten das akzeptieren.

Als in Weimar Berichte eintrafen, die Bürger wollten sich an das Reichsgericht in Wetzlar mit einer Klage gegen die Regierung wenden, wurden Husaren ausgeschickt, die für Ruhe sorgen und die Anführer verhaften sollten.

Trotzdem wandten sich die Bürger in persönlichen Briefen weiter an die Regentin, die ihnen aber ihr »Missfallen« über »ihre beharrliche Widersetzlichkeit« bestellen ließ und ihnen die »gerechteste Ahndung« ankündigte, falls die Bürger sich beim Kaiser beschweren würden. Den Bürgern wurde direkte Majestätsbeleidigung vorgeworfen, weil die die Wiedereinsetzung Hartungs nicht akzeptieren wollten, und indirekte Majestätsbeleidigung, weil sie die Räte der Unterschlagung ihrer Briefe an Anna Amalia beschuldigten.

Gegen neun Ilmenauer Bürger, denen man eine Beteiligung an dem aufsässigen Verhalten gegen die Regierung nachweisen konnte, ging man mit aller Härte vor. Sie wurden nach Weimar vorgeladen und sofort verhaftet, im Zuchthaus verprügelt und sollten so lange in Haft bleiben, bis sie weitere Beteiligte verrieten. Die Bürger waren empört. In einem Schreiben an Anna Amalia beklagten sie sich, dass Hartung gehört würde, aber die Bürger nicht. Sie hätten nur Recht, Schutz und Hilfe gesucht und hätten Zuchthaus und Geiselung bekommen. Sie wollten die Gründe dafür wissen.

Eine Antwort erhielten sie nicht. Stattdessen wurden weitere Husaren zwecks Bestrafung geschickt. Nun griffen die Bürger zum letzten Mittel und legten tatsächlich beim Reichskammergericht Beschwerde gegen die von der Landesregierung erfahrene Behandlung ein.

Daraufhin schickte die Regierung am 5. Juni 1768 zwei Kontingente Husaren nach Ilmenau, wo sie nachts um zwei Uhr ankamen und »so erstaunlich gehauset (haben), daß es nicht zu beschreiben, die Weiber geschlagen, auch sogar die Kranken nicht geschonet, sondern dieselben aus den Betten geschlebt, die Hausthüren fast zerschlagen«. Manchmal schleppten die Soldaten alle männlichen Bewohner eines Hauses weg, da sie die gesuchten Personen nicht kannten. Es war wie in einer vom Feinde genommenen Stadt. Da man nicht alle Obermeister und Abgeordneten der Innungen auffinden konnte, drohte man, wenn sich die Gesuchten nicht freiwillig melden würden, müsste man die Verwandten exekutieren. Daraufhin stellten sich alle. Sie wurden nach Weimar gebracht und wochenlang festgehalten.

Nach weiterem Hin und Her beantragten die Ilmenauer am 11. Juni 1768 beim Reichsgericht in Wetzlar einen Rechtspruch gegen die Herzogin von Sachsen-Weimar.

Im Dezember 1770 ließ das Gericht den Antrag der Ilmenauer zu und forderte die Weimarer Regierung bei einer Strafe von zehn Mark in Gold auf, dass sie dies respektiere. Die Ilmenauer durften auch nicht bestraft werden, weil sie den Antrag gestellt hatten. Die Regierung in Weimar setzte daraufhin zwar den Bürgermeister Hartung ab, machte aber bei allen anderen Beschwerden nur vage Versprechungen.

Darum zogen die Ilmenauer ihre offizielle Klage nicht zurück, auch wenn die Regierung mehrere Versuche machte, sie davon zu überzeugen. Die Angelegenheit lag weiterhin beim Reichsgericht in Wetzlar. Erst unter Herzog Carl August und unter großem Engagement Goethes verzichteten die Ilmenauer im Oktober 1779 auf ihren Antrag.[69]

Anna Amalia, die sich immer als fürsorgende Landesmutter sah, hatte eine der Grundregeln Prauns missachtete, nämlich neutral und gerecht gegen jeden zu sein. Auch entspre-

chende Ratschläge ihres Consiliums hatte sie nicht angenommen. Am Ende stand ein jahrelanger Rechtsstreit, in dem
ihre Untertanen sie beim Reichsgericht verklagten und in Teilen sogar recht bekamen. Das war nicht nur eine peinliche
Situation für ihre Regierung, sondern auch eine persönliche
Niederlage in ihrer Rolle als Landesmutter.

4.6. Depressionen und Rücktrittspläne

4.6.1. Schwankende Stimmungen

*»Man nannte die Gesichtsbildung der jungen Regentin
allgemein schön.«*

So beginnt Freiherr von Lyncker seine Beschreibung Anna
Amalias. »Ihr großes, durchdringendes Auge gestattete, wie
sie selbst öfters erwähnte, nicht allein Das zu sehen, was neben ihr, sondern auch zuweilen Das, was hinter ihr geschah;
doch blickte es sehr ernsthaft, wenn Etwas vorging oder sich
vernehmen ließ, was der scharf durchschauenden Gebieterin
missfiel.«[70] Wenn Anna Amalia in der Öffentlichkeit auftrat,
tat sie das nicht als Privatperson, sondern als Repräsentantin
des Fürstenhauses, als Regentin, die über das Schicksal ihrer
Untertanen entscheiden konnte. Und als solche nahm sie
auch die Huldigungen entgegen, wie die der von ihr finanzier-
ten Dichter, von denen höfische Huldigungsgedichte erwartet wurden. Auftritte der Regentin waren immer Inszenierungen von Glanz und Macht.

Auch die zahllosen Porträts, die es von Fürsten und Fürstinnen und auch von Anna Amalia gibt, dienten diesem
Zweck: Kleidung, Körperstellung, Herrschaftszeichen wie
Krone und Zepter, der Hintergrund, symbolträchtige Gegenstände, die Farbgebung. Manchmal, wie bei dem Porträt

von Anna Amalia auf dem Umschlag dieses Buches, wurden Musikinstrumente als Zeichen ihres Selbstverständnisses als Künstlerin hinzugefügt. Alles war inszeniert, das öffentliche Leben von Fürsten war eine Theatervorstellung mit dem Herrscher in der Hauptrolle.

So weit das offizielle Bild. Wer die Herzogin aber in diesen Jahren als Teil der Hofgesellschaft täglich erlebte, sah hinter der offiziellen Fassade das Bild einer Frau, die von Stimmungsschwankungen »regiert« wurde, die niemand verstand, unter der aber alle leiden mussten. Wieland beklagte sich: »Heute nahm mich die Herzogin vor dem ganzen Hofstaate an ihre Seite und machte mir die schmeichelhaftesten Konfidenzen [vertraulichen Mitteilungen], dass ich selbst nicht wusste, wie mir geschah. Tags darauf tat sie gar nicht, ob ich in der Welt wäre, und peinigte mich mit mordender Kälte oft mehrere Tage hintereinander.«[71] Die Briefe des Grafen von Goertz an seine Frau vermitteln ein ähnliches Bild: »Sie machen sich keine Vorstellung, in welcher Laune sie seit 5 Tagen ist.«[72] Und: »Was für ein schrecklicher Tag heute wieder für Gemüt und Körper, meine liebste Caroline. Für den Körper, weil es ungeachtet des gestrigen Gewitters eine erdrückende Hitze gewesen ist. Für das Gemüt, weil Telemach mit den schönen Beinen [Anna Amalia] übelster Laune war.« Der Hof mit Anna Amalia an der Spitze war nach dem Abendessen auf der Esplanade gewesen, aber keine der anwesenden adligen Damen »wird sich eines schmeichelhaften Empfanges rühmen können. Gott weiß, was das noch werden wird. Wenn es für all diese Launen einen hinreichenden Grund gäbe. Aber man wagt nicht, es zu sagen.«[73]

Graf Goertz freute sich in diesen Tagen des Monats Mai 1773 besonders über Besuch von außerhalb, wie den der Fürstin Amalie von Gallitzin (1748–1806), da sich die Herzogin »ganz anders« benehme, »wenn Fremde da sind«.[74] Aber eine Garantie gab es auch da nicht. Wenn der Besuch nicht in ihrem Sinne war, dann führte das, wie der Graf schrieb, »zwangsläufig zu Launen … Die Folgen sind gefährlich, denn wenn dies sozusagen geballt ist, platzt die Bombe, und es ist umso schlimmer«.[75]

Anna Amalias starke Stimmungsschwankungen führten immer häufiger auch zu Konflikten mit ihren Hofbeamten oder anderen Mitgliedern ihrer Hofgesellschaft.[76] Symptomatisch ist ihr Verhalten Ende Mai 1773 im Vorfeld der Aufführung von Wielands Oper *Alceste*, eine der ersten deutschen Opern. Es war ein sehr ehrgeiziges Projekt, das den Schauspielern und Sängern der Seylerschen Truppe sehr viel abverlangte. Neid und Streit waren an der Tagesordnung.[77]

Auch zwischen Wieland und der Herzogin gab es Konfliktherde. Einer davon war die Bevorzugung des Kapellmeisters der Theatertruppe, Anton Schweizer (1735–1787), den Wieland für die Musikkompositionen einsetzen wollte. Anna Amalia hätte für diese Aufgabe aber lieber ihren bewährten Hofkapellmeister Ernst Wilhelm Wolf (1735–1792) gehabt. »Da geriet ich in Feuer zum Lobe Schweizers und bewies mich freilich als ein schlechter Hofmann«, erzählte Wieland Jahre später Friedrich Justin Bertuch (1747–1822), dem Geheimsekretär des Herzogs. Einer Herzogin widerspricht man nicht. Und den Kapellmeister einer Theatergruppe dem Hofkapellmeister vorzuziehen war ein gravierender Formfehler, wie Wieland erfahren musste.[78]

Hinzu kam noch der Streit um die Besetzung der Hauptrolle in »Alceste« mit Franziska Romana Koch (1748–1796), die Anna Amalia gegen Wielands Widerstand aus Weimar verbannen wollte. Gegenüber dem Statthalter von Dalberg erklärte Anna Amalia: »Ich habe den Wieland recht lieb, aber man muss dem Phöbus *[Name für Apollon]* manchmal durch den Sinn fahren.«[79]

Laut Wieland hatte Anna Amalia bei einer Probe, unbemerkt von Wieland, im dunklen Hoftheater sitzend, zugehört. Wieland war so begeistert von der Sängerin, dass er laut »o du Engel« gerufen habe, »eine Phrase, die ich bei jedem mir lieb gewordenen weiblichen Wesen ohne alle Beziehung brauche«. Danach sei er vier Wochen lang »aus aller Gnade« gefallen. »Sie sah mich gar nicht an. Oder, wenn sie dieß nicht vermeiden konnte, warf sie mir Blitz und Flammen mit ihrem Blick zu.«[80]

Der Streit eskalierte, als die Herzogin die Aufführungen verbieten und Wieland vom Theater ausschließen wollte. Sie musste aber am Ende einlenken, weil immer öfter andere Hoheiten von außerhalb extra wegen der *Alceste* nach Weimar anreisten und begeistert waren.[81]

»Die Schwäche einer Frau ist etwas Seltsames, wenn sie einen bestimmten Grad erreicht hat. Unsere Herzogin ist der Beweis dafür«, schrieb Goertz zunehmend genervt. »Sehr wahrscheinlich wird W. bald noch schlechter bei ihr angesehen sein als ich ... Diese Geschichte um das Schauspiel, liebe Caroline, nimmt einen gänzlich in Anspruch.« Anna Amalia wolle nun die ganze Truppe ausweisen. »Und dies wegen der allergrößten Lappalie.« Diese Lappalie war eine Kritik im *Teutschen Merkur*, dem Magazin, das Wieland herausgab, in dem die Herzogin zwar in »deutlichsten Lobeserhebungen« gelobt wurde, aber ebenfalls das Stück und die Schauspieler und besonders die Sängerin Koch. Anna Amalia war erbost, sie hatte Wieland gewarnt, dass er keine Partei ergreifen dürfe. Und Wieland konnte »sich nur beugen und das Theater aufgeben, dessen Autor er sein möchte ... All dies stellt eine ernsthafte Beschäftigung dar und wird für die erste Staatsangelegenheit gehalten«, kommentierte Graf Goertz ironisch.[82] Es mache die Herzogin »rasend«, dass Wielands Oper für so viel Aufsehen sorgte.[83] »Durch *Alceste* bekommt Weimar Glanz.«[84]

Anna Amalia dagegen hatte kein Wort des Lobes für Wieland, der sehr frustriert war. Mithilfe des Statthalters gelang es Goertz schließlich, die zerstrittenen Parteien zu besänftigen. »Ich habe soeben die schwierige und verworrene Angelegenheit, welche die Grundfesten des Staates Weimar zu erschüttern schien, wieder in Ordnung gebracht«, meldete er seiner Frau Anfang Juni.[85] »W. wiederholt mir alle Tage ›Oh mein Gott, bester Graf, Sie haben mir nur zu wenig von der Frau gesagt.‹«[86] Auch in Wielands Briefen an Freunde ist von der anfänglichen Euphorie in Weimar nichts mehr zu hören: »Mein Daseyn ist die insipideste [fadeste] Sache von der Welt; die Ketten, die ich trage, so leicht sie sind, ziehen mich zu Boden; mein Genius ist erloschen – und, was das Schlimmste ist, ich sehe keine Möglichkeit, eher, als bis es zu spät seyn wird, ihn wieder zu erwecken, mich von der Stange, an der ich klebe, loszuwinden.« Nur Carl August und Graf Goertz hielten ihn in Weimar.[87]

Und Anna Amalia? »Bei der Tafel hat die Herzogin geweint, und niemand weiß, warum«, schrieb Graf Goertz kurz nach der Alceste-Geschichte an seine Frau.[88] Doch vielleicht gibt ein Text, den sie in dieser Zeit geschrieben hat, Aufschluss darüber, wie sie sich fühlte:

»Von Kindheit an – die schönste Frühlingszeit meiner Jahre –, was ist das alles gewesen? Nichts als Aufopferungen für andere. Ein liebendes Herz war es, das ich von Dir O! Schöpfer erhielte. – Dieses nach deinem Bilde geschaffen sollte hier mein Glück ausmachen. Aber ach! Dies theure Geschenke ist eben das, was meine ruhe zerstöhrt. – Jeder Tag, jede Stunde ist mit Schmerz und Kummer angefüllet. Bald sorget das zärtliche Mutter Herz um das Wohl ihrer Kinder, bald hat es mit Neid, Tücken und Arglist zu kämpfen, bald hat es nöthig, der eigenen warmen Empfindung einhalt zu thun – Ach nur zu warmes Blut, welches durch jede meiner Adern wühlet! Jeder Pulsschlag ist ein Gefühl von Zärtlichkeit, von Schmerz, von Zerknirschung der Seele. Gott! Jeder Gefangene sucht sich von seinen Ketten loß zu reißen: und ich – ich soll mit Geduld, mit so sehr bestürmter Sanf(t)muth meine Bande tragen? Ist das die Bestimmung, die Du mir zugedacht hast? Doch murren will ich nicht. – ... Ein glückliches Gefühle ist mir übrig geblieben: Dies soll mir keine menschliche Kraft benehmen, die Wollust, andere Mit-Menschen glücklich zu machen, ... und an ihrer Zufriedenheit Antheil zu nehmen. Dies sanfte Gefühle, diese entzückende reine Freude versüßet nur alles Leiden; Aber ach! Es läßt mich nur desto schwerer empfinden, wie wenig ich glücklich bin; O! ruhe der ... Seele, wo soll ich dich finden? Nicht bey dem schimmernden Glanz der Ehre, nicht in den Gütern der Welt. – Bey Dir O! Schöpfer, allein Quell des Friedens, in der engsten Verbindung mit dir, hoffe ich sie zu finden!«[89]

4.6.2. Minerva, Bellona und Mutter der Gracchen

> *»Sie hat ein rundes und hübsches Gesicht, das erleuchtet wird durch zwei große Leuchten, die man gemeinhin die Augen nennt, die gefüllt sind mit Feuer und Lebendigkeit, aber begleitet von Güte und Sanftheit.«*

So beginnt ein bemerkenswertes Dokument mit der Überschrift *Porträt meiner Schwester Amelie*, das im Thüringischen Hauptstaatsarchiv zu Weimar liegt. Geschrieben wurde es vermutlich Anfang der 1770er-Jahre von einem ihrer Brüder, sehr wahrscheinlich von Friedrich August, der sie während und nach dem Krieg mehrfach besucht hat und mit dem sie jahrelang eine intensive Korrespondenz geführt hat.[90]

Anna Amalia hatte ihm einen Text mit einer Selbstbeschreibung von sich geschickt und wollte wissen, ob er sie darin wiedererkenne. Er fand das ziemlich schwierig, aber da sie es unbedingt wolle, müsse er ihr sagen, dass sie sich selbst »leichte Fehler zugeschrieben« habe, »die es nicht der Mühe Wert sind, erwähnt zu werden«. Die guten Eigenschaften habe sie zu wenig berücksichtigt. Fazit: Sie sei zu kritisch mit sich selbst.

Dieser Schilderung stellte er nun sein Porträt von ihr gegenüber. Er beschrieb ihre Augen, ihre Nase, »die ihre Physiognomie markiert und das schönste Profil der Welt bildet. Ein bezaubernder Mund gefüllt mit Lachen und Anmut, und der macht ihre Worte noch interessanter. Ihre Figur ist nicht haute, aber elegant. Es ist nicht die Elle, nach der man die Gottheiten misst, sondern die Eleganz unterscheidet sie. Wenn man sie schreiten sieht, scheint es, als ob Minerva sich nähert, und hoch zu Pferde hält man sie für Bellona [*Kriegsgöttin im alten Rom*]. Weit entfernt, daran zu glauben, hält sie sich überhaupt nicht für schön, und es ist das, was den Preis ihrer Schönheit erhöht«.

»Ihr Geist übersteigt« die »Qualitäten ihres Körpers« an »Schönheit« und »Größe«. »Eine unbeschreibliche Bescheidenheit, die so gut zu ihrem Geschlecht passt, lässt sie charmant wirken; aber trotz ihrer Sanftmut ist ihr Geist männlich, sie wollte ihn haben, und sie hat ihn tatsächlich. Sie liebt ihr Geschlecht nicht wegen der Schwäche seines Charakters. Vielleicht bringt ihr das manchmal Nachteile, da es genügend Männer gibt, die auch schwach sind und ohne ihre Kleidung einen weiblichen Geist verstecken.«

Wenn man versuche, sich ihren Wünschen und Plänen zu widersetzen, steigere sie ihre Kräfte, um nicht zu unterliegen. »Diese inneren Kämpfe lassen das Blut heftig aufwallen und setzen ihren Kopf in Bewegung«, man könne aber dann nicht von »Zorn« reden, sondern eher von »vorübergehende(r) Erhitzung«.

Sie sei sehr schwierig in der Wahl ihrer Freunde und binde

sich nur an wenige Personen ganz. Aber diejenigen, mit denen sie enger verbunden war und die ihr eine echte Zuneigung bewiesen hätten, sei sie immer treu und ändere sich nicht ihnen gegenüber. Sie schätze den Rat erfahrener Menschen, aber sie sei nicht ihr Sklave und folge ihnen nur, wenn sie sehe, dass sie wahr und nützlich seien.

Sie habe einen durchdringenden Verstand, wodurch sie leicht das Lächerliche der Menschen durchschaue. Aber sie wolle den Menschen mit ihrem Lachen nichts Böses, darum folge »nach dem Lachen das Mitleid, und sie verkneift sich, so weit sie das kann, das es bemerkt wird, um die nicht zu verletzen, auf die die Lächerlichkeit fällt«.

Sie meine, dass sie nicht fleißig genug sei, weil sie glaube, dass sie nicht genug wisse. »Und ist es nicht das größte Wissen, das man erreichen kann, dass man weiß, dass man nichts weiß?« Sie habe bei allem, was sie durchführen wolle, Erfolg. Als Beweis zieht ihr Bruder den »Grad an Perfektion« heran, den sie in der Musik erreicht hat, und noch wichtiger ihre Erfolge als Regentin. Am wichtigsten aber sei ihre Qualität als Mutter. Er vergleicht seine Schwester mit antiken »Heldinnen«: Mit Cornelia, bewundernswert als Mutter der Gracchen, und mit Cloelia, die mit ihrer Tapferkeit und ihrem Mut die Römer beeindruckte.

Wir wissen nicht, wie Anna Amalia auf dieses liebevolle Porträt ihres Bruders reagiert hat. Vielleicht hat es ihr die Selbstzweifel und eigene Unzufriedenheit dieser Jahre ein wenig genommen, aber letztlich war sie wohl schon zu tief in ihre Depressionen verstrickt, als dass die Worte ihres Bruders große Wirkung hätten zeigen können.

4.6.3. Rücktrittspläne

»Die Lage der Großen ist wie ein schöner Rosenstrauch,
der eine Schlange birgt«,

schrieb Anna Amalia bereits im März 1772 an Wieland.[91] Sie
wolle nicht vor ihm philosophisch erscheinen, aber er habe
doch auch zu viel gesehen, um nicht zu erkennen, »dass es
schwierig ist, dass ein Fürst eben so glücklich sein könne wie
die von geringerer Stellung ... Ich würde sehr undankbar gegen die Vorsehung sein, wenn ich mich unter die Unglücklichen rechnete; sie hat mich in eine Lage versetzt, wo ich tau-
sende glücklich machen kann, und dies macht doch gewiss
die wahre Glückseligkeit eines Regenten, wenn er es sich zur
Pflicht macht, es auszuführen; ich empfinde selbst auf das
Lebhafteste diesen großen Vorzug, den mir die Natur vor tausend Andern verliehen hat; aber die große Empfindlichkeit,
mit der mich die Natur begabte, läßt mich auch das ganze Ge-
wicht meines Standes fühlen; vielleicht bin ich dafür zu empfindlich, und eine stärkere Seele als die meinige würde sich
darüber hinwegsetzen; ich gestehe, daß ich in diesem Punkt
mich ein wenig schwach fühle; kann überhaupt eine Frau eine
starke Seele haben?«.

Zu dieser Zeit hat sie Wieland noch so weit vertraut, dass
sie ihm ihre innersten Gedanken und Zweifel anvertraute.
Doch schon ein Jahr später war ihre Begeisterung verflogen.
Sie hatte, wie sie im Brief an Fritsch vom 9. Dezember 1773
schrieb, seit dem Amtsantritt Wielands eine Veränderung
im Verhalten ihres Sohnes ihr gegenüber bemerkt. Die Ursache dafür sah sie in Wieland und Goertz, die ihr den Sohn
entfremdeten. Im November hatte sie Carl August darauf
angesprochen, wollte »ihm die Augen öffnen hinsichtlich

Wielands und Goertz'«, aber er wurde nur wütend, warf ihr unbegründetes Misstrauen vor und sagte, dass die beiden seine besten Freunde seien. Anna Amalia warf ihrem Sohn mangelndes Vertrauen vor, da er keinem Rat folgen wollte.

Vergeblich versuchte Carl August seine Mutter vom Gegenteil zu überzeugen. Sie brach das Gespräch ab und schickte ihn fort. Sie hatte trotzdem gehofft, dass er danach sein Verhalten ändern würde, aber »er ist geblieben, wie er war, ohne Vertrauen zu mir, voller Vertrauen zum Grafen Goertz und zu Wieland, der sein Orakel ist«, schrieb sie an Fritsch.

Den Grafen Goertz hielt sie für ehrgeizig, intrigant und unruhig. Um zu seinem Ziele zu gelangen – Anna Amalia glaubte, der Graf wolle nach Carls Regierungsübernahme Einfluss und Macht –, »liebkost und cajoliert [schmeichelt] er Carl«. Daher sei er zu nachgiebig mit ihm und lasse ihm zu viel Freiheit. Die Bedienten würden berichten, dass Carl in seinen Zimmern mit »herrischem Ton« befehlen würde.

Über Wieland urteilte Anna Amalia ähnlich negativ. »Ich erkenne leider zu spät, dass er nicht gemacht ist für die Stellung, in der er sich befindet. Er ist zu schwärmerisch für die jungen Leute, zu schwach, um ihnen die Spitze zu bieten.« Wieland und Goertz würden sich gegenseitig mit Schmeicheleien umwerben, und gemeinsam schmeichelten sie ihrem Sohn »so dass nichts als Schmeichelei oben bei meinen Kindern herrscht«.

Das war so ziemlich das Schlimmste, was sie über einen Menschen sagen konnte. Der Kampf gegen die Schmeichler war neben der Suche nach echter Freundschaft das zweite große Thema, das sich wie ein roter Faden durch ihr Leben zieht.

Da ihr Sohn aber ein »blindes Zutrauen« in diese Personen habe und sie liebe, könne man Goertz und Wieland nicht aus ihren Ämtern werfen, ohne dass dies alles noch schlimmer und »zu viel Lärm in der Welt« mache.[92]

Fritsch glaubte nicht, dass Carl August seiner Mutter gegenüber wirklich undankbar war, und wenn, dann sei es die Schuld derer, die sein Vertrauen missbrauchten. Allerdings dürfe man ihm nicht offen widersprechen, er müsse das selbst erkennen. Außerdem würden sich Goertz und Wieland über kurz oder lang durch Eifersüchteleien von alleine entzweien, und dann könne man sie in aller Stille beseitigen. Von einem Eklat riet er ihr aber unbedingt ab.[93]

Das war sehr diplomatisch gedacht und hätte sicherlich auch zum Ziel geführt, nur erreichten die Ratschläge ihres Ministers und Vertrauten Anna Amalia nicht mehr. Sie wollte keine Kompromisse mehr, sie wollte keine Rücksichten mehr nehmen, und so erhielt Fritsch zu seinem Entsetzen ihre Antwort, die da lautete:

»Kurz und gut, ich bin des Lebens müde, welches ich jetzt zu führen gezwungen werde; ich bin nicht politisch genug, um meine Entrüstung immer vor denjenigen Leuten unterdrücken zu können, die selbige verdienen; ich sehe recht wohl ein, dass ich dadurch nichts gewinne; Ich bin daher entschlossen, mich von der Regentschaft loszumachen, mit Zustimmung des Wiener Hofes, sobald Carl das siebzehnte Jahr erreicht haben wird. Ich glaube, dass ein Jahr mehr oder weniger nichts an der Sache ändern wird.« Sie hoffte, dass er sie verstehen werde, »denn ich wiederhole, dass ich nichts sehnlicher wünsche, als mich von der Regentschaft und der Vormundschaft zu befreien«.[94]

Neben den Problemen mit Wieland und Goertz, die ihr den Sohn entfremdeten, führte sie als Grund für ihren Entschluss auch die »schlechte Wirtschaft bei der Hofkasse, die alle Tage zunimmt« an, wo es kein »anderes Mittel und keine Hülfe giebt, als einen Eklat zu machen; ich glaube nicht dass Sie mir dazu rathen würden; aber Herrn von Witzleben Vorstellungen zu machen, sowohl mit Sanftmuth wie Festigkeit, das ist so viel wie nichts, Sie wissen das selbst eben so gut; es muss mich ärgern, dass die Finanzkammer mir gegenüber immer Armuth heuchelt und zur Schau trägt, und meinem Sohne gegenüber ist sie voll von Gold. Ich gestehe Ihnen offenherzig, dass ich zu stolz bin, um ein solches Verfahren mit Geduld zu ertragen; … ich sehe überall, dass ich nicht mehr so viel thun kann, als ich früher gethan habe, weder mit Nachdruck noch mit Festigkeit, die vielleicht gegenwärtig nöthiger wäre als ehemals; man sieht nur nach der aufgehenden Sonne «.[95]

In seinem Antwortschreiben führte Fritsch alle Argumente an, von denen er sicher annehmen konnte, dass sie die Herzogin von ihrem Rücktrittsplan abbringen würden. Da war zunächst einmal das Testament ihres Mannes, das Anna Amalia » heilig « sein müsste und in dem ausdrücklich festgelegt war, dass sie für ihren Sohn erst mit 18 Jahren die *venia aetatis* einholen solle. Außerdem mache es durchaus einen Unterschied, ob ihr Sohn ein Jahr früher an die Regierung komme. Er sei noch unerfahren und sie, Anna Amalia, trage die Verantwortung, wenn » das Falsche « geschehe, was sie hätte verhindern können.

Außerdem dürfe der Prinz nicht ohne jede Praxiskenntnis an die Regierung kommen, denn » dazu gehört mehr als alles, was diese bezahlten Lehrer mit ihren ewigen Stunden über öffentliches Recht einem jungen Fürsten beibringen «. Man brauche dazu Kenntnisse von der Welt und von den Geschäften. Er schlug vor, dass man seinen theoretischen Unterricht verkürzen sollte, um ihn stattdessen in das Geheime Consilium einzuführen, wo er alles das lernen würde, was ihn seine Freunde nicht lehrten. Dort würde er auch das ganze Ausmaß seiner Pflichten erkennen, die er gegen seine Oberen, seinesgleichen und gegen seine Untertanen habe. Ebenso würden ihm dann die Verpflichtungen gegen seine Mutter bewusst, die »so ausgezeichnet seine Stelle ausfüllt«. Das sei das sicherste Mittel, wieder Dankbarkeit und Vertrauen zu haben. Als letzten Punkt führte Fritsch ihren jüngsten Sohn Constantin an, für dessen Zukunft dann sein Bruder bzw. diejenigen, die zurzeit das Vertrauen Carl Augusts hätten, zuständig wären.

Was die schlechte Wirtschaft der Hofkasse unter von Witzleben anbetraf, so riet ihr Fritsch, durchaus einen Eklat zu machen, da alle anderen Mittel aufgebraucht waren. Es sollte eine neue Stelle eines Hofkassierers eingerichtet werden. Zumindest könne dann, »wenn die Unordnung fortdauert und selbst zunimmt«, niemand sagen, dass die Herzogin und das Geheime Consilium Schuld daran wären. Nicht nur Anna Amalia, auch die Geheimen Räte hatten Sorge, dass ihnen nach dem Regierungswechsel die Kassenprobleme angelastet werden könnten.

Was die Finanzkammer anbetraf, so wüsste Anna Amalia, schrieb Fritsch weiter, dass alle Mitglieder letztlich das tun würden, was sie befehle. »Maßregeln von einer gewissen Kraft und Festigkeit« müssten von Zeit zu Zeit erneuert werden, und das sei jetzt notwendiger als zu Beginn ihrer Regentschaft. »Das würde wunderbar den Uebermuth aller dieser Anbeter der aufgehenden Sonne zügeln, die schon auf eine eingebildete Protektion rechnen und gar zu gern sich wichtig machen.« Außerdem würde es alle ermutigen, die auf ihrer Seite seien, die sonst den Mut verlören oder womöglich die Seiten wechselten. Und sie würde ihrem Sohn einen großen Dienst erweisen, indem sie »diesen Parteigeist niedertreten, der um sich zu greifen beginnt; sonst werde der Herzog bei seinem Regierungsantritt alles in Unordnung und Auflösung finden und könne keine Ordnung in den Geschäften wiederherstellen, als wenn er mit noch größerer Kraft und Strenge zu Werke gehe«. Und die »süßeste« Belohnung für alles sei doch das Bewusstsein »erfüllter Pflicht«.[96]

Fritsch erreichte sein Ziel. Anna Amalia legte ihre Rücktrittspläne beiseite.

4.7. Hebammeninstitut und »Seelenregister«

»… daher es denn zum öfteren, besonders auf dem Lande, und in denen Dorfschaften, geschehen, daß bey sich ereignenden Geburten, theils durch ungeschickte Behandlung Bey der Niederkunft, theils durch andere Verwahrlosung Mutter oder Kind, auch nicht selten beyde, elendiglich zu Grund gegangen«,

schrieben die *Weimarische(n) Wöchentliche(n) Anzeigen* Mitte 1771. Und wenn diese Frauen überlebten, hätten sie dauerhafte gesundheitliche Schäden. Das bedeutete nicht nur für die einzelnen Familien »unwiderbringlichen Schaden«, sondern »auch würklich ein gar sehr in die Augen fallender Abgang an der Bevölkerung des Landes«.[97]

Bereits 1768 hatte der Weimarer Landtag beschlossen, die Finanzierung eines Provinzialaccoucheurs, eines medizinisch gebildeten Geburtshelfers, zu übernehmen, der bei schwierigen Geburten die oft nicht ausgebildeten Hebammen ablösen und weiterbilden sollte. Dazu hatten Mediziner, u. a. Christian Gottlieb Hufeland, geraten und außerdem wurde es in vielen Ländern des Reiches bereits so praktiziert.[98]

Da man davon ausging, dass es in der Bevölkerung Widerstand gegen diese Neuerung geben würde, wurden alle Ämter, Gerichte und Stadträte angewiesen, ihn gegen alle Hindernisse wie »Neid und Missgunst der vorhandenen Wehmütter« oder »unzeitige Schamhaftigkeit der Kreysenden« oder

»Eigensinn und vorgefasste Meinungen« der Verwandten zu unterstützen. Es wurde verfügt, dass der Accoucheur gerufen werden musste bei einer »bedenkliche(n) oder verzögerten Geburt, selbst gegen den Willen der adhibirten Hebamme oder der Kreysenden«. Wenn jemand durch »Eigensinn« sich weigerte, den Arzt zu holen, musste ein reitender Bote geschickt werden. Die Kosten trug dann der werdende Vater oder, wenn er das nicht konnte, die Gemeinde.[99]

Parallel dazu – angeregt von den Medizinern in Jena und dem neuen Landacchoucheur – bemühte sich das Geheime Consilium seit 1769, in Jena eine Hebammenschule mit Geburtshaus einzurichten.[100]

Um das nötige Geld dafür aufzubringen, habe die »Frau Herzogin Regentin«, so wurden die Bürger informiert, beschlossen, nach Bewilligung durch die Stände, dass jede Person im Fürstentum und des Jenaischen Landesteils ohne Unterschied des Standes einen Beitrag zu leisten habe. Zumindest sollte jede Person, die in der Kirche bereits zum Abendmahl zugelassen war, einen Groschen abgeben. Die Beträge sollten von den Untersteuereinnehmern in jedem Ort eingesammelt werden. Dienstherren zahlten für ihr Gesinde, zogen den Beitrag dann aber vom Lohn ab. Man hoffte, dass aus christlicher Gesinnung jeder »nach Proportion des ihm von Gott geschenkten Vermögens« mehr zahlen werde.[101]

Aber wie bei allen anderen zusätzlichen Abgaben ließ die Zahlungsmoral der Untertanen sehr zu wünschen übrig, was bei dieser Abgabe wohl auch daran lag, dass jeder zahlen musste, unabhängig vom Stand und vom Vermögen. Es gab von Anfang an einen Sturm der Entrüstung mit Beschwerden aus allen Landesteilen.[102] Den Behörden gelang es nicht, das nötige Geld einzutreiben, sodass das Projekt drei Jahre lang ruhte.

Erst im Februar 1774, nach einer Anfrage der Mediziner aus

Jena, wurden die Viertelsmeister mit Nachdruck angewiesen, die »Seelenregister« wie befohlen zu erstellen. Bei weiterer »Renitenz« drohte »strengste« Strafe. Da dieser Aufforderung nicht ausreichend nachgekommen wurde, ließ die Weimarer Regierung kurzerhand die Viertelsmeister verhaften.[103] Daraufhin kam es am nächsten Tag zum Aufstand: Die Bürger Weimars versammelten sich unter lauten Protestrufen auf dem Marktplatz. Die herzoglichen Bediensteten, sichtlich überfordert mit der Situation, beschimpften die Bürger als »Kanaillen«, man würde sie »alle ins Zuchthauß« stecken.[104]

Im Schießhaus, wo sonst immer die friedlichen Schützenfeste unter Anwesenheit Anna Amalias und der Prinzen stattfanden, versammelten sich an diesem Tag viele der Protestierenden und verfassten ein Schreiben an die Herzogin.[105] Als immer mehr Menschen zum Marktplatz strömten, wurde die weimarische Infanterie unter Oberst von Lasberg in die Stadt geholt. Der Geheime Rat Achatius Ludwig Carl Schmid (1725–1784) versuchte eine letzte Vermittlung. Durch den Kanzleidiener Witzel bot er den Anführern der Aufständischen in der Kanzlei Verhandlungen an und ließ ausrichten, dass er sich für die Freilassung der Viertelsmeister einsetzen würde, sofern alle nach Hause gingen.[106]

Einige Obermeister folgten diesem Aufruf und begaben sich ins Schloss. Die Anführer der »Schießhaus-Verschworenen«, die eigene Vertreter schicken wollten, einigten sich schließlich auf den »Schlösser« Schulze, weil der sich als bedächtig erwiesen hatte, indem er die Menge ermahnte, dass nicht alle ins Schloss rennen sollten, »damit Serenissima keine(n) Schrecken bekämen«.[107]

Nachdem das Protestschreiben bei der Herzogin abgegeben worden war und die Regierung versprochen hatte, die Viertelsmeister freizulassen, sofern die Haftkosten, für die alle dann sammelten, bezahlt würden, zerstreute sich die Menge.

4.8. Schlossbrand

»Mit einem Worte, das Schloss ist jetzt ein zerstörtes Troja,
von dem nur noch einige halb verschüttete Mauern stehn«,

schrieb der Direktor des Gymnasiums Johann Karl August
Musäus (1735 – 1787) an seine Schwester.[108] Am Morgen des
5. Mai 1774 sei er auf dem Weg zur Schule gewesen, als ihm
eine Frau entgegengekommen sei, die »Feuer am Schloss!«
gerufen habe. »Ehe also noch eine einzige Spritze vorhanden
war oder eine Menschenhand angelegt werden konnte, dem
Feuer zu wehren, stund das ganze Schloss von einem Ende bei
zum andern im vollen Brande. Jeder versuchte, sein Leben zu
retten, ohne an die Rettung der Möbel, der Archive usw. zu
denken. Über 100 Spritzen in 2 Stunden ... ein Stockwerk ent-
zündete das andere, und die Wuth der Flammen und der Anblick derselben war so entsetzlich, dass es mit Worten nicht zu
beschreiben ist; ... Das ganze Schloss glühte des Abends um
5 Uhr nicht anders als ein Ziegelofen, die Flammen schlugen
aus den Fenstern heraus und stiegen bis an die Wolken ... alsdann sah man auf einmal einen Feuerstrom durch die Zimmer schießen, zugleich fuhren mit heftigem Geprassel alle
Scheiben aus den Fenstern, und die Flammen wälzten sich
wie feurige Strudel aus allen Öffnungen.«[109] Die Herzogin sei
»etwas unpässlich« gewesen und hätte im Bett gelegen, als es
passierte, habe nicht einmal Zeit gehabt, sich etwas über-
zuwerfen, sondern musste das Schloss in ihrem Nachtkleid
verlassen.[110]

Schon bald kamen Gerüchte über die Brandursache auf.
Die offizielle Version war, er sei in der Küche ausgebrochen.
Aber das glaubte schon Musäus nicht, der ja als Augenzeuge
den Brand beobachtet hatte: »Wie es gekommen ist, das weiß

Gott, durch die Küche ist es nicht geschehen, denn die aufgemauerten Feueressen derselben stehen noch ohne einigen Riss oder Beschädigung, es rauchte oder brannte auch keine Esse, sondern das Dach weit davon.«[111]

Über den Brand des Schlosses wurde im ganzen Reich in den Zeitungen berichtet. Ziemlich schnell wurde er mit den Unruhen der Wochen davor in Verbindung gebracht. Die *Augspurgische Ordinari Postzeitung* schrieb am 20. Juni 1774: »Einige Zeit vor dem Brand hat es Unruhen in Weimar gegeben, die man aber nicht als Ursache für den Brand ansehen will. Seit sechs Monaten bemerkte man in der Residenzstadt Weimar jene Bewegungen, welche gemeiniglich gegen das Ende einer Regierung und dem Anfange einer neuen zu entstehen pflegen«, in Weimar aber bei der »reichskundigen weisen Staatsverwaltung« der Regentin am wenigsten hätten vermutet werden sollen. Inwieweit das der Wahrheit entspreche, wisse man nicht, aber selbst in Weimar werde über »undankbare, unruhige, tadelsüchtige Gemüther, die über die Hebammenschule ›unschickliche und unvernünftige Raisonnements‹ gemacht haben, geschrieben«.[112]

Auch in offiziellen Kreisen in Weimar hatte man natürlich den Verdacht, dass es Brandstiftung sein konnte. Der Weimarer Bürgermeister forderte die Herzogin im Sommer 1774 auf, das obrigkeitliche Vertrauen in die Bürger wiederherzustellen, weil »auch auswärts und in entfernten Orten durch öffentlich Zeitungen … aus gesprenget wird, als wenn die hiesige Bürgerschafft gleichen Tages nach der Zusammenkunfft der Bürgerschafft darauf in dem Fürstl. Residenz-Schloss entstandenen unglücklichen Brande Antheil habe«.[113]

Es gab keine offizielle Stellungnahme der Regierung zu diesem Gerücht. Aber natürlich musste man etwas unternehmen, um dem ein Ende zu setzen. Für die Herzogin und ihre Regierung war es fatal, dass man die Unruhen und den

Schlossbrand mit dem nahenden Ende der Regentschaft in Verbindung brachte, so als hätte man bereits die Kontrolle verloren.

Deshalb präsentierte man im Sommer 1774 eine Frau namens Dorothea Sophia Axt, die verhaftet und beschuldigt wurde, an der Brandstiftung beteiligt gewesen zu sein. Man stellte sie als geistig verwirrt hin und hielt sie mehr als zwei Jahre ohne Prozess in »Sicherheitsverwahrung«. Sie erklärte sich für unschuldig, auch wenn sie, wie ihre Tochter erklärte, den Untergang des Schlosses mit »Feuer und Wasser« vorhergesagt hatte.[114]

Um weiteren Unruhen wegen des Hebammeninstituts vorzubeugen, veröffentlichten die *Weimarische(n) Wöchentliche(n) Anzeigen* »auf ausdrücklichen höchsten Befehl der Frauen Herzogin Regentin« ein Avertissement, in dem erneut die Gründe für die Hebammenschule ausführlich dargelegt wurden. »Man hat wahrzunehmen gehabt«, beginnt es, dass einige Untertanen gegen die Errichtung einer Hebammenschule »mit Vorurtheilen eingenommen sind« und die »in die Augen fallende Gemeinnützigkeit« nicht sehen. Alle »undankbare, unruhige und tadelsüchtige Gemüther, deren Personen man größtentheils kennet« wurden dringend verwarnt, sich weiter dagegen auszusprechen, sonst würde man ihnen mit »Ernst und Nachdruck in ihrer Unbesonnenheit, Einhalt thun (zu) lassen«. Diese Verordnung war »Auf gnädigsten SpecialBefehl« Anna Amalias verfügt worden.[115]

Das Projekt wurde dann trotz aller Überzeugungsarbeit nicht weiterverfolgt. Erst 1778 kam es unter der Regierung Carl Augusts zur Gründung der Jenaer Hebammenanstalt.[116]

Eine Folge dieser Auseinandersetzungen aber war, dass die Beziehungen zwischen Bürgern und obervormundschaftlicher Regierung weiter getrübt wurden, um es vorsichtig auszudrücken. Größere Vorhaben wurden in den eineinhalb Jahren bis zum Ende der Regentschaft vonseiten der Regierung nicht mehr in Angriff genommen aus Sorge vor ähnlichen Protesten. »Die Weimarer Politik sank für einige Monate auf das Niveau einer intentionslosen Verwaltung herab.«[117]

Ein Versuch der Versöhnung zwischen Bürgern und Regierung war am 15. Mai 1774 die pompös inszenierte Beerdigung des Zimmermanns, der beim Schlossbrand ums Leben gekommen war: Er wurde zunächst im roten Gang des Schlosses aufgebahrt, Zimmerleute hielten die Totenwache. Nach dem Gottesdienst wurde die Leiche in einer Prozession aller Zimmergesellen, Gymnasiasten, des Stadtrats, der Familie, aller Meister der Zimmerer, Maurer und Tüncher aus dem Schloss abgeholt. Beide Söhne Anna Amalias standen mit am Grab, die Herzogin ließ für ihn ein Denkmal auf dem Jakobsfriedhof aufstellen.[118]

4.9. Flucht nach vorne

4.9.1. Sonnenkulte

»Genug, ich mische mich nicht mehr ein, und ich bitte Sie, mir nichts mehr über diese ganze miserable Geschichte zu melden«,

schrieb Anna Amalia einige Tage nach dem Schlossbrand an Fritsch. Sie war frustriert und wütend, ihre Schrift im Vergleich zu ihrer normalen, eher zierlichen Handschrift kaum wiederzuerkennen.[119] Da der Schlossaufbau aus Geldmangel wohl Jahrzehnte dauern würde – erst 1803 konnte Karl August immerhin den neuen Ostflügel beziehen –, musste die Herzogfamilie eine angemessene Unterkunft für die Zwischenzeit suchen.

Das stellte sich aber als unerwartete Belastungsprobe für die Beziehung zwischen Mutter und Sohn heraus. Carl August ging zu Recht davon aus, dass diese Unterkunft auch seine zukünftige Residenz werden würde und daher repräsentativ sein musste. »Ich bin alle denkbaren Häuser durchlaufen, mit meinen Kindern und Herrn von Witzleben«, schrieb die Herzogin. Carl August war wohl schon vorher von seinen Beratern beeinflusst worden und entschied sich für das spätere Fürstenhaus, das gerade von den Landständen gebaut wurde, weil das, so der ironische Kommentar Anna Amalias, »ein mehr imperiales Ansehen hat und weil das unserer Eitelkeit mehr schmeichelt«. Sie hatte vergeblich versucht, ihm den Plan auszureden: Das Haus war noch nicht fertig, es war auf die Bedürfnisse der Stände eingerichtet, nicht auf die eines Regenten mit Repräsentationspflichten, der entsprechende Umbau würde viel Geld kosten. Aber wenn er genug Geld hätte, könne er das Haus ja kaufen, hatte sie ihm gesagt.

Sie hatte dem Baumeister nun zwei Pläne in Auftrag gegeben: einen für den möglichen Umbau der drei anderen Häuser, die infrage kamen, und einen für das Landschaftshaus. Fritsch sollte das Ganze im Consilium vortragen und dann mit Carl reden. Sie möchte damit nichts mehr zu tun haben.[120]

Das tat er auch und teilte ihr wenig später mit, wie betroffen man im Consilium war, dass die Haussuche zu Unfrieden innerhalb der fürstlichen Familie geführt habe. Er hoffte, dass Carl noch von seinem Plan abzubringen sein werde. Es sei aber ganz unmöglich, in dieser Angelegenheit alles dem Erbprinzen zu überlassen, »solange EW. D. noch mit der Regentschaft belastet sind«. Daher beschwor das Consilium Anna Amalia, dafür zu sorgen, dass nicht Uneinigkeit, »das größte Unglück von allen«, sich in das Fürstliche Haus »schleichen« solle.[121]

Carl setzte letztlich seinen Willen durch, wohl auch weil Anna Amalia nicht weiter darüber diskutieren wollte. Dass dies ein Fehlgriff war, stellte sich schon bald heraus. Kaum war das Haus in aller Eile fertiggestellt, gab es schon die ersten Reparaturen, 1781 hatten sich die Balken gesenkt, eine Decke fiel ein.[122]

Anna Amalia dagegen zog mit Constantin in das gerade von Fritsch für sich gebaute Haus an der Esplanade, das er ihr zur Verfügung stellte und in dem sie bis zu ihrem Tod lebte.

Den Freiherrn selbst hatten die Ereignisse des letzten halben Jahres in Weimar sehr mitgenommen, sodass er sich bei seinem Vater über die zunehmenden Schwierigkeiten wegen des bevorstehenden Regentenwechsels und die Streitereien zwischen der »aufgehenden« und der »untergehenden Sonne« beklagte. Thomas Freiherr von Fritsch (1700–1775), der als sächsischer Staatsminister in Dresden den Wiederaufbau des Landes nach dem Siebenjährigen Krieg geleitet hatte, konnte den Frust seines Sohnes gut nachvollziehen, ermutigte ihn aber, nicht aufzugeben. Er hatte sich auch schon über die Situation in Weimar Gedanken gemacht und verglich sie mit dem Sonnenkult der ersten Menschen, die »den Cultus der untergehenden und der aufgehenden Sonne vereinigten, da beide nur ein und dasselbe Gestirn sind unter zwei verschiedenartigen Gestalten«. Sein Sohn möge einmal überlegen, ob das nicht auch in Weimar möglich sei. »Wozu zwei Altäre unterhalten, die doch beide zu einem und demselben Endzweck führen? Ich glaube, dass etwas weniger Eifersucht vonseiten der untergehenden Sonne, etwas mehr Geneigtheit die aufgehende zur Geltung zu bringen, auf die leichteste Art den gewünschten Effekt hervorrufen ... würde.«[123]

4.9.2. Kavalierstour mit Brautschau

» Der Erbprinz war auch stocksteif, verlegen und überhaupt nicht, wie ich es gewünscht hätte «,

schrieb Graf Goertz im Mai 1773, nachdem der 16-jährige Carl August in Erfurt Louise von Hessen-Darmstadt (1757–1830) kennengelernt hatte. »Dennoch hat ihm die Luise gefallen, und die Würfel sind noch nicht vom Tisch.«[124]

Louise, ebenfalls 16, war mit ihrer Mutter, Henriette Karoline von Pfalz-Zweibrücken (1721–1774) und ihren zwei Schwestern auf dem Weg an den Zarenhof in St. Petersburg, wo die Zarin Katharina II. eines dieser drei Mädchen für den Thronfolger Paul zur Frau ausersehen hatte. »In Erfurt traf ich die Herzogin von Weimar und ihre Söhne; sie erinnert mich sehr an die Prinzeß Amalie von Preußen *[ihre Tante]*; es war mir schmeichelhaft, sie dort zu finden«, schrieb die Herzogin von Hessen-Darmstadt, die den preußischen König sehr verehrte, nach der Begegnung mit Anna Amalia und ihren Söhnen.[125] Offenbar war dort schon der Plan entstanden, ihre Kinder miteinander zu verheiraten, ohne zu wissen, welche Prinzessin zur Verfügung stehen würde, da zuerst der russische Thronfolger Paul entscheiden musste. Die Verheiratung des Erbprinzen war das letzte große Projekt, das Anna Amalia vor Übergabe der Regierung in Angriff nehmen wollte, um die weitere Erbfolge abzusichern.

Als die Entscheidung in St. Petersburg für Louises ältere Schwester Wilhelmine (1755–1776) fiel, die andere Schwester Amalie (1754–1832) aber ohnehin lieber den Erbprinzen von Baden heiraten wollte, war eigentlich klar, dass für eine eventuelle Heirat nur noch Louise infrage kam.

In Weimar kam Ende Dezember 1773 ein Pastellportät der Prinzessin an. »Unser C. A. ist darüber entzückt, seine Erwartungen sind übertroffen worden«, schrieb Graf Goertz an seine Frau. »Unser junger Herkules … bezaubert.«[126]

Anfang März 1774 starb Louises Mutter, sie selbst zog mit ihrer Schwester Amalie, die im Juli 1774 den Erbprinzen von Baden, Carl Ludwig (1755–1801), heiratete, an den Hof zu

Karlsruhe. Wie in Weimar und Darmstadt versammelten sich auch in Karlsruhe Gelehrte und Künstler. Die hochgebildete Louise traf hier einen der bekanntesten Dichter der damaligen Zeit: Friedrich Gottlieb Klopstock (1724–1758), der ihre Mutter sehr verehrt hatte und nun diese Verehrung auf Louise übertrug.[127]

Von einer Hochzeit war zunächst nicht mehr die Rede. Erst im Herbst 1774 fragte der Statthalter von Dalberg vertraulich beim hessischen Minister von Moser an, ob man bereits wegen einer Heirat entschieden habe. Die Antwort lautete, dass man mit einer Anfrage aus Weimar gar nicht mehr gerechnet habe.[128] Man hatte Louise, die sich schon in Erfurt in Carl August verliebt hatte, erzählt, dass er von Anna Amalia und dem preußischen König, der laut Testament ihrer Mutter bei der Wahl des Bräutigams gefragt werden musste, gezwungen werden sollte, Louise zu heiraten, aber eigentlich jemand anderen liebte.[129] Erst als Carl August richtigstellte, dass auch sie in Erfurt einen großen Eindruck auf ihn gemacht habe und er sich »für unendlich glücklich ansehen würde, wenn sie mich für würdig befinden könnte, mir ihr Herz und ihre Hand zu bewilligen«, war man in Karlsruhe bereit, ihn zu empfangen.[130]

Anna Amalia wollte die Hochzeit eigentlich erst in zwei bis drei Jahren stattfinden lassen, weil sie ihren Sohn für zu jung hielt und es nach dem Schlossbrand darüber hinaus keine angemessene Unterkunft für die Herzogsfamilie gab. Außerdem war sie in Sorge, als sie erfuhr, dass Louise manchmal Blut spuckte. Graf Goertz fragte daraufhin in Karlsruhe beim Minister Moser nach und konnte die Herzogin dann beruhigen.[131]

Und wenn diese Reise nun einmal stattfinden musste – so dachte Anna Amalia –, konnte sie auch gleich als Bildungsreise ausgebaut werden. Aber die Zeit drängte, der Erbprinz von Mecklenburg, der sich ebenfalls um die Hand der Prinzessin bewarb, war bereits in Karlsruhe angekommen. Unter dem Pseudonym »Grafen von Allstedt« reisten beide Prinzen bereits am 7. Dezember 1774 zusammen mit dem Grafen Goertz, Hauptmann von Knebel, Stallmeister von Stein und Leibarzt Engelhardt ab. Bereits zwei Tage später erhielt Anna Amalia den ersten Brief des Erbprinzen. Carl August bedankte sich noch einmal bei der »besten aller Mütter« für die Güte, mit der sie gehandelt habe, um das Glück seines Lebens zu sichern. »Ihr dürft nicht daran zweifeln, liebe und verehrungswürdige Mutter, wie sehr ich Ihnen dankbar bin. Ich kann Euch meine Gefühle nicht ausdrücken; die beste Art, sie Euch zu zeigen, ist es, mich Eurer Güte würdig zu zeigen.«[132]

Ähnlich der Brief aus Hanau am nächsten Tag: Dankbarkeit und die Versicherung, dass er sie liebe und respektiere und sich nichts mehr wünsche, als sich ihrer Güte würdig zu erweisen und der Ehre, ihr anzugehören.[133] Aus Karlsruhe, wo sie am 17. Dezember 1774 ankamen, schickte er seiner Mutter als Zeichen seiner Zuneigung und Dankbarkeit eine Vase aus Frankentaler Porzellan und hoffte, dass sie »würdig« genug sei, einen Platz in ihrem kleinen Boudoir zu finden.[134]

Louise sei gewachsen und noch schöner geworden, berichtete Carl August seiner Mutter. In den wenigen Augenblicken, wo er sie sehen konnte, erschien sie ihm als eine Prinzessin »voller Geist und Charakter«.[135] Auch an Wieland schickte er einen begeisterten Brief: »Ich habe meine Louise so gefunden, wie ich sie mir gewünscht hatte, sie ist nicht schön, aber indem man sie liebt und ihr zeigt, dass man sie liebt, ist sie unendlich ›ansprechend‹.« Sie habe einen »denkenden Charakter« und ein »edles, offenes und mutiges Herz«.[136]

Graf Goertz schrieb Anna Amalia ausführliche Briefe über die Brautwerbung ihres Sohnes: »Da diese Verbindung mit einer gegenseitigen Zuneigung besiegelt ist und diese Zuneigung auf Wahrheit und allen tugendhaften und ehrwürdigen

Eigenschaften beruht, die die Grundlage beider Charaktere bilden, sehe ich das künftige Glück der beiden Hauptpersonen als beschlossen an und prophezeie die süßeste Genugtuung für das mütterliche Herz Eurer Durchlauchtigsten Hoheit.«[137]

Bereits zwei Tage nach seiner Ankunft in Karlsruhe bat Carl August seine Mutter um ihre offizielle Einwilligung zu seiner Heirat. Außerdem möge sie ihm doch einen Ring schicken, den er der Prinzessin geben könne. Ihre Schwester habe vom Erbprinzen von Baden einen Ring im Wert von 7000 Gulden bekommen, seiner sei nur 1500 Gulden wert. »Ihr seht, liebe Mutter, es wäre unschicklich, wenn ein so kleiner Ring das erste Geschenk wäre, das ich meiner Schönen anbieten kann.«[138] Anna Amalia erfüllte den Wunsch ihres Sohnes und schickte einen entsprechenden Ring, der auch pünktlich zur Verlobung, die am 28. Januar 1775 stattfand, ankam.

»Sie kennen meine mütterliche Zärtlichkeit für meine Kinder«, schrieb Anna Amalia an den Grafen Goertz, »Sie werden daher die Freude begreifen, die ich über den Entschluss meines Sohnes, die Prinzessin Louise zur Frau zu nehmen, empfinde. – Es tut mir nur leid, dass ich nicht Augenzeuge des neuen Zustandes sein kann, in dem mein Sohn sich jetzt befindet. Sieht er als Verliebter gut aus? Ist er ergriffen?«[139] Die Antwort des Grafen lautete: »Mit der Liebe geht es voran, und die Wertschätzung des Prinzen für die gnädige Prinzessin nimmt mit jedem Tag zu.«[140]

Am 5. Februar 1775 wurde die Verlobung des Erbprinzen in Weimar von den Kanzeln verkündet, in der Stadtkirche fand ein Dankgottesdienst in Anwesenheit Anna Amalias statt. Mit Pauken und Trompeten wurde das *Te Deum* »von ganzem Herzen abgesungen«, in den Predigten wurde die Verbindung als eine »für sämtliche hiesige Lande und Unterthanen ganz unschätzbare Begebenheit« gefeiert, im ganzen Herzogtum gab es Dankesfeste.[141]

Anna Amalia hatte ihrem Sohn zur Verlobung einen Ring mit einem Herzen und ihrem Namen geschickt.[142] In einem Brief aus diesen Tagen wünschte Carl August sich aber von seiner Mutter etwas, das ihm in den letzten Jahren gefehlt und ihn offenbar sehr belastet hatte: das Vertrauen seiner Mutter. »Ihr macht mich eines Tages sehr glücklich, wenn Ihr mir Euer volles Vertrauen gewähren würdet, ich wage es, Euch darum zu bitten. Ihr würdet mir dadurch die Mittel in die Hand geben, auch euch glücklich zu machen, was in meiner Macht liegen wird. Sagt mir alles, was Euch glücklich macht, und zählt darauf, dass ich mir alle vorstellbare Mühe geben werde, Eure Wünsche zu erfüllen.«[143] Er bat seine Mutter, ihren Wohnsitz nach der Amtsübergabe im September nicht auf ihren Witwensitz nach Allstedt zu verlegen, sondern in Weimar zu bleiben. »Das wäre die größte Güte. Ich könnte Ihnen viel leichter zeigen, welche Dankbarkeit, Anhänglichkeit und zärtlichen kindlichen Respekt ich Ihnen für mein ganzes Leben geweiht habe.«[144]

4.9.3. Entlassung Goertz' und Rücktrittspläne Fritschens

» Wir hier fangen an, ein wenig unsere Muttersprache zu vergessen, und wenn wir zurückkommen, werdet ihr mich wie einen Geck finden, dass es schwierig sein wird, mich wiederzuerkennen«,

schrieb Carl August im März 1775 an seine Mutter.[145] Nach der Verlobungsfeier hatten die Prinzen mit ihren Begleitern ihre Reise fortgesetzt. Entgegen der ursprünglichen Planung sollte es nun nach Paris gehen. In einem gemeinsamen Brief der Prinzen, des Grafen Goertz, Knebels und von Steins baten sie um Anna Amalias Erlaubnis, die »Vaterstadt des Witzes und allen Schönen und Artigen, was auf der Welt ist«, zu besuchen, wo sie doch schon so nahe dran waren.[146]

In Paris wurde das übliche Besichtigungsprogram absolviert, daneben gab es zahllose Einladungen von Prinzen und anderen Hoheiten, auch Vertreter des diplomatischen Korps empfingen die Prinzen oder machten Besuche bei ihnen. Neben dem Besichtigungsprogramm hatte Carl August auch Besorgungen für seine Mutter zu machen. Da französische Mode im übrigen Europa sehr beliebt war, hatte sich Anna Amalia ein Kleid à la Sultane gewünscht, das gerade in Mode war: Über dem Reifrock wurde ein besonders geschnittener leichter Mantel vorn am Mieder befestigt, der dann von der Taille an in einer Schleppe nach hinten auslief. Die Prinzessin von Hohenzollern habe es ausgesucht, teilte Carl August seiner Mutter mit.[147] Außerdem wollte er ihr unbedingt neues Tafelgeschirr kaufen, in seinen Augen sei es »unschicklich«, wenn sie davon nicht genug habe. Er hatte auch die berühmten Gobbelins bewundert, so notierte er, und würde ihr gern einen davon mitbringen. Die von ihr gewünschte *Iphigenie*, das Parfum, das Rouge und die Musiknoten hätte er besorgt und würde sie ihr Ende des Monats schicken. Das Buch über *Henri XVIII* habe er allerdings noch nicht gefunden.[148]

Aber auch in Paris war die bevorstehende Regierungsübernahme Carl Augusts ein Thema. Graf von Goertz hatte eigentlich mit Weimar abgeschlossen. Seit Jahren hatte er seiner Frau geschrieben, wie sehr ihn die schlechte Beziehung zur Herzogin vor allem seit 1772 belastete. Seine Arbeit dort bezeichnete er wiederholt als einen Dienst auf der »Galeere«.[149] Anfang Januar 1775 hoffte er noch, spätestens Ende April zurück in Weimar zu sein, die Reise hätte dann viel länger als von ihm geplant gedauert, »doch letztlich endet meine berufliche Verpflichtung, und ich hoffe glücklich und mit Ruhm«.[150] Das beabsichtigte Ende seines Dienstes hatte er Carl August mitgeteilt, der darüber höchst unglücklich war, was den Grafen in Gewissensnöte brachte. »Ich weiß nicht ein noch aus. Einerseits richtet man sich mit Unannehmlichkeiten zugrunde, andererseits der Vorwurf, einen jungen Mann zu verlassen, der aufgrund seiner Tugenden und großen Hoffnungen meine ganze Zuneigung verdient.«[151]

Anfang Mai – Anna Amalia hatte gerade erst eine Verlängerung des Aufenthalts in Paris erlaubt – erfolgte dann wegen politischer Unruhen in der französischen Hauptstadt etwas überstürzt die Abreise. Nach einer Missernte war das Brot sehr teuer geworden, es gab Aufstände auch vor dem Schloss in Versailles, überall war Militär, die Verliese waren voll. Am 9. Mai 1775 gab es die erste öffentliche Hinrichtung von Rädelsführern, obwohl das wohl eher symbolisch zur Abschreckung gedacht war, denn es handelte sich um einen 16-jährigen Jungen und einen Kesselflicker.[152]

Carl August wäre gerne noch geblieben. An seine Mutter schrieb er: »Wenn ich nicht den Trost hätte, Euch zu sehen, liebe und teure Mutter, wäre ich untröstlich, Paris zu verlassen.«[153] »Ich fürchte ein wenig mein sesshaftes Leben in Weimar, und tatsächlich, wenn Ihr nicht dort wäret, liebe und gute Mutter, dann würde ich es noch mehr fürchten.«[154]

Auf der Rückfahrt nach Weimar trafen sie erneut auf Goethe, den sie bereits Monate zuvor auf dem Weg nach Karlsruhe kennengelernt hatten. Carl August lud ihn nach Weimar ein.

Anna Amalia fuhr ihren Söhnen bis München, einem Dorf westlich von Eisenach, entgegen, als sie am 22. Juni 1775 nach mehr als sechs Monaten zurückkamen. Nach einem gemeinsamen Essen erfolgte abends der feierliche Einzug in Weimar. In den Kirchen des Landes wurde ein »feyerliches Dankfest wegen der frohen Zurückkunft unseres Durchlauchtigsten Herrn Herzogs und Dero Herrn Bruders Durchlaucht gehalten«.[155]

Ganz so harmonisch sah es hinter den Kulissen allerdings

nicht aus. »Ich glaube allmählich, dass die Herzogin sehr zufrieden mit mir ist, ihre Briefe sind scherzhafter … Da ich mich in letzter Zeit aus jeglichem Spiel herausgehalten habe, kann man nicht auf den Gedanken kommen, mich anzugreifen«, hatte der Graf noch im März aus Paris geschrieben.[156]

Das war ein großer Irrtum. In Weimar waren die Wogen hochgeschlagen, als Wieland, der sich schon lange nicht mehr mit dem Grafen verstanden hatte, auch wohl eifersüchtig war, dass man ihn bei der Parisreise nicht einmal in Erwägung gezogen hatte, Anna Amalia von den Plänen des Grafen aus dem Jahr 1772 erzählte. Seine Sorge war, dass diese Pläne nun nach der offiziellen Regierungsübernahme durch Carl August am 3. September diesen Jahres umgesetzt würden und auch er, Wieland, den Sparplänen des Grafen zum Opfer fallen würde. Anna Amalia dagegen befürchtete, dass ihr Sohn unter dem Einfluss des Grafen Goertz schon direkt nach der Amtsübernahme einen Umbau vornehmen würde, ihre Minister und andere Berater entlassen und durch eigene ersetzen könnte, was ein öffentliches Zeichen der Missbilligung ihrer Regierung wäre.

Anna Amalia wandte sich daher an den Statthalter Dalberg, der ja schon so manches Mal vermittelt hatte. Der wiederum forderte Goertz auf, einen Brief an die Herzogin zu schreiben, um sie über seine Pläne zu beruhigen, »da er *[Dalberg]* Frieden zwischen uns wollte«, wie der Graf an seine Frau am 26. April 1775 schrieb.[157] Anna Amalia war durch seinen Brief tatsächlich für den Moment beruhigt, sandte sogar ein entsprechend »gnädiges« Schreiben an den Grafen nach Paris, sodass der Graf vermutete, die Vermittlung des Statthalters habe gewirkt.

»Gott, was fürchte ich die Stänkereien bei unserer Rückkehr«, beklagte er sich bei seiner Frau.[158] Sein einziges Ziel war es, bei Regierungsübernahme Carl Augusts, dem offiziellen Ende seiner Erzieherpflichten, »glücklich und mit Ruhm« aus Weimar fortgehen zu können.

Auch der Geheime Rat von Fritsch war durch die ständigen Intrigen rund um die Regierungsübernahme und auch durch die oft überzogene Reaktion der Herzogin darauf so genervt, dass er im Spätfrühjahr 1775, nach dem Tod des Präsidenten der Landesregierung in Weimar, plante, sich um diesen Posten zu bewerben, weil er dort unabhängiger von diesen Querelen sein würde. Sein Vater, den er wieder um Rat gefragt hatte, meinte allerdings, seine neue Stellung würde auch nicht ruhiger werden, und außerdem müsse er damit rechnen, dass jeder glauben würde, er wäre bei der Herzogin in Ungnade gefallen. Oder noch schlimmer, man würde vermuten, er traue es sich nicht zu, unter einem jungen Fürsten seinen Posten weiterzuführen. Im ungünstigsten Fall könne sein Verhalten auch als Misstrauen gegenüber dem neuen Fürsten und seiner Regierung ausgelegt werden. Nur bei einem Verbleib im Consilium könne Fritsch die »Launen ... besänftigen und die Aufregungen ... beruhigen, im gemeinschaftlichen Interesse sowohl der hohen Parteien wie aller Unterthanen«. Zum Schluss gab er ihm noch zwei Ratschläge mit auf den Weg: »Schlechte Laune und Verdrießlichkeit können wohl bei einer Fürstin die Oberhand gewinnen, aber ein treuer und aufgeklärter Minister muss immer die Wasserflasche bereithalten, um sie in ihren Wein zu gießen.« Der zweite Tipp war ein Ovidspruch: »Perfer et obdura! Dolor hic tibi proderit olim! Ertrage es und halte aus! Eines Tages wird der Schmerz von Nutzen sein!«[159]

Fritsch legte daraufhin seine Bewerbung beiseite und kümmerte sich weiter um den schwelenden Konflikt zwischen der Herzogin und dem Grafen. Herr von Stein war der Reisegruppe nach Weimar vorausgeeilt und hatte sich lange mit Fritsch über den Erbprinzen und seine Pläne unterhalten.

Stein versicherte, dass Carl August sich mit großer Dankbarkeit und voller Respekt über seine Mutter äußere und dass er jeden Rat von ihr annehmen werde. Das gelte aber nicht für die Besetzung der Stellen oder andere Entscheidungen, die nur von ihm abhingen und über die jetzt noch nicht entschieden werden dürfe, sonst würde man die Eigenliebe des jungen Regenten aufs Tiefste »verletzen und ihn erkälten« gegen die Mutter.

Genau das schrieb Fritsch an die Herzogin zwei Tage vor der Rückkehr der Reisegruppe und bat sie, diese Themen vorläufig nicht mit ihrem Sohn zu diskutieren und sich im Übrigen weniger »als Mutter und als Regentin, sondern mehr als zärtliche und für das Glück ihres Sohnes besorgte Freundin auszusprechen«. Auch ihre Unzufriedenheit gegenüber Goertz solle sie nicht zeigen, damit er den Herzog nicht gegen sie beeinflusste.[160]

Anna Amalia war ihm unendlich dankbar für die offenen Worte, wie sie schrieb. Offenheit und Aufrichtigkeit ihr gegenüber als Kontrapunkt zu den vielen Schmeicheleien, die sie meistens zu hören bekam, waren Eigenschaften, die sie schätzte. Sie versprach ihm, seine Ratschläge zu befolgen. Das Vertrauen und die Freundschaft ihres Sohnes seien ihr wichtig, »denn ich liebe ihn von ganzem Herzen, und wenn ich selbst Opfer bringen muss, so werde ich sie bringen für das allgemeine Wohl«. Sie versprach auch mit dem Grafen Goertz »nach Art der Hofleute auf gutem Fuß zu stehen; aber dass er nur nicht diejenigen Personen angreife, die mir ergeben sind und dem Hause gute Dienste geleistet haben; denn dann, glaube ich, wäre es meine Pflicht, ihm zu zeigen, mit wem er es zu thun hat; es wäre meiner unwürdig zu schweigen«. Das werde auch ein Hauptpunkt der Bedingungen an ihren Sohn sein. Wenn er wolle, dass sie in Weimar bleibe, dann müsse er die belohnen, die ihr treu gedient hätten. »Ich verlange für mich weder Belohnung noch sonst irgendetwas, mein gutes Gewissen ist mein einziger Ruhm.«[161]

Trotz guter Vorsätze aber bereitete sie kurz nach der Rückkehr von der Reise die Entlassung des Grafen Goertz vor. »Die Angelegenheit mit Goertz ist vollständig entschieden«, teilte sie bereits zwei Wochen nach der Rückkehr Fritsch mit. Mit einer Pension von 1500 Talern und dem Titel ›Wirklicher Geheimer Rat‹ werde er in den Ruhestand versetzt. Fritsch solle doch das entsprechende Dekret besorgen, »dann ist die Sache glücklich beendet; Carl scheint sehr ruhig und gibt mir viel Liebe. Gotte gebe, dass er kein Heuchler ist«.[162] Als man ihr das Entlassungsschreiben vorlegte, fand sie zwei »zu starke Redensarten«, um ihre Dankbarkeit auszudrücken, und verlangte eine Änderung, weil sonst ihr Gewissen zu sehr leiden würde, »denn ich bin überzeugt, dass er meinen Sohn verzogen hat, und zwar gründlich«.[163]

Um keinen Eklat zu provozieren und damit öffentlich zuzugeben, dass sie in der Wahl ihres Erziehers falschgelegen hatte, bekam Goertz eine weitere einmalige Summe von 20000 Reichstalern, die die Landstände aufzubringen hatten, für seine Erziehungsarbeit ausgezahlt, so wie das auch der Erzieher ihres Mannes bekommen hatte.[164]

Anna Amalia aber blieb misstrauisch, denn im Grunde löste die Entlassung des Grafen das eigentliche Problem nicht. In einigen Wochen war ihr Sohn der Herrscher im Land und konnte relativ frei Personalentscheidungen treffen, also auch den Grafen auf einen Regierungsposten setzen. Sie zog daher erneut Dalberg zurate, schickte ihm die Briefe Wielands, in denen er ihr von der Verschwörung des Grafen 1772 berichtet hatte. »Ich beschwöre Sie, lieber Graf,« – mit diesen Worten wandte sich von Dalberg an Goertz, »verhüten Sie, dass Carl August zu rasch beginne! Wozu soll es nützen, wenn er schnell Veränderungen vornimmt? Schon verbreitet sich das Gerückt, Carl August stehe nicht mehr gut mit seiner Mutter, und mehr als einmal hörte ich mit Bedauern beifügen: Er hat unrecht, denn seine Mutter hat die Verwaltung gut geführt«.[165]

Gegenüber der Herzogin verteidigte Dalberg seinen Freund. Wenn es stimme, dass der Graf geraten habe, sofort alles zu ändern, so sei das sicherlich falsch. Der neue Herzog müsste erst einmal die Verwaltung und die angestellten Personen kennenlernen, sonst könnte das großen Schaden anrichten. Das habe er dem Grafen geschrieben und werde es auch dem Herzog sagen. Aber er könne nicht seine Zuneigung zu dem Mann verhindern, mit dem er seit seiner Kindheit verbunden ist. Der Prinz sei stark gefestigt, habe ein starkes Herz, das ihn führt, und kindliche Zärtlichkeit zu seiner Mutter. Er werde den Grafen weiter als seinen Freund betrachten, aber seine Ratschläge nur beachten, wenn er sie für richtig hielte.[166]

4.10. Ende der Regierung und Amtsübergabe

»Amalia, Dir danken wir
Den großen Wonnetag, die allgemeine Lust!
Du hast den Göttersohn geboren,
Geboren unsern Carl August …

Der Morgenröte goldner Zeiten
Folgt nun der Tag. Seht, Bürger, über Euch
Seht Euren Carl August,
Wie er der Frühlingssonne gleich
Hervor aus Wolken bricht!
Die Wolken fliehn!
Und rings um Ihn
Wird Alles Leben. Alles Licht!«[167]

So hieß es in einer Kantate Wielands zu Ehren des neuen Herzogs. Am 3. September 1775, dem 18. Geburtstag ihres ältesten Sohnes, endete offiziell die Regentschaft Anna Amalias. Sie hatte dafür, wie im Testament vorgeschrieben, beim Kaiser die vorzeitige Volljährigkeit beantragt.

Eine der ersten Amtshandlungen des neuen Herzogs war eine Verfügung, dass die Kammer dem Grafen Goertz wegen seiner als Erzieher gezeigten »Treue und Sorgfalt« eine zusätzliche Gratifikation von 20 000 Talern zahlen sollte.

»Ich bitte Sie um Gottes willen auch morgen zu kommen«, schrieb Anna Amalia drei Wochen später an Fritsch.[168] Seit einer Woche hatte sie für die Zeit der Abwesenheit ihres Sohnes, der nach Karlsruhe zu seiner Hochzeit gefahren war, wieder die Regierung übernommen und wurde sogleich von der desaströsen Finanzsituation des Landes, die sie ihrem Sohn »vererbt« hatte, eingeholt.[169] Es ist nicht mehr als ein schönes Märchen, dass die finanzielle Lage am Ende ihrer Regentschaft wohlgeordnet war und eine positive Bilanz aufwies. Die Wahrheit sah anders aus.

Die Staatsfinanzen des Herzogtums waren beim Regierungswechsel ruiniert. Das lag an den Schulden, die bereits der Schwiegervater Anna Amalias gemacht hatte, am Krieg und seinen Folgen, an der Hungersnot 1771/72. Schuld daran war aber auch ganz entscheidend der Übergangscharakter der vormundschaftlichen Regierung Anna Amalias. Das traf vor allem auf die Steuer- und Finanzpolitik zu. Nötige tief greifende Reformen, die in anderen Ländern nach dem Siebenjährigen Krieg in die Wege geleitet wurden, blieben aus. Entscheidungen zum Beispiel über ein einheitliches landesweites Steuergesetz wurden auf die Zeit nach Ende der Übergangsregierung verschoben.[170] Schon im Testament war das Prinzip »Bewahren statt Ändern« angeordnet worden. Ventzke kommt zu dem Schluss, dass die Herzogin vor allem in den letzten Jahren zunehmend an Autorität verloren habe und die Hof- und Staatsfinanzen immer mehr außer Kontrolle gerieten.[171] Berger meint, die Herzogin hätte im Grunde keine Chance gehabt. Die Räte schirmten sie systematisch von der Finanzverwaltung ab, und sie verließ sich auf ihren Vertrauten Fritsch.[172] Nach dem Machtwechsel beschlich Räte und Beamte die Angst, dass sie unter der neuen Regierung zur Verantwortung gezogen werden könnten.

Unmittelbar nach dem Regierungsantritt legte Graf Goertz dem Herzog »Rathschläge« vor, die sich vor allem mit den nötigen Einsparungen beim Personal und für Sachausgaben befassten. Sie sahen zum Beispiel eine Abschaffung der täglichen Marschalltafel vor, was im Jahr darauf auch zum Entsetzen der Hofangestellten eingeführt wurde.[173]

Dem Erbprinzen hatte man das wahre Ausmaß der Finanzkatastrophe bislang verschwiegen. Drei Tage nach dem Regierungswechsel wurde dem Grafen Goertz ein geheimer Bericht über die wahre Finanzlage des Herzogtums zugespielt, den der Kammerpräsident Karl Alexander von Kalb verfasst hatte und der natürlich auf gar keinen Fall zur Weitergabe ausgerechnet an den Grafen gedacht war.[174] Carl August, von Goertz informiert und sicherlich auch beraten, bat kurze Zeit später den Statthalter Dalberg, sich die »Papiere von Kalb« im strengsten Vertrauen anzusehen und sie zu beurteilen. Dabei stellte sich heraus, dass allein Schulden von fast 100 000 Reichstalern für die Kavalierstour der Prinzen, die Beantragung der kaiserliche *Venia aetatis*, die Hochzeit des Herzogs und den Umzug Anna Amalias ins Palais sowie den Kauf der holländischen Kompagnie für Constantin nicht im Etat einkalkuliert worden waren.[175] Der Statthalter informierte Fritsch als Vorsitzenden des Geheimen Consiliums, der den Brief an Anna Amalia weiterschickte und sich beschwerte, dass Carl August ohne Rücksprache die Papiere Kalbs an einen Außenstehenden weitergeleitet hatte. Sie beruhigte ihn, dass der Statthalter »die Unschicklichkeit in dem Verfahren meines Sohnes vollständig einsieht«, er ihm deshalb auch Vorhaltungen gemacht habe.[176]

Herr von Kalb suchte derweil dringend ein inoffizielles Gespräch mit Anna Amalia, traf sie aber nicht zu Hause an. Wahrscheinlich fürchtete er um seinen Posten und wollte Anna Amalia das ankündigen, was er in den nächsten Monaten offen aussprach, dass die schlechte Finanzsituation des Herzogtums in erster Linie den Ausgaben ihres Hofes geschuldet war und nicht seiner Verwaltung.

Anna Amalia, die sich ebenfalls sorgte, dass ihr Sohn in Zusammenarbeit mit dem Grafen Goertz den Bericht über die desaströse Finanzlage des Herzogtums zum Anlass nehmen würde, die von ihr befürchteten Personaländerungen vorzunehmen, angefangen beim Kammerpräsidenten, berief eine Krisensitzung ein. Daran nahm neben Fritsch auch Leonard von Klinkowström (1741 – 1821) teil, dem Carl August unter dem Titel »Reisemarschall« inzwischen die Geschäftsleitung des Hofes übertragen hatte, während Hofmarschall von Witzleben, der oft krank war, mit dem Titel »Oberhofmarschall« offiziell die Leitung des Hofes in der Hand behielt. Vor allem aber hoffte Anna Amalia auf die Unterstützung des Statthalters von Dalberg, denn niemand werde sonst den Mut haben, »meinem Sohn ins Gesicht zu sagen, dass er eine Dummheit macht«.[177]

Was genau auf der Konferenz besprochen wurde, wissen wir nicht. Doch Anna Amalia war insofern erfolgreich, als ihr Sohn zunächst keine größeren Umbauten im Personal vornahm und unter der bewährten Leitung des Ministers Fritsch ein »politischer Kurs zwischen Reform und Beharrung« gefahren wurde.[178]

Die Hochzeit Carl Augusts fand am 3. Oktober in Karlsruhe statt. Anna Amalia ordnete in Absprache mit ihrem Sohn an, dass jegliche Feierlichkeiten bei der Rückkehr des Paares aus Rücksicht auf die finanziellen Möglichkeiten der Bürger unterbleiben sollten, da schon die Verlobung und der Geburtstag des Herzogs gefeiert worden waren.[179]

Trotzdem hatte der Stadtrat zusammen mit den Bürgern der Stadt Weimar an verschiedenen Stellen um das Fürstenhaus und vor dem Witwenpalast »ansehnliche« Ehrenpforten und Ehrenbögen aufgestellt. Anna Amalia und Constantin fuhren dem Herzogpaar bis Nohra entgegen. Kanonen kündigten die Ankunft des neuen Herrschers schon von Weitem an. Das Husarenkorps in neuen Uniformen und der Stadtrat mit der Bürgerschaft gingen dem Herzogpaar mit Fahnen, mehreren Chören mit Pauken und Trompeten bis zur Stadtgrenze entgegen. Vor dem Fürstenhaus gab es dann eine große Parade des Infanteriekorps. Abends gaben der Rat und die Bürgerschaft vor dem Fürstenhaus eine Abendmusik mit Fackeln »und jedermann endigte den Tag mit größtem Vergnügen«, wie die *Weimarische(n) Wöchentliche(n) Anzeigen* schrieben.[180]

Und eigentlich war erst jetzt mit der Hochzeit ihres Sohnes und damit der Aussicht auf einen baldigen Thronfolger Anna Amalias Aufgabe als Regentin in Vertretung des Sohnes und als Obervormünderin getreu den Vorschriften im Testament ihres Mannes erfüllt. Die Regierungsgewalt wanderte aus ihrem Haus an der Esplanade, das zum Witwensitz wurde, zum Fürstenhaus, wo der neue Herzog mit seiner Frau residierte.

»Mit dem Regierungswechsel verbanden die Untertanen … das Ende eines unnormalen Zustandes und den Beginn einer regulären, uneingeschränkten Herrschaft, von der sie eine aktive Politik zum allgemeinen Besten erwarteten.«[181] Die Viertelsmeister von Buttstedt feierten den Beginn der neuen Regierung in einem Gedicht zur Hochzeit Carl Augusts mit den Versen:

> »Sieh! Wie dein Volk, und unsre Kinder seegnen
> Dein Bündnis, als das große Erndejahr ...
> Und wo wir, als vieljährige Wayßen
> An Amaliens Hand geführt,
> In Dir nun wieder Eltern finden.«[182]

Für Anna Amalia waren die letzten Jahre ihrer Regentschaft sehr unbefriedigend gewesen. »Ich sehe überall, dass ich nicht mehr so viel thun kann, als ich früher getan habe«, weil alle nur noch nach der »aufgehenden Sonne« sahen, hatte sie Ende 1773 an Fritsch geschrieben hatte. Anders als Fritschs Vater unterstellte, war dies keine Eifersucht auf ihren Sohn, wie sie schrieb. Dies Verhalten ihrer Beamten machte das Regieren unmöglich, darum wollte sie ja zurücktreten und ihrem Sohn vorzeitig das Feld überlassen. Die Bilanz ihrer Regierung fiel dennoch positiv aus: »Ich bin zufrieden, die Unterthanen glücklich gemacht zu haben, die vielleicht seit langer Zeit nicht eine ähnliche Glückseligkeit genossen haben wie während meiner Regentschaft; das ist die ganze Belohnung die mir zu Theil wird, und ich schätze mich sehr glücklich.«[183]

Ihre ganz private Bilanz fiel weniger zufrieden aus, wie sie es in ihrer Selbstbiografie formulierte: Sie hatte das Gefühl, sich für andere aufgeopfert zu haben, fühlte sich als Gefangene, die ihre »Bande« auch noch mit Geduld tragen sollte. Sie war glücklich, wenn sie andere glücklich machen konnte und Anteil an ihrer »Zufriedenhait« nehmen konnten. »Aber ach! Es lässt mich nur desto schwerer empfinden, wie wenig glücklich ich bin.«[184]

IV. Ein Leben ohne Ketten
(1775–1783)

1. Ereignis Goethe

1.1. Einzug in Weimar: Erwartungen, Erfahrungen und Enttäuschungen

> *Dieser junge 27-jährige, feurige Herr Doktor – denn so hieß*
> *er damals – brachte eine wunderbare Revolution in diesem Orte*
> *hervor, der bisher ziemlich philisterhaft [spießbürgerlich] gewesen*
> *war und nun plötzlich genialisiert wurde.*«

So beschrieb der damals 14-jährige Christoph Wilhelm Hufeland (1762 – 1836), Sohn des Weimarer Hofarztes Johann Friedrich Hufeland, in seiner Autobiografie den Einzug Goethes in Weimar am 7. November 1775.[1]

Goethe kam auf Einladung des Herzogs Carl August, der ihn zusammen mit seinem Bruder Constantin und ihren Begleitern zu Beginn seiner Reise nach Karlsruhe im Dezember 1774 in Frankfurt getroffen hatte. Beide Prinzen wollten unbedingt den Autor des »Werther« kennenlernen. Auch Goethe hatte schon von Weimar gehört, von der Herzogin Anna Amalia, die »zur Erziehung ihrer Prinzen die vorzüglichsten Männer berufen« und nicht nur »die Künste geschützt« hatte, sondern diese auch von ihr selbst »gründlich und eifrig getrieben« würden. Außerdem sei dort »eins der besten deutschen Theater« eingerichtet, das berühmt war durch »Schauspieler und Autoren, die dafür arbeiteten«.[2] Ein halbes Jahr später, im Mai 1775 traf Goethe, als er auf dem Weg in die Schweiz war, erneut auf Carl August und seine Verlobte Louise: »Meine Gespräche mit beiden hohen Personen waren die gemüthlichsten, und sie schlossen sich, bei der Abschiedsaudienz, wiederholt mit der Versicherung, es würde ihnen beiderseits angenehm sein, mich bald in Weimar zu sehen.«[3] Der hannoversche Arzt Zimmermann, der Goethe und Carl August in Frankfurt getroffen hatte, schrieb an Herder »dass der Herzog gantz in Göthe ferliebt war«.[4]

Goethe in Weimar, das versprach Abwechslung, spannende Gespräche, Ungezwungenheit jenseits der Etikette. Goethe würde die weite Welt ins enge Weimar bringen. Carl August hatte ja bereits im April 1775 kurz vor seiner Abfahrt aus Paris an seine Mutter geschrieben, dass er »ein wenig mein sesshaftes Leben in Weimar« fürchtete.[5]

Und das waren die Empfindungen, die später auch Herder, Anna Amalia und andere Reisende vor der Rückkehr aus Italien formulierten. Wer damals einige Zeit aus Weimar in die große weite Welt zog, fürchtete sich vor der Rückkehr in die Enge der Stadt, die abseits der großen Verkehrsstraßen lag, eines Hofes, an dem es wenig Abwechslung gab, wo Besucher eher die Ausnahme waren und man mittags und abends an den Hoftafeln, im Theater, bei den Redouten und Konzerten immer die gleichen Leute traf, die gleichen Gespräche, der gleiche Klatsch und Tratsch, die gleichen Eitelkeiten und Empfindlichkeiten. Philipp Seidel (1755 – 1820), Goethes Diener, hatte bereits nach zwei Wochen in Weimar sein Urteil gefällt: »Es ist ein müßiges, steifes, üppiges Volk, das einem oft unleidlich werden könnte. Ihr ganzes Verdienst ist, dass sie Bücher lesen und dadurch noch unerträglicher werden.«[6]

Langeweile war an allen Höfen ein Problem, das Vertreiben der Langeweile eine wichtige Aufgabe, die an den großen Höfen, wie zum Beispiel in Berlin, ein Zeremonienmeister übernahm, dessen einzige Tätigkeit darin bestand, die Herrschaften mit Theateraufführungen, Konzerten, Maskenaufzügen und Ähnlichem zu belustigen und zu beschäftigen.

Am 7. November 1775 morgens um fünf Uhr fuhr Goethe

in einer Kutsche in Begleitung Johann August Alexander von Kalbs (1747–1814) in Weimar ein, angetan mit seiner Werther-Kluft: blauer Frack mit Kragen und Aufschlag, ledergelbe Weste und gelbe Hosen, an den Füßen braune Stulpenstiefel, begleitet von seinem Diener im gleichen Aufzug.

Kaum jemand kannte Goethe in Weimar persönlich, aber seinen Briefroman *Die Leiden des jungen Werther,* die Geschichte eines jungen Mannes, der sich in ein Mädchen namens Lotte verliebt, die aber schon vergeben ist. Er kommt von ihr nicht los und begeht am Ende Selbstmord, indem er sich erschießt.

Das Buch, zur Herbstmesse in Leipzig 1774 erschienen, löste einerseits eine Welle der Euphorie, vor allem unter den jungen Lesern, aus, andererseits wurde es mit dem Vorwurf, es würde zum Selbstmord anregen, in vielen Städten und Ländern verboten. Der Stadtrat zu Leipzig verbot sogar das Tragen der Wertherkleidung. Man kritisierte auch, dass im *Werther* die moralischen Wertvorstellungen zur Ehe angegriffen würden, der Schweizer Theologe Lavater bezeichnete den *Werther* als »unchristlich« und »jeglichem Anstand zuwider«.[7]

Auch Anna Amalia kannte den *Werther,* das Vorbild für Goethes Hauptfigur war Karl Wilhelm Jerusalem (1747–1772), der Sohn von Anna Amalias ehemaligem Lehrer Abt Jerusalem. Er hatte sich in Wetzlar am 30. Oktober 1772 an seinem Schreibtisch erschossen, weil die verheiratete Frau, die er liebte, ihn zurückgewiesen hatte.

Goethe galt als des Herzogs »Favorit«, was ihm von Anfang an eine besondere Stellung bei Hofe verschaffte, auch wenn er als Bürgerlicher nicht an der Herzogstafel, sondern, wenn überhaupt, nur an der Marschalltafel speisen durfte und auch von den allein dem Adel zugänglichen Festen und Bällen bei Hofe ausgeschlossen war.

Allerdings gab es genügend inoffizielle Veranstaltungen, vor allem in Anna Amalias Wittumspalast, auf Schloss Ettersburg, ihrem Sommersitz und auf dem Landsitz in Tiefurt, wo Prinz Constantin mit seinem Erzieher Knebel in den Sommermonaten ab 1776 lebte. Friedrich Leopold zu Stolberg (1750 – 1819) berichtet von einem solchen Treffen am 2. Dezember 1775, an dem unter anderem auch der Herzog, Theodor von Dalberg und Goethe teilnahmen: Nach dem Essen »öffnete sich plötzlich die Thüre und siehe, die Herzogin Mutter mit der schönen Frau von Stein traten feierlich in die Stube, jede ein drei Ellen langes Schwert aus dem Zeughaus in der Hand, um uns zu Rittern zu schlagen. Wir setzten uns nieder und die beiden Damen gingen vertraut um den Tisch herum, von einem zum andern. Nach Tisch wurde lange blinde Kuh gespielt. Einigen steifen Hofleuten waren wir, glaub ich, ein Dorn im Auge, aber alle guten waren uns herzlich gut«.[8]

Der Schatzmeister des Herzogs, Friedrich Johann Justin Bertuch, war wohl eher unfreiwillig an den wilden Spielen und Späßen der Gruppe beteiligt und sehr häufig Opfer der Späße. Von ihm kennen wir über seinen Freund Karl August Böttiger (1760 – 1835) viele dieser sogenannten Späße: »Einmal (bei Bertuchs Schwiegervater) machte man Einsiedel, der gern lang im Bett liegen blieb, aus geriebenen u. eingerührten Pfannkuchen eine Soße unter den Hintern ins Bettuch, weckte ihn neu, u. schrie auf ihn, als einen Bettverunreiniger, los. Er sprang auf, zog das besudelte Hemde aus und verfolgte damit nackend alle Leute im Hause. Göthe warf unterdessen das Bettuch durch ein Loch in die Unterstube, u. brüllte: Seht die Sau!«[9]

Wenn Goethe später in seinen Gesprächen mit Kanzler Friedrich von Müller (1779 – 1849) sagt, dass Böttiger »eigentlich der böse Dämon unter jenen großen Männern gewesen (sei), der alles Unheil angezettelt« habe,[10] dann ist das eine rein subjektive Meinung, die von manchen der damals Beteiligten geteilt wurde, und zwar aus einem einzigen Grund: Böttiger, ein anerkannter Altertumswissenschaftler, Direktor des Weimarer Gymnasiums und beliebter Gesprächspartner für Anna Amalia, der die Verhältnisse dieser Jahre aus erster Hand hatte, nämlich von Bertuch und Wieland, schrieb ohne Rücksicht darauf, dass die Beteiligten, allen voran Goethe und der Herzog, die derben, pubertären Streiche und Verhaltensweisen diesen ersten Jahres, die einen reichsweiten Skandal auslösten, am liebsten vergessen hätten. »Der Herzog mag an diese Zeiten nicht erinnert seyn«, schrieb zum Beispiel der Publizist und Weimarer Legationsrat Johannes Daniel Falk (1768–1826), der diese Jahre selbst miterlebt hatte, in sein Tagebuch. »Göthe noch weniger.«[11]

Goethe hat sein Leben in *Dichtung und Wahrheit* inszeniert, so wie er der Nachwelt erhalten werden wollte. Darum klammerte er die ersten zehn Jahre seiner Zeit in Weimar komplett aus. Einmal, weil ihm vieles daran peinlich war, und zweitens, weil er sich als Künstler inszenieren wollte. Das Experiment, die Welt als omnipotenter Minister zu erneuern, wie er das Ende Januar 1776 noch frohgemut an seinen Freund Johann Heinrich Merck (1741–1791) schrieb: »Meine Lage ist vorteilhaft genug, und die Herzogthümer Weimar und Eisenach sind immer ein Schauplatz, um zu versuchen, wie einem die Weltrolle zu Gesichte stünde«,[12] scheiterte letztendlich. Auch das war ein Grund, diese Zeit nicht zu erwähnen.

Jeder, der diese Jahre aber zum Thema machte, galt als störend und wurde entsprechend demontiert. Für die allermeisten dieser Ereignisse in den ersten Jahren gibt es aber Zeugnisse von Zeitgenossen in Briefen und Tagebüchern, die Böttigers Berichte bestätigen.

Im Weimar des Winters 1775/76 war man jedenfalls über einige der Unternehmungen Goethes begeistert. Er organisierte Vergnügungen, an denen Bürgerliche und Adelige gleichermaßen teilnahmen, Vergnügungen, wie man sie in Weimar bis dahin nicht gesehen hatte. Dazu gehörte auch das Schlittschuhlaufen, das Goethe schon in Frankfurt leidenschaftlich betrieben hatte, das in Weimar aber bis dahin nur die unteren Stände machten. Goethe wählte einen Teich im Baumgarten aus, an das Ufer wurde ein transportables Bretterhaus mit einem Windofen gebaut, mehrere Schlittenstühle wurden angeschafft, um die Damen auf dem Eis spazieren zu fahren. Auch die beiden Herzoginnen kamen mit ihren Hofdamen, und viele Herren und Damen lernten Schlittschuhlaufen. »Durch Göthen kamen gymnastische Übungen in Schwung, woran man früher in höheren Zirkeln nicht anders gedacht hatte als an unschickliche Beschäftigungen«, schrieb Karl von Stein (1765–1837), der älteste Sohn Charlotte von Steins.[13]

Graf Christian von Stolberg (1748–1821), der Anfang 1776 über Weimar reiste und Goethe besuchte, beschrieb die Situation so: »Wir genossen ihn [Goethe] 8 Tage und lebten in Weimar mit ihm und dem Herzog, der ein trefflicher junger Mann ist, und mit den beiden Herzoginnen, die sind wie Herzoginnen nicht sind, herrlich und in Freuden. Der ganze Hof ist sehr angenehm, man kann vergessen, dass man mit Fürstlichkeiten umgeht.«[14]

Aber natürlich erwartete man von dem berühmten Dichter Goethe mehr als das Organisieren von sportlichen Vergnügungen oder das Bespaßen der Kinder. Er las bei Hofe aus seinen Werken vor, auch aus den noch in Arbeit befindlichen, zum Beispiel dem halb fertigen *Faust*: »Die Herzoginnen waren gewaltig gerührt bei einigen Szenen.«[15] Darüber hinaus wurde Goethe zu einer Art Zeremonienmeister, der Stücke für das Laientheater schrieb und sie mit Unterstützung des Hofes und der Adligen zur Aufführung brachte, so am

23. Februar 1776 einen Aufzug mit dem Titel. »Die Verwünschungen des heiligen Antonius«, in dem die verschiedenen Laster wie Geiz, Gefräßigkeit, Völlerei, Wollust usw. personalisiert auftraten, um den heiligen Antonius, der vor seiner Höhle saß und in einem Buch las, in Versuchung zu führen. Philipp Seidel, Goethes Diener, schreibt dazu: »Mein Doktor war der Hochmuthsteufel, kam mit Pfauenschwanzflügeln und aufgeblasen auf Stelzen herein ... Alles war natürlich und schauerlich, nicht leichtfertig.«[16]

Das sah man im Publikum allerdings anders. Lyncker schreibt: »Diese maskerade fand man sehr anstößig und sprach den lautesten Tadel über Goethe aus, der sie veranstaltet hatte.«[17]

Auch das Verhalten des Herzogs geriet bereits in diesen ersten Wochen nach Ankunft Goethes in die Kritik. Seit der Regierungsübernahme Anfang September 1775 wartete man bei Hofe und in der Verwaltung gespannt vor allem auf die Personalentscheidungen des neuen Herzogs. Aber Carl August feierte lieber mit seinen Freunden, als irgendwelche Anstalten zu machen, Regierungsverantwortung zu übernehmen.

Zu seiner Entschuldigung muss man sagen, dass er ja vonseiten seiner Mutter und vom Statthalter dringlichst aufgefordert worden war, nichts zu überstürzen. Allerdings stand dahinter die Erwartung, dass er sich währenddessen intensiv in die Geschäfte einarbeiten würde.

Carl August hatte aber lediglich Fritsch in einem Gespräch angedeutet, dass er ihm zusätzlich zum Vorsitz im Consilium das Präsidium der Regierung übergeben wollte. Fritsch, der sich bemühte, die Geschäfte auch ohne Beteiligung Carl Augusts irgendwie weiterzuführen, teilte ihm Anfang Dezember 1775 jedoch mit, dass er aus persönlichen Gründen beide Ämter nicht versehen könne, und daher wolle er den Vorsitz im

Consilium aufgeben und nur das Präsidium der Regierung übernehmen.[18]

Erst Mitte Februar 1776 bekam Fritsch in einem längeren Gespräch mit dem Herzog eine Antwort auf seinen Brief, wobei er auch erste Details der neuen Pläne für die obersten Regierungsorgane erfuhr: Abgesehen von Änderungen, die die Arbeitsweise des Geheimen Consiliums anbetraf, ging es vor allem um Personalentscheidungen. Neben Fritsch, der nun doch nur im Consilium bleiben sollte, wenn er denn nicht die Doppelaufgabe übernehmen wollte, sollten zusätzlich zum bisherigen Geheimen Rat Christian Friedrich Schnauß, des Herzogs neuer Freund Goethe und ein Geheimer Rat Tabor aus Frankfurt, von Dalberg empfohlen, eintreten. Kammerherr von Kalb, der auch dem Kreis der »Wilden« um den Herzog und Goethe angehörte und von Finanzangelegenheiten nicht viel Ahnung hatte, sollte anstelle seines in Pension gehenden Vaters auf den Posten des Kammerpräsidenten gesetzt werden.

Fritsch protestierte heftig dagegen, weil er die vorgeschlagenen Personen für nicht geeignet hielt. Gegen die Einstellung Goethes, der keinerlei Erfahrung in Verwaltungsangelegenheiten hatte, sprach er sich ganz entschieden aus wegen »deßen Untauglickeit zu einem dergleichen beträchtlichen Posten« und weil sich »eine Menge rechtschaffender Diener«, die einen Anspruch auf diesen Platz hätten, zurückgesetzt fühlen würden.[19]

Nicht nur Fritsch, sondern auch Wieland war sehr besorgt über die neue Situation in Weimar, wie er an seinen Freund Johann Gerhard Reinhard Andreä (1724 – 1793) Anfang Februar schrieb: Und »wiewohl Goethe des Herzogs Günstling, Freund und alles in allem auch mein ganz inniger Freund ist«, so wolle er sich vorsichtshalber aus allem, was den Herzog persönlich, den Hof und die Regierung anbetraf, zurückziehen, damit »weder Gutes noch Böses jemals auf meine Rechnung kommen kann noch soll«. Es gebe Leute, von »Feinden« spricht Wieland, die ihn wegen seiner Verbindung zu Goethe zu einem »Akteur oder Souffleur oder Lichtputzer bei unserer Staatskomödie machen« obwohl er nur Zuschauer sei, bereit zu klatschen, wenn gut gespielt werde, und »höchstens die Achseln zückend oder ein paar sacre bleus zwischen den Zähnen murmelnd, wenn es dumm geht«.[20]

Unter den Kritikern in diesen ersten Monaten war auch Siegmund von Seckendorff (1747–1785), den der Herzog selbst 1775 als Kammerherrn nach Weimar geholt hatte. Er gibt in seinen Briefen an seinen Bruder Albrecht die wohl ausführlichsten Berichte über das Chaos in Hof und Verwaltung. »Man hat mehr als zehnmal den Plan geändert; ich bin bald der erste, bald der zweite, bald der dritte Kammerherr; Nichts wird entschieden; man könnte bälder die Staaten des Moguls einrichten!« Titel oder Geldzuwendungen, die der Herzog ihm und anderen im Rausche seiner neuen Macht versprochen hatte, wurden vom Kammerpräsidenten oder einem Geheimrat als nicht machbar zurückgewiesen. »Unsere Angelegenheiten werden schlimmer und schlimmer, keine Hoffnung auf Besserung; die Gegenstände der öffentlichen Beschwerden vermehren sich täglich.« »Das Ganze teilt sich in zwei Horden, von denen die des Herzogs die geräuschvolle, die andere die ruhige ist. Man läuft, schreit, peitscht, galoppiert in der ersten und, sonderbar genug, bildet man sich ein, es mit Geist zu tun, und zwar wegen der Schöngeister [Personen, die sich überwiegend mit den schönen Künsten befassen], die daran teilnehmen. Es gibt keine Ausgelassenheit, die man sich nicht erlaubte … Serenissimus überläßt sich fortwährend den geräuschvollsten Zerstreuungen und kommt nicht heraus aus dem Kreise der Personen, die seine Augen bezaubert haben. Alle Tage werden durch neue, ungewöhnliche Vergnügungen ausgezeichnet, ohne dass man fragt, was darüber geredet wird. Denn nach dem leider zu getreulich gefolgten System seiner Ratgeber gibt es keine Konvenienz in der Welt und soll es auch keine geben. Die geltenden Regeln stammen nach ihrer Lehre nur aus menschlichen Grillen, und der erste Mann im Staate ist in der Lage, sie abzuschaffen.«[21]

»Der junge Herzog glich einer aufgestauten Quelle, die nun den Damm durchbrochen hat und mit Gewalt dahin schießt. Am wohlsten aber war ihm, wenn er auf einem raschen Pferde und von ein paar großen Hunden begleitet über Stock und Stein reiten konnte ... einmal geschah es, das der voraus reitende Husar mit seinem Pferde stürzte und der Herzog im vollen Schusse über Mann und Pferd hinwegfuhr, ohne dass es ihm Schaden tat ...«, erzählte Freiherr Karl Wilhelm Heinrich von Lyncker,[22] der diese Jahre als Page am Hofe miterlebte und seine Erinnerungen später im Auftrag von Großherzog Carl Friedrich (1783 – 1853), dem Enkel Anna Amalias, aufgeschrieben hat.

Gerade solche Ereignisse, die aus Übermut geschahen und bei denen der Herzog sich auch tödlich hätte verletzen können, wurden von vielen beobachtet und weitererzählt, und »so gab es viele, welche den Einfluss des jungen Göthe auf den jungen Herzog für sehr nachtheilig hielten«, notierte Falk in seinem Tagebuch.[23] Goethe selbst schrieb Anfang Februar an seine Tante Johanna Fahlmer (1744 – 1821): »Sie sollten nicht glauben, wie viel gute Jungens und gute Köpfe beysammen sind, wir halten zusammen, sind herrlich un[ter] uns und dramatisiren einander, und halten den Hof uns vom Leibe.«[24]

Schon am äußeren Erscheinungsbild erkannte man die Gruppe um den Herzog. »Alle Welt musste damals im Wertherfrack gehen, in welchem sich auch der Herzog kleidete«, erzählte Wieland. »Offt stellte sich der Herzog mit

Göthen stundenlang auf den Markt und knallte mit ihm um die Wette mit einer abscheulich großen Parforce karbatsche.«[25]

Anna Amalias Hofdame Luise von Goechhausen (1752 – 1807) schrieb Anfang März 1776: »Was Goethe anbetrifft, der ist hier ohngefähr so der Gegenstand allgemeiner Unterredung, als ehedem die Hyäne von Frankreich *[Bestie von Gévaudan: ein Raubtier, das 1764 – 1767 circa 100 Frauen und Kinder getötet hat]* es unterm deutschen Landvolk war. Sie wissen nicht, was sie aus dem Ding machen sollen, und gerade weil sie's nicht wissen, machen sie sich ein Ideal von dem Ding, das genau so passt als eine Faust in Venus' Auge.«[26]

»Genug, es folgte eine vollständige Umwälzung«, schrieb Hufeland. »Alle jungen Leute legten Goethes Uniform an: gelbe Weste, Beinkleider und dunkelblauen Frack und spielten junge Werther; die Alten murrten und seufzten. – Alles kam aus seinen Fugen.«[27]

1.2. Der Herzog und sein Favorit

»Nun denk' man sich 'nen Fürstensohn,
Der so vergißt Geburt und Thron,
Und lebt mit solchen lockern Gesellen,
Die dem lieben Gott die Zeit abprellen;
Die thun als wärn sie seines Gleichen,
Ihm nicht einmal den Fuchsschwanz streichen,
Die des Bruders Respect so ganz verkennen.
Tout court ihn Bruder Herz thun nennen,
Glaub'n es wohne da Menschenverstand
Wo man all Etiquette verbannt«,

beschrieb Kammerherr von Einsiedel in seiner Matinée das Treiben des Herzogs und seiner Freunde.[28] Da er selbst Teil dieser Gruppe war, ist dieser Text wohl nicht ganz ernst gemeint, auch wenn er die Kritik der meisten Weimarer damit genau auf den Punkt gebracht hatte. »Der Herzog sollte also ein Naturmensch werden und aus dem peinlichen Hof- und Philisterleben herausgerissen werden. Man grub sich die Kartoffeln aus der Erd, man kochte sie bey Reisig im Walde, schlief bey Mädchen im Walde, und machte Inschriften an den Bäumen, wovon sich noch heut nach 25 Jahren in den Tanstämmen die Spuren finden«, berichtete ein anderer Zeitzeuge. Oft tanzte man bis in die frühen Morgenstunden im Welschen Garten und beim Vogelschießen auf den Dörfern mit den jungen Mädchen.[29]

Bei diesem Leben in der Natur waren die Standesgrenzen aufgehoben, jeder duzte jeden, auch den Herzog. Als Statthalter von Dalberg den Herzog einmal besuchen wollte, fand er ihn mit seinen Freunden beim »Blindekuhspielen«. Man unterbrach das Spiel für einen Moment, um ihn zu begrüßen, und machte dann weiter, »was ihn, wie man sagt, nicht wenig verdross«.[30]

Abends um 11 Uhr bekam Bertuch manchmal noch die Nachricht vom Herzog, dass er am nächsten Morgen an einen bestimmten Ort einen Küchenwagen mit Speisen schicken sollte. Der Herzog und seine Begleiter badeten in der Ilmenau, sprangen dann aus dem Wasser und »umtanzten nackt zu 9 bis 10, der Herzog an der Spitze, einen Pfarrer oder Mädchen, die vorbeigingen«, notierte Falk, der zeitweise auch an diesen Belustigungen aktiv teilnahm.

Constantins Erzieher von Knebel erinnerte sich 1827 an »manchen wilden Streich«, der in Gesellschaft des Herzogs verübt wurde. Goethe hätte aber immer am Prinzip der Mäßigung und Besonnenheit festgehalten.[31] Das wird bestätigt durch das Tagebuch Müllers: »Sobald die Sonne kam war Gottesfrieden. Niemand durfte sich mehr am andern rächen.«[32]

Bereits ab Anfang Januar 1776 tauchen in den Briefen Goethes erste Hinweise auf, dass er überlegte, in Weimar zu bleiben: So schrieb er am 5. Januar an Merck: »Wirst hoffentlich bald vernehmen, dass ich auch auf dem Theatro Mundi was zu tragiren weis. Und mich in allen Tragig Comischen Farcen leidlich betrage.«[33] Obwohl er durchaus das »Scheisige dieser zeitlichen Herrlichkeit« erkenne.[34] Im Brief an seine Tante verkündete er Mitte Februar: »Ich werd auch wohl dableiben und meine Rolle so gut spielen als ich kann und so lang als mir's und dem Schicksal beliebt. Wär's auch nur auf ein paar Jahre, ist doch immer besser als das untätige Leben zu Hause, wo ich mit der grössten Lust nichts thun kann. Hier hab ich doch ein paar Herzogthümer vor mir. Jezt bin ich dran das Land nur kennenzulernen, das macht mir schon viel spaas. Und der Herzog kriegt auch dadurch Liebe zur Arbeit, und weil ich ihn ganz kenne, bin ich über viel Sachen ganz und gar ruhig.«[35]

Mitte März war es offiziell: Goethe sollte den Titel Geheimer Legationsrat mit einem Gehalt von 12 000 Talern erhalten »unter Beibehaltung seiner gänzlichen Freiheit, der Freiheit Urlaub zu nehmen, die Dienste ganz zu verlassen, wann er will«.[36] Auch im Testament von Carl August vom 16. März 1776 wurde er bereits bedacht. Des Herzogs Nachfolger sollte sich verpflichten, Goethe weiterhin 1200 Reichstaler zu zahlen oder, wenn er nicht weiter »dienen« möchte, eine Pension von 800 Reichstalern.[37] Und so konnte Goethe seinem Freund Lavater in der Schweiz mitteilen: »Ich bin nun ganz eingeschifft auf der Woge der Welt – voll entschlossen: zu entdecken, gewinnen, streiten, scheitern, oder mich mit aller Ladung in die Lufft zu sprengen.«[38]

Wieland dagegen beurteilte die Euphorie Goethes über die Möglichkeiten, in Weimar etwas zu bewegen, eher skeptisch, wie er an Lavater schrieb. Er habe sich mit 38 Jahren auch nach Weimar ziehen lassen durch »die Magie des verführerischen Gedankens«, dass er »viel Gutes, im Großen auf Jahrhunderte« schaffen könne. Das sei aber ein »gefahrvolle(s), mit Abgründen umgebne(s) und, bei Tageslicht besehn, doch immer unmögliche(s) Abenteuer«. Aber Goethe sei natürlich erst 26. »Wie sollt er, mit dem Gefühl *solcher* Kräfte, einer *noch größeren Reizung* widerstehen können? Denn sein Ascendant über unsre Fürstenkinder, alt und jung, ist unglaublich.«[39]

Goethe mietete sich am 18. März eine Wohnung, jetzt Burgplatz 1, gegenüber vom Alten Schlossturm. Mitte April erwarb er vor der Stadt ein Gartenhaus, wobei der Herzog die Kosten für den Kauf und auch die Einrichtung des Hauses übernahm.

Natürlich blieb diese Beförderung des Favoriten nicht unentdeckt, die Begeisterung in Weimar hielt sich allerdings in Grenzen, da man Goethe verantwortlich machte für das wilde, eines Herzogs unwürdige Verhalten. Frau von Stein führte in diesen Wochen eine lange Korrespondenz mit dem Leibarzt Zimmermann, den sie von Kuraufenthalten kannte. »Goethe wird hier geliebt und gehasst; Sie fühlen wohl, dass es genug Dickköpfe gibt, die ihn nicht verstehen.« Goethe war bei ihr gewesen, und sie hatte ihm gesagt: »Ich wünschte selbst, er möchte etwas von seinem wilden Wesen, darum ihn die Leute hier so schief beurteilen, ablegen, das im Grunde nichts ist, als dass er jagd, scharf reit't, mit der grosen Peitsche klatscht, alles in Gesellschaft des Herzogs. Gewiss sind dies seine Neigungen nicht; aber eine Weile muss er's so treiben, um den Herzog zu gewinnen und dann gutes zu stiften, so denk ich davon; er gab mir den Grund nicht an, verteidigte sich mit wunderbaren

Gründen, mir blieb's, als hätt er unrecht.«[40] Der Herzog habe sich unter dem Einfluss Goethes sehr zu seinem Nachteil verändert, beklagte sich Charlotte von Stein. »Gestern war er bei mir, behauptete, dass alle Leute mit Anstand, mit Manieren, nicht den Namen eines ehrlichen Mannes tragen könnten! Wohl gab ich ihm zu, dass man in dem rauen Wesen oft den ehrlichen Mann fände, aber doch wohl ebenso oft in dem gesitteten. Daher er auch niemanden mehr leiden mag, der nicht etwas Ungeschliffenes hat!«[41]

Die Berichte, die in diesen Wochen von Weimar hinaus ins Reich gingen, überschlugen sich mit Beispielen über das unmögliche Verhalten Goethes und des Herzogs: »Man könnte ganze Bände mit der Beschreibung der hiesigen Lustbarkeiten füllen ... Da man sich täglich in Tollheiten überbietet, so halte ich hier ein Nonplusultra für unmöglich«, so Seckendorff.[42] Natürlich waren das aus heutiger Sicht »nur« dumme, wilde Jungenstreiche, in denen sich der Herzog nach seiner jahrelangen strengen Erziehung austobte, in der seit seinem fünften Lebensjahr kein Platz für kindliche Spiele gewesen war und alles durch strenge Formen und Regeln gesteuert wurde. Aber aus damaliger Sicht durfte sich ein Herrscher so nicht benehmen, weil es nicht nur sein persönliches Ansehen, sondern auch das seiner Regierung beschädigte.

Kritik an seinem Verhalten wies Goethe zurück. Er war genervt über die Freunde von überall, die ihm gute Ratschläge geben wollten. An Zimmermann, der über Charlotte von Stein bestens unterrichtet war und immer wieder Mahnungen schickte, schrieb Goethe: »Mir ist wohl, darauf verlass dich. Von meinen wahren Verhältnissen wird dir kein Reisender was erzählen können, kaum ein Mitwohnender. Ich bin fest entschlossen, nichts zu hören, was man von mir sagt noch was man mir rathen kann ... Wie's ausgeht, daran ist auch nicht gelegen.«[43]

Nur als der Oberstallmeister von Stein, Charlottes Mann, dienstlich in Frankfurt zu tun hatte und auch bei Goethes Eltern vorbeischauen wollte, sah Goethe sich veranlasst, möglichen negativen Erzählungen über sein Verhalten vorzubeugen: Er schrieb an seine Tante: »Der Oberstallmeister v. Stein geht ehstens durch Frankfurt und wird Vater und Mutter besuchen. Es ist ein braver Mann, den ihr wohl empfangen mögt, nur muss man über meinen hiesigen Zustand nicht allzu *entzückt* scheinen. Ferner ist er nicht ganz mit dem Herzog zufrieden, wie fast all der Hof, weil er ihnen nicht nach der Pfeife tanzt, und mir wird heiml*[ich]* und öffentlich die Schuld gegeben, sollt er so was fallen lassen, muss man auch drüber hingehn. Überhaupt mehr fragen als sagen, ihn mehr reden lassen als reden, das übrige lass ich euren Klugheiten. Ich wollt, die Geschichte meiner vier letzten Monate lies sich schreiben, das wär ein Fras für ein gutes Volk.«[44]

1.3. Krankheit und Vorwürfe

» Die Natur scheint ihm zu verkünden, wie sehr sein Lebensstil bereits jetzt schon seine Zerstörung in Angriff genommen hat«,

schrieb der Kammerherr Siegmund von Seckendorff Ende März 1776 an seinen Bruder. Der Herzog war ernsthaft erkrankt: Rheumatismus, Gliederschmerzen, Schwindelanfälle, hohes Fieber. Es ging ihm so schlecht, dass er das oben erwähnte Testament aufsetzte, in dem er auch Goethe begünstigte.[45]

Hufeland, der Sohn des Leibarztes, kommentierte die Situation so: Goethe habe in den Monaten zuvor den Herzog »plötzlich aus einer pedantischen, beschränkten, verzärtelten Hofexistenz ins freie Leben« hinausgerissen, was »damit anfing, dass er ihn im Winter eiskalte Bäder nehmen ließ, ihn beständig in freier Luft erhielt und mit ihm im Lande herumreiste, wobei dann überall brav gezecht wurde, wodurch man aber auch genaue Kenntnis des Landes und der Persönlichkeiten erwarb. Die erste natürliche Folge dieser heroischen Kur war freilich eine tödliche Krankheit des Herzogs«.[46]

»Um die Gesundheit des Herzogs steht es nicht besser, er hört immer noch schwer, die Brust ist verschleimt, und er hat immer wieder Fieberanfälle«, berichtete die Gräfin Goertz an ihren Mann, der zu diesem Zeitpunkt nicht in Weimar weilte. Sie war bestens informiert, da sie mit der Oberhofmeisterin der Herzogin Louise befreundet war und außerdem selbst Patientin beim Leibarzt Hufeland, der ihr auch Informationen zuspielte. »Hufeland verzweifelt darüber, er behauptet, dass er nicht wieder gesunden kann, so wie er lebt; jeden Tag hat er bei sich eine Tafel mit sechs bis acht Gedecken. Häufig ist die Herzoginmutter dort, manchmal begleitet von der Goechhausen.« Einige Stunden später notierte sie: »Ich habe unter dem Siegel der größten Verschwiegenheit erfahren, dass es dem Herzog gestern aufgrund einer Schwäche sehr schlecht ging ... der Herzog schien derart beunruhigt, dass er Hufeland gebeten hat, während des gesamten Tages bei ihm zu bleiben. Er soll noch ziemlich taub sein, seine Mutter und seine Frau haben den Abend bei ihm verbracht.«[47]

Einen Tag später empfing der Hof in den Gemächern des Herzogs gemeinsam das Abendmahl, ein Zeichen, wie schlecht es um ihn stand. Anna Amalia verbrachte in diesen Tagen fast jeden Abend bei ihrem Sohn.[48]

Während die Öffentlichkeit nicht informiert war, beobachtete man bei Hofe ängstlich den Gesundheitszustand des Herzogs. Gräfin Goertz schickte jeden zweiten Tag die neuesten Nachrichten an ihren Mann, der sich Sorgen um seinen ehemaligen Schützling machte: »Seine Gesundheit ist sehr schlecht, man sagt, er sei so mager, so blass, so geschwächt, dass es jedermann erschreckt, sogar ihn selbst. Sein Verlust wäre grausam.«[49]

Besonders kritisch wurden nun die Freunde des Herzogs angesehen, die zu Besuch kamen und zum Zeitvertreib wieder allerlei Unsinn trieben, schrieb Gräfin Goertz. Sie hatten ihn »weiß Gott was essen lassen, und er hatte in dieser Nacht eine schreckliche Verdauung. Sie sehen also, dass dies alles ein trauriges Ende nehmen wird«, schimpfte die Gräfin. Es übersteige alle Vorstellung. »Man ist in ständig anhaltenden Beunruhigungen und jeden Augenblick ist ein Unglück zu befürchten.«[50] Der Statthalter Karl Theodor von Dalberg »zeigte sich entsetzt«, vor allem darüber, wie sich der Herzog zum allgemeinen Gespött machen ließ.[51]

Die Gerüchte über die schwere Krankheit des Herzogs hatten inzwischen auch die Bürger erreicht, und Herzogin Louise ließ, um Unruhen zu vermeiden, offiziell verkünden, der Zustand des Herzogs sei augenblicklich »nicht gefährlich, und er erholt sich von seiner letzten Erkrankung, ist lediglich noch äußerst schwach«.[52]

Im Rückblick stellte sich laut Hufeland heraus, dass der Herzog, nachdem er diese Krankheit glücklich überstanden hatte, einen »abgehärtete(n) Körper für das ganze nachfolgende Leben (hatte), so dass er ungeheure Strapazen hat aushalten können«.[53] Dass Goethes Methode der Abhärtung à la Rousseau erfolgreich sein würde, das konnte 1776 aber niemand wissen. Im Gegenteil: Für alle, die mitbekommen hatten, wie nahe der Herzog dem Tod gewesen war, gab es nur einen Schuldigen: Goethe und sein unverantwortliches Verhalten.

In den Worten Charlotte von Steins im Mai 1776 klingt das so: »Goethe verursacht hier einen großen Umsturz; wenn er auch wieder Ordnung machen kann, um so besser für sein

Genie! Sicherlich ist seine Absicht gut, aber zu große Jugend und zu geringe Erfahrung – doch warten wir das Ende ab! All unser Glück ist von uns gewichen; unser Hof ist nicht mehr, was er war. Ein Herr, der mit sich selber und mit aller Welt unzufrieden ist, der täglich sein Leben und sein bisschen Gesundheit aufs Spiel setzt, um dieses letztere zu stärken; sein Bruder noch haltloser; eine bekümmerte Mutter, eine unzufriedene Gattin; alle zusammen gute Leute, aber nichts, was in dieser unglücklichen Familie zusammenstimmt.«[54]

1.4. Geheimer Rat Goethe

Er kann »nur dasjenige tun, was den Einsturz des Hauses hinhält«.

Die Rede war vom Vorsitzenden des Geheimen Consiliums, dem Geheimen Rat Fritsch, der zwar »unermüdlich tätig« war, sich aber gewohnheitsgemäß erst dann einmischte, wenn es »die Notwendigkeit gebieterisch« erforderte und daher keinen Einfluss auf den Herzog hatte.[55] Kammerherr Siegmund von Seckendorff, der diese Worte schrieb, gehörte in diesen Monaten zu den schärfsten Kritikern der Zustände in Weimar. Von Carl August höchstpersönlich nach Weimar geholt, konnte er zu Recht erwarten, dass die ihm angebotene Stelle als Kammerherr auch dem üblichen Berufsbild entsprach. Stattdessen erwartete ihn Chaos an einem Hof, dessen guter Ruf, für den Herzogin Anna Amalia 16 Jahre lang gearbeitet hatte, der Lächerlichkeit und ungläubigem Kopfschütteln preisgegeben wurde. Man sprach in »ganzt Deutschland« nur noch von der »Weimarer Wirtschaft«, wie Zimmermann an Herder schrieb.[56] Für Wieland war es eine »Staatskomödie«, von der er sich, um seinen Ruf zu schützen, lieber fernhalten wollte.[57]

Und Anna Amalia? Es liegen uns bis Mai 1776 keine persönlichen Äußerungen von ihr vor. Wieland berichtete später: »Als der Doctor und Exadvocat Göthe als Favorit des Herzogs hier eintrat, fand ihn auch die verwitwete Herzogin äuserst liebenswürdig und witzig. Seine Geniestreiche u. Feuerwerke spielte er nirgends ungescheuter, als bei ihr.«[58]

Sie fand ihn also witzig, er amüsierte sie, aber er brachte ihren Sohn auch in Gefahr. Mal abgesehen von ihren Muttergefühlen war seit seiner Geburt auch aus dynastischen Gründen Anna Amalias Hauptbestreben gewesen, dass er überlebte und die Nachfolge antreten konnte, um die Dynastie fortzuführen. Dafür hatte sie seit dem Tod ihres Mannes gelebt und viele persönliche Opfer gebracht.

Und jetzt setzte er, angeleitet von Goethe, täglich seine Gesundheit aufs Spiel. Dabei gab es immer noch keinen Nachfolger; wenn Carl August sterben würde – Constantin war noch nicht volljährig –, hätte sie die Regierung wohl wieder übernehmen müssen. Seit Goethe da war, benahm sich ihr Sohn wie ein pubertierender Jüngling, der alle Erziehungsprinzipien, vor allem seine Verantwortung für sein Land über Bord geworfen hatte und seinen Ministern das Regieren überließ. Vergessen war das, was sein Erzieher Goertz ihm am Tag seiner Regierungsübernahme gesagt hatte: »Lassen Sie keinen Tag vorübergehen, ohne von der Glückseligkeit, zu der Ihr Beruf empfänglich macht, durchdrungen zu sein!«[59]

Aber Carl August lehnte das Leben, zu dem er erzogen worden war, ab und zeigte das auch täglich sehr deutlich am Hofe und in aller Öffentlichkeit.

Anna Amalia hätte eigentlich alles daransetzen müssen, Goethe kaltzustellen. Und sie hätte es in diesen Monaten in der Hand gehabt.

Seit Anfang April 1776 war am Hofe bekannt, welche Rolle Goethe auch in der Regierung spielen sollte. Ohne Erfahrung, ohne Vorkenntnisse, eine Beförderung direkt ins Zentrum der Macht. Einzige Empfehlung: Er war der Favorit oder »mignon«, der Schatz des Herzogs, wie seine Freunde ihn in einer Mischung aus Erstaunen und leichter Verachtung bezeichneten.[60] »Die alten Liaisons dauern noch an, weiten sich sogar aus, das Postkriptum *[Goethe]* wird zunehmend überheblicher, aber er wird gehätschelt, man rennt zu ihm. Ich habe von ganzem Herzen gelacht«, schrieb die Gräfin Goertz an ihren Mann.[61]

Um Missverständnissen gleich vorzubeugen: Das französische Wort »liaison« bezeichnete, anders als heute, zur Zeit Anna Amalias und Goethes in erster Linie ganz neutral eine enge Verbindung zwischen Menschen, die freundschaftlich, politisch oder anderweitig motiviert war. Erst im 19. Jahrhundert hat sich die Bedeutung des Wortes gewandelt und wurde eingeengt auf »Affäre« beziehungsweise »Liebesverhältnis«.

Am 23. April 1776 nahm der Herzog endlich seine Diskussion mit Fritsch über die Personalentscheidungen wieder auf. Im Staatsarchiv zu Weimar liegt der Entwurf eines Briefes an Fritsch in Carl Augusts Handschrift. Bemerkenswert ist dabei, dass darin ein Absatz durchgestrichen wurde, in dem Carl August sein Misstrauen gegenüber dem Geheimen Rat Schmidt ausdrückt, den er aus diesem Grund aus dem Consilium entfernen will. In Goethes Handschrift steht die Korrektur dieses Absatzes auf der Nebenseite, die dann auch im Originalbrief an Fritsch auftaucht: Von herzoglichem Misstrauen ist keine Rede mehr, die Versetzung an die Spitze der Regierung klingt nun wie eine Beförderung.

Das war rein sachlich sicherlich sehr diplomatisch. Aber es zeigt einmal mehr, welche Machtstellung Goethe nach nur fünf Monaten in Weimar bereits hatte: Er kannte nicht nur die Korrespondenz, die der Herzog mit seinem leitenden Minister im Geheimen Consilium führte und in der es ja auch um seine Einstellung ging, er griff sogar korrigierend, und wahrscheinlich nicht nur stilistisch korrigierend, in die Umbaupläne des regierenden Herzogs ein.

Fritschs Antwortbrief vom 24. April an Carl August ist eine, wenn auch vorsichtige Abrechnung mit dem Treiben der letzten Monate, in denen »das Publicum« dem Geheimen Consilium und besonders ihm Vorwürfe gemacht habe, wegen »Unthätigkeit«, weil sich niemand vorstellen konnte, dass es der neue Herzog selber sei, den man doch eigentlich wegen seiner »Einsichten« und seinem »warmen Eifer vor das Gute und vor die Ordnung« schätzte, der sich so lange nicht mit »seinen interessantesten Angelegenheiten« beschäftigte.[62]

Und eine der ersten Regierungshandlungen bestand nun darin, zwei seiner engsten Freunde, von Kalb und Goethe, beide völlig unerfahren in Verwaltungsaufgaben, in die höchsten Staatsämter zu holen und die Bedenken eines so erfahrenen Mannes wie Fritsch zu missachten. Das konnte nur zu seinem Rücktrittsgesuch führen, unter anderem weil Carl August auf einem »Entschluss bestehe, welcher Ihro von aller Welt verdacht werden«, welcher alle treuen und verdienten Diener, die auf die Stelle Anspruch machen könnten, »unendlich niederschlagen« werde. Wenn Goethe für den Herzog wirklich »Zuneigung und Liebe« fühle, müsste er sich selbst »die ihm zu gedachte Gnade verbitten«. Aber da es ihm wohl nicht gelingen werde, den Herzog von seinem Entschluss abzubringen, müsse er, Fritsch, erklären, »dass ich in einem Collegio dessen Mitglied gedachter Dr. Goethe ansetzt werden soll, länger nicht sitzen kann«.[63]

Carl August war nun in einer Zwickmühle. Er wollte auf gar keinen Fall auf seinen neuen Freund Goethe verzichten, denn mit diesem Posten wollte er Goethe ja in Weimar halten, andererseits brauchte er Fritschs Erfahrungen. Auf ihn konnte er sich verlassen, seine Loyalität hatte er in den Jahren zuvor oft genug bewiesen, und Loyalität war für jeden Regenten, der von Schmeichlern und Intriganten umgeben war, immens wichtig. Da Fritsch seine Kündigung aber nicht zurücknehmen wollte, wandte sich Carl August an seine Mutter, zeigte ihr die Korrespondenz mit Fritsch und bat sie um Vermittlung, die sie auch übernahm.

Warum tat sie das? Goethe war für diesen Posten im höchsten Staatsorgan nicht vorbereitet, das konnte man nicht wegdiskutieren. Viel entscheidender aber war sein Verhalten in den letzten Monaten, das so gar nicht zu einem verantwortungsvollen Beamten passen wollte. Doch was wäre passiert, wenn sie sich geweigert hätte? Das hätte wohl das Vertrauen ihres Sohnes zu ihr stark belastet, wenn nicht gar zerstört. Sie hatte schon einmal einem Mann, zu dem er seit seiner Kindheit eine sehr enge Beziehung aufgebaut hatte, dem Grafen Goertz, gekündigt. Wieland hatte schon im Januar festgestellt: » Goethe kömmt nicht wieder von hier los. Carl August kann nicht mehr ohne ihn schwimmen noch waten. «[64]

Hatte Anna Amalia geglaubt, Goethe habe keinen persönlichen Ehrgeiz, anders als Goertz? Sie genoss es genau wie ihr Sohn, dass die Etikette, der sie ihr Leben lang hatte folgen müssen, von Goethe einfach so zumindest für Stunden ausgesetzt wurde: Er wälzte sich auf dem Boden vor ihr, brachte sie zum Lachen. Er passte gut zu diesem Jahr, in dem sie zum ersten Mal frei war von Pflichten, frei war, nach ihrem Vergnügen zu leben, auch wenn das, da sie ja weiterhin Teil des Hofes war, der ohne die Hofetikette nicht funktionierte, immer nur für kurze Zeit möglich war. Goethe verkörperte eine fröhliche, übermütige Lebenslust, nach der sie immer Sehnsucht gehabt hatte, die sie aber nie hatte ausleben dürfen.

Hinzu kam, dass Goethe ihr nicht schmeichelte. Er benahm sich so, wie er war, ohne Hintergedanken, ohne Rücksicht darauf, dass sie eine Herzogin war. Für ihn zählte das nicht.

Und so schrieb sie, eigentlich gegen alle Vernunft, bereits zwei Tage später an Fritsch: »Sie sind eingenommen gegen Goethe, den Sie vielleicht nur aus unwahren Berichten kennen oder den Sie von einem falschen Gesichtspunkt beurteilen. Sie wissen, wie sehr mir der Ruhm meines Sohnes am Herzen liegt und wie sehr ich darauf hingearbeitet habe und täglich noch arbeite, dass er von Ehrenmännern umgeben sei. Wäre ich überzeugt, dass Goethe zu diesen kriechenden Geschöpfen gehörte, denen kein anderes Interesse heilig ist als ihr eigenes und die nur aus Ehrgeiz tätig sind, so würde ich die erste sein, gegen ihn aufzutreten … Ich will Ihnen nicht von seinen Talenten, von seinem Genie sprechen; ich rede nur von seiner Moral. Seine Religion ist die eines wahren und guten Christen, die ihn lehrt, seinen Nächsten zu lieben und es zu versuchen, ihn glücklich zu machen. Das ist doch der erste, hauptsächlichste Wille unseres Schöpfers.« Fritsch glaube, man würde ihren Sohn tadeln, wenn er Goethe einstelle, aber man würde auch ihn tadeln, wenn er den Dienst quittiere aus einem so geringen Anlass. »Machen Sie Goethes Bekanntschaft! Suchen Sie ihn kennenzulernen! Sie wissen, dass ich meine Leute erst gehörig prüfe, bevor ich über sie urteile, dass die Erfahrung mich in solcher Bekanntschaft vielfach belehrt hat und dass ich dann ohne Vorurtheil richte.« Die Welt würde es ihm [Fritsch] verargen, wenn er einen Fürsten verließe, der seiner Einsicht, Rechtschaffenheit bedürfe. »Ich bitte Sie aus Liebe für mich, verlassen Sie meinen Sohn nicht unter diesen Umständen; ich rathe es Ihnen und bitte Sie darum, ebenso aus Liebe für meinen Sohn wie aus Liebe für Sie.«[65]

Argumente hatte sie nicht, sie vertraute auf ihre Menschenkenntnis, bezog sich auf Goethes »Moral« und darauf, dass er alle glücklich machen wolle. Was hatte sie gegen Goertz gewütet, hatte alle Hebel gegen ihn in Bewegung gesetzt, weil sie befürchtete, dass er ihren Sohn zu einem Umbau der Verwaltung unter Entlassung ihrer verdienten Leute veranlassen würde. Jetzt, nur ein halbes Jahr später, hatte Carl August genau das vor, und zwar mit Unterstützung, vielleicht sogar auf Initiative Goethes. Fritsch wandte sich ja nicht nur gegen Goethe, sondern auch dagegen, dass Carl August den Kammerherrn von Kalb, der ebenfalls keine Erfahrung hatte, als Kammerpräsidenten einsetzen wollte.

»Den Hof hab ich nun probirt, nun will ich auch das Regiment probiren, und so immer fort«, hatte Goethe im März geschrieben.[66] Das klang nicht nach wenig Ehrgeiz.

Auch der Oberhofmeister Anna Amalias, Graf von Putbus, machte sich Gedanken über Goethe: »Ein ehrenhafter Mann, der ehrenhafte Gesinnung zeigt. Er hat übrigens alle Arten von Ehrgeiz, will ein schöner Mann sein, ein liebenswürdiger Mann von Talenten. Er hält sich für einen Alkibiades, und man hat ihn genug verwöhnt, um ihn in seinen Prätensionen [Anmaßungen] zu bestärken. Ein maßloser Ehrgeiz wird ihn sehr hindern, völlig glücklich zu sein.«[67]

Hätte Anna Amalia anders reagiert, wenn sie diese Überlegungen gekannt hätte? Wir wissen es nicht. Zumindest am Anfang musste sie glauben, dass Goethe offenbar keine eigenen politischen Interessen verfolgte, sodass sie hoffen konnte, selbst weiterhin politischen Einfluss auf ihren Sohn durch Fritsch und Goethe auszuüben, über den sie im Brief an Fritsch jenen bezeichnenden Satz schrieb: »Sie wissen, dass ich *meine Leute* erst gehörig prüfe, bevor ich über sie urteile.«

Da es keine sachlichen Argumente für eine Einstellung Goethes gab, setzte Anna Amalia Fritsch letztendlich moralisch unter Druck, sodass dieser auch aus Dankbarkeit ihr gegenüber gar nicht anders konnte, als seinen Rücktritt zurückzuziehen. Am 15. Mai schrieb er daher: »EW. D. wissen zu gut, dass Sie von mir alles erwarten und alles verlangen können; EW. D. schulde ich Dankbarkeit für tausend Gütigkeiten, die Sie für mich gehabt haben; ich schulde sie Ihnen mit Freuden, und ich werde mich bestreben sie Ihnen zu beweisen, um jeden Preis, würde es mich selbst viel kosten.«[68]

Da der Herzog viel unterwegs war, wurde das Dekret, mit dem Goethe zum Geheimen Legationsrat ernannt wurde, erst mit Datum vom 11. Juni 1776 ausgefertigt, die Amtseinführung fand am 25. Juni statt. Der vierte vorgesehene Geheime Rat Tabor sagte ab, sodass Goethe neben Fritsch und Schnauß als drittes Mitglied im Geheimen Consilium saß.

Natürlich machte das sehr schnell die Runde in und außerhalb von Weimar. Und stieß, wie Fritsch befürchtet hatte, bei den Hofangestellten, und vor allem bei solchen, die sich selbst Hoffnungen gemacht hatten, auf Unmut.

Stellvertretend für die Unzufriedenen sei Kammerherr Siegmund von Seckendorff in einem Brief an seinen Bruder Albrecht zitiert: »In wenigen Tagen (werde sich) das Gesicht unseres Hofes in einer Weise ändern, die für den Herzog und dessen Nachfolger Epoche machen wird. Es ist beschlossen worden, allen denjenigen bedeutende Stellen zu geben, die bisher nur zur Unterhaltung des Herrn da waren ... Aus ihrem Kreis soll ein Kammerpräsident [von Kalb] und ein dirigierender Minister des Geheimen Consiliums [Goethe] genommen werden. Man geht damit um, sie mit glänzenden Titeln zu schmücken, und wir werden die Ehre haben, unter ihren Fahnen zu marschieren. Schon längst für Automaten erklärt, werden wir bald als solche Dienst tun.«[69]

Die Sorgen vieler bei Hofe wegen der Machtstellung Goethes sprach die Gräfin Goertz aus, als sie ihrem Mann von ihrer Schwägerin Francoise von Oppel berichtete, die sich mit dem »Unendlichen« *[Goethe]* gestritten hatte. »Sie hat ihm etwas wegen seines Hochmutes gegenüber anständigen Leuten gesagt, das ihm nicht gefallen haben dürfte.« Die Gräfin war nun in Sorge, dass dies für die Schwägerin »üble Folgen« haben könnte.[70] Sich Goethes Unmut zuzuziehen konnte die eigene Stellung bei Hofe gefährden, denn ein Goethe, der bereits nach wenigen Wochen in Weimar im Testament des Herzogs berücksichtigt wurde und nun ohne jede Erfahrung einen der höchsten Regierungsposten bekam, den musste man fürchten, sofern man ihm in die Quere kam.

Goethe selbst beschrieb seine Situation in den ersten zehn Jahren in Weimar später in einem Gespräch mit Eckermann als einen Konflikt des »poetische(n) Talentes mit der Realität, die er durch seine Stellung zum Hof und verschiedenartige Zweige des Staatsdienstes, zu höherem Vorteil in sich aufzunehmen genötigt« war. Deshalb habe er in dieser Zeit nichts Poetisches von Bedeutung gemacht, nur »Fragmente vorgelesen«.[71]

1.5. Die Frauen in Weimar und Goethe

1.5.1. Miseln und Kittern

*»Die Mägdlein sind hier gar hübsch und artig,
ich bin gut mit allen«,*

schrieb Goethe Mitte Februar 1776 an seine Tante Johanna Fahlmer.[72] In diesen ersten Monaten in Weimar werden in den Quellen unter anderem das Fräulein von Kalb, die Schwester seines neuen Freundes Johann August Alexander von Kalb, und die Hofdame Emilie von Werthern (1757–1844) genannt, mit denen Goethe Flirts nachgesagt wurden. Ende März 1776 schrieb er an Charlotte über die Sängerin Corona

Schröter, die er aus Leipzig nach Weimar holte: »Die Schröter ist ein Engel – wenn mir doch Gott so ein Weib bescheeren wollte, dass ich euch konnt in Frieden lassen.«[73]

»Engel« hat er in dieser Zeit auch andere Frauen genannt: seine Schwester Cornelia (1750 – 1777), Charlotte Buff (1753 – 1828), nicht zu vergessen Augusta Louise Gräfin zu Stolberg-Stolberg (1753 – 1835). Noch im April oder Mai, als er längst Charlotte von Stein sein Gedicht »Warum gabst du uns die tiefen Blicke« geschickt hatte, schrieb er an Augusta, die schwer erkrankt gewesen war: »Gerettet, liebster Engel!« Er bat sie um eine Zeile von ihrer Hand, »nur Ein Wort, dass du auch mir wieder lebst. Adieu Liebe! Liebe ...«.[74] Und Mitte Mai: »Ach, Gustgen! Welch Anblick! So viel von deiner Hand! – der ersehnten erflehten – noch heut Abend! – du Liebe nur dies! ... Engel!«[75] Goethe war mit den Brüdern der Gräfin befreundet, Augusta hat er nie persönlich kennengelernt. Daher darf man diese Ausdrücke nicht überbewerten. Es waren überschwängliche Floskeln, die man in unzähligen Briefen auch bei anderen Zeitgenossen findet.

Über Goethes Beziehung zu Charlotte von Stein ist viel geschrieben worden, in diesem Buch kann sie nur insofern Thema sein, als es die eigentliche Hauptperson Anna Amalia betrifft. Nach einem Abend bei Hofe, wo er vergeblich auf Charlotte von Stein gewartet hatte, schrieb er ihr frustriert: »Ich war heut Nacht von einem Teufels Humor zu Anfange ... Endlich fing ich an zu miseln, und da gings besser. Die Liebeley ist doch das probatste Palliativ (Mittel) in solchen Umständen. Ich log und trog mich Bei allen hübschen Gesichtern herum, und hatte den Vorteil, immer im Augenblick zu glauben, was ich sagte.«[76] Liebeleien oder »Miseln«, wie Goethe es nannte, waren heftige Flirts, von denen er Charlotte von Stein berichtete. In den zahlreichen Briefen, die er ihr in diesen Wochen schickte, nannte er auch sie

»Engel«, duzte sie und versicherte ihr: »Du begreifst nicht, wie lieb ich dich habe.«[77]

Auch für die Herzogin Louise zeigte Goethe schwärmerische Gefühle, die er ohne Hemmungen mit Freunden und Verwandten teilte. »Louise und ich leben nur in Blicken und Sylben zusammen, sie ist und bleibt ein Engel.«[78] oder »Louise (war) ein Engel, ich hätte mich ihr etliche Mal zu Füssen werfen müssen! Aber ich blieb in Fassung und krämte läppisches Zeug aus«.[79]

Die Vermutung, dass Goethe mehr für Louise empfand als verehrende Schwärmerei, ist mehr als unwahrscheinlich, er hätte es sonst wohl niemals anderen mitgeteilt.[80] Er hat sie angeschwärmt, verehrt, aber von echten Gefühlen war das weit entfernt, denn dann hätte er aus Rücksicht auf sie und ihre Situation das pubertäre Verhalten des Herzogs, an dem er ja alles andere als unschuldig war, anders steuern müssen.

Die zeitgenössischen Quellen bezeugen alle, dass Louise sehr viel Wert auf äußere Formen legte. Ihre Biografin schreibt, dass der »Aufenthalt an befreundeten Höfen, auf den sie nach dem Tod der Mutter angewiesen, ihre Empfindlichkeit für ihre eigene Stellung gesteigert« habe und hinzu sei ihr ausgeprägtes »Gefühl für Fürstenwürde und Fürstenpflicht« gekommen, was ihr »einen Maßstab für die Beurteilung der ihr entgegentretenden, neuen Verhältnisse« gab.[81] Goethe selbst erzählte Kanzler von Müller, dass Louise »standhaft an ihren Rechten gehalten« habe.[82]

Wenn man das zugrunde legt, dann muss Weimar in den ersten Monaten der Regentschaft des Herzogs für sie ein Albtraum gewesen sein. Klopstock, der ein guter Freund Louises aus Karlsruher Zeiten war und mit dem sie regelmäßig korrespondierte, machte sich große Sorgen um sie. Das war auch der Grund für seinen berühmten Brief an Goethe, in dem er ihm Vorwürfe über sein Verhalten machte, durch das der Herzog zu Eskapaden angestiftet und vielleicht sogar einen frühen Tod finden würde. »Louisens Gram! Goethe! – Nein rühmen Sie sich nur nicht, dass Sie sie lieben, wie ich.«[83]

Natürlich war die Kritik mehr als berechtigt. Man muss sich das einmal vorstellen: Da kam diese junge Frau mit 18 Jahren nach Weimar. Es war ihr Wunsch, die Hochzeit so schnell wie möglich zu vollziehen, weil sie aus Mannheim fortwollte. Sie hoffte, am Weimarer Hof eine Heimat zu finden, die sie nach dem Tod der Mutter verloren hatte. Eine Heimat, in der sie als Herzogin eine führende Rolle spielen würde und nicht nur geduldet war wie am Hofe ihrer Schwester in Karlsruhe. Und dann kam die Enttäuschung – in jeder Hinsicht. Da war zunächst einmal das abgebrannte Schloss, dessen schwarze Ruinen das Stadtbild prägten, fast in Sichtweite des sogenannten Fürstenhauses, in dem sie unterkam. Ein Provisorium, das keinesfalls für eine Repräsentation geeignet war. Und ein Theater, das Goethe noch als bestes in Deutschland gelobt hatte, gab es aus finanziellen Gründen auch nicht mehr. Theater spielten die Adligen und der Hof in Weimar selber, was natürlich nicht die gleiche Qualität aufweisen konnte, wie sie das von Darmstadt oder Karlsruhe gewohnt war.

Dann war da der Herzog, der sich zusammen mit Goethe ganz anders gab als zur Zeit ihres Kennenlernens. Sie hatte einen pubertierenden Jungen geheiratet, auf den sie zunehmend genervt reagierte und der seine Gesundheit leichtfertig aufs Spiel setzte. Sie wusste von ihrer Tante, was es bedeutete, kinderlos Witwe zu werden. Als Mutter eines Erbprinzen, der aber erst 1783 geboren werden sollte, hätte sie wenigstens wie Anna Amalia die Regentschaft übernehmen können. So aber würde sie im Falle eines Todes auf einen Witwensitz ins Abseits geschoben werden.

Mit ihrer Schwiegermutter verstand sich Louise von Anfang an nicht besonders. Sie musste ziemlich bald erkennen, dass das eigentliche Zentrum des gesellschaftlichen Lebens nicht der amtierende Hof war, sondern das Witwenpalais, wo die Frau residierte, die 16 Jahre lang Regentin im Fürstentum gewesen war. Louise, die auch vom Wesen zurückhaltender, in sich gekehrter war als Anna Amalia, die von allen als temperamentvoll und lebensfroh beschrieben wurde, hatte von Anfang an, vor allem auch wegen der ständigen Abwesenheit ihres Mannes bei Hofe und ihrer völligen Unkenntnis der Verhältnisse in Weimar, gar keine Chance, dem Hof ihrer Schwiegermutter etwas Gleichwertiges entgegenzusetzen.

Offiziell trafen sich beide Hofhaltungen, wie man unter anderem aus den Fournierbüchern ersehen kann, zu gemeinsamen Mittag- oder Abendessen mal im Fürstenhaus, mal im Wittumspalais, zu Konzerten mit Ball oder man machte gemeinsame Ausflüge nach Tiefurt, wo man den Tag verbrachte. Es gab Hoffeste, Maskenbälle und Schlittenfahrten. Trotzdem war Louise, die diese Art der Vergnügungen nur bedingt schätzte, unglücklich.

Bereits Mitte November 1776, nach einem Jahr in Weimar, schrieb sie an Lavater: »Könnte ich alles mit Ihnen teilen, alle Ahndungen, alle glücklichen, ja auch leidenden Stunden, aber unmöglich war's mir, zu schreiben, ich fühlte mich zu allem untätig; ich war fast zur Kleinmütigkeit gesunken … nichts von denen liebevollen Aussichten, alles düster und dumpf um mich her, alle Hoffnung erloschen!«[84]

Goethe aber hatte kein Gespür dafür, dass sein Plan, aus dem Herzog einen »Naturmenschen« zu machen, auf Kosten von Louise ging, wie sein Brief an Lavater zeigt: »Lieber Gott! Ich begreife nur nicht, was ihr Herz so zusammenzieht. Ich sah ihr in die Seele, und doch! Wenn ich nicht so warm für sie wäre, sie hätte mich erkältet!«[85]

Niemand machte sich die Mühe, diese junge Frau zu verstehen, die mit dem Leben, das sie in Weimar führen musste, völlig überfordert war.

Ende Januar schickte Goethe Charlotte sein neuestes Stück, das gerade gedruckt worden war: Stella. Ein Schauspiel für Liebende.

Die Hauptpersonen: Fernando, Stella und Cäcilie. Fernando hat seine Frau Cäcilie und die gemeinsame Tochter verlassen, weil er sich in die 16-jährige Stella verliebt hat, mit der er einige Zeit zusammenlebt, bis er auch sie wieder verlässt. Jahre später kommt er zurück und findet gleichzeitig seine Frau und seine Geliebte wieder. Nach einigen dramatischen Szenen, in denen sich Fernando umbringen will, aber von Stella gerettet wird, endet das Stück damit, dass seine Frau den Vorschlag macht, dass sie zu dritt zusammenleben könnten.[86]

Die Aufführung dieses Stückes in Hamburg und Berlin löste ähnlich wie der *Werther* sehr viel Kritik aus. Immerhin machte eine Frau den Vorschlag, eine Ehe zu dritt zu führen. Der Literaturkritiker Johann Jakob Bodmer kommentierte: »Ein solch erfüllt sein wollendes Herz hat auch Goethe, der durch fünf Aktus hindurch sich unter konvulsiven Liebessymptomen hin und her wälzt. Zwei Weiber reißen sein Herz von zwo Seiten zu sich, mit gleicher Gewalt, dass es brechen möchte. Alle drei Bigames stehen im Begriff, die Stärke der Gorthischen Seele durch Erstechen, Erschießen, Ersäufen zu bekräftigen; denn Goethens Lehrgebäude vermeint, wenn Anstrengung Stärke ist, warum nicht auch Überspannung. Zum Glück besinnt man sich anders, Fernandos Herz ist für beide Damen genugsam; beide Damen finden es überfließend für jede von ihnen. Und so gehen sie zusammen zu Bette.«[87]

Am 8. Februar 1776 war die Uraufführung im Hamburger Nationaltheater. Goeze, Pastor an der St. Katharinenkirche, der schon gegen den *Werther* gewettert hatte, erwirkte ein

Verbot. In Berlin, wo das Stück immerhin zehnmal aufgeführt worden war, wurde es danach auch verboten. Der Druck von 1776 war dagegen sehr erfolgreich und erlebte 1777 und 1778 jeweils neue Auflagen.[88]

Ob Charlotte von Stein die Botschaft des Stückes gefallen hat, wissen wir nicht. Immerhin aber schrieb sie Anfang März an Zimmermann in ihrem schon zitierten Brief: »Auch seine Art, mit unserem Geschlecht umzugehn, gefällt mir nicht. Er ist eigentlich, was man coquet nennt. Es ist nicht Achtung genug in seinen Umgang.«[89]

In dieser Stimmung schrieb Charlotte von Stein, vermutlich auch im März, ihre Matinée »Rino«. Als Personen kommen vor: Rino (Goethe), Adelheid (Herzogin Amalia), Thusnelde (Fräulein von Goechhausen), Kunigunde (Frau von Werthern) und Gertrud (Frau von Stein).

Es handelt sich um ein sogenanntes »Schlüsselstück«, der Schlüssel, die Identifizierung der Personen, wurde mitgeliefert. Die erste Szene spielt in einem Ballsaal, wo die vier Damen auf Rino-Goethe warten. Als er endlich kommt, wird er von Adelheid-Anna Amalia mit den Worten begrüßt:

> *Wir haben dich lange bei uns erwartet,*
> *Du einziges Geschöpf in deiner Art.«*

Gertrud-Frau von Stein spielt die Skeptische, die die anderen, vor allem aber Adelheid-Anna Amalia warnt, dass Goethe »auf aller Frauen Spur« gehe.

> *»Du sollst mit deiner Lästerung schweigen,*
> *Sonst werd ich dir noch meine Ungnade zeigen!«*,

weist Adelheid-Anna Amalia sie zurecht und betont ihr Vorrecht auf Rino-Goethe mit den Worten:

> *»Heut kommt der Freund zu mir,*
> *Und ich lass' ihn weder dir, dir, noch dir!*

Will mich ganz allein an mir laben,
Und ihr sollt nur das Zusehen haben!«

Am Ende stellt sich heraus, dass alle vier Frauen Liebesbriefe von Rino-Goethe erhalten haben.[90]

1.5.2. Anna Amalias Klagen

» *Wäre ich überzeugt, dass Goethe zu diesen kriechenden*
Geschöpfen gehörte, denen kein anderes Interesse heilig ist als
ihr eigenes und die nur aus Ehrgeiz tätig sind, so würde ich
die erste sein, gegen ihn aufzutreten.«

Dies ist eines der wenigen, wenn nicht sogar das einzige Zeugnis aus diesen ersten Jahren, das wir persönlich von Anna Amalia über Goethe haben. Ihre Briefe aus der Zeit zwischen 1776 bis 1786 an ihn sind offenkundig, wie so manch anderes aus diesen Jahren, vernichtet worden.

Sie hielt ihn für talentiert, mit großen geistigen Fähigkeiten begabt, rücksichtsvoll gegenüber anderen und genau wie sie selber bestrebt, andere glücklich zu machen.[91] Ein halbes Jahr kannte sie ihn erst, und die Treffen hatten in den meisten Fällen im Beisein von Hofleuten stattgefunden, es waren eher offizielle Zusammenkünfte gewesen. Allerdings gab es auch andere Begegnungen, wie Goethe selber beschreibt: »Mit der Herz. Mutter hab ich sehr gute Zeiten, trieben auch wohl allerley Schwänck und Schabernack.«[92] »Ja, bei der Herzogin-Mutter freilich konnte ich zuweilen wohl eine Stunde amüsieren; … da improvisierte ich oft eine Erzählung, die sich hören ließ; ich hatte damals des Zeugs zu viel im Kopf und Motive zu Hunderten.«[93]

Auch Wieland bestätigt, dass Goethe sich in Gegenwart Anna Amalias »oft auf dem Boden im Zimmer herum wälzte und durch Verdrehung der Hände und Füße ihr Lachen erregte«.[94] Goethe urteilte später in einem Gespräch mit seinem Vertrauten Eckermann (1792–1854) über die Herzogin: »Vollkommene Fürstin mit vollkommen menschlichem Sinne und Neigung zum Lebensgenuss.«[95]

Manchmal besuchte Anna Amalia Goethe in seinem Garten zusammen mit Constantin, und alle »waren guten lieben Humors, und ich hab denn so gehausvatert«.[96] Er war des Öfteren bei ihr zum Essen eingeladen und fuhr mit ihr, manchmal auch in Begleitung der Herzogin Louise, nach Tiefurt, wo Constantin in den Sommermonaten mit von Knebel wohnte.[97]

Eine gemeinsame Leidenschaft war die Liebe zu Italien. Im Mai 1776 hielten sich »Italiäners« in Weimar auf, die Brüder Giugeio und Giacomo Ferrari (1763–1842) aus Mailand, um für die 1776 gegründete freie Zeichenschule Abgüsse antiker Plastiken herzustellen. Sowohl Anna Amalia als auch Goethe und der Herzog kauften sich einige für den Eigenbedarf.[98] Auch die »Arbeit« am *Liebhabertheater* brachte gemeinsame Stunden. Ende April wurde Goethes Singspiel *Erwin und Elmire* aufgeführt, zu dem Anna Amalia die Musik geschrieben hatte. Der Dichter Lenz (1751–1792) schrieb ein Lobgedicht auf die Musik der Herzogin:

> »… Ja, ja Durchlauchtigste, Du zauberst uns Elmiren
> In jede wilde Wüsteney;
> Und kann der Dichter uns in seelger Raserey
> Bis an des Todes Schwelle führen:
> So führst Du uns von da noch seeliger und lieber
> Bis nach Elysium hinüber.«[99]

Charlotte von Stein hat ihre Matinée wohlweislich nicht am Hofe herumgeschickt oder vorgelesen – Goethe hat sie sie erst am 23. Juni zukommen lassen –, so wie das üblich war bei Spottgedichten. Und das aus gutem Grund: Das Verhalten Goethes den Frauen allgemein gegenüber zu verspotten war durchaus zulässig nach den ungeschriebenen Regeln, zumal sie sich ja selber auch einbezog und als »Geschädigte« dastand. Eine andere Sache war es aber, die Mutter des regierenden Herzogs einzubeziehen, über sie zu spotten, wie sie ihre Macht ausspielte, um die anderen Damen auszubooten.

Das hätte wohl zu einem Skandal geführt, der Charlottes Stellung bei Hofe unmöglich gemacht und auch die ihres Mannes beschädigt hätte. Der Herzog, der bei aller Kritik an seiner Mutter – aber die ist bei einem 18-Jährigen, der endlich selbstständig entscheiden will, zu allen Zeiten ganz normal – ein sehr liebevolles Verhältnis zu ihr hatte, hätte das wohl zu Recht als schwere Beleidigung angesehen, auch wenn oder vielleicht gerade weil etwas Wahres daran war.

Es gibt, abgesehen von den Beobachtungen Charlotte von Steins, die sie in ihrem *Rino* verarbeitet hat, auch andere Zeugen aus dem inneren Kreis des Hofes, die bezeugen, dass Anna Amalia – wie Böttiger aufgrund der Erzählungen von Bertuch und Wieland vorsichtig schreibt – Goethe »mehr als gewogen war«.[100] Das würde auch ihr Verhalten bei der Einstellung Goethes erklären, als sie sich gegen alle Vernunft für Goethes Eintritt ins Geheime Consilium starkmachte.

Ob Goethe mehr für sie empfunden hat, als dass er gerne bei ihr war, sie gemeinsame Interessen hatten und er sich so zwanglos bei ihr benehmen konnte, als gäbe es keine Standesschranken, das wissen wir nicht. Es ist auch eher unwahrscheinlich angesichts seiner immer intensiver werdenden Briefe an Charlotte von Stein, die sich aber nach wie vor zurückhaltend gab, immerhin war sie ja verheiratet.

Auch wenn Charlotte von Stein Goethes Schwärmerei sicher genoss, musste sie ihn auf Abstand halten, sie war sich ohnehin nicht sicher, was sie von seinen Liebesschwüren halten sollte, aber seine Schwärmerei reichte schon aus, damit sie ins Gerede kamen. Und so verbot sie ihm, sie zu besuchen.

»Also auch das Verhältnis, das reinste, schönste, wahrste, das ich ausser meiner Schwester nie zu einem Weibe gehabt, auch das gestört!«, schrieb Goethe verzweifelt am 24. Mai 1776 an Charlotte. »Wenn ich mit Ihnen nicht leben soll, so hilft mir Ihre Liebe so wenig als die Liebe meiner Abwesenden, an der ich so reich bin … und das alles um der Welt willen! Die Welt, die mir nichts seyn kann, will auch nicht das du mir was seyn sollst.«[101]

In diese Zeit hinein platzte der schon erwähnte Brief Klopstocks mit Ermahnungen an Goethe. Zwei Wochen später Goethes Antwort: »Verschonen Sie uns in's Künftige mit solchen Briefen, lieber Klopstock! Sie helfen nichts und machen uns immer ein paar böse Stunden …«[102] Klopstock kündigte die Freundschaft mit Goethe auf.[103]

Das sprach sich wie ein Lauffeuer herum. Die »Weimarer Wirtschaft« war wieder einmal in aller Munde. Anna Amalia konnte das überhaupt nicht gefallen. Am 11. Juni sollte das Dekret veröffentlicht werden, durch das Goethe als Geheimer Rat in das höchste Staatsorgan eintreten sollte. Sie hatte sich für ihn starkgemacht, und zwar nicht wegen seiner fachlichen Kompetenz, sondern: »Sie wissen, wie sehr mir der Ruhm meines Sohnes am Herzen liegt und wie sehr ich darauf hingearbeitet habe und täglich noch arbeite, dass er von Ehrenmännern umgeben sei.«[104] – Vielleicht bemerkte sie erst jetzt, durch seine in der Öffentlichkeit verbreitete Korrespondenz mit Klopstock, dass jener Ruhm wenn nicht zerstört, so doch stark beschädigt worden war.

Zunächst einmal beklagte sie sich bei Wieland, der ihre »Klagen« am 5. Juni an Goethe weitergab, wie Goethe in seinem Tagebuch schreibt: »Wieland erzählte die Klagen der Herzogin Anna Amalia«, wobei Goethe in seinem Tagebuch wie in diesen ersten Jahren eigentlich meistens nicht ihren Namen ausschrieb, sondern das Symbol des Halbmondes für sie benutzte. Am nächsten Morgen bereits ging er, wie er in seinem Tagebuch vermerkte, zu ihr.[105]

Was sie besprachen, kann man nur ahnen. Goethe hasste Kritik, aber in diesem Gespräch trat Anna Amalia vermutlich nicht als Freundin auf, mit der man eine Menge Spaß haben konnte, sondern als Frau, die 16 Jahre lang das Herzogtum regiert hatte und deren Vermittlung er seine Einstellung verdankte. Sein Verhalten konnte man lustig finden, solange er nur der Dichterfreund ihres Sohnes war, von einem Geheimen Rat mit Sitz im Consilium war ein anderes Verhalten gefordert.

Ob sie mit ihm auch über das offene Gerede wegen seiner »Beziehung« zu Frau von Stein sprach? Wir wissen es nicht. Hat Anna Amalia auch mit Frau von Stein darüber gesprochen? Auch das wissen wir nicht. Auffallend ist aber, dass Charlotte von Stein, die zu Beginn von Goethes Weimarer Aufenthalt noch zum engeren Kreis um Anna Amalia gehörte – Auftritt beim Ritterschlag, beim Laientheater –, zunehmend nicht mehr bei solchen Anlässen eingeladen wurde.

Goethe jedenfalls schrieb weiterhin Briefe an Charlotte, traurig darüber, dass er sie nicht sehen durfte. Aber was sich änderte, war Goethes Verhältnis zu Anna Amalia. Sie war nicht mehr die Freundin, bei der er sich auf dem Boden wälzen und Scherze machen konnte. Er wurde als Geheimer Legationsrat Staatsbeamter, ganz oben in der Hierarchie. Er würde den Herzog bei Entscheidungen beraten, die über das Leben der Menschen im Herzogtum bestimmten.

War er dadurch auch Anna Amalia persönlich gegenüber reservierter geworden? Förmlicher? Sein Verhalten ihr gegenüber muss jedenfalls so auffällig für Anna Amalia gewesen sein, dass Goethe es im Brief an Charlotte extra erwähnt: »Ich hab' Sie viel lieber seit neulich, viel theurer und viel werther ist mir deine Gutheit. Aber freylich auch klarer und tiefer ein Verhältniß, über das man so gerne wegschlüpft, über das man sich so gerne verblendet. Der Herzogin Mutter entging nicht, dass ich mich auf einmal veränderte.«[106]

Noll vermutet, dass sich diese Stelle weniger auf Goethes neue Ernsthaftigkeit bezog, sondern darauf, dass Anna Amalia gemerkt hatte, wie Goethe sich immer mehr Charlotte von Stein zuwandte, immerhin wurde darüber bereits in ganz Weimar geredet.

Vielleicht war es eine Mischung aus beidem. Zumindest muss Frau von Stein das vermutet haben. Denn einen Tag, nachdem sie seinen Brief mit dem Hinweis auf die Herzoginmutter erhalten hatte, schickte sie ihm ihr Matinée *Rino* über seinen Freund, den Dichter Lenz. Wollte sie Goethe warnen, wie Noll vermutete, dass Anna Amalia eifersüchtig sein könnte mit ungeahnten Folgen?[107] Anna Amalia war gewohnt, dass man ihre Befehle befolgte, und sie zählte Goethe zu denen, die sie »meine Leute« nannte. Charlotte von Stein hatte das Verhalten der Herzogin wochenlang beobachtet, bevor sie im Frühling 1776 Adelheid-Anna Amalia die Worte in den Mund legte:

> *Heut kommt der Freund zu mir,*
> *Und ich lass' ihn weder dir, dir, noch dir!*
> *Will mich ganz allein an ihm laben,*
> *Und ihr sollt nur das Zusehen haben!*«[108]

1.6. Künstlerkolonie Weimar

> *»Hier ist ein Liebhabertheater für Adel und Bürger,*
> *wo alle elenden Schauspielerregeln verbannt sind«,*

schrieb Jakob Michael Lenz, Goethes Dichterfreund aus Straßburger Zeiten, der Anfang April 1776 nach Weimar gekommen war.[109] Da es seit dem Brand 1774 aus finanziellen

Gründen keine professionelle Theatergruppe mehr gab, spielten die Mitglieder des Hofes, einschließlich der beiden Prinzen, selbst französische Stücke, Werke von Lessing oder von in Weimar lebenden Poeten wie Wieland, Einsiedel und anderen. Nun beteiligte sich auch Goethe daran; er schrieb, studierte die Stücke mit den Laiendarstellern ein und organisierte die Aufführungen.

Am 29. Februar 1776 wurde der *Westindier* aufgeführt, in dem neben dem Herzog sein Bruder Constantin, Goethe, Anna Amalias Hofdame Luise von Goechhausen und Kammerherr von Seckendorff mitspielten.[110] Ende April folgte *Erwin und Elmire*.

Jakob Michael Reinhold Lenz war der Erste der Dichterfreunde Goethes, die ihren Weg nach Weimar nahmen. In Königsberg geboren, hatte er als Hofmeister die Brüder Georg Friedrich (1751–1800) und Ernst Nikolaus von Kleist (1752–1787) nach Straßburg begleitet, wo beide in den französischen Militärdienst eintraten. Dort hatte Lenz auch Goethe kennengelernt. Als er in Weimar ankam, wurde er von Goethe freundschaftlich begrüßt und in dessen Freundeskreis eingeführt. Auch bei Hofe wurde er gern gesehen und fühlte sich anfangs sehr wohl.[111] Im Gegensatz zu den anderen aus der Gruppe, allen voran Goethe, begriff aber Lenz zu keinem Zeitpunkt seines Aufenthaltes in Weimar, dass die kumpelhaften Umgangsformen, die die Gruppe gegenüber dem Herzog pflegte, nicht bedeuteten, dass die Standes- und Rangordnung am Hof außer Kraft gesetzt war. Bei offiziellen Anlässen galt weiterhin die strenge Etikette mit ganz klaren Verhaltensweisen. Und er verstand auch nicht, dass er nur zu diesem inneren Kreis um den Herzog gehörte, weil er ein Freund Goethes war, der sich als Favorit des Herzogs trotz seines bürgerlichen Standes viel mehr herausnehmen durfte als er. Daher geriet Lenz schon bald mit ebendieser Etikette in Konflikt, was zunächst noch mehr Heiterkeit als Empörung hervorrief. Die Gräfin Goertz überliefert in ihren Briefen, wie andere Zeitzeugen auch, einen ausführlichen Bericht von dem Ball am 24. April 1776: »Um 9 Uhr kommt Herr Lenz in einem schönen, roséfarbenen Domino, das ist aber noch nicht alles. Man tanzt Menuett, und er wählt Fräulein von Lasberg. Hier ist also das schöne, in Bewegung begriffene Paar, und alle anderen hören auf zu tanzen, alle brechen in schallendes Gelächter aus. Klinkowström schickt Prinz Constantin sofort zum Herzog, während Lenz das Menuett beendet, drängen ihn Pagen und Diener zum Verlassen der Szene.«[112]

Goethe kam hinzu und erklärte ihm, dass dies ein Bal paré und kein Bal masqué sei, er darum als Nicht-Adliger gar nicht zugelassen sei. Lenz war erbost: »Mit all solchem höfischen Distinktionskram sollt ihr mich ein für alle Mal ungeschoren lassen, wenn ihr nicht wollt, dass ich sogleich wieder umkehren und mein Bündel schnüren soll.«[113]

Auch Goethe fand das Ganze sehr lustig, wie er an Charlotte schrieb: »Lenzens Eseley von gestern Nacht hat ein Lachfieber gegeben. Ich kann mich gar nicht erhohlen.«[114]

Bei Hofe wurde er trotz solcher »Fehltritte« weiterhin als Vorleser und literarischer Gesellschafter geschätzt. Stolz berichtete er an seinen Freund Philipp Christoph Kayser (1755–1823), dass er der Herzoginmutter aus Lavaters *Physiognomik* »mit sehr viel Empfindung vorgelesen« habe, sodass sie den Wunsch äußerte, ihn persönlich kennenzulernen.[115] Von seinem Freund Friedrich Wilhelm Gotter (1746–1797) wollte er sich den *Barbier von Sevilla* leihen, denn »die Herzogin Mutter ist sehr verliebt drinn und ich hab ihrs zu übersetzen versprochen, damit wirs hier aufführen können«.[116]

Und doch war Lenz bereits nach vier Wochen entschlossen, Weimar und dem Hof den Rücken zu kehren. Er war nicht nach Weimar gekommen, um an pubertären Streichen teilzunehmen, er hatte eine Mission. Seine Erlebnisse in den Kasernen als Hofmeister und die Sittenlosigkeit der französischen Soldaten hatten Lenz zu seinem Reformprojekt *Die Soldatenehen* inspiriert.[117] Er schlug in seiner Schrift vor, dass man die Soldaten verheiraten solle, dann würden sie zum einen besser kämpfen, weil sie es für ihre Familien täten, und zum anderen könnten sie ihre Triebenergie in der Ehe ausleben, was moralisch gerechtfertigt sei und die Zivilgesellschaft von der »Lüsternheit des Militärs« erlöse.

Dieses Manuskript wollte er dem Herzog von Weimar anbieten, beziehungsweise es sollte über dessen Vermittlung an den französischen König gelangen. Goethe schreibt später in *Wahrheit und Dichtung*, dass Lenz zwar eine gute Analyse der Situation gemacht habe, aber seine Heilmittel seien »lächerlich und unausführbar«.[118]

Zwei Tage vor seiner Amtseinführung am 25. Juni 1776 saß Goethe laut seinem Tagebuch in Wielands Garten mit Wieland und Lenz zusammen, und sie plauderten »von Vergangenheiten«.[119] Das Thema passte sehr gut zu Goethes Situation. Mit der Amtseinführung begann ein neues Kapitel für ihn. Statt Provokation im Sinne von Sturm und Drang glaubte er in der Lage zu sein, die Zustände zu verändern. Lenz und die alten Dichterfreunde aus der Straßburger Zeit gehörten in die Vergangenheit. Das neue Abenteuer lag in Weimar, wie er an seine inzwischen verheiratete Jugendliebe Charlotte Buff schrieb: »Der Herzog, mit dem ich nun schon an die neun Monate in der wahrsten und innigsten Seelen-Verbindung stehe, hat mich endlich auch an seine Geschäfte gebunden; aus der Liebschaft ist eine Ehe entstanden, die Gott segne.«[120]

1.7. Waldspiele

»Ich bin hier ganz in Wald und Berg getaucht. Wir sind alle
Bergleute, alle in Grubenkittel, ich trage gar keine andere
Kleidung mehr ... Es fängt uns an göttlich wohl zu werden«,

schrieb Carl August am 21. Juli 1776 aus Ilmenau an seine Mutter.[121] Während sich viele Weimarer Adlige in den angesagten
Kurorten erholten, Anna Amalia auf Schloss Ettersburg beziehungsweise auf dem Landgut Tiefurt weilte, befand sich Carl
August mit Goethe, seinem Schwager, dem Erbprinzen von
Hessen-Darmstadt, und einigen Gefolgsleuten in Ilmenau,
um ein altes Bergwerk wieder in Betrieb zu nehmen und zu
jagen. »Abermals, beste Mutter, versichere ich Sie von dem
vergnügten und wohlen Leben, das wir hier führen ... Ich tau-
che mich hier alle Tage in die Natur bis über die Ohren. Ich
habe nun vieles gesehen, aber sehr vieles noch nicht; hierzu
gehört noch etwas Zeit ... Leben Sie wohl, beste Mutter.
Wollte Gott Ihnen jetzt so ein frohes Naturgefühl geben, als er
mir es gibt. «[122]

Andere machten sich Sorgen. Graf Putbus, der Oberhofmeister Anna Amalias, schickte einen Brief mit einem Gedicht, vielleicht sogar im Auftrag Anna Amalias, in dem es
hieß: »... Glaub' unsre Herzen reiten mit / Und sollen Dich
begleiten, / Und kletterst Du in dunklen Schacht, / Nimm –
sieh, wir zittern alle! – / Nimm, bester Fürst, Dich ja in Acht. «
/ Und klimme nicht allein hoch – witsch! / Ein Unfall könnt'
Dich töten. / Wir flehnt Euch an, Gott, Prinz und Fritsch. /
Kalb, Wedel, Staff und Goethen: Bringt uns den Herrn ganz
und gesund! / Euch sei er anbefohlen; / Wo nicht, so soll
Euch in der Stund, / Der leidige Teufel holen! «[123]

Bei allem scherzhaften Tonfall steckte Sorge und leise Kritik dahinter. Aber sie durfte man nur über ein Scherzgedicht anbringen und hoffen, dass die Botschaft ankam, was zweifelhaft war, wenn man den etwa zeitgleichen Brief Goethes aus Ilmenau an Merck anschaut: »Hab mich immer lieb, glaub, dass ich mir immer gleich bin, freilich hab ich was auszustehen gehabt; dadurch bin ich nun ganz in mich gekehrt. Der Herzog ist eben so, daran denn die Welt freilich keine Freude erlebt; wir halten zusammen und gehen unsern eignen Weg, stoßen so freilich allen Schlimmen, Mittelmäßigen und Guten für'n Kopf, werden aber doch hindurchdringen, denn die Götter sind sichtbar mit uns.«[124]

Und dann kam das, was alle befürchtet hatten. Der Herzog verunglückte. »Liebste Mutter, ich bin lahm, ein Schlag des Pferds, welchen ich im Anfang meines Hierseins auf mein rechtes Schienbein richtig empfangen habe, verursacht dieses.« Er musste liegen, konnte nicht gehen und hatte starke Schmerzen.[125]

Friedrich Wilhelm Heinrich von Trebra (1740–1819), Vizeberghauptmann in Freiberg, hielt sich im Sommer 1776 in Ilmenau auf, um sich über den Bergbau zu informieren. Dort traf er auf den Herzog und seine Gruppe und blieb einige Tage in diesem »lebensvollen Zirkel«. Es war verwundert über das scheinbar von allen Standesregeln befreite Leben: »Hier war alles erlaubt. Unbewacht ausgelaßen zu seyn war hier, wo nicht gefordert, doch nicht ungern gesehen, wohl gar erwünscht.« Allerdings flüsterte ihm Goethe doch die dringende Warnung zu, dass zwar im Prinzip alles erlaubt sei im Umgang mit dem hohen Adel und dem Herzog, aber »von ihren Leibern haltet euch fern, und duldet lieber, was sie körperlich euch zufügen, wenn sie sich zur handfälligen Lustigkeit herablaßen«.[126]

Wer die Einzelheiten im dänischen Fall Struensee kennt, kann nicht umhin, Ähnlichkeiten zu erkennen: Bürgerlicher trifft auf unerfahrenen jungen Herrscher, der sich von ihm begeistern lässt. Statt Etikette ist nun nach Rousseau naturverbundenes Leben und Abenteuer angesetzt. Bürgerlicher entdeckt, dass er verändern kann, erhält hohe Staatsposten ohne Erfahrung, holt Freunde in Stellungen bei Hofe, bringt Adel, weltliche und kirchliche Institutionen des Landes gegen sich auf. Man wirft ihm vor, den Herrscher durch das ungebärdige Leben in Gefahr zu bringen. Am Ende die Palastrevolution. Der Vorwurf gegen Struensees Freund, den Hofbeamten Enevold Brandt (1738–1772), der unter anderem als Vorleser des Königs angestellt war, lautete, dass die spielerischen Raufereien, zu denen der König ihn verpflichtete, ein körperlicher Angriff auf den König waren, eine Majestätsbeleidigung, die Brand mit dem Tode büßen musste.

Die Ähnlichkeit von Goethes Situation, kaum vier Jahre nach der Hinrichtung Struensees, war auch anderen aufgefallen: Wenn Klopstock glaubte »es werde ein blutiges Ende für G(oethe) nehmen, denn der Adel ist aufs Äußerste gegen ihn erbittert«, dann hatte er genau diese Szenerie im Kopf, die er in Kopenhagen hautnah miterlebt hatte.[127]

Dass Goethe in Weimar in diesen Monaten nicht sehr beliebt war, wurde in vielen Briefen aus Weimar ins Reich kommuniziert, wo es sich sehr schnell herumsprach. »Der Herzog von Weimar soll viele tolle Streiche begehen, und Goethe soll brav mit ihm herumschwärmen. In Weimar hasst man Goethe sehr.«[128]

Das aber hing auch damit zusammen, dass man ihn für inkompetent hielt. »Man war allgemein der Meinung, dass ein Genie seiner Art nicht zu ernsten Staatsgeschäften geeignet sei«, schreibt Lynckers in seinen Erinnerungen.[129]

Wieland gehörte zu den wenigen, die Goethe verteidigten, indem sie darauf hinwiesen, dass er sein Verhalten mit dem Eintritt in die Staatsgeschäfte geändert habe: »Goethe hat freilich in den ersten Monaten die meisten (mich niemals) oft durch seine damalige Art zu sein skandalisiert und den Diabolus prise über sich gegeben. Aber schon lange und von dem Augenblick an, da er decidiert war, sich dem Herzog und s. Geschäften zu widmen, hat er sich mit untadeliger Besonnenheit und aller ziemlichen Weltklugheit aufgeführt.«[130]

Auch Anna Amalias Oberhofmeister von Putbus registrierte eine Veränderung: »Unsere sogenannten schönen Geister, die in einigen Fällen ziemlich hässlich aussehen, können einen philosophischen Beobachter wohl reizen ... Mit mehr Unfehlbarkeit, als der Papst beansprucht, schleudern sie Verwünschungen und Bannflüche gegen alle, die ihnen Bewunderung versagen ... Indessen hat ihr Ton sich doch ein wenig mit ihrer Politik geändert. Je mehr sie die Möglichkeit wahrnehmen, etwas darzustellen, umso mehr wachsen sie an Würde und Höflichkeiten ... Goethe, seit Kurzem Geheimer Legationsrat mit Zutritt zum Consilium ist der erklärte Günstling des Herzogs und der Schützling der beiden Herzoginnen. Sie kennen, mein sehr lieber Oheim, die Art seines Genies aus seinen Werken. Trotz der Neigung, die er ehemals für die Satire, die an die Schmähschrift grenzt, bewiesen hat, scheint er ein rechtschaffender Mann zu sein und zeigt ehrenhafte Gesinnungen.«[131]

Im übrigen Reich wurde jede Nachricht aus Weimar fasziniert und ungläubig aufgegriffen, kommentiert und herumgeschickt. »Mich soll wundern, ob sich die Scene dort wie eine lahme Farce oder wie ein Trauerspiel endet«, schrieb Christian Bode Ende August 1776.[132]

1.8. Lenzens *Waldbruder*

» Und welche Ehre ist es, an einem Hof zu gefallen,
der zurzeit die Augen ganz Deutschlands auf sich zieht
und selbst unserer Nachbarn. Ich habe genug Ehrgeiz,
um nicht länger den Narren zu geben«,

schrieb Lenz Anfang September 1776 aus Berka an Charlotte
von Stein.[133] Er hatte ja schon vorher von einem »Strudel«
geschrieben, in den er geraten war, sodass er nicht mehr
wusste, wo ihm der Kopf stand. Außerdem war er in mehrfacher Hinsicht enttäuscht. Er hatte trotz aller Zwanglosigkeit
feststellen müssen, dass auch in Weimar die Etikette eine
große Rolle spielte und man als Bürgerlicher eben doch nicht
voll akzeptiert wurde. »Wie lange werdet ihr noch an Formen
und Namen hängen!«, wird er später vorwurfsvoll an Herder
schreiben.[134]

Am 27. Juni, zwei Tage nach der Amtseinführung Goethes,
verließ Lenz Weimar, wie er es schon mehrfach vorher angekündigt hatte, um in die Einsamkeit nach Berka zu gehen:
»Ich geh aufs Land, weil ich bei Euch nichts thun kann«,
schrieb er Goethe zum Abschied. »Lenz, du dauerst mich«,
war die Antwort.[135]

Und zu bedauern war er wirklich. Das hing aber vor allem
mit seiner unglücklichen Liebe zu Henriette Waldner von
Freundstein (1754 – 1803) aus Straßburg zusammen, in die er
sich unsterblich verliebt hatte, die aber einige Tage nach seiner Abreise aus Straßburg an den Baron Siegfried von Oberkirch (1735 – 1797) verheiratet wurde. In der Einsamkeit in
Berka steigerte sich Lenz nicht nur in eine ideale Liebe zur
nun verheirateten Henriette von Oberkirch hinein, sondern
glaubte auch in Goethe einen Menschen getroffen zu haben,

der offenbar zu solch tiefen Empfindungen nicht fähig war oder zumindest kein Interesse daran hatte. Er verarbeitete seine Gefühle in seinem Roman Der *Waldbruder*.

In Weimar wusste man von dem Projekt, vielleicht ohne den genauen Inhalt zu kennen, und nahm Anteil. Anna Amalia schrieb am 20. Juli 1776 an Carl August, der von Ilmenau aus auch Berka besuchen wollte: »Grüße alle Brüder Herze, die es dort oben gibt, und sollten es auch Waldbrüder sein.« Die Hauptperson des Briefromans »Herz« ist ein Synonym für Lenz, der in der Straßburger Zeit so genannt wurde.[136] Aus Henriette wurde die Gräfin Stella. Es würde zu weit führen, den *Waldbruder* im Einzelnen zu besprechen. Wichtiger als die Geschichte sind die beiden Figuren des Herz und des Rothe, der für Goethe steht. Über diesen Punkt gibt es in der alten und neuen Forschung keinen Zweifel. Manches kann man eins zu eins übertragen, und am folgenden Beispiel zeigt sich, dass Lenz auch hier wie schon in anderen Werken Zitate aus tatsächlich existierenden Briefen benutzt. Als Herz sich in die Einsamkeit der Wälder zurückzieht, erhält er über einen Boten einen Zettel von Rothen, auf dem mit Bleistift steht: »Herz! Du dauerst mich!« Das ist der gleiche Wortlaut, den Goethe ebenfalls mit Bleistift am 27. Juni 1776 auf die Rückseite des Briefes geschrieben hat, mit dem Lenz sich aus Weimar verabschiedete.[137]

Während Herz-Lenz in seinen Briefen an seinen Freund Rothe-Goethe seine unglückliche Liebe beschreibt, bekommt er von diesem statt Verständnis nur den Ratschlag, dass er mit einer anderen Einstellung zu den Frauen leichter durch das Leben käme: »Alle Deine Talente in eine Einsiedelei zu begraben – Und was sollen diese Schwärmerei endlich? Höre mich, Herz, ich gelte etwas bei den Frauenzimmern, und das bloß, weil ich leichtsinnig mit ihnen bin. Sobald ich in die hohen Empfindungen komme, ist's aus mit uns, sie verste-

hen mich nicht mehr, sowenig als ich sie, unsere Liebes-
geschichten haben ein Ende ... Siehst Du, so bin ich in einer
beständigen Unruhe, die sich endlich in Ruhe und Wollust
auflöst und dann mit einer reizenden Untreue wechselt. So
wälze ich mich von Vergnügungen auf Vergnügungen ...«[138]
»Ich lebe glücklich wie ein Poet, das will bei mir mehr sagen,
als glücklich wie ein König. Man nötigt mich überall hin und
ich bin überall willkommen, weil ich mich überall hineinzu-
passen und aus allem Vorteil zu ziehen weiß ... Die Selbst-
liebe ist immer das, was uns die Kraft zu den andern Tugenden geben muß, merke Dir das, mein menschenliebiger Don
Quichotte! ... Ich weiß, Du knirschest die Zähne zusammen,
aber mein Epikureismus führt doch wahrhaft weiter als Dein
tolles Streben nach Luft- und Hirngespinsten ... So gut würde
Dir's auch werden, wenn Du mir folgtest; wäre doch besser,
unter blühenden und glühenden Mädchen in Scherz und
Freude und Liebkosungen sich herumzuwälzen als unter Dei-
nen glasierten Bäumen auf der gefrornen Erde. Was meinst
Du, Herz? Lachst Du? Narr, wenn Du lachen kannst, so ist
alles gewonnen.«[139]

Der *Waldbruder* ist zumindest in diesem ersten Teil eine
Satire auf Goethes und Lenzens Charakter in Bezug auf Liebe,
Treue und Leidenschaft: Lenz, der zwar unglücklich, aber
moralisch erhaben über dem »epikuräischen Liebesgenuss«
Goethes stand, der nur aus kurzfristiger Befriedigung bestand, ohne Rücksicht auf die Gefühle anderer. Lenz schenkte
später das Manuskript Goethe, der es aber wegschloss und
erst Jahre nach dessen Tod auf mehrfaches Nachfragen Schillers mit Änderungen zum Druck in seinen Horen freigab.[140]

Der Kontakt Lenzens nach Weimar riss in dieser Zeit aber
nicht vollends ab. Es gab Briefe von Wieland und Herder;
Goethe, der ja noch nichts vom Inhalt des *Waldbruders*
wusste, kam vorbei oder ließ durch seinen Diener Sachen

bringen, die Lenz benötigte. Alle drei bis vier Wochen erschien Lenz selbst in Weimar. Als er krank wurde, schickte die Herzoginmutter Anna Amalia ein Paket mit Wäsche und einen Tag später sogar ihren Arzt vorbei.[141]

1.9. Eifersüchteleyen

> *Lotte ist mit dem Herrn Lenz auf dem Land [Kochberg],*
> *um die Gerüchte über ihren Freund [Goethe] zum Schweigen*
> *zu bringen, der nicht wagt, sie zu besuchen«,*

berichtete Gräfin Goertz an ihren Mann Anfang Oktober 1776. »Man behauptet, dass dieses Zartgefühl eine Verstimmung der Mutter *[Anna Amalia]* gegen sie bewirkt habe.«[142] Und einige Tage später: »Man sagt, dass Lotte den gesamten Winter auf dem Land verbringen wird, um die üble Nachrede verstummen zu lassen und um sich die Langeweile zu vertreiben, sie hat Herrn Lenz mitgenommen.«[143] Immer noch gab es Gerede wegen einer möglichen Beziehung zwischen Goethe und Frau von Stein. Aber diesmal ging es auch um Anna Amalia, die zum ersten Mal in den Briefen der Gräfin Goertz als eifersüchtig erwähnt wird. Sie war in diesen Tagen bei der Herzoginmutter eingeladen gewesen, wo sie auch auf »den Favoriten traf, der den Tag hier verbrachte, und ich finde, er ist gefeierter als je zuvor. Sie werden seine Büste als Gegenstück zu jener des Herzogs auf einem Kamin sehen, ich glaubte meinen Augen nicht zu trauen«.[144] »Man sagt, dass es eine wahre Leidenschaft ist, die die Mutter *[Anna Amalia]* ergriffen hat, und dass man noch nie so etwas bei ihr gesehen habe … Sie kleidet sich wie eine Närrin«.[145]

Bereits einen Tag, nachdem Frau von Stein aus Weimar nach Kochberg abgereist war, fuhr Anna Amalia mit einigen

Damen für ein paar Tage hinterher.[146] Der Grund ist nicht bekannt. Vielleicht wollte sie sich mit ihr aussprechen. Da sie nicht gut auf Charlotte von Stein zu sprechen war, würde ein Ausflug nur zum Vergnügen wenig Sinn machen. Viel gebracht zu haben scheint es nicht, denn Gräfin Goertz teilte mit, dass die Herzoginmutter vorzeitig aus Kochberg zurückgekommen sei. »Man behauptet, es gebe eine Abkühlung zwischen ihr und dem Favoriten. Ich kann mir nicht vorstellen, dass es lange andauert, es ist sogar eine Mißhelligkeit zwischen Mutter und Sohn davon zu erwarten.«[147]

Lenz fühlte sich in Kochberg wie im Paradies, er unterrichtete Charlotte in Englisch und gab Goethe im Hochgefühl seiner moralischen Überlegenheit den schriftlichen Rat, sich öfter mit »dem Ehemann der Lady (Frau von Stein) zu treffen. Ich habe das Gefühl, Du wirst mir für diesen Rat noch einmal dankbar sein«. Was Lenz, der natürlich auch den Besuch Anna Amalias in Kochberg miterlebt hatte, noch schreiben wollte, wissen wir nicht. Die entsprechenden Zeilen sind abgerissen worden. Da der Brief in Lenzens Besitz war und in der Stadtbibliothek in Riga gefunden wurde, kann man vermuten, dass Lenz ihn nicht abgeschickt und selbst die Fortsetzung abgerissen hat.[148] Er schreckte wohl doch im letzten Moment davor zurück, sich in einem Brief so offen in Goethes Liebesleben einzumischen.

Am 22. Oktober hielt Goethe es nicht mehr aus und fuhr nach Kochberg, was nun wieder Anna Amalia gar nicht zusagte, wie Gräfin Goertz ihrem Mann vermeldete: »Was sicher ist, ist, dass G. gänzlich mit der Mutter entzweit ist.«[149] Und auch die Beziehung zwischen Anna Amalia und Frau von Stein galt in Weimar als zerrüttet. Oder wie die Gräfin Goertz schrieb: »Frau von S. steht noch immer bei der jungen Hzgn in der größten Gunst, doch mit ihrer Herrschaft bei der Mutter ist es ganz vorbei.«[150]

Während Goethe tagsüber seine neuen Pflichten im *Geheimen Conseil* erfüllte, ging er nachmittags und abends seinen gesellschaftlichen Vergnügungen nach, die aber oft nur offizielle Pflichtveranstaltungen waren, die er wie alle Hofbeamten zu erfüllen hatte. Anders waren die Treffen mit Freunden in seinem Garten, wo sich auch manchmal Herzogin Louise einfand und wohin die » Herz M *[Herzoginmutter]* mit Jöchhaus *[Hofdame von Goechhausen]* über die Wiese kam«, wie er in seinem Tagebuch notierte.[151]

Anfang November brachte Goethe ein neues Gedicht in Umlauf: *An den Geist des Johannes Sekundus.* Der berühmteste Dichter der Niederländer, Johannes Secundus (1511 – 1536), hatte einen Gedichtzyklus *Basia. Die Küsse* geschrieben mit 19 Gedichten, in denen es um den Kuss in verschiedenen Situationen ging. Secundus war »eine echte Renaissancegestalt …; leidenschaftlich, liebeglühend, schönheitstrunken, ein Sinnenmensch durch und durch, dazu ein Virtuose der Form, erfüllt von Begeisterung für körperliche Schönheit, die er genießt und auskostet, in ihr das Göttliche erlebend mit Wahrheit antiker Daseinslust«.[152] Sein Werk hat immer wieder, gerade im 18. Jahrhundert zu Nachdichtungen angeregt u. a. Goethe, auf den es einen lebenslangen Eindruck gemacht hat, bis hin zu seinen *Römischen Elegien*.[153]

> *» Lieber heiliger grosser Küsser,*
> *der Du mir's in lechzend athmender*
> *Seligkeit fast vorgethan hast,*
> *Wem sollt' ich's klagen? klagt ich dirs nicht?*
> *Dir, dessen Lieder wie ein warmes Kissen*
> *Heilender Kräuter mir unters Herz sich legten,*
> *Dass es aus dem krampfigen starren*
> *Erdetreiben klopfend sich erhohlte.*
> *Ach wie klag ich dir's, dass meine Lippe blutet,*
> *Mir gespalten ist und erbärmlich schmerzet,*

Ach gesprungen, nicht vom Biss der Holden,
Die, in voller ringsumfangender Liebe,
Mehr möcht haben von mir, und möchte mich Ganzen
Ganz erküssen und fressen und was sie könnte!
Nicht gesprungen, weil nach ihrem Hauche
Meine Lippen unheilige Lüfte entweihten.
Ach Gesprungen ist sie, weil mit ödem, kalten,
Überbeizenden Reif, der Herbstwind anpackt.
Und da ist Traubensaft und der Saft der Bienen,
An meines Heerdes treuem Feuer vereinigt,
Der soll mir helfen! Warlich er hilft nicht!
Denn von der Liebe allheilendem
Giftbalsam ist kein Tröpfgen drunter. « G.[154]

In Goethes Tagebuch ist *Secundus Johannes* beziehungsweise
Ad manes J. S. unter dem 1. und 2. November vermerkt.[155] Am
1. November hatte er in seinem Garten die beiden Herzoginnen und Lenz zu Gast. Abends fuhr er nach Tiefurt, wo Knebel mit Prinz Constantin wohnte, der eine Abschrift von dem
Gedicht machte und seine eigene Version *Nach dem Johannes
Secundus* dazuschrieb, auch sehr erotisch, aber mit der Beto-
nung auf der Treue für eine Frau. Darin heißt es unter anderem:

» *Eine macht mein Glück, nur Eine macht mein Leiden,*
Alles mein Daseyn besteht durch ein Einzig Weib ...«[156]

Beides findet sich im Weimarer Hauptstaatsarchiv unter den
Papieren Anna Amalias. Am 2. November war Goethe bei
Herder, danach bei Anna Amalia »wo zum Punsch getrunken
und gesungen wurde«.[157]

Es ist stark zu vermuten, dass Goethe, wie er das ja mit den
meisten seiner Werke machte, sein Gedicht an diesen beiden
Novembertagen vorlas. Am 2. November schickte er es auch

an Charlotte von Stein, da sie bei den anderen Treffen nicht dabei gewesen war.[158] Das Gedicht in seiner Handschrift findet sich unter den Papieren der Frau von Stein.

Was man in Weimarer Adels- und Hofkreisen von diesem Goethe-Gedicht hielt, ist nicht überliefert. Constantins Text ist auf jeden Fall ein Gegenentwurf, und die Welt des Johannes Secundus steht auch im Gegensatz zu Lenzens Vorstellung einer idealen Liebe zu einer Frau, die er gerade in seinem *Waldbruder* aufarbeitete. Er war am 1. November anwesend, als Goethe sein Gedicht vorlas. Der Historiker Froitzheim vermutet und könnte damit durchaus recht haben, dass Lenz die Briefe, in denen Goethe – in der Figur des Rothe – seine sinnenfrohe Einstellung zur Liebe und den Frauen beschreibt, erst danach in seinen Text einfügte.[159]

Auch Anna Amalia machte sich Gedanken zu diesem Thema. In ihrem Nachlass findet sich ein entsprechender Text ohne Datum, aber wohl nach 1775 – und es ist wirklich schade, dass Goethe diesen Text nie zu Gesicht bekam. Sie schreibt: »Die Weiber lieben, Männer haben eine Begierde, das, was Liebe bestimmt, ist in ihnen nur ein vorzüglicher Geschmack, welcher nur dazu dient, andere Vergnügungen zu vermehren. Indeßen ist es eine tiefe Empfindung bey der Frau, die alle anderen Vergnügungen vernichtet. Sollten sich auch einige Männer finden, die die zarten Empfindungen der Liebe fühlen, dennoch können sie sich nicht in die Stimmung der Herzen der Weiber versetzen … Der Mann fühlt sein Glück im Genuss, das Weib in der Liebe selbst. Der Stolz der Männer und ihre Selbst-Sucht sind oft bewegende Gründe ihrer Liebe; daher können sie selten schätzen den wahren Wert der Frauen und betrachten sie daher als ein volkommendes Werkzeug ihrer thierischen Vergnügungen. Die Natur, die das feinste Gewebe brauchte, um das Weib zu bilden, sah es nicht als ihren Zweck, die Wollüstigen Begierden der Männer zu befriedigen, sondern sie bestimmte es *[das Weib]* zu was Edlers, sie setzte das Weib an der Seite des Mannes, seine Rohheit zu mildern, ihn mit Vernunft und Liebe in den Schranken der Menschheit zu leiten. Die Geringschätzung des weiblichen Geschlechtes ist der Schlüssel zu der Unsittlichkeit. Gegenseitige Hochachtung muß unter beyden Geschlechtern existieren.«[160]

1.10. Lenzens zweite Eseley

»*Lenzens Eseley*«,

vermerkte Goethe am 26. November 1776 in seinem Tagebuch.[161] Es ist der einzige Eintrag an diesem Tag. Wieder einmal hatte Lenz eine Grenze überschritten. Während die erste »Eseley« im April bei Goethe noch ein »Lachfieber« ausgelöst hatte, führte die zweite zur – von Goethe forcierten – offiziellen Ausweisung Lenzens aus dem Herzogtum innerhalb von vier Tagen.

Was war passiert? Eine endgültige Klärung dieser Frage wird es wohl nie geben, da die meisten Beweise vernichtet wurden. Im Goethe- und Schiller-Archiv liegt beispielsweise der Brief von Lenz an von Kalb, in dem er sich erklären wollte. Leider ist die entscheidende Seite abgerissen worden.[162] Und noch etwas unterscheidet die erste von der zweiten Eseley: Während die Anwesenden nach dem Maskenball ganz offen an Verwandte und Bekannte über den Vorfall berichteten, war die zweite Eseley ein Tabu, alle Mitwisser unterwarfen sich einem Schweigegebot, das zu brechen sie sich fürchteten. Ein Jahr später traute sich Wieland nicht einmal Goethe davon zu berichten, dass Lenz »irsinnig« geworden war: »Ich wage es nicht, Göthen Etwas davon zu sagen ...«[163]

Der Kammerpräsident von Kalb, der Lenz den Brief mit der Ausreiseverfügung des Herzogs hat zukommen lassen, hatte eine Summe Geld, die Lenz »von unbekannter Hand« erhalten sollte, dazugelegt. Lenz lehnte mit den Worten ab: »Da ich aber nach meiner Überzeugung erst gehört werden müsste, ehe man mich verdammte und meine Ehre, die mir lieber als tausend Leben ist, mich durch Annehmung dessen, was Sie mir von unbekannter Hand hinzugelegt, eines mir unbewussten Verbrechens schuldig zu bekennen, nimmermehr erlauben wird, so verzeyhen Sie, dass ich diese beygefügte Gnade nicht annehmen, sondern um Gerechtigkeit bitten darf. Es ist nicht seit heute, dass ...«[164] Hier fehlt der zweite Teil des Briefes. Ausgerechnet dort, wo Lenz erklären wollte, worum es ging.

An Herder schrieb Lenz am Tag vor seiner Ausweisung: »Es freut mich, bester Herder! Dass ich Gelegenheit finde, Abschied von dir zu nehmen. Freilich traurig genug, kaum gesehen und gesprochen, ausgestossen aus dem Himmel als ein Landläuffer, Rebell, Pasquillant. Und doch waren zwo Stellen in diesem Pasquill, die Goethe sehr gefallen haben würden, darum schickt ichs dir. Wie lange werdet ihr noch an Form und Namen hängen. Ich gehe, sobald man mich fortwinkt, in den Tod aber nicht, sobald man mich herausdrücken will. Hätt' ich nur Goethens Winke eher verstanden. Sag ihm das.«[165]

Jahre später schrieb er an Herder aus Riga, er sei in Weimar auf die »sonderbarste Art von der Welt in die Enge gebracht«.[166] Dabei wusste er natürlich, was Goethes Reaktion ausgelöst hatte, allerdings verstand er auch Jahre später nicht, warum sie so heftig ausgefallen war.

Vor seiner Abreise bat Lenz Herder, einen Brief an den Herzog zu schicken und um einen Tag Aufschub zu bitten, damit er im Archiv noch weiter über Bernhard studieren könne, einen berühmten Vorfahren des Herzogs, über den er einen Aufsatz schreiben wollte. »Er wird mir diese letzte Bitte nicht abschlagen, wenn ihm Goethe für die Reinheit meiner Absichten Bürge ist. Und der wird es seyn, so sehr ich ihn beleidigt habe.«[167]

Dass es sich bei der Eseley um ein von Lenz geschriebenes Pasquille handelt, also eines jener Schmähgedichte, die in der Gruppe der jungen Männer um Goethe und den Herzog regelmäßig verfasst wurden, wird auch von Wieland bestätigt, der sich im Januar in einem Brief an Merck bemüßigt fühlte, Lenz in Schutz zu nehmen gegen die zahllosen Vermutungen über sein Fehlverhalten, die aus ganz Deutschland kamen und durch das Schweigen aus Weimar natürlich verstärkt wurden. Er entschuldigte Lenz durch eine am Weimarer Hof übliche Spottlust, die dann verziehen werde, wenn der Spöttelnde sich selber auch nicht vergaß. »Lenz ist ein heteroklites [exzentrisches] Geschöpf; gut und fromm wie ein Kind, aber zugleich voller Affenstreiche, daher er oft ein schlimmerer Kerl zu seyn scheint, als er es zu seyn Vermögen hat. Übrigens bitte ich Sie doch, weil es unmöglich ist, dass Sie, ohne selbst hier gewesen zu seyn, in unseren Sachen klar sehen, auch von Lenzen lieber milder als strenge urtheilen.«[168]

Gotehe selbst war offenbar nicht anwesend, als das fatale Pasquill in Umlauf kam. Ob Lenz selber es vorgelesen hat oder ob er es von Berka aus an jemanden geschickt hat, ist nicht genau zu sagen. Über den Inhalt dieses Pasquilles, das nicht mehr existiert, sind wir auf Aussagen von Zeitgenossen angewiesen, die, zum Teil erst Jahre später, ihr Schweigen brachen.

Karl von Stein schreibt in den Erläuterungen zum Briefwechsel Goethes mit seiner Mutter: »Lenz hat sich durch eine Klatscherei an Goethe versündigt, der ihn nun nicht länger in Weimar duldete.«[169]

Damit scheiden alle Vermutungen, es können sich um eine Auseinandersetzung zwischen Goethe und Lenz über unterschiedliche Auffassungen über das Theater, die Funktion des Dichters oder um Stilfragen handeln, aus. Unter den Dichtern damals war es üblich, sich mit Versen und anderen Schriften gegenseitig anzugreifen, das hatte Goethe beispielsweise mit Wieland durch seine Satire *Götter, Helden und Wieland* gemacht. Das war aber keine Sünde, sondern »normaler« Umgang miteinander. Und mit »Klatscherei« hatte das überhaupt nichts zu tun.

Den gleichen Begriff benutzt ein weiterer Zeitgenosse Goethes, Karl August Böttiger, der seine Information von Wieland hatte. »Goethes Fortun zog zuerst Lenzen, der gradezu als Hofnarr behandelt, als er aber einmal zwischen der alten Herzogin, die Göthen mehr als gewogen war, u. der begünstigten Liebhaberin der Frau v. Stein eine Klätschrei gemacht hatte, plötzlich fortgeschafft wurde.«[170]

Dass Anna Amalia Goethe »mehr als gewogen war«, hatten schon andere festgestellt. Es muss so auffällig gewesen sein, dass Charlotte von Stein im Frühjahr bereits in ihren *Rino* die »Besitzansprüche« Anna Amalias spöttisch skizziert hatte und auch die Gräfin Goertz hatte die Eifersucht Anna Amalias festgestellt.

Womit aber wurde Goethe beleidigt und womit hat Lenz sich »versündigt«? Am Tag nach der »Eseley« ritt Goethe in aller Frühe nach Berka und kam um elf Uhr zurück, um ins Consilium zu gehen. Was wollte er dort? Froitzheim und andere vermuten, dass er die Briefe zurückholen wollte, die Goethe an Lenz geschrieben hatte und in denen er, um Lenz-Herz zu trösten, seine Meinung über die Frauen dargelegt hatte. Lenz hatte diese Briefe wohl als Grundlage für die Figur Rothe-Goethe benutzt und wohl auch für das Pasquill, seine »Eseley«.

Goethe aber fand seine Briefe nicht. Lenz hat sie erst später an Frau von Stein abgegeben, wie ihr Sohn Karl schreibt: »Doch kam Lenz noch einmal durch Weimar und gab alle von Goethe empfangenen Briefe meiner Mutter, in die er großes Vertrauen setzte.«[171] Froitzheim vermutet, dass sich das folgende Zitat aus einem Brief Goethes an Charlotte von Stein vom 22. Dezember 1776 darauf bezieht, nachdem sie die von Lenz erhaltenen Briefe an Goethe weitergegeben hat:[172] »Wie ich Ihnen dancke fühlen Sie, sonst hätten Sie d a s nicht gegeben.«[173]

Ob es so war, wissen wir nicht, aber es würde Sinn machen: Solange Lenz die Briefe Goethes in der Hand hatte, konnte er jederzeit beweisen, dass die Zitate aus dem *Waldbruder* oder wahrscheinlich auch im Pasquill Goethes eigene Worte waren, über die dieser eigentlich nicht beleidigt sein konnte. Im Goethe- und Schiller-Archiv liegt ein undatierter, aber wohl von Anfang Dezember stammender Brief Goethes an von Einsiedel, der nach dem Tod von Putbus im September, die Funktion des Oberhofmeister bei Anna Amalia übernommen hatte, womit er automatisch involviert war, wenn es sich um die Herzoginmutter handelte. Vielleicht war er sogar anwesend gewesen, als das Pasquill verlesen wurde. Goethes Brief muss jedenfalls die Antwort auf einen Brief von Einsiedels sein, der aber nicht mehr existiert, in dem er Goethe offenbar Vorwürfe über sein Verhalten machte. »Lenz wird reisen«, schrieb Goethe. »Ich habe mich gewöhnt bey meinen Handlungen meinem Herzen zu folgen und weder an Missbilligungen noch an Folgen zu denken. Meine Existenz ist mir so lieb, wie jedem andern, ich werde aber just am wenigsten in Rücksicht auf sie irgendetwas an meinem Betragen ändern.«[174]

Um was für ein Verhalten ging es, das Lenz offenbar angeprangert hatte und das auch Anna Amalia und Charlotte von

Stein betraf? Ein Pasquil, in dem Lenz Goethes Verhalten gegenüber den beiden Frauen durch Auszüge aus Goethes Briefen oder aus dem *Waldbruder* thematisiert hatte?

Unabhängig davon, ob es der Wahrheit entsprach oder nicht, wäre das eine Grenzüberschreitung gewesen, die eben kein Lachfieber auslöste, sondern mit der Ausweisung aus Weimar geahndet wurde. Bei allem pubertären Verhalten, eines geht eindeutig aus den Briefen Carl Augusts an seine Mutter hervor: Er war ihr unendlich dankbar für das, was sie für ihn getan hatte, er war voller Respekt und hätte niemals eine Kränkung seiner Mutter durch Goethe akzeptiert.

Als Goethe von Frau von Stein ihren Rhino erhielt, hatte er noch abgestritten, dass es der Wahrheit entsprach: »Ich bin weidlich geschunden, und doch freut's mich, dass es nicht so ist.«[175] Wenn nun aber Lenz als Beweis seine Briefe in der Hand hatte, dann sah die Sache anders aus. Dann waren die Behauptungen nicht mehr nur ein Hirngespinst eines durchgedrehten Dichters, eine »Eseley«, die man weglachen konnte.

Ob Anna Amalia und Charlotte von Stein für Lenzens Ausweisung waren, wissen wir nicht. Auf jeden Fall hat sich Goethe mit ihnen und Frau von Goechhausen offenbar beraten, wie sein Tagebuch verrät, und was sie zu sagen hatten, entsprach, genau wie Einsiedels Vorwürfe, so gar nicht seinem Geschmack. »Fortwährender Verdruss« – so die Bezeichnung im Tagebuch[176] und an Charlotte von Stein: »Gestern hat ich einen Pick auf euch alle, drum kam ich nicht.«[177]

Wie sehr Goethe die ganze Angelegenheit belastete, zeigen zwei Briefe an Charlotte um den 1. Dezember 1776, bevor er sich auf eine Reise mit dem Herzog nach Leipzig machte. »Die ganze Sache reisst so an meinem innersten, dass ich erst dadran wieder spüre, dass es tüchtig ist und was aushalten kann.«[178] »Ich sollte gar nichts schreiben, denn ich weis nicht wie mir ist. Die Reise muss wohl gut seyn, da sie mich aus der tiefsten Verwirrung mein selbst herausreisst.«[179] An Einsiedel schickte er am selben Tag vermutlich das Pasquill Lenzens mit der Aufforderung: »Hier das Ding, sag niemand was…«[180]

Goethes ruheloses Verhalten auch in den nächsten Wochen wird nur verständlich, wenn man einbezieht, dass dies auch das Ende seiner Karriere hätte sein können. Nach seiner Rückkehr suchte er immer wieder die Personen auf, die unmittelbar von dem Skandal betroffen waren, und diese Treffen waren häufig unerfreulich. Anna Amalia und Charlotte von Stein waren sehr verstimmt, wie seine Tagebucheintragungen im Dezember und Januar zeigen. Es gab Streit mit Frau von Stein: »viel gelitten allein gegessen«, »Bös Wetter« mit Anna Amalia und immer wieder Bemerkungen, wie schlecht es ihm ging: »Umhergewandelt Scheis weh.«[181]

Es ist gut denkbar, dass diese Verstimmungen auch damit zusammenhingen, dass der Weimarer Hof Lenz seit Anfang 1777 inoffiziell unterstützte, wie Karoline Herder (1750–1809) in einem Brief an den Schatullier des Herzogs Friedrich Justin Bertuch schrieb: »Ich weiß nicht, ob Sie wissen, dass der arme Lenz von dem Herzog und den beiden Herzoginnen unterhalten wird u. dass ich die Uebersenderin bin.«[182] Es scheint so, als ob man in Weimar die Schuld weniger bei Lenz sah als bei Goethe, der durch sein Verhalten die »Klätschrey« provoziert hatte.

»Seine Einbildungskraft scheint erloschen«, klagte Wieland im Februar 1777, »statt der all belebenden Wärme, die sonst von ihm ausging, ist politischer Frost um ihn her. Er ist immer gut und harmlos, aber – er teilt sich nicht mehr mit – und es ist nichts mit ihm anzufangen.«[183]

Wie sehr Goethe das Geschehene mitgenommen hat, zeigt auch eine Episode, die sich Jahre später abspielte. Er schreibt in »Dichtung und Wahrheit«, dass er auf dem Weg in die

Schweiz 1779 Friederike Brion (1752–1813), eine ehemalige Freundin, besucht habe. Lenz war bereits vor ihm dort gewesen und hatte nach Briefen Goethes geforscht, die sie ihm aber nicht gegeben habe. Er habe die Absicht gehabt »mir [*Goethe*] zu schaden und mich in der öffentlichen Meinung und sonst zugrunde zu richten«.[184] So wie Lenz es Ende 1776 mit anderen Briefen beinahe geschafft hätte.

Lenz hatte das alles so mitgenommen, dass er einen physischen und psychischen Zusammenbruch erlitt, von dem er sich nicht mehr erholte. Er verstand bis zu seinem Tod nicht, dass der Goethe vom November 1776 nicht mehr der Goethe war, den er in Straßburg gekannt hatte, und auch nicht mehr der, der ihn im April 1776 freudig in Weimar begrüßt hatte. Der Goethe der Gegenwart war Teil der Hofgesellschaft geworden, ein mächtiger Minister, der sich gegen Angriffe zu verteidigen wusste, auch wenn das auf Kosten seiner ehemaligen Freunde ging.

Als der Livländische Arzt Georg Friedrich Dumpf (1777–1849) 1816, 22 Jahre nach Lenzens Tod und 40 Jahre nach der Eseley, plante, seinen Fundus an Lenz-Dokumenten drucken zu lassen, wollte er auch Goethes Meinung zu dem Projekt einholen und fragte bei seinem Kollegen Christoph Wilhelm Hufeland an. Der erkundigte sich bei Bertuch, der auch als Verleger arbeitete. Bertuch war nicht abgeneigt, lehnte dann aber doch ab, weil – wie Hufeland an Dumpf schrieb – »der so reizbare Goethe den Mangel an Delikatesse, den eine solche, einen ihm verhassten Gegenstand betreffende Frage verraten würde, sehr übel aufnehmen könnte«. Er könne es »Goethe's und des Großherzog's [*Carl August*] wegen nicht wagen«.[185]

Aus dem Jahr 1788 stammt das folgende Zeugnis einer Hofdame Anna Amalias, Emilie von Werthern (1757–1844). Sie kam 1775 nach ihrer Heirat nach Weimar und gehörte »zu den engsten Freundinnen im kulturellen Kreis um Anna Amalia« zwischen 1775 und 1785. Sie spielte im *Liebhabertheater* mit, war Autorin im *Tiefurter Journal* und hatte engen Kontakt zu Charlotte von Stein, Frau von Goechhausen, Herder, Wieland, Knebel, Goethe und anderen.[186] Als Hofdame war sie täglich mit Anna Amalia zusammen und 1776 Augenzeugin des Geschehens.

Sie schrieb am 14. Juni 1788 an ihren Mann – sie war inzwischen in zweiter Ehe mit Johann August von Einsiedel, dem Bruder des Kammerherrn Anna Amalias verheiratet –, dass man in Weimar aus Hofkreisen berichtete, Anna Amalia Himmel und Hölle in Bewegung setzen würde, damit Goethe sie nach Italien begleitete. Emilie vermutete, dass die Herzoginmutter die Reise machen wollte, um Goethe in Italien an sich zu fesseln. »Es ist doch eigen«, schreibt sie, »dass die H(erzogin) M(utter) so drauf besteht. Ich will mich prellen lassen, wenn die alte Neigung zu Göthen nicht allein Schuld an dieser Beharrlichkeit; ist (a)ber den(n) doch ein eigner fürstl(licher) Einfall. Hatten doch ihre Reitze vor 10 Jahren nicht die Gewalt ihm zu fesseln, wo doch sehr mäßige Schönheiten mit ihr Rivalisirten; u(nd) itzt in Rom zu Reüssiren Glaubt, wo Ideale von Schönheiten ihn umgeben, und Göthe sicher auch in Rom zu siegen weis: Aber nicht so die poverina Duchessa [*arme Herzogin*]!!!«[187]

2. Musische Vergnügungen und anderer Zeitvertreib

2.1. Künstlerin oder Dilettantin

> *» So spielen wir immerfort mit Kunst und Kunstsachen,*
> *und so geht ein Tag nach dem anderen gottlob ruhig und*
> *fröhlich dahin «,*

beschrieb Anna Amalia Ende November 1781 Merck ihren All-tag.[1] Das Theaterspielen, das Musizieren, Komponieren, das Zeichnen, das Sammeln von Kunst, alles war ein Spiel. Ein Spiel, das auch half, eines der Hauptprobleme des Hoflebens zu meistern: die tägliche Langeweile, die in den Briefen Anna Amalias erst seit ihrem Rückzug aus der Regierung vorkam.

Künstlerin oder Dilettantin: Das war ein Thema, das vor allem die professionellen Künstler in Weimar und anderswo umtrieb, wobei das Wort »Dilettant« zur Zeit Anna Amalias zunächst keineswegs so negativ belegt war wie heute. Dilet-tantin war jemand, der die Kunst liebte, sich zum Vergnügen und nicht professionell damit beschäftigte – wie es das italie-nische Wort dilettare, lieben oder genießen, beweist.

»Die Italienäer nennen jeden Künstler Maestro. Wenn sie einen sehen, der eine Kunst übt, ohne davon eine Profession zu machen, sagen sie: Si diletta (Er genießt es)«, schrieb Goethe in seinem Aufsatz von 1799 *Ueber den sogenannten Dielttantismus oder die praktische Liebhaberey in den Künsten.* Er hatte sich bei Anna Amalias Bibliothekar Christian Joseph Jagemann (1735–1804) erkundigt, der ihm erklärte, dass Dilettante »einen Liebhaber der Künste« bezeichnete, der

»nicht allein betrachten und genießen, sondern auch an ihrer Ausübung Theil haben will«.[2]

Nach dieser Definition war Anna Amalia wie die meisten adligen Frauen der damaligen Zeit eine »Dilettantin«, die nicht nur Theaterdarbietungen und Konzerte passiv genoss, sondern sich durch ihre Kompositionen, ihr Musikspiel, ihre Zeichenübungen und durch ihre zahllosen Texte aktiv künstlerisch betätigte. In den Porträts von Fürstinnen finden sich häufig Gegenstände aus Zeichenkunst, Musik und Malerei, in denen sie sich als Dilettantinnen darstellen lassen wollten. Das Cover diesen Buches von Johann Michael Kraus 1774/1775 gemalt, also gegen Ende ihrer Regentschaft, zeigt Anna Amalia, eine der bekanntesten Dilettantinnen ihrer Zeit, mit Flöte und Notenblättern, im Hintergrund erkennt man eine Staffelei.

Sie musste mit ihren »Kunstwerken« niemanden von sich und ihrem Talent überzeugen, sie hatte die Aufgabe ihres Lebens gemeistert, ihre Pflicht getan, den testamentarischen Willen ihres Mannes umgesetzt. Das vor einigen Jahren von ihr selbst geäußerte Gefühl, dass ihr Leben nur in der Aufopferung für andere bestünde, hatte in ihrem neuen Lebensabschnitt keinen Raum mehr.

In seinem *Nekrolog* nach ihrem Tod 1807 beschrieb Goethe das so: »Das ruhige Bewusstsein ihre Pflicht getan, das, was ihr oblag, geleistet zu haben, begleitete sie zu einem stillen, mit Neigung gewählten Privatleben, wo sie sich von Kunst und Wissenschaft, so wie von der schönen Natur ihres ländlichen Aufenthaltes umgeben, glücklich fühlte.«[3]

Anna Amalia war finanziell unabhängig und konnte ihren künstlerischen Interessen nachgehen, Neues ausprobieren, Unterricht nehmen – und das tat sie auch, fröhlich, spielerisch und vor allem als »kommunikatives Ereignis«, wie die bekannte Zeichnung von Kraus' »Tafelrunde« zeigt: Zeichnen und Sticken und dabei den neuesten Werken lauschen, die die Poeten am Hofe geschrieben hatten.[4] Die Tafelrunde im Wittumsplais war dabei einer wenigen Orte der »gesellschaftlichen Schrankenlosigkeit bei Hofe«. Adelige, Bürger, Frauen und Männer fanden sich zum künstlerischen Vergnügen zusammen.

Selbst Goethe beteiligte sich dabei als dilettierender Zeichner und Hersteller von Scherenschnitten. Er »befürwortete die Laienkunst, weil ihm zeichnen als erkenntnisfördernd galt und zur ästhetischen Erziehung der edlen Seele beitrüge«. Er hoffte, es im Zeichnen so weit zu bringen, dass seine Zeichnung ihn selber und andere erfreuen und unterhalten könne.[5] Im Laufe der Jahre aber änderte sich seine Haltung zum Dilettieren, weil es den Beteiligten dabei nicht um Vervollkommnung ihrer künstlerischen Versuche ging. Bei vielen fehlte es wohl auch an dem dafür nötigen Talent. Goethe schlussfolgerte: »Ein Dilettant verhält sich zur Kunst wie ein Pfuscher zum Handwerk.« Und »Beym Dilettantismus ist der Schaden immer größer als der Nutzen.«[6]

Dem Vergnügen der Laienkünstler um Anna Amalia tat das aber keinen Abbruch. Ihnen reichten Kurzweil und der Genuss, den sie bei ihren künstlerischen Betätigungen verspürten oder, um es mit Anna Amalias Worten auszudrücken: Man spielte mit Kunst.

2.2. Hof der Musen

»Amaliens Nahme wird in den Jahrbüchern der Musen,
– der Göttinnen, deren Amt es ist, das Andenken verdienstvoller
Fürsten nie erlöschen zu lassen – dereinst unter den Namen
derjenigen hervorglänzen, welche sich durch Liebe und Beschützung der Wissensschaften und Künste verdient gemacht haben,
den Wohltätern des Menschengeschlechtes beygezählt zu werden.«

Mit diesen Worten hatte Wieland die Herzogin Anna Amaila bereits 1773 in seinem *Merkur* öffentlich gefeiert.[7] An ihrem Geburtstag im Oktober 1777 folgte mit seinem Gedicht *An Olympia* eine weitere Huldigung.

> » Olympia, was ist's, daß deinen Wald
> Zum Zaubergarten macht, zum Tempel stiller Freuden,
> zu dem man immer eilt, um ungern draus zu scheiden? …
> O fahre fort, aus Deinem schönen Hain
> Dir ein Elysium zu schaffen!
> Was hold den Musen ist, soll da willkommen seyn. « [8]

Die hier besungene Olympia-Amalia, » die vom Olymp kommende «, die » Himmlische «, hatte auf Schloss Ettersburg einen Ort geschaffen, an dem die Musen, die Schutzgöttinnen der Künste, zu Hause waren, wo jeder Kunstliebhaber und Kunstschaffende sich fern vom Alltag in Weimar, fern von der Langeweile dem Genuss von Theater und Musik hingeben konnte. Ein Elysium hatte sie dort errichtet, » eine Insel der Seligen «.

Zweck diesen Refugiums war für Anna Amalia, sich in Ruhe mit Kunst zur persönlichen Bereicherung und zur Freude für andere beschäftigen zu können, weniger im Sinne von Außenwirkung, um ihren Ruhm zu steigern, auch wenn die Ergebnisse, wie Theateraufführungen, Konzerte oder Kunstsammlungen, vor dem Hof und Besuchern von außerhalb gezeigt und besprochen wurden.

Das Wittumspalais war ebenfalls, vor allem an den langen Winterabenden, ein Treffpunkt derjenigen, die » hold den Musen waren «. Während der Hof des regierenden Herzogs die großen Konzerte an jedem Sonntag organisierte, bei denen Anna Amalia mit Sicherheit anwesend war, gab sie bei sich kleinere Konzerte, zu denen man nur über eine spezielle Einladung Zutritt hatte. Diese Konzerte waren, wie die Sängerin Karoline Jagemann (1777–1848) erzählte, ihre »Lieblingsunterhaltung«.[9]

Ein weiterer Ort, an dem die Musen zu Hause waren, war das Landgut Tiefurt, circa fünf Kilometer von Weimar entfernt. Prinz Constantin hatte den Garten mit seinem Geld und viel Arbeit und Liebe zusammen mit Knebel in sein »Elysium« verwandelt.[10] Anna Amalia verbrachte im Sommer einen Tag der Woche mit ihrem Gefolge dort, auch Herzogin Louise kam des Öfteren. »Goethe war Tage und Wochen bei uns, ingleichen der Herzog.«[11]

Als Prinz Constantin sich im Juni 1782 auf seine Reise nach Italien begab, übernahm Anna Amalia das Landgut. Den leisen Protest ihres Sohnes aus der Ferne nahm sie in ihrer Begeisterung nicht wahr. Sie war zu Besuch beim Fürsten Leopold III. Friedrich Franz von Anhalt-Dessau (1740–1817) gewesen und hatte dort dessen berühmte Gartenanlage besichtigt. Zurück in Weimar schrieb sie an Knebel: Ich »ruhe und raste nicht, bis ich Tiefurt in einen (dürft' ich doch sagen!) beinahe ähnlichen Zustand gebracht habe. Kaum war ich wieder zurück, stürmte ich mit Projekten los; mein armes Tiefurt war ganz erstaunt über meine erhabenen Ideen; und in der That, die Hand wurde daran gelegt. Das Lohhölzchen wurde umgeschaffen und in einen solchen Zustand gesetzt, daß Faunen und Nymphen sich nicht zu schämen brauchen, ihren Aufenthalt darinnen zu haben. Ich eil Ihnen einen Plan schicken, den mir Goethe für die Entree im Garten hat machen lassen.«[12]

Ein Jahr später schrieb sie: »Der herrliche Herbst, den wir haben, macht, daß ich jetzt noch größere Freude daran habe als in den allzuheißen Sonnenstrahlen dieses Sommers. Ich bin jetzt sehr mit Anpflanzungen und mit Bauen beschäftigt, ich habe eine ganze Wand von Felsen am Ufer und im Lohholz bauen lassen; wie wünschte ich, daß Sie es sehen könnten! Gewiß würde es Ihre Approbation haben, denn wirklich, es macht einen gar schönen Effect.«[13]

Goethe war bei der Planung des Gartens eng involviert, wie unter anderem ein von ihm stammender Zweizeiler am Sockel einer antiken Vase zeigt: »Steile Höhen besucht die ernste, forschende Weisheit. Sanft gebahnteren Pfad wandelt die Liebe im Tal.«[14]

2.3. Hammerklavier und Zeichenblock

»... und da (wurde) geklimpert, gegeigt, geblasen und gepfiffen, dass die lieben Engelchen im Himmel ihre Freude daran haben möchten«,

schrieb Wieland im August 1779 an Merck. Die Gräfin Bernstorff (1733 – 1820) und Bode (1731 – 1793) waren für einige Wochen zu Besuch auf Schloss Ettersburg, und Anna Amalia hätte sich mit ihnen »tête baissée *[Kopf voran]* in die Musik gestürzt«, sodass auch Johann Friedrich Kranz (1752 – 1810) und einige Kammermusiker aus Weimar seit drei Wochen auf dem Schloss residieren müssten. »Wohl der guten Frau, dass sie tour á tour dieser anhaltenden Liebhaberei für Musen und Künste fähig ist.«[15]

Anna Amalias große Liebe galt der Musik. Sie selbst spielte Hammerklavier und Querflöte, vertonte Lieder und Libretti. Nach Goethes *Erwin und Elmire*, das am 24. Mai 1776 vom *Weimarer Liebhabertheater* uraufgeführt und danach noch häufiger gespielt wurde, hat sie auch für sein *Das Jahrmarktsfest zu Plundersweilen* Lieder geschrieben.

Die meisten ihrer Kompositionen wurden nicht veröffentlicht. Eine Frau, die sich öffentlich künstlerisch betätigte und dann auch noch eine Fürstin, war damals undenkbar. Um 1780 erschien die einzige von Anna Amalias Kompositionen, ein Divertimento für Klavier, Klarinette, Viola und Violoncello.[16]

Große Bedeutung hatte für Anna Amalia neben den offiziellen Konzerten die Hausmusik, wo sie manchmal ein Stück auch unter aktiver Beteiligung von Carl August und »ziemlich öffentlich« aufführte.[17] Sie besaß eine große Sammlung an gedruckten Noten, überwiegend Klavierstücke. Auch auf ihrer Reise in Italien war sie immer auf der Suche nach Noten von Konzerten oder Opernaufführungen mit dem Ziel, sie in Weimar selber zu spielen oder spielen zu lassen.

Die Beschäftigung mit der Musik vertrieb vor allem in den dunklen Wintertagen düstere Stimmungen, wie sie Ende November 1786 an Knebel schrieb: »Was soll ich Ihnen von hier sagen? Es geht immer so seine alte Weise fort … ich für meine Person existire diesen Winter in der Musik, sie ist ein Cordial *[herzstärkender Trank]* für schwarzes schweres Blut, denn es steht in der Bibel, dass König Saul seine schwarze Melancholie damit vertrieben habe; glauben Sie darum nicht, lieber Knebel, daß ich mich in Umständen Sauls befinde.«[18]

»Meine Liebe für die Zeichenkunst ist immer noch gleich stark. Ich habe eine Camera obscura, worin ich zeichne, und sie scheint mir von großem Nutzen, um mit den Verhältnissen in der Natur recht bekannt zu werden. Für mich ist es eine große Hilfe, weil ich etwas spät angefangen habe, dem Zeichnen mich zu widmen.«[19]

Anna Amalias Unterrrichtsplan als Kind sah sowohl Musik- als auch Zeichenunterricht vor, aber für sie stand die Musik immer im Vordergrund. Erst nach 1776 nahm sie bei Georg Melchior Kraus (1737–1806), der ab 1776 auch Leiter der *Fürstlich Freyen Zeichenschule* war, Unterricht. Vor allem das Zeichnen nach der Natur faszinierte sie. Des Öfteren sah man sie in dieser Zeit, wie sie mit ihrem Lehrer Kraus unterwegs war, um Ansichten von Weimar zu zeichnen. »Er gibt eine Art Favorit ab, und sie macht häufig Spaziergänge mit ihm.«[20]

Ihr Oberhofmeister von Putbus beschrieb eine Unterrichtsszene in Tiefurt so:

> *Die Fürstin sitzt im dunklen Wald*
> *Aufmerksam wie ein Mäusgen*
> *Und mahlt den holden Auffenthalt*
> *Mit Hülffe ihres Kräusgen.*«[21]

Das Zeichnen war zu der Zeit so beliebt unter den Adligen, dass man sogar bei Gesellschaften neben den üblichen Spieltischen, an denen Pharo, L'hombre und Whist gespielt wurde, Zeichentische aufstellte.

Eine wichtige Rolle spielte der Leipziger Professor Adam Friedrich Oeser (1717–1799), der vom Winter 1776 bis zum Sommer 1785 regelmäßig für mehrere Wochen zu Gast bei Anna Amalia in Weimar, auf der Ettersburg und in Tiefurt war. Er gab ihr Unterricht und brachte für die Kunstbetrachtung »herrliche Kunstsachen« mit, »wieder einen Mengs, dessen Schönheit nicht zu beschreiben ist.«[22] Anna Amalia setzte den Professor auch beim Malen von Theaterkulissen für Vorstellungen des *Liebhabertheaters* ein, er entwarf steinerne Tische und Bänke für die Parkanlagen und malte Zimmerdecken.[23]

Die gute Laune der Herzoginmutter, wenn Oeser da war, registrierten auch andere, wie Goethe, der an Merck schrieb: »Die Herzogin war sehr vergnügt, solange Oeser da war. Der Alte hatte den ganzen Tag etwas zu kramen, anzugeben, zu verwundern, zu zeichnen, zu deuten, zu besprechen, zu lehren usw...., dass keine Minute leer war.«[24]

Anna Amalia beschäftigte sich genau wie in der Musik auch beim Zeichnen mit der Theorie. Sie hatte im Frühjahr

1784 eine Rede des Holländers Petrus Camper (1722–1789), der einer der größten Anatomen seiner Zeit war, gelesen. Auch Goethe stand mit Camper in engem Kontakt, hatte er sich doch – wenn auch vergeblich – um die Anerkennung des von ihm beschriebenen Zwischenkieferknochens bemüht. Die Rede Campers hatte Anna Amalia wegen ihrer »Gründlichkeit und Wahrheit sehr gefallen« und sie bat Merck, während seines Besuchs bei Camper für sie um Zeichnungen zu bitten, die er vom menschlichen Körper gemacht hat. »Sie müssen wissen, lieber Merck, dass ich seit einiger Zeit mich auf Portätmalerei gelegt habe und man mir schmeichelt, dass ich in der Gleichheit ziemlich glücklich sein soll. Um nun etwas vollkommener in dieser Kunst zu werden, wünschte ich sehr, einige solche Zeichnungen zu sehen, wie Camper den Kopf einteilt.«[25] Aber er solle dabei ihren Namen nicht nennen, wahrscheinlich, weil es zwar akzeptiert war, dass Frauen Landschaften malten, aber wissenschaftlich exakte Zeichnungen des menschlichen Körpers als Vorlage zu benutzen war sicherlich ungewöhnlich oder gar unschicklich für eine Frau, und bei einer Fürstin hätte das wohl auch Aufsehen erregt.

Anna Amalia war sich jedoch immer sehr ehrlich bewusst, dass sie mit ihren Zeichenkünsten an Grenzen stieß. Im März 1780 schrieb sie an Oeser, dass sie fleißig am Zeichnen sei und ihm etwas schicken wolle: »Dem Kunstrichter und Kenner ist es aber nicht gewidmet, sondern dem guten Freund, der es mit nachsichtsvollen Augen ansieht.«[26]

Anna Amalia war aber nicht nur am aktiven Zeichen und Malen interessiert, sie liebte es, Bilder zu betrachten und zu sammeln, wobei ihr beim Sammeln finanzielle Grenzen gesetzt waren, sodass sie sich originale Gemälde nicht leisten konnte. Merck fungierte dabei als Agent für sie, der hauptsächlich die preiswerteren Kupferstiche erstand. So schickte er ihr am 27. Oktober 1779 »das berühmte Blatt *Melancolia* von Albrecht Dürer«, das auch Goethe in seiner Sammlung hatte. Dann mit der *Passion* einen weiteren Dürer sowie einige deutsche, italienische und niederländische Meister.[27]

Anna Amalia bedankte sich bei Merck »für die Sorge, die Sie tragen, die unleidlichen Winter Abende, besonders in diesem Jahre, da ich so allein bin, mir erträglich zu machen«.[28] Es war der Winter, in dem ihr Sohn und Goethe zu ihrer Schweizer Reise aufgebrochen waren. Manches aber erstand sie auch, wenn sie zu kurzen Reisen, zum Beispiel nach Leipzig, fuhr, wo sie im Februar 1779 sechs Handzeichnungen von Wille und Schweizer Landschaften von Aberli kaufte. Sie freute sich, Merck bei seinem Besuch »alle diese Herrlichkeiten« zu zeigen.[29]

Goethe nahm offenbar sehr großen Anteil an ihrer wachsenden Sammlung, war aber wohl besorgt, dass sie zu viel Geld ausgeben könnte. In ihrem Brief vom 4. November 1779 bedankte sich Anna Amalia bei Merck für ein Bild, für das sie ihm das Geld schicken werde. Es war offenbar sehr teuer, denn sie bat Merck: »Doch sagen Sie dem Herrn Rat Goethe nichts von diesem Leichtsinn, der Schlag möchte ihn darüber treffen.«[30]

Neu erstandene Werke wurden allen Besuchern aus Weimar und von außerhalb begeistert präsentiert. Anna Amalia beschrieb Merck eine Szene, die sie mit Goethe erlebt und über die sie sich sehr amüsiert hatte. Am 3. August 1781 erhielt sie mit dem Postwagen ein Flachrelief mit der nackten Figur eines Jünglings. »Der Abguss ist vortrefflich, das ganze Stück ist so schön. Il nudo wie die Italiener sagen, è tanto dolce e suave per inginocchiarsi. *[Der Nackte ist zum Niederknien süß und lieblich.]* Goethe war eben bey mir, als ich es bekam; Er machte große Augen, es missfiel ihm gewieß nicht.«[31]

Im Laufe der Jahre war Anna Amalia, da sie sich auch mit Kunstgeschichte intensiv beschäftigte, zu einer Expertin geworden, was selbst der Münchner Maler Wilhelm Alexander Wolfgang Kobell (1766–1853) anerkannte, als er sie 1788 auf ihrem Wege nach Italien in München durch die Galerie führte: »Sie besitzt neben vieler Kenntnis der Malerei eine Kunstliebe und forschenden Blick bei jedem Gemälde, der selbst bei Künstlern oft vermißt wird.«[32]

2.4. Das Liebhabertheater

> *Da doch das Theater den Gang der Welt darstellen soll,*
> *so amüsieren wir uns hier mit Farcen Spielen und finden,*
> *dass wier damit der Sache am nächsten kommen«,*

schrieb Anna Amalia am 5. September 1779 an Merck.[33] Der Gang der Welt gleicht einer Farce, wird wichtig genommen, ist aber im Grunde lächerlich – eine bedenkenswerte Einschätzung. Die »Farce«, um die es sich in diesem Fall handelte, war die Aufführung des Singspiels *Orpheus und Eurydice*, das von Einsiedel und von Seckendorff verfasst hatten. Anna Amalia übernahm selbst die weibliche Hauptrolle.[34]

Es war eine Satire, in der Wielands berühmtes Werk Alceste parodiert wurde. Wieland, der ahnungslos im Publikum saß, schrie entsetzt auf und rannte aus dem Saal. Bei Merck beklagte er sich bitterlich, dass diese »Polissonerie [Zote] von Weimar und Ettersburg durch wer weiß welche Kanäle in die weite Welt geht … So sind wir nun hier! Der unsaubere Geist der polissonerie und der Farce, der in unsere Obern gefahren ist, verdrängt nachgerade alles Gefühl des Anständigen, alle Rücksicht auf Verhältniße, alle Delicatesse, alle Zucht und Schaam«.[35] Wieland war natürlich doppelt frustriert, da diese Art von Theaterstücken, die nur der Belustigung des Publikums dienten, ganz im Gegensatz zu der für ihn so wichtigen Funktion des Theaters als Bildungsstätte stand, die aber Anna Amalia schon in früheren Jahren nicht ernst genommen hatte.

Sogenannte Liebhabertheater waren damals überall in Deutschland in Mode. Privatleute, die in ihrer Freizeit zu ihrem Vergnügen und um die Langeweile zu vertreiben dramatische Aufführungen machten. Oft waren diese Theatergruppen am Hof angesiedelt, so wie in Weimar. Der Herzog übernahm die Kosten, Goethe die Leitung. Zusammen mit dem Kammerherrn Siegmund von Seckendorff leitete er auch die zahlreichen Übungen mit den Laienschauspielern.[36] Goethe, von Einsiedel, von Seckendorff, von Knebel, Bertuch und Musäus schrieben ständig neue Stücke, zu denen Siegmund von Seckendorff, Kapellmeister Wolf und Komponist Schubert, aber auch Anna Amalia die Musik schrieben. Zwischen 1776 und 1780 gab es circa 115 Aufführungen mit 60 verschiedenen Stücken, die auch auswärtige Autoren, wie Lessing, Lenz, Iffland und Voltaire, ebenso wie Opernaufführungen: der Barbier von Sevilla, Nanine von Voltaire und andere umfassten.[37]

Das *Liebhabertheater* hatte keinen festen Ort, es wanderte von Bühne zu Bühne, es gab Aufführungen im Wittumspalais, im Redoutenhaus an der Esplanade, die meisten Vorstellungen aber fanden auf Schloss Ettersburg statt, wo Anna Amalia die Sommermonate verbrachte und im Schloss ein Theater sowie im Wald eine Bühne in ländlicher Umgebung eingerichtet hatte. Die Schauspieler wurden zu den Proben und Aufführungen von Weimar in herzoglichen Kutschen herangebracht und abends nach dem Essen begleitet von Husaren mit Fackeln zurückgebracht.

In Tiefurt hatte Anna Amalia 1781 damit begonnen, ein kleines Operntheater zu errichten. Bis zur Fertigstellung hielt man vor dem Klavier im Schloss eine »académie de musique«, bei der die beiden herzoglichen Kammersängerinnen Luise Rudorff (1777–1852) und Corona Schröter auftraten. Das Gartentheater wurde dann am 28. August 1781, am Geburtstag Goethes, feierlich eingeweiht.

Die Hofgesellschaft stellte nicht nur die Schauspieler, sondern war auch für die Kostüme, das Bühnenbild und die Musik zuständig. Zu Goethes Stück *Der Jahrmarkt zu Plundersweilen*, das zu ihrem Geburtstag am 24. Oktober 1778 aufgeführt wurde, hatte Anna Amalia einige Lieder geschrieben. »Drei Wochen war des Mahlens, des Lermens und des Hämmerns kein Ende, und unsere Fürstin, D. Wolf, Krauß usw. purzelten immer übereinander ob der großen Arbeit und Fleißes.«[38]

Selten übernahm Anna Amalia selbst Rollen, und wenn, dann nicht öffentlich im Redoutensaal, sondern nur im geschützten Raum der Ettersburg.[39] In *Die Gouvernante* von Johann Joachim Christoph Bode spielte sie ein junges Mädchen: »Ich selber habe mich produciret, doch sind wir ziemlich mit Ehren davon gekommen … Thusnelde, ich und die kleine Schardtin machten die Untergebenen der Gouvernante, die sich zu Ende des Stücks *[verabschiedet]* und ihren Zöglingen dadurch alle Freiheit läßt, ihre Unarten auszutoben.« Die Proben wurden geheim gehalten, und dann wurden ihre beiden Söhne, Herzogin Louise, Kammerherr von Seckendorff und Goethe nach Ettersburg eingeladen, »und wir spielten zu grossen Gaudium aller anwesenden«.[40]

Nur Herzogin Louises Oberhofmeisterin Wilhelmine Elisabeth Eleonore von Gianini (1719–1784) war nicht begeistert, auch deshalb nicht, weil sie es unpassend fand, dass die Herzoginmutter sich auf der Bühne präsentierte.[41]

Vor einem größeren Publikum trat Anna Amalia nur einmal auf, am 2. Februar 1782, bei dem von Goethe inszinierten Maskenspiel *Aufzug der vier Weltalter*. Sie repräsentierte das goldene Alter, Louise das silberne.[42]

Anfang der Achtzigerjahre hatte die erste Begeisterung über das Schauspielern zumindest bei einem der Hauptakteure, Goethe, deutlich abgenommen, wenn es denn überhaupt echte Begeisterung gewesen war. Später würde er sagen, dass er in diesen Jahren in Weimar nichts von Bedeutung geschaffen habe, nur Fragmente. Alles andere seien Arbeiten gewesen, die er zu Geburtstagsfeiern der Fürstenfamilie und zum Vertreiben der Langeweile im Dienste des Hofes machen musste. So schrieb er am 19. Februar 1781 an Lavater: »Die letzten Tage der vorigen Woche habe ich im Dienste der Eitelkeit zugebracht. Man übertäubt mit Maskeraden und glänzenden Erfindungen offt eigne und fremde Not ... Wie Du die Feste der Glückseligkeit *[kirchliche Feste]* ausschmückst, so schmücke ich die Aufzüge der Torheit.«[43]

Im selben Jahr spürte auch Anna Amalia, dass es schwieriger wurde, ihre Schauspieler zu begeistern. »Ich! Ich lebe wie ein Fuhrmann, der die Pferde antreibt, den beladenen Karren aus dem Koth zu ziehen, aber leider steckt er so tief, dass viel dazu gehört, ihn vom Flecke zu bringen. Es wird viel und allerlei von Comödien gesprochen, französischen und deutschen, aber man hat noch nichts zustande kommen sehen; ich habe mit einem Schattenspiel das Theater eröffnet, welches die Geschichte des Königs Midas repräsentiert, was darauf folgen wird, steht zu erwarten.«[44]

2.5. Das Journal von Tiefurt

»Es ist ein kleiner Spaß, den ich mir diesen Sommer gemacht habe und der so gut reussiret hat, dass es noch bis jetzt continuiret wird, vielleicht wird es Ihnen auch einige gute Stunden machen. Die Verfaßer sind Hätschelhanz [Goethe], Wieland, Herder, Knebel, Kammerher Seckendorff u. Einsiedel«,

ließ Anna Amalia am 23. November 1781 Goethes Mutter wissen.[45] Bei dem »kleinen Spaß« handelte es sich um das *Journal von Tiefurt*, das in fröhlicher Runde am 15. August 1781 in Tiefurt aus der Taufe gehoben wurde. Bekannt gemacht wurde das neue Journal in einer Art Geburtsanzeige, datiert auf den 15. August 1781, die der Hofdrucker Glüsing drucken ließ. »Es ist eine Gesellschaft von Gelehrten, Künstlern, Poeten und Staatsleuten beyderley Geschlechtes zusammengetreten, und hat sich vorgenommen, alles was Politick, Witz, Talente und Verstand, in unsern dermalen so merwürdigen Zeiten, hervorbringen, in einer periodischen Schrift den Augen eines sich selbst gewählten Publikums vorzulegen.«[46]

Es gab handschriftlich verfasst nur wenige Exemplare, Empfänger waren die Autoren und das Umfeld des Weimarer Hofes. Die Leserschaft aber war größer: Durch Theodor von Dalberg in Erfurt, Merck in Darmstadt, Goethes Mutter in Frankfurt und Knebel in Franken wurde das Journal weitergegeben und über Weimar hinaus verbreitet.

Gleich in der ersten Ausgabe stellte Herder die Preisfrage: »Wie ist eine unocccupirte Gesellschaft für die *[vor der]* Langeweile zu bewahren?«[47] Ein Thema, das sich auch durch viele andere Beiträge zieht. Dem wird das »an vielfältigen sinnlichen und geistigen Freuden reiche Landleben gegenübergestellt«, die Natur als Ort der »Selbsterfahrung verklärt«.[48]

Die Beiträge bezogen sich auf das Leben am Weimarer Hof und allgemeine Themen der Kultur- und Geistesgeschichte. Es gab Preisfragen mit Antworten, satirische und lyrische Texte, Abhandlungen zum Beispiel über das Thema »Glück oder was am stärksten auf unsere Seele wirkt: Musik oder Mahlerey?« Das Redaktionsteam bestand aus Frau von Goechhausen und Herrn von Einsiedel. Goethe hat, abgesehen von einigen Liebesgedichten, die er zuvor an Charlotte von Stein geschickt hatte, wenig dazu beigetragen.[49] Er schrieb an seine Mutter über das *Tiefurter Journal* von »dieser Kleinigkeit«. Es seien aber auch recht artige Sachen drinne«.[50] Er befand sich in diesen Jahren ohnehin in einer Krise und war es leid, als Hofdichter Kleinigkeiten zu schreiben. Auch Wieland sprach in einem Brief an Merck von »allerley Facetien und Spielwerken«.[51]

Anna Amalias einziger Beitrag zum Journal war die in neun Folgen erscheinende deutsche Übersetzung des Renaissance-Epos *Amor e Psyche* von Agnolo Firenzuola aus dem Italienischen, bei der Wieland Hilfestellung leistete.

Das Mitmachen an dem Journal war wohl keinesfalls ganz freiwillig, sondern eine »Pflichtübung«, um die Gunst der Herzogin zu erhalten.[52] Die professionellen Autoren fanden es eher peinlich, dass ihre Namen mit diesem Journal in Verbindung gebracht werden konnten, und waren froh, dass die Beiträge anonym erschienen. So schrieb Herder Anfang März 1782, es bringe den Mitgliedern des Hofes und vor allem der Herausgeberin »Ehre«, aber den Gelehrten und der Literatur »Schande«, denn es sei »im Grunde lauter Spielwerk«.[53]

Für Anna Amalia war das anonyme Erscheinen aus einem anderen Grund wichtig: »Das Incognito hat gewiss seine köstlichen Vorzüge und kann unter diesem Mantel auch noch zuweilen etwas Mephistophelisches den Nächsten zur Erbauung mit untergehen.«[54]

Schon ab Ende Oktober 1782 kamen immer weniger Beiträge. »Von Tiefurt sind indeßen gantz betrübliche Nachrichten eingelaufen«, ließ Carl August gegenüber Merck am 10. Oktober 1782 verlauten, »man sagt nehmlich, dass die amateurs, Kenners und gens de lettres so karg würden, dass sie auf 30 Meilen weit einen Geruch von sich geben.«[55] Das war zwar eine indirekte, aber doch sehr deutliche Aufforderung an

Merck, der finanziell auf die Provisionen für die Vermittlung von Kunstkäufen angewiesen war.

Nach knapp drei Jahren erschien Ende Juni 1784 mit der 49. die letzte Ausgabe. Und so reiht sich das *Tiefurter Journal* in die Reihe der Unternehmungen ein, die Anna Amalia in diesen Jahren für sich und andere zum Vergnügen und zum Zeitvertreib aufstellte, auch wenn die Teilnahme daran für einige nur Teil des zu leistenden Hofdienstes war.

2.6. Aristophanes, ein Giraffenskelett und ein Electrofor

>*Ich kann sieben anakreonische Oden lesen und verstehen.*
Ich bin aber auch une Princesse pleine de génies!<,

schrieb Anna Amalia im November 1782 Knebel. Sie wünschte sich, dass er bei ihr wäre, damit sie gemeinsam »die Sprache der Götter treiben« könnten. »Es macht mir wirklich unendlich viel Freude und bringt mir viele Stunden sehr angenehm hin.«[56] Zu Gast bei ihr war der französische Altertumsforscher Jean-Baptiste Gaspard d'Ansse de Villoison (1750–1805), der sie ebenso wie Wieland im Griechischen unterrichtete. »Mein Fleiß im Griechischen geht mit großen Schritten, diesen Winter studire ich den *Aristophanes* … ich finde an ihm sehr viel Vergnügen, sein beißender Witz ist unerschöpflich, und mit allem dem hat er so viel Grazie, daß man ihm Alles gern verzeiht, auch seine schmutzigen Sachen.«[57] Im Nachlass Anna Amalias liegen diverse Texte von antiken Autoren, die sie mit Wielands Unterstützung aus dem Griechischen übersetzt hat: die *Elegien* des Properz, die *Lieder* des Anakreon, die *Komödie von den Fröschen* des Aristophanes, um nur einige zu nennen. »Wie habe ich doch so verlassen sein können und nicht eher diese Sprache der Seele *[Griechisch]* gelernt! Mir ist es, als wär' ich in einer ganz andern Welt; meine Seele flattert so leicht mit dem liebenswürdigen Täubchen, welches aus Anakreons Hand sein Brod pickt.«[58]

Bei Wieland übte sie sich zudem im Lateinischen, Italienisch hatte sie bei ihrem Bibliothekar Jagemann gelernt, der einige Zeit in Italien gelebt hatte, von ihren Englischstudien zeugen die Vokabellisten im Nachlass, Französisch sprach sie ohnehin als zweite Muttersprache.

Anna Amalias Tage waren ausgefüllt mit Studien. Im Gegensatz zu den anderen in ihrem Kreis befasste sie sich weniger mit dem Sammeln von Steinen, und auch die Leidenschaft für Knochen, die Goethe, Merck und andere vor allem in den 1780er-Jahren befallen hatte, teilte sie nicht. Während Goethe sich mit seinem Os intermaxillare, dem Zwischenkieferknochen, beschäftigte und sich von Merck Zeichnungen eines Giraffenskeletts schicken ließ,[59] im Gegenzug von Merck eine Zeichnung eines Rhinozerus bekam, befasste sie sich lieber mit ihren Übersetzungen.[60]

Im April 1784 beklagte sich Anna Amalia bei Merck, weil er sich seit Monaten nicht mehr bei ihr gemeldet hatte. »Ihre Elephanten Knochen Geschichte scheint Ihnen von aller Menschlichen Gesellschaft abzuschneiden, man sieht nichts von Ihnen, und hören thut man nichts als von Knochen und Gerippen.« Sie beendete den Brief mit den Worten: »Übrigens lieber Merck würde ich mich sehr freuen Ihnen einmal wieder zu sehen, ziehet Ihnen denn gar nichts mehr als Knochen an, so können wir hier mit einem ganzen Anger voll dienen.«[61]

Was sie dagegen brennend interessierte, waren physikalische Experimente, die auch Thema bei ihren Gesellschaften waren: »Die Experimental Physique macht auch dieses Jahr eine große Beschäftigung für mich«, schrieb sie im Juli 1780 an Merck. »Ich habe mir einen Electrofor gekauft, welcher sehr gut und sehr starck ist. Diese neue Beschäftigung macht mir viel Freude.« Solch ein Elektrophor war eine einfache Influenzmaschine für elektrische Experimente des Physikers Johann Karl Wilcke, die 1775 von Alessandro Volta für die Praxis weiterentwickelt worden war. Mit ihrer Hilfe konnte man elektrische Spannungen erzeugen.[62]

Gespannt wurden auch die Nachrichten aus Paris verfolgt, wo die Brüder Mongolfier – Joseph Michel (1740–1810) und Jacques Étienne (1745–1799) – im Dezember 1782 ihren ersten Heißluftballon steigen ließen und im Oktober 1783 der erste Mensch in einer Montgolfière 26 Meter hoch in die Luft stieg, auch wenn der Ballon noch mit Seilen am Boden befestigt war. Der jahrhundertalte Traum der Menschen vom Fliegen schien auf einmal zum Greifen nahe.

Auch in Weimar fing man an zu experimentieren, anfangs noch ohne Erfolg, wie Goethe, der mit Herzog Carl August und dem Apotheker Buchholz Flugversuche machte, frustriert schrieb: »Buchholz peinigt vergebens die Lüfte, die Kugeln wollen nicht steigen; eine hat sich gleichsam aus Bosheit bis an die Decke gehoben und nun nicht wieder.«[63] Zwei Monate später, am 4. Februar 1784, klappte es endlich. Im Wittumspalais ließ Carl August »einen kleinen Luftballon aus Ochsenblasen« steigen, wie Wieland an Merck berichtete. »Er flog bis an die Decke und suchte sie durchzubohren. Weil's aber nicht anging, zeigte man ihm den Weg zur Tür hinaus; er flog eine Treppe hinauf und stieg bis in die Mansarde.«[64]

Anna Amalia war begeistert von der Vorstellung, fliegen zu können, wie ihre Briefe aus dieser Zeit zeigen. An Goethes Mutter schrieb sie: »Wie gefallen Ihnen, liebe Mutter, die Luftreisen, die jetzt Mode werden? Nicht wahr, das wäre eine Lust, wenn Frau Aja sich in die Luft transportieren und bei mir in Tiefurt ›aus Lüften hoch, da komm ich her‹ singen könnte! Was das für ein Gaudium sein würde!«[65] Zu Weihnachten schickte sie 1784 Knebel ein Geschenk und schrieb dazu: »und wenn wir Deutschen nicht so schwerfällig wären, und könnten schon Luftreisen, wie unsere lieben Nachbarn, die Franzosen, thun, so würde ich selbst auf einem globe aerostatique angefahren kommen, um es Ihnen selbst zu bescheeren.«[66]

3. Familienbande

3.1. Constantin

»Ich würde es mir für die größte Gnade schätzen, wenn Sie mir meinen begangenen Fehler durch eine gnädige Antwort entdeckten, und ich werde suchen so viel als in meinem Kräften steht darwieder zu arbeiten, um so wenig als möglich die geringsten Stunden und Augenblicke Ihnen zu vertrüben.«[1]

Dieser Brief von Constantin an seine Mutter stammt aus dem Jahr 1780 und ist typisch für seine Briefe, die im Gegensatz zu denen seines Bruders an die Mutter immer sehr unterwürfig klingen. »Verzeihen Sie, dass ich Ihnen mit meinem Schreiben zur Last falle, allein, ich würde es nicht mir unterstehen, wen ich nicht von Ihnen für einige Jahre die gnädige Erlaubnis erhalten hätte, Sie offenherzig zu befragen, wen ich einiges mit Unzufriedenheit über meine geringe Person von Ihrer Seite bemerkte.«

Dies Gefühl hatte er bei einem Treffen mit ihr, ohne zu wissen, »womit ich Ihnen beleidiget oder im geringsten gefehlet hätte«. Und falls die Mutter nun denken würde, dass er durch seinen Aufenthalt in Tiefurt ihr gegenüber zurückhaltener geworden sei, so sei das falsch. Er glaubte offenbar, dass sie verärgert war, weil er sich so viel um die Gestaltung des Gartens in Tiefurt kümmerte und weniger Interesse hatte, in Weimar an ihrem Hof zu erscheinen. »Allein wen man ein Spielwerk hat, was einen amusirt, und die Zeit nützlich vertreibt, sollte das nicht besser seyn, als ein immer umstandtes [schlechtes] Leben, wo man endlich in einen Wirbel hingerissen wird, wo man keinen Anfang und kein Ende seines kommenden Lebens sieht.«

Aus diesem Brief spricht der ganze Frust des jungen Prinzen, der mit seinen 22 Jahren seinen Platz bei Hofe noch nicht gefunden hatte und im Grunde nun doch »das traurige Gewerbe des Müssiggängers« betreiben musste, wovor Fritsch Ende 1773 Anna Amalia gewarnt hatte.

Constantin hatte bis zum Winter 1778 bei seiner Mutter gewohnt und an vielen ihrer Aktivitäten teilgenommen, was er allerdings nur sehr ungern machte.

Offiziell war mit der Regierungsübernahme Carl Augusts die Vormundschaft Anna Amalias über beide Prinzen zu Ende gegangen. Carl August als neuer Chef des Hauses war von nun an bis zur Volljährigkeit Constantins 1779 auch der neue Vormund seines Bruders. Allerdings bezog er seine Mutter in alle Entscheidungen seinen Bruder betreffend mit ein. »Mein Bruder ist recht wohl und vergnügt; a propos von meinem Bruder habe ich, wenn Sie's nicht ungnädig nehmen wollen, etwas Politisches vorzutragen«, schrieb er ein Jahr vor der Volljährigkeit Constantins. »Da es nun bestimmt ist, dass mein Bruder hierbleibt, und nun ziemlich erwachsen und bald in die Jahre, wo er sein eigener Herr ist, so dünkt es mich, es wäre notwendig und schicklich, dass er ein eigen Haus in der Stadt hätte und seine eigene Hand lebte.« Er habe schon mit Goethe und Fritsch gesprochen. »Nun kommt es bloß auf Sie an, wie Sie die Sache ansehen. Haben Sie die Gnade und überlegen dieses und lassen mir womöglich bald Antwort wissen ... Leben Sie wohl, liebste Mutter, vergnügen Sie sich, doch vergessen Sie mich nicht dabei.«[2]

Dieser Brief zeigt einmal mehr die Fürsorge Carl Augusts für seinen Bruder, der letzte Satz beweist aber auch, wie selbstbewusst und fröhlich er mit seiner Mutter umging – ganz anders als Constantin.

Am 8. September 1779 wurde Constantin volljährig, Knebels Aufgabe als Hofmeister endete damit. Constantin hatte weder ein großes Geldvermögen noch Grundbesitz. Er bezog eine Apanage von 8000 Talern im Jahr, davon musste er aber, da er als Prinz Repräsentationspflichten hatte, auch seinen eigenen Hofstaat bezahlen.[3] Frei entscheiden konnte Constantin trotzdem nicht. Er musste zum Beispiel, wie alle Untertanen des Herzogs, um Erlaubnis fragen, wenn er das Land verlassen wollte. Auch bei einer Heirat würde er die Zustimmung seines Bruders benötigen, vor allem weil er auf die Erhöhung seiner Apanage durch ihn angewiesen war. Mit dem Geld, das ihm zur Verfügung stand, konnte er keine Familie standesgemäß unterhalten.

Constantin war, genau wie seine Mutter, sein Leben lang auf der Suche nach Freundschaft und Liebe, die er eher abseits vom Hofe suchte: ein häusliches Glück jenseits des Glanzes aber auch der Etikette. Seinen Stand als Fürst hatte er durch Knebel zu verachten gelernt, besonders, weil durch die Standesunterschiede eine echte Freundschaft mit vielen nicht möglich war. Was Anna Amalia letztlich resignierend akzeptierte, verweigerte Constantin, vielleicht weil im System des Herzogtums für ihn keine Aufgabe vorgesehen war.

Seit 1777 interessierte er sich für Caroline von Ilten (1757–1789), die aus verarmtem Adel stammte und, da ihre Eltern verstorben waren, mit ihrer Schwester bei Verwandten in Weimar lebte und häufig Gast bei Frau von Stein war. Sie spielte auch im *Liebhabertheater* und bei Maskenzügen mit. Constantin hatte ernste Absichten und wollte sie unbedingt heiraten, was Carl August und Anna Amalia unter Mithilfe von Goethe zu verhindern suchten. Die Primogeniturordnung von 1724 schloss nachgeborene Prinzen von der Nachfolge aus, falls diese jemanden heiraten sollten, der nicht aus einem fürstlichen oder reichsgräflichen Hause stammte.[4] Im

Falle einer solchen Mesalliance würde das Herzogtum an eine andere sächsische Linie fallen, wenn Carl August ohne Nachfolger sterben sollte. »Der Prinz Rasselas *[Constantin]* schämt sich wie ein Pudel, was eine gewisse Familie *[Kalb, bei der die Fräuleins von Ilten wohnten]* betrifft; c'est de marmaille *[Kinderkram]*, es ist mir zu eklig *[unangenehm]*, davon zu sprechen«, schrieb Anna Amalia an Merck.«[5]

In den Sommermonaten widmete Constantin sich seiner Gartenarbeit in Tiefurt, was ihn mehr ausfüllte als das Bücherstudium. Er hatte ja schon zusammen mit Knebel Bäume und Pflanzen angepflanzt, und das führte er nun fort, »ob es gleich nicht viel ist, so hält es mich doch zusammen und wird vielleicht aufs Künftige mit Gotteshülfe mir Nutzen und Vergnügen schaffen«.[6] Abends nach getaner Arbeit hatte er das Gefühl, »diesen Tag bist du ein Arbeitsames Glied im Menschlichen Leben gewesen«. Dem häufigen Wunsch Anna Amalias, ihr in Ettersburg Gesellschaft zu leisten, was ihm »höchst fatal« war, suchte er durch Ausreden zu entgehen, die seine Mutter noch »gnädig aufgenommen« habe, »der Himmel aber weis, wie lange dieses gute Wetter dauern wird.«[7] Vielleicht wollte sie ihren Sohn auch einfach aus seiner Isolierung in Tiefurt holen, die ihr Sorgen bereitete.

Auch Goethe bemühte sich, Constantin aus seiner selbst gewählten Einsamkeit in Tiefurt herauszuholen, indem er ihm Rollen im *Liebhabertheater* übertrug. So spielte Constantin im *Westindier* mit; die Hauptrolle, die Goethe ihm im Sommer 1780 in *Die Vögel* nach Aristophanes zugedacht hatte, lehnte er aber ab und blieb lieber Zuschauer.[8]

Seinen Brief vom 8. August 1780 beendete er so: »Sollte Ihnen meine jetzige kleine Reise nicht recht seyn, so haben Sie nur zu befehlen. Ich war gestern zu sehr durch Ihren ungnädigen Empfang abgeschreckt mich Ihnen zu Gnaden zu empfehlen, deswegen nehme ich mir die Freiheit es jetzt wider zu thun und von Neuem mich Ihre Gnade und Liebe aus zu bitten, und wo möglich bey meiner Zurückkunft ein freundliches Gesicht. … Ich verbleibe mit aller Unterthänigkeit Dero getreuester gehorsamster Son Constantin.«[9]

Gehorsam und Zuneigung, das war es, was Anna Amalia von ihren Kindern von Anfang an eingefordert hatte. Das sehr emotionale Gedicht von Constantin zu ihrem Geburtstag am 24. Oktober 1779 zeigt, wie sehr er an seiner Mutter hing, auch wenn er durchaus einen sozialkritischen Hauch über den Text legte:

>> *An meine Mutter*

Nimm dieses zum Geschenk für diesen Tag!
Für eine Fürstin herzlich wenig,
doch so wie's gern ein Sohn der Mutter geben mag;
Und dann ist es genug – und wärs für einen König.

Auch so beschenkten, wie man sagt, in alter Zeit
Die frommen Hirten sich, mit Gaben von geringer
Wichtigkeit
Und treuem Herz; – mit einem Gertenstab;

Mit einer Lanze, einem Krug; –
Und weil's das Herz war, welches gab,
So glaubten sie, es sey genug.

Dieß Herz das sendet Dir auch heut! –
Das Herz das macht, zu Spreu und Flittertand
die Kronen, macht den Kiesel zum Diamant.

Das Herz, das endlich jeder ehrt,
Dieß gebe meinem Länzchen einen Werth!

So wie auch mag die Flamme glühn
Die seine offne Lippe trägt,
So soll sie nie den Eifer überglühen
Der sich für dich in meinem Busen regt;
Und sollte beyde sie nicht Luft und Wärm' beseelen,
So muss dem Herzen Blut und Oel der Lanze fehlen.
Constantin «[10]

Und doch vermied er, soweit es ging, sich in ihren Umkreis zu begeben, auch weil er immer Angst hatte, sich ihren Unmut zuzuziehen, ohne zu wissen, warum. So weigerte er sich, sie Ende 1780 auf ihre Rheinreise zu begleiten. Erleichtert berichtete er an Knebel, er habe das »Bombardement« seiner Mutter »glücklich ausgehalten«, und nun sei er von dem »abgeschmackten Zeug los«. Auch ihren Wunsch, sie bei einer geplanten Italienreise 1781 zu begleiten, umging er, indem er zunächst ohne ihr Wissen eine eigene Reise dorthin plante. Als Begleiter wählte er einen seiner ehemaligen Lehrer, den Legationsrat Carl Albrecht, der von 1777 bis 1779 mit Unterstützung Carl Augusts Italien, Frankreich und England bereist hatte. Constantin besprach sich mit Goethe, dann mit seinem Bruder, der ihm die Reise im Mai genehmigte, worüber Anna Amalia sehr unzufrieden war. Albrecht notierte über das Gespräch mit der Herzogin, die ihn zu sich bestellt hatte: »Sie wollte selber nach Italien. Und der Prinz hatte ihr versprochen, sie zu begleiten. Sie war sehr unzufrieden mit ihm.« Aber mit ihm, Albrecht, als Begleiter des Prinzen sei sie zufrieden.[11]

In einem Brief an Goethes Mutter, in dem Anna Amalia den Besuch Constantins in Frankfurt auf seinem Weg nach Italien ankündigte, schilderte sie ihre Erwartungen: »Sie werden, liebe Mutter, einen jungen Menschen an ihm finden, der noch nicht ganz flügge ist; sein Herz aber ist gut, und ich hoffe, dass die Reise, die er jetzt antritt, ihn zu einem guten und brauchbaren Menschen machen wird.«[12]

Von Juni 1781 bis Juni 1782 war Constantin unterwegs. In regelmäßigen Abständen schrieb er Briefe, aber anders als sein Bruder immer etwas verkrampft, sehr bemüht, etwas zu finden, was seine Mutter interessierte, weil er ja auch wisse, dass seine Briefe, wie damals üblich, in ihrem Kreis der Damen vorgelesen würden, wie er an Knebel schreibt: »Du weist ja wie die Damen sind; man könnte glauben, ich sehe nichts, ich wäre faul und lauter solche Vorwürfe.«[13]

Anfang 1782 war Anna Amalia noch guten Mutes, dass die Reise für Constantins Entwicklung gut sein würde. Sie schrieb an Albrecht: »Es war immer mein einziger Wunsch, dass er Reisen möge, und es war hohe zeit dass er weg kam, Er schien mir hier wie ein junger Baum der in ein übles Erdreich gepflanzet war, jetzt hat er wieder Luft bekommen, und unter Ihrer Aufsicht Lieber Albrecht zweifel ich nicht dass der junge Baum auch gute Früchte tragen wird. Einen großen theil meiner Ruhe und des Glüks meines Sohns bin ich Ihnen schuldig.«[14] Sie erhoffte sich auch, dass er Kontakt zu »guten und verständigen Leuten« haben werde, damit er seine »Leutescheu« überwinden könne.[15] Sie war Albrecht dankbar für seine tröstenden, beruhigenden Worte, doch trotzdem »gestehe ich, dass eine große Empfindlichkeit die ich von jeher an ihm beobachtet habe, mich noch immer beunruhigt. Sie macht ihm mehr unzufriedene als glückliche Tage und er sieht daher manche Dinge ganz von der falschen Seite an.«[16]

Damit meinte sie die heftige Kritik Constantins an den Zuständen am Hofe und in der Regierung in Weimar. In seinen Briefen an seinen ehemaligen Erzieher von Knebel, der ihn ja erst sensibel für diese Sichtweise gemacht hatte, kritisierte er die Verschwendung bei Hofe, den Kammerpräsidenten von Kalb hielt er für inkompetent, womit er nicht allein stand –

von Kalb wurde 1783 entlassen. Es sei »eine unverzeihliche Sünde« gegen Gott und die ganze Welt, schrieb Constantin, »gantze Herden von Geschöpfen verderben zu lassen und sie alle sozusagen zum Teufel gehen zu lassen«, womit er die Untertanen meinte, die bei einem zu erwartenden Ruin des Staates am meisten leiden müssten. Als Verschwendung sah er auch die finanzielle Unterstützung von Künstlern wie Abbé Raynal und Villoison an, die zu der Zeit am Hofe seiner Mutter lebten und von ihr finanziert wurden.[17]

Constantin plante, sich mit seiner Apanage irgendwo außerhalb von Weimar niederzulassen. Er wollte von Italien nach Genf oder Lausanne gehen, sich ein Landhaus mieten und dort »einige Zeit als Privatmann« leben. Danach sollte es zurück nach Italien gehen. Und wenn er wirklich eines Tages nach Hause kommen sollte, dann wolle er ein »kleines comodes Haus« in Eisenach, wo er auch am liebsten als »private Person« leben wollte, nur gute Freunde und Bekannte sehen, weil dies mit seinem »zeitlichen Glück« übereinstimme.

Heiratspläne hatte er nicht, denn seine Kinder würden als »Bettelleute« aufwachsen, da er ohne eine Zulage vom Herzog keine Familie ernähren konnte. Aber das zu verlangen wäre eine »Sünde«, weil der Staat ja jetzt schon nicht mehr zahlungsfähig war. In Weimar wurde aber natürlich erwartet, dass er heiratete und einen männlichen Nachkommen hervorbrachte. Dies galt umso mehr, da nach sieben Jahre Ehe seinem Bruder noch kein Thronfolger geboren worden war.

Aber auch dazu hatte Constantin seine eigene Meinung: »Philosophisch« betrachtet, schrieb er an Knebel, sei es »für das Land kein Verlust, in andere Hände zu kommen; Vielmehr wäre es eine Hülfe, um nicht so gedrückt zu seyn. Es sind ja keine Tyrannen, die es erhalten, und blos Neid, welcher aus Vorurtheil und Kleinheit entsteht, macht sagen, man müsste um Gottes willen suchen Kinder zu machen.«

Sein Abschied von Weimar war als endgültiger gedacht. »Mit meinem Bruder, ist er noch so gut, kann ich nicht leben. Zu böse Eindrücke machen mir seine Handlungen und gutes Söhnchen und Diener der Damens seyn, alle Sontage und Mittewochen, ist mir unmöglich.

In Weimar, mache ich mich, und habe mich von allen losgemacht...« »Nicht einmal Tiefurth mehr, der liebe Winkel! Auch den an meine Mutter abgegeben. Er ist mir zu beflekt worden. Habe ich ein Guth, so muss ich es allein besitzen, keine andren hinnein Platzen zu lassen. Diese delicatesse haben sie nun nicht, ich übergab es, und trette es nun gantz ab... So bin ich nun gantz frey von allen Sclavischen Banden, und werde mich hüten wie sonsten als Vierter und jüngster mein ja Wort zu letzt zu geben wen die drey andren schon gehendlet haben, wie diesses oftmahls der fall bey uns war.[18]

Knebel machte ihm Vorwürfe, dass er seinem Land gegenüber Pflichten habe und sein Geld nicht im Ausland ausgeben dürfe. Daraufhin änderte Constantin seinen Plan und wollte sich in Eisenach niederlassen. »Bin ich in Eisenach, so bin ich wie die Schnecke, die nur auskriecht wenn es schön Wetter ist, und beym geringsten Stoß an die Hörner, sich fest zusammen zieht.«[19]

Auch in seinen Briefen an seine Mutter und den Bruder legte Constantin sein »Mißvergnügen über die hiesige Verfassung und über seinen Bruder der doch gewiss liebreich und edel an ihm handelt« offen, wie Anna Amalia in ihrem Brief an Albrecht beklagte. Das Zurücksenden seiner Diener, ohne seine Mutter oder seinen Bruder vorher zu informieren, fanden beide »befremdlich«. Außerdem habe es »großes Aufsehen unter der Bürgerschaft und fast im ganzen Land gemacht«, weil es nun überall hieß, der Prinz wolle gar nicht mehr zurückkommen. Weder sie noch Carl August wollten ihn vom Reisen abhalten, »und wenn er Lust hat länger weg zu bleiben, wir es ihm ganz frey stellen«. Anna Amalia forderte Albrecht, auf, »ihn auf andere Wege zu bringen, und ihm das Auffallende seiner Aufführung deutlich(zu) machen«.[20]

Am 6. Juli 1782 kam Constantin in Paris an, wo er Nanette Darsaincour kennenlernte. Seiner Mutter erzählte er von den Konzerten und Opernbesuchen in Paris, beschrieb ihr die einzelnen Arien und verglich sie mit denen, die er in Italien gehört hat. Glucks *Iphigenie* hatte ihm nicht so gefallen: »In Italien würde seine Musik Barbarisch genannt.« Auf der Ebene der Musik war Constantin seiner Mutter sehr nahe. Er schrieb ihr auch, dass er im September nach London gehen wollte, verschwieg aber, dass er Nanette mitnehmen und sich eine eigene Wohnung, unabhängig von seinem Begleiter Albrecht, nehmen wollte.[21]

Es war die unangenehme Aufgabe von Albrecht, Anna Amalia diese Situation Ende Oktober zu erklären. Man müsse sich aber keine Sorgen machen, schrieb er. Der Prinz sei in dem Alter, wo die Gesetze aller Länder den Menschen für fähig erklären, sich selbst zu regieren. Über kurz oder lang müsse er verstehen, allein zu leben. Jetzt sei vielleicht der eigentliche Zeitpunkt für ihn, sich selbst zu versuchen, da er noch einen Freund in der Nähe habe, der ihn über alles liebe und den er um Rat fragen könne.[22]

Auch Constantin sah sich genötigt, die Trennung von seinem Begleiter vor seiner Mutter zu begründen und um Verständnis für sein neues Leben zu werben: »Sie kennen selbst nur zu wohl die Verhältnisse bey uns, die so oftmahls Gezänke und Tremor *[Zittern]* verbreiten, den Sie zuweilen selber tragen mussten, und sich oft in gnädigen Stunden gegen mir klaghten und mit mir darüber sprachen; so dann die drückende Langeweile, welche uns gar zu oft daselbst unser Leben aufhällt, und doch nicht zu ändern wahr und nur von

Neuem eingeschluckt wurde. – Von diesem allen nichts mehr zu fühlen, nicht mehr gedrückt zu seyn – ist wohl die größte Seelenruhe, die man sich nur wünschen kann. Selbst zuweilen kann einem der Umgang mit seinen nächsten Verwandten höchst unglücklich machen, wen man gezwungen ist zu sehen und zu fühlen«, dass keiner von ihnen in seiner Lage glücklich sei und sein Leben genieße.[23]

Diesen Teil der Analyse der Verhältnisse in Weimar hat seine Mutter sicher nachvollziehen können, die beiden hatten offenbar, wie er schrieb, darüber öfters gesprochen. Aber die Reaktion von Anna Amalia war: durchhalten, sich zurückziehen für Tage, aber nicht auswandern. Und das erwartete sie letztlich auch von ihrem Sohn.

Constantin beschrieb ihr sein Haus mit Garten und Pferden, das er zwei Stunden von London entfernt gekauft hatte. Er schrieb ihr, wie glücklich er dort war. Von einer Rückkehr nach Weimar war nicht die Rede. Im Gegenteil, er wünschte sich, dass seine Mutter ihn im Sommer 1783 besuchen käme, damit er ihr die Schiffe auf der Themse und anderes mehr zeigen konnte.

Dass man seinem Freund Albrecht nun Vorwürfe machte, konnte Constantin gar nicht verstehen. Es sei ihm neu, dass Albrecht die Verpflichtung haben sollte, ihn nach Hause zu bringen oder ihn nicht zu verlassen. Albrecht würde ganz von seinen, Constantins, Mitteln bezahlt, er habe keinen Zuschuss dafür bekommen, und daher sei es allein seine Entscheidung, wie das Zusammensein mit seinem Freund Albrecht auszusehen habe.[24] Aus diesem Brief spricht ein neues Selbstbewusstsein gegenüber der Mutter.

Zu diesem Zeitpunkt ahnten weder Albrecht noch Constantins Familie in Weimar von der Existenz Nanettes, mit der er sich auf seinem Landsitz seinen Traum vom häuslichen Leben erfüllt hatte. Dann wurde Nanette schwanger, Constantins Tagebucheintragungen von Ende 1782 spiegeln neben glücklichen Momenten auch zunehmend Streit und Sorgen wegen der Zukunft, vor allem wegen seiner Finanzen wider.[25]

Nach einem Selbstmordversuch Nanettes erfuhr Albrecht von der Beziehung und meldete sie nach Weimar. Nun wurde allen klar, warum Constantin auf getrennten Wohnungen bestanden hatte. Auch Constantin informierte jetzt seine Familie, weil er mit Nanette nach Weimar reisen wollte, in der Hoffnung, dass man sie dort willkommen heißen würde. »Alles hängt von diesem Schritt ab, einen Sohn zu erhalten oder auf lange Zeit zu verliehren. Fest und ehrenvoll war unser Entschluss.«[26] Er bat darum, Nanette als »eine Dame (zu) empfangen u. behandeln«.[27]

Carl August war empört. Sein Bruder habe die Ehre »eines der ersten Häuser Teutschlands und der Welt« verletzt und führe das »Leben eines verlofenen Kaufmannssohnes … in der Gesellschaft einer Landstreicherin«. Man erwarte in Weimar, dass Albrecht den Prinzen wieder auf den Pfad der Tugend zurückführen werde.[28]

Dazu aber war es zu spät, denn Constantin und Nanette waren längst abgereist. Er begleitete seine Freundin aber nur bis Eisenach, ohne sich in Weimar sehen zu lassen, und fuhr dann nach England zurück. Es gab, wie zu erwarten war, einen Skandal in Weimar, obwohl natürlich jeder von den Liebschaften des Herzogs und seinen unehelichen Kindern wusste, aber die tauchten eben nicht offen in Weimar auf. Nanette wurde erst gar nicht bei Hofe vorgelassen, und Goethe bekam den Auftrag, sich darum zu kümmern. Er brachte sie nach Tannroda in ein Forsthaus. Sie scheint aber kein lebensfähiges Kind geboren zu haben und wurde im Sommer 1783 von Goethes Diener Seidel nach Paris zurückgebracht.

Constantin lebte nun zunächst alleine in London. Die

Briefe Anna Amalias an ihren Sohn existieren nicht mehr, aber seine Briefe verdeutlichen, wie enttäuscht er von seiner Mutter und von seinem Bruder war. »Das häusliche Familienleben ist das größte, das schönste Glück, was ich nur kenne … jetzt bin ich wiederum allein … es ist mir alles wie ausgestorben und alles unbewohnbar«, schrieb er an Knebel.[29]

Zwei Monate danach hatte er sich neu verliebt in eine Dame namens Lucy Shet, mit der er im Mai 1783 die Heimreise antrat, weil das Leben in der Nähe Londons auf Dauer zu teuer war. Bei der Ankunft auf Schloss Wilhelmsthal bei Eisenach wurden beide von Carl August und Goethe empfangen. Carl August hatte zunächst vorgehabt, die Ankunft vor seiner Mutter geheim zu halten, um sie zu schonen, aber das ging nicht wegen der bereits kursierenden Gerüchte.[30] »Ich finde ihn ziemlich wohl aussehend und gewachsen. Er hat versprochen, sich in alles zu fügen und gut hauszuhalten; ich bringe ihn mit zurück«, schrieb er an seine Mutter.[31]

Goethe brachte Lucy nach Marksuhl, wo sie vermutlich eine Fehlgeburt hatte. Das Finanzielle regelte der Schatullier Anna Amalias, Ludecus. An Fritsch schrieb Carl August ziemlich genervt: Er würde seinen Bruder stets als Mitglied der Familie sehen und sich auch finaziell um ihn kümmern, »Zutraun, Liebe u. freundschaft hat er sich aber von meiner seite verlustig gemacht, u. er möge nicht weiter darauf zählen«.[32]

Obwohl Carl August wütend auf seinen Bruder war, verhielt er sich ihm gegenüber vorbildlich. »Mit seinen wirtschaftlichen Angelegenheiten bin ich noch nicht ganz in Ordnung; ich hoffe ihn aber zu allen Guten zu bereden«, schrieb er zwei Tage nach der Ankunft Constantins an seine Mutter. Der Herzog von Meiningen hatte ihn eingeladen, er wollte hinfahren, um mit den dortigen Ministern und Marschällen zu reden. Constantin sollte ihn begleiten, »um ihn gleich irgendwo zu presentieren, damit es nicht aussähe, als brächte man ihn wie Kontrebande *[Schmuggelware]* ins Land; auch so will ich's bei der Rückkunft in Gotha machen«.[33]

Besonders hoch anzurechnen war es ihm, dass er seinen Bruder vor dem möglichen Zorn Anna Amalias beschützen wollte. Er schrieb, bevor er mit ihm zurück nach Weimar kam, einen langen Brief an seine Mutter, in dem er sie um einen freundlichen Empfang für Constantin bat. »Sie werden, hoffe ich, mit meinem Bruder nicht unzufrieden sein. Er hat viel gesehn, sich's hübsch gemerkt und erzählt sehr deutlich, bescheiden und artig. Er ist nichts weniger als liederlich, sondern hat eine ganz besondere moralische Empfindung, die, mit keinem sehr scharfen Verstande, gänz(lichen) Mangel an Führung und Weltkenntnis, etwas Verworrenheit im Zurechtelegen der schweren menschlichen Dinge und vieler Schwäche verbunden, ihm Dinge begehn macht, aus der er sich hernach nicht heraushelfen kann, sondern in welche er tiefer sinkt. Empfangen Sie ihn recht freundlich; sein Gefühl der fehler, die er gemacht hat, und das Bedauern, dass er vor sein geld nichts genossen hat, machen ihm Mitleidens und Aufrichtung wert. Die Folgen seiner Fehler werden ihn sie schwer genug fühlen machen und würden ihn ganz zusammendrücken, wenn man ihm nicht hilft. Kein Vorwurf wird ihn bessern, sondern freundschaftliche, aber sehr genaue Aufsicht und Rat. Wir müssen uns fürohin ein ganz besonderes Geschäfte aus ihm machen. Ich will gerne alle meine Zeit und Genuss mit ihm teilen und sie zu seinem Besten aufopfern. Er ist ein vor alle Mal bei mir zu Tisch gebeten; nehmen Sie ihn auch oft zu sich.«[34]

In Weimar wurde »die treulose Aufführung« Constantins gegenüber seinem Bruder, dem Herzog, »öffentlich getadelt«, indem man ihn schnitt und ihn der »genauesten Einsamkeit überließ«, schrieb Carl August an den ehemaligen

Erzieher seines Bruders. Constantin spürte, »wie sehr er eines äußerlich guten Anstriches bedurfte, um wieder in Gesellschaften gut gelitten zu sein, und wie wenig sein Stand ihn selbst hier vor Verachtung schütze«. Anfangs hatte Constantin sich lächerlich gemacht, indem er »bei Krethi und Pleti« Visiten machte, um sein Verhalten wiedergutzumachen. Dann aber sah man, wie er »exacter in der Beobachtung der gemeinen gesellschaftlichen Pflichten wurde und nun seine Rolle spielt, so dass er überall als ein wohlgezogener Mensch nicht missfallen wird«.[35]

Eine Rückkehr an den Hof nach Weimar war in Constantins Plänen nicht vorgesehen gewesen, weil er zu Recht fürchtete, es würde an seiner Gesamtsituation nichts ändern. Und nun war er auch noch gezwungen, die Rolle in der Gesellschaft zu spielen, die man von ihm erwartete und die er hasste.

Ein Jahr später wollte Constantin sein vor der Reise gegebenes Versprechen an Caroline von Ilten einlösen und sie heiraten. Er bat Fritsch um Hilfe, weil er bei einer Heirat eine höhere Apanage brauchte. Aber der weigerte sich, ohne Wissen Anna Amalias und der Erlaubnis Carl Augusts irgendetwas zu regeln. Und die beiden waren natürlich nicht einverstanden, auch wenn inzwischen der Erbprinz geboren worden war. Constantin musste seinen Plan aufgeben, Caroline von Ilten bekam eine jährliche Pension von 200 Reichstalern, nachdem sie schriftlich zugesagt hatte, sich nicht mehr mit dem Prinzen einzulassen.[36]

Carl August plante nun, ihm beim sächsischen Militär einen Platz zu verschaffen,[37] auch wenn Constantin lieber als Rittmeister in preußische Dienste gegangen wäre, aber das traute ihm Carl August nicht zu.[38] Er sollte erst einmal als Oberstleutnant bei der kursächsischen Infanterie anfangen ohne eigenes Regiment, was eigentlich nicht standesgemäß war. Schon nach einem halben Jahr hatte Constantin keine

Lust mehr, aber sein Bruder bestand darauf, dass er sich erst dort »völlig ausbilden« lasse, bevor er »mit desto mehr Ehre« in die preußische Armee eintreten könne.[39]

Constantin war frustriert, bei Fritsch beklagte er sich, dass »meine Familie alles dasjenige hervorsucht, was nicht meinen Wünschen entspricht«.[40] Graf Goetz hatte ihn vor Jahren als »unbehaustes Kind« bezeichnet. Wie unglücklich und unverstanden er sich fühlte nach seiner Rückkehr und dem Scheitern seines Traumes vom häuslichen Leben an der Seite einer Frau, die er liebte, zeigte das Gedicht aus Tiefurt, seinem ehemaligen Paradies, am 24. Oktober 1786 zum Geburtstag seiner Mutter, die ihm diesen Rückzugsort genommen hatte:

> *Sag mir, mein Herz, wo bin ich? an welchem Orte*
> *verweil ich?*
> *Bin ich bey Lebenden noch? Ist es Elysium hier?*
> *Wandl' ich unter Schatten, und finde wieder die Bilder*
> *Die ich auf Erden geliebt, ähnlicher Dinge Gestalt?*
> *Ja, es ist Elysium hier! Hier pflegt ich zu wandern,*
> *Trug der Sterblichen Loss, wechselndes Elend und Glück.*
> *Süßer Hofnungen Täuschung erfüllte damals die Seele!*
> *An eines Genius Hand irrt' ich von Traume zu Traum.*
> *Doch er verliß mich zu schnell u. verschwand! – ich höre*
> *nur Stimmen.*
> *Wo ich sonst Lieder gehört schreckt mich ihr klagender*
> *Ton!*
> *Was ist, süßes Herz, aus Dir seitdem geworden!*
> *Wo hin irrtest Du nach Ruh, wo hin verflog sich Dein*
> *Geist?*
> *Suchtest Rath im Himmel und suchtest Rath auf der*
> *Erde;*
> *Himmel und Erde wiß Dich auf Diech selber zurück.*
> *Seitdem ist die Seele aus diesen Gefilden gewichen …*

... Laß ihn fallen den Zauber, und schau nur an, dass Du
hier bist! ...
Nicht Elysiums Hain, aber ein Garten voll Lust,
Wohin Amalia dir den Blick noch Einmal vergönnt
hat. «[41]

3.2. Carl August

» Nun weiß ich doch, wer der Faulste von uns beiden im
Schreiben ist; gewiss nicht ich «,

schrieb Carl August am 4. Juli 1784 an seine Mutter. » Strafen
Sie mich nicht mit Stillschweigen, liebste Mutter, und leben
Sie wohl. «[42] » Leben Sie wohl, liebste Mutter, und bekennen,
dass Ihnen niemand öfterer und längere Briefe schreibt als der
fleissige Schreiber C. A. HzS «[43]

Von der Reise in die Schweiz mit Goethe und Kammerherr
von Wedel schrieb er am 29. September 1779, dass sich von
Wedel in Straßburg in eine Komödiantin verliebt hatte, die
sein » Felsenherz « habe schmelzen lassen » und mit nassem
Auge blickt er zuzeiten noch nach dem geliebten Gegenstand
zurück ... Solche Gefahren hatten Sie wohl nicht gedacht,
dass wir zu bekämpfen haben würden «.[44] Das sind Briefe, die
so fröhlich locker daherkommen, als hätte er einer Freundin
geschrieben. Vergleicht man sie mit anderen Briefen aus der
Zeit, die in höfischen Kreisen zwischen Eltern und ihren er-
wachsenen Kindern kursierten, so sind diese hier schon etwas
Besonderes.

Unabhängig vom Thema zeigen seine Schreiben, anders als
seine Jugendbriefe, dass er bei allem Respekt ein ebenbürtiger
Partner war, der Anteil an ihrem Leben nahm, mit dem sie
ihre Sorgen teilen konnte und der sie auch in ihren Freuden

unterstützte. »Wie sehr ich mich gefreut habe, Ihren Brief zu empfangen und zu wissen, dass Sie wohl waren, wie Sie ihn schrieben, ist besser zu fühlen als zu sagen.«[45] Ihre Briefe an ihn sind leider nicht mehr erhalten.

Ihren Geburtstag vergaß er nie, auch nicht, wenn er unterwegs war. Auf der Reise mit Goethe in die Schweiz 1778 feierten sie ihren Geburtstag in einem schönen Tal. »Was ich Ihnen gewünscht habe, ist nichts Neues, das Beste, Liebste und Glücklichste. Amen.«[46]

Aus Karlsruhe meldete er sich am 24. Oktober 1784: »Den heutigen Tag habe ich in meinem Herzen gefeiert; ... Sie kennen mich und wissen, wie sehr ich Sie liebe und verehre und wie sehr mir Ihr Wohl teuer ist; Sie können sich also leicht selbst sagen, was ich Ihnen bei dieser Gelegenheit wünsche.«[47]

Er nahm liebevoll Anteil an allem, was sie bewegte, selbst an der Neugestaltung ihrer Zimmer: »Viel Glück und Vergnügen wünsche ich zu den neuen Dekorationen Ihrer Zimmer; ich hoffe, dass in Kurzen etwas nach Weimar kommen wird, das ein leer gelassenes Fleck zudecken soll.« Gemeint war wohl ein Gemälde, das Lavater in seinem Auftrag aus der Schweiz schicken sollte: ein Seestück von Gessner, auf dem die Gegenden des Zürcher Sees zu sehen waren.[48]

Und er freute sich, wenn sie etwas zu ihrem Vergnügen unternahm, so wie ihre Malreise an den Rhein: »Zu Ihrer bevorstehenden Reise wünsche ich von Herzen Glück und viel Vergnügen.«[49] Seine Briefe enden oft mit Sätzen wie dem folgenden: »Leben Sie recht wohl, liebste Mutter, vergnügen Sie sich, doch vergessen Sie mich nicht dabei.«[50]

Anna Amalia ihrerseits unterstütze ihren Sohn, wann immer er sie darum bat: »Sie haben uns schon oft aus mancherlei Not geholfen; dürfte ich Ihnen abermals beschwerlich fallen und Sie bitten, uns in einer Verlegenheit beizustehn.«

Dem Herzog von Gotha, mit dem er zur Jagd unterwegs war, sollte vor seiner Abreise noch eine standesgemäße Mahlzeit in Weimar serviert werden. Da aber Carl August seinen ganzen Hausstand mitnahm, wenn er für mehrere Tage oder Wochen auf eines seiner Jagdschlösser vereiste, konnte das im Fürstenhaus so schnell nicht arrangiert werden. Daher bat Carl August seine Mutter, dass sie das Essen bei sich vorbereiten lasse: ein »souper dinatoire« gegen 8 Uhr abends. »Wir frühstücken dann in Ilmenau warm und ässen uns erst ganz satt bei Ihnen. Verzeihen Sie mir meine Freiheit.«[51]

Oft bat er sie auch, Aufträge für ihn zu erledigen, die er keinem sonst übertragen wollte. Im Juni 1785 schickte er ihr zum Beispiel aus dem Kurort Bad Pyrmont Briefe an Schnauß, Ludecus, den Geheimen Rat Jülicke und von Seckendorff mit der Bitte, sie weiterzuleiten.[52]

Aber es gab natürlich auch viele Situationen, wo es zu Konflikten kam. Da war zum Beispiel die Reise über Frankfurt in die Schweiz, die in Weimar, auch vor Anna Amalia, geheim gehalten wurde. Schon im August 1779 hatte Goethe sie seiner Mutter unter strengster Geheimhaltung angekündigt: »Der Herzog hat Lust, den schönen Herbst am Rhein zu geniesen« und da wollten sie in Frankfurt einige Tage in Goethes Elternhaus übernachten. Aber es sei noch ein »unverbrüchlich Geheimniss ... Hier vermuthet noch niemand nichts.«[53]

Es war natürlich eigentlich ein unmöglicher Plan, dass der regierende Herzog heimlich für Wochen das Land verließ. Dementsprechend die Reaktionen: Der Herzog sei für sechs Wochen verreist, schrieb die Oberhofmeisterin der Herzogin Louise, Gräfin Gianini, an ihre Freundin Gräfin Goertz. Bis Frankfurt wolle er mit Goethe und Wedel mit dem Pferd reiten, dann bis Düsseldorf zu Wasser, »dann wieder zu Fuß, ich glaube kein regierender Fürst hat je dergleichen getan«.[54] Die Oberhofmeisterin Louises monierte außerdem, dass der Herzog monatelang unterwegs sei, statt sich um die Erbfolge zu kümmern.[55]

Auch Anna Amalia machte Carl August Vorwürfe, weil er ihr das Ziel der Reise verschwiegen hatte. »Es tut mir Leid, dass Sie mir nicht aufs Wort glauben und meinen, ich hätte Ihnen ein Geheimnis aus der großen reise gemacht« rechtfertigte er sich. »Ich muss es also wiederholen, nur zwischen Friedberg und Frankfurt, just auf halbem Weg wurde es bereits resolvirt; da erfuhr ichs und die andern, durch Eingebung des Engels Gabriel.« Details dazu könne sie durch seine Frau erfahren.[56] Carl August schrieb als Entschädigung seitenlange Briefe an seine Mutter über die Schönheiten der Landschaft und die Kunstzeichnungen, die er bekommen hatte, über die Begegnungen mit Merck und vor allem Lavater, den Anna Amalia sehr verehrte und bei dem die Reisenden drei Wochen wohnten. Außerdem versprach er ihr »jedes minutieuste Detail«, sobald er wieder zu Hause war.[57]

Anna Amalia versöhnte sich mit der heimlichen Reise ihres Sohnes aber erst, nachdem sie Anfang Januar 1780 von Merck, bei dem die Reisenden auf dem Rückweg angekommen waren, hörte, dass ihr Sohn »an Offenheit, Munterkeit, Stätigkeit, Geneigtheit sehr ernsthaffte Gegenstände mit Ernsthafftigkeit zu behandeln, um ein Wunderbares gewachsen« sei.[58] Anna Amalia freute sich »inniglich« über die guten Nachrichten: »Lavatern will ich einen Altar bauen. Gott gebe nur, dass die weimarische Atmosphäre nichts wieder verdirbt!«[59]

Dass es immer wieder Konflikte gab, vor allem in der Anfangszeit, als Carl August seinen Weg als regierender Herzog finden musste, und das unter den wachsamen Augen einer Mutter, die diese Aufgabe 16 Jahre lang ausgeübt hatte und vieles aufgrund ihrer Erfahrung besser überschauen konnte, ist naheliegend und kein Beweis für ein Missverhältnis zwischen Mutter und Sohn. Im Grunde sind es die gleichen Konflikte, die es zu allen Zeiten zwischen Eltern und ihren erwachsen gewordenen Kindern, die ihre eigenen Wege gehen müssen, gab und immer geben wird.

Und dass Carl August ihr zwar nach wie vor über politische Dinge schrieb, sie auch nach ihrer Meinung fragte, sie aber aus politischen Entscheidungen heraushielt, war selbstverständlich und mit Sicherheit auch in ihrem Interesse. Anna Amalia bezog zwar weiterhin ihre Stellung auch außerhalb Weimars nicht nur wie andere Fürstinnen aus der Tatsache, dass sie die Mutter des regierenden Herzogs war, sondern daraus, dass sie 16 Jahre lang das Land selber regiert und darum ihr eigenes Netzwerk hatte, das weiterbestand. Sie korrespondierte mit regierenden Fürsten weiterhin auch über politische Fragen, aber nur ganz selten, wie noch zu zeigen sein wird, griff sie aktiv ein.

Anna Amalia war schon 1773 so amtsmüde gewesen, dass sie ihre Regentschaft vorzeitig beenden wollte und von Geheimrat Fritsch ziemlich massiv auf ihre Verantwortung aus dem Testament hingewiesen werden musste. Ihre Sorge beim Übergang der Regierungsverantwortung galt verständlicherweise vor allem ihren ehemaligen Ministern und Bediensteten, die sie vor übereilten Personalentscheidungen ihres Sohnes schützen wollte.

Ein ständiger Konfliktpunkt war aber die sehr häufige Abwesenheit des Herzogs, den es seit 1779 verstärkt in die Reichspolitik zog, während Anna Amalia es für die Pflicht eines Fürsten hielt, sich als Landesvater vor Ort zu kümmern. Ende 1784 machte Carl August seinem Frust über die ständigen Vorhaltungen seiner Mutter Luft: »Haben Sie doch die Gnade und geben mir keinen Vagabundismus mehr schuld; ich finde wahrhaftig die beste Ruhe zu Hause, und die Freundschaft und Treue, die ich da geniesse, ersetzt mir reichlich die Vergnügungen, die man mancherlei Beschwerlichkeit an

fremden Orten geniesset. Ich bin aus den Jahren heraus, wo
man bloss in der Unruhe Ruhe sucht, und bin auch schon so
unruhig gewesen, dass ich das Unzulängliche der Unruhe
reichlich gefüht habe. Treibt mich also nicht etwas, was ich für
meine Pflicht halte, so können Sie ziemlich sicher auf meine
Gegenwart zählen. Muss ich aber fort, so bitte ich recht dringend das Zutraun auf mich zu setzen, dass ich nichts ungetan
liegen lassen werde, welches zu tun nötig ist. Verzeihn Sie mir
diese Herzenserklärung, ich kann's aber nicht ertragen, von
jemandem, den ich so liebe, verkannt zu werden.«[60]

3.3. Schwiegermutter aus Zucker

»Schwiegermütter, von Zucker gebacken, seien dennoch bitter.«

So kommentierte Goethe im Gespräch mit Kanzler Müller
Jahre später das schwierige Verhältnis der beiden Herzoginnen. »Ihr Missverhältnis zu ihrer Schwiegermutter, ja zur
Tochter, sei als Naturerscheinung anzusehen, unwillkürlich
gewesen.«[61]

Louise hatte von Anfang an einen schwierigen Stand.
Wenn sie auch die Frau des regierenden Herzogs war, blieb
Anna Amalia – wie schon zu Zeiten ihrer Regentschaft – der
Mittelpunkt des geselligen und geistigen Lebens der Gesellschaft. Wie Louises Biografin Bojanowski sehr treffend
schreibt: Diese Stellung »im Verein mit dem Rufe ihrer bewährten Regententugend und die Anerkennung, die sich ihre
hervorragende Persönlichkeit über Weimars Grenzen hinaus
errungen hatte, verliehen ihr einen Nimbus, der von vornherein die neben sie tretende Schwiegertochter in den Schatten
stellen mußte ... So fand sich Louise von Anfang an in die
Rolle einer Zuschauerin verwiesen an einer Stelle, wo sie viel-

leicht gehofft hatte, die Handelnde zu sein ... Das Verhältnis Louisens zu Anna Amalia blieb stets ein kritisch-kühles.«[62]

Die lustigen Spiele und Theateraufführungen besuchte sie allenfalls als Zuschauerin und hatte an diesen von Anna Amalia organisierten Vorführungen keine Freude. So kommentierte sie nach einem Besuch in Ettersburg, wo Anna Amalia ihr zu Ehren einige anwesende Musiker ein *Impromptu* von Goldini zu spielen anwies, etwas bissig: »Die Herzogin ist niemals glücklicher, als wenn sie so etwas arrangieren kann, das macht ihr gute Laune für eine gewisse Zeit.«[63]

Sie korrespondierte mit Lavater, Klopstock, freundete sich mit Herder an, war auch schon vom Wesen her anders, ernster als Anna Amalia, die das Leben nach der Regentschaft ganz offensichtlich genoss. Louise schrieb an Frau von Stein über einen Tag mit ihrer Schwiegermutter: »Vorgestern war ich zu Ettersburg und habe mich zu Tode gelangweilt. Ich versichere Ihnen, dass ich mich immer fürchte, dorthin zugehen, obgleich die Stimmung meiner sehr teuren Schwiegermutter ein wenig besser ist als zu Ihrer Zeit.«[64] Gräfin Goertz stellte schon Ende 1776 fest, dass die beiden Frauen »einander völlig überdrüssig (sind), und obwohl sie alles beobachten, was um sie herum geschieht, geht es ihnen im Grunde ihres Herzens schlechter denn je«.[65] Und das sollte sich auch im Laufe der nächsten Jahre nicht ändern.

Der Erwartungsdruck auf die Herzogin war von Anfang an sehr groß und wuchs von Jahr zu Jahr, das ohne einen Thronfolger verging. Die Oberhofmeisterin Gianini, die ab 1776 die Nachfolge des Grafen Goertz antrat, unterstellte Anna Amalia in einem Brief an den Grafen, dass sie alles tue, damit sich die Eheleute nicht berührten, und auch andere Zeugen berichteten, dass Anna Amalia in den ersten Jahren nicht an einer Schwangerschaft Louises gelegen war. Als Anfang August Anna Amalia von ihrer Rheinreise zurückkam, wurde sie von den Bürgern begrüßt: »Vivat die Groß Mama«. Daraufhin habe sie einen Wutabfall erlitten. Sie wollte nicht glauben, dass Louise schwanger war.[66] Reisemarschall von Klinkowström vermutete, Anna Amalia sei eifersüchtig auf die Aufmerksamkeit, die ihre Schwiegertochter im Falle einer Schwangerschaft erfahren würde, eine Aufmerksamkeit, die ihr zustand.[67]

Wieweit das der Wahrheit entsprach, lässt sich aber nicht überprüfen. Eigentlich hätte es aus dynastischen Gründen in Anna Amalias Interesse sein müssen, dass es so schnell wie möglich einen Erbprinzen gab.

Ganz Weimar wartete auf die Geburt des Kindes: »Sollt' uns der Himmel zum Heil. Christ noch einen Prinzen bescheren, so wird's vollends gar gut mit uns werden. Wär's eine Prinzessin, so thäte es mir am meisten für die junge Herzogin Leid«, denn die habe sich in ihren Kopf gesetzt, dass es unbedingt ein Junge sein müsse, schrieb Wieland an Merck.[68] Mit den Worten »Unsere froheste Neuigkeit von hier« kündigte die frisch gebackene Großmutter Merck die Geburt ihrer Enkelin Louise Auguste Amalie (1779–1784) an, bei der ihr Sohn Constantin und sie Pate standen. »Wöchnerin und Kind sind so wohl, als sie sein können, und mein Carl freut sich seiner Produktion nicht wenig.«[69] Erst am 2. Februar 1783 wurde dann endlich auch ein Junge, Erbprinz Carl Friedrich, geboren. Carl August schrieb an Lavater: »Ein Verewiger, ein Fortpflanzer, ein Endzweck, Erbe, kurzum ein Sohn ist mir diese Nacht von meiner Frau gebracht worden.«[70] Der Erbprinz habe »allen Menschen vor Freude die Köpfe verrükt«, notierte Wieland. »Also ganz natürlich hatten wir mit unseren Erbprinzen und mit Papa und Großmama und mit den durchlauchtigsten Paten und dem Taufakt und allerlei anderen Festivitäten, auch mit Fertigung einer großen Kantate auf diesen freudigen Erfolg zu tun. Denn die Musen aller Art haben sich auf diese Weise bemüht, das Fest zu verherrlichen.«[71] Anna Amalia war eine der Paten in einer Liste von insgesamt 20, in der auch ihre Mutter und ihr Onkel Friedrich II. erschienen. Sie und die drei anderen Fürsten der ernestischen Fürstenlinien hielten das Kind über das Taufbecken, ein symbolischer Akt für die Zukunft.

3.4. Braunschweiger Familie

»Meine Tochter aus Weimar ist hier um elf angekommen;
ich habe sie ein wenig verändert gefunden«,

schrieb Philippine Charlotte, Anna Amalias Mutter, am 17. August 1783 an ihren Bruder Friedrich II. über den ersten Besuch Anna Amalias nach 13 Jahren in Braunschweig. »Ansonsten ist sie eine gute Tochter, sanft und mit einem angenehmen und festen Geist. Sie hat ein schickliches Betragen, wie es sich ihrem Stand *[als Witwe]* ziemt, ist weder schikanös noch intrigant und hat einen den schönen Talenten aufgeschlossenen Geist; also wird mir ihre Gesellschaft viel Freude machen.«[72]

Die Beziehung zu ihrer Mutter war insgesamt eher distanziert. Anna Amalia schaltete sie vor allem in Krisenzeiten ein, wenn sie ihre Fürsprache bei ihrem Onkel, dem preußischen König brauchte.

Ihr Vater, den sie bei ihrem Besuch mit ihren Kindern 1771 das letzte Mal gesehen, lebte zu dieser Zeit nicht mehr. Nachdem er die Regierungsgewalt faktisch bereits 1773 an seinen Sohn abgetreten hatte, ging es in den Jahren darauf mit seiner Gesundheit bergab. 1776 und 1777 hatte er zwei Schlaganfälle, sein rechter Arm und beide Beine waren gelähmt, er verlor die Sprache, dann erblindete er. Am 26. März 1780 starb er. Von

Anna Amalia ist keine Äußerung zu dem Tod ihres Vaters überliefert.

Zu ihren Schwestern hatte sie so gut wie keinen Kontakt, nur Sophie Caroline kam einige Male für ein paar Tage zu Besuch. Eine Korrespondenz mit ihr liegt aber nicht vor.

Nach der Rückkehr von Braunschweig 1783 schrieb Anna Amalia an Knebel: »Mein Bruder, der Herzog, ist sehr liebenswürdig und zum Regenten gemacht.«[73] Aber auch zu Karl Wilhelm Ferdinand existierte keine engere Beziehung. Den einzigen intensiveren Briefkontakt zu einem ihrer Geschwister hatte Anna Amalia zu ihrem Bruder Friedrich August, der höhstwahrscheinlich auch das Porträt über sie verfasst hat. Er war 1771 und 1787 privat in Weimar, die meisten Briefe zwischen beiden stammen aus den Jahren 1788 bis 1794.

Ihren jüngsten Bruder Leopold (1752 – 1785), der bei ihrem Weggang aus Braunschweig erst vier Jahre alt gewesen war, kannte sie im Grunde gar nicht. 1771, als sie nach Braunschweig kam, erkannte sie den damals 18-jährigen nicht einmal wieder. Sie lud ihn aber ein, und 1772 kam er auf seiner Kavalierstour in Weimar vorbei. Er wurde wie seine Brüder preußischer Offizier, obwohl er lieber in österreichische Militärdienste gegangen wäre.[74] Anna Amalia traf ihn nur noch einmal 1779 in Leipzig, hat ihm »ein rendezvoier gegeben«.[75]

Leopolds Regiment war in Frankfurt stationiert, er ertrank dort mit 32 Jahren bei der großen Oderflut am 27. April 1785, als er, wie es hieß, Menschen aus dem Wasser retten wollte. Wahrheit oder Legende? Auf jeden Fall wurde er durch seinen Tod zum Helden gemacht. »Leopold wurde zum ›Menschenfreund‹, der über Standesgrenzen hinweg sein Leben für einfache Bürger geopfert hatte.«[76] Anna Amalia ließ ihm ein Denkmal im Tiefurter Park setzen, wo es heute noch steht. Die schlichte Inschrift lautet: »Dem verewigten Leopold. Anna Amalia.«

4. Zwischen Krieg und Frieden

4.1. Graf Goertz auf Abwegen

» Wir werden aus dieser Galeere aussteigen und uns
an welchem Platz auch immer niederlassen «,

schrieb Graf Goertz im April 1776 an seine Frau aus Berlin.[1]
Fast zeitgleich, am 14. April 1776, verließ Weimar ein Brief an
ihn von seiner Frau: » Ich hoffe, dass Sie nicht mehr lange
diesen Titel tragen werden. «[2] Den Ausdruck » Galeere « für
seine Arbeit in Weimar hatte der Graf schon öfters benutzt,
und der Titel, den er trug, war der des Oberhofmeisters der
Herzogin Louise. Diesen Posten hatte er nur angenommen,
weil er von Louise darum gebeten worden war, keinesfalls,
weil er unbedingt weitere Zeit in Weimar verbringen wollte.

Im Herbst 1775 schilderte Graf Goertz seinem Bruder Karl
Friedrich Adam (1733 – 1797), Oberst der Kavallerie am preußischen Hof und mehrfach in diplomatischen Missionen für
den König unterwegs, seine missliche Situation, was der Bruder an Friedrich II. weitergab, mit weitreichenden Folgen.[3]

Seit dem Frühjahr 1776 hatte der preußische König geheime Informationen, dass Kaiser Joseph II. vorhatte, Bayern
zu okkupieren. Er hatte beim Reichskammergericht in Wetzlar ein Rechtsgesuch eingereicht: Im Falle des Todes von Kurfürst Maximilian von Bayern wollte er mit dessen Erben Karl
Theodor von der Pfalz einen Tausch machen: Geld und die
niederländischen österreichischen Provinzen gegen Teile von
Bayern. Diesen Machtzuwachs des Kaisers wollte Friedrich II. aber nicht hinnehmen.

Ende März 1776 folgte Goertz einer Einladung nach Potsdam, wo er dem König heimlich vorgestellt wurde. Friedrich II. wollte Aufsehen vermeiden, immerhin war der Graf Oberhofmeister am Weimarer Hof, der dem Kaiser verpflichtet war. Offiziell wurde in Weimar erzählt, dass er in Erbschaftsangelegenheiten unterwegs sei.[4] Trotzdem schöpfte man Verdacht. »Die Regierung Frit. [Fritsch] hat jemandem hierher geschrieben, um zu erfahren, was ich mache und was das Ziel meiner Reise ist«, schrieb der Graf an seine Frau.[5]

Für kurze Zeit kehrte der Graf danach noch einmal nach Weimar zurück, nahm seinen Dienst wieder auf, reichte aber im Oktober sein Entlassungsgesuch ein.[6] Bevor das aber von Carl August genehmigt worden war, reiste der Graf bereits in Geheimmission für den preußischen König nach Mannheim, wo Kurfürst Karl Theodor von der Pfalz residierte. Der 1778 ausbrechende Bayerische Erbfolgekrieg warf seine Schatten voraus. Goertz sollte Friedrich II. Informationen zu möglichen Bündnissen besorgen, und da man ihn offiziell noch als Oberhofmeister am Weimarer Hof betrachtete, war das eine perfekte Tarnung.[7]

Trotzdem blieb seine Reise nicht unbeobachtet. Der Wiener Gesandte in Mainz, dem der Graf verdächtig vorkam, zog in der Residenz in Mannheim Erkundigungen ein und ließ ihn überwachen, was Gräfin Goertz in große Angst versetzte. »Gott weiß, was man in Mannheim mit Ihnen anstellen wird und wie gern man Sie dort verhaften möchte, wofür man schon Gründe finden wird.«[8]

Auch in Weimar registrierte man misstrauisch die vielen Reisen des Grafen und suchte durch seine Frau an Informationen zu kommen. Diese Aufgabe übernahm Anna Amalia. Normalerweise war die Gräfin seit der Entlassung ihres Mannes durch Anna Amalia nur sehr selten bei Hofe eingeladen worden. Nun aber wurde ihr sogar beim Abendessen der Platz neben Anna Amalia zugewiesen. »Ich erinnere mich nicht, sie derart gesprächig und gnädig mir gegenüber erlebt zu haben, ich war darüber ganz verwundert.«[9] Vier Tage später war sie schon wieder bei der Herzoginmutter eingeladen, die aber keine verwertbaren Informationen aus ihr herauslocken konnte.

Anfang Dezember war Graf Goertz zurück in Weimar. Er wartete auf ein Angebot des preußischen Königs für eine feste Anstellung, sonst wollte er den von Carl August versprochenen Posten als sächsisch-weimarischer Gesandter am Reichstag in Regensburg annehmen, in Weimar hielt ihn nichts mehr.[10]

Als am 30. Dezember 1777 Kurfürst Maximilian III. Joseph von Bayern starb, meldete Joseph II. sofort seine Ansprüche an und besetzte Teile des Landes mit Einverständnis des Erben Karl Theodor, mit dem er einen Geheimvertrag abgeschlossen hatte. »Alle Welt ist beschäftigt, daher hoffe ich, dass dieser Streich auch ohne Krieg durchgehen wird«, schrieb Joseph II. an seinen Bruder Maximilian. »Der König von Preußen ... ist der übelsten Laune ..., er wagt es aber nicht, sich allein in den Vordergrund zu stellen. So wird zum Erstaunen der ganzen Welt diese Angelegenheit in großer Ruhe verlaufen.«[11]

Friedrich II. aber dachte nicht daran, das Vorgehen des Kaisers einfach so hinzunehmen. Allerdings brauchte er Verbündete und konnte, um nicht einen neuen europaweiten Krieg zu riskieren, nur eingreifen, wenn ihn ein Reichsfürst um Hilfe bat. Außerdem fehlten ihm genaue Informationen über das Geschehen in München und Wien. Daher sandte er Goertz' Bruder Carl Adam nach Weimar, der seinen Bruder instruierte, in München und Zweibrücken diese Details zu besorgen und eine Allianz mit dem wahrscheinlichen Erben Karl Theodors, Karl von Zweibrücken, zu bilden. Der Herzog von Zweibrücken war nach den Hausverträgen als Erbe Karl Theodors eingesetzt und hätte zum Schutz seines bayerischen Erbes beim Reichsgericht protestieren müssen, war aber sehr unentschlossen. Preußen als Schutzmacht des Herzogs von Zweibrücken, das war der Plan des preußischen Königs. Goertz verließ Weimar am 10. Januar 1778. Seine chiffrierten Berichte an Friedrich II. wurden durch Kuriere nach Berlin gebracht. Friedrich ließ aber vorsichtshalber schon mal seine Regimenter marschbereit machen.[12]

»Meine Rolle ist unschön«, schrieb Gräfin Goertz am 26. März 1778 an ihren Mann, »diejenige des Täuschers.«[13] In Weimar spekulierte man darüber, wo sich Goertz aufhalten könnte. Wieland, der aus Frankfurt zurückkam, meinte, dort sei er, anders als von der Gräfin angegeben, nicht. Daraufhin ließ sie verbreiten, dass er sich nach Würzburg begeben habe. Es wurde weiter wild spekuliert, vor allem auch über den Zweck dieser erneuten Reise des Grafen.

Graf Goertz reiste unterdessen weiter nach Zweibrücken und schrieb von unterwegs an seine Frau: »Die Teufelin *[Anna Amalia, das Ehepaar Goertz benutzt diesen Ausdruck häufiger für sie]* wird wütend auf mich sein und für die, die das Geheimnis kennen, wird es eine wahre Komödie sein, wenn sich das Ganze aufklärt.«[14]

Am 20. März 1778 traf Georg Ludwig von Edelsheim (1740 – 1814) in Weimar ein, der im Auftrag Friedrichs II. die kleineren mittel- und süddeutschen Höfe Weimar, Gotha, Kassel, Darmstadt und Karlsruhe von einem Anschluss an Preußen und gegen das Vorgehen des Kaisers in Bayern zu überzeugen versuchte. »Hier zerbricht man sich darüber den Kopf … Der Herzog hat ihn sofort aufgesucht und bei sich untergebracht.«[15] Ganz offenbar sollte dieser Besuch inoffiziell bleiben. Im Tagebuch Goethes ist unter dem 23. März vermerkt, das er abends zum Herzog ging, »wo Edelsheim war, viel geschwäzzt«. Während Carl August die Vorgänge im Reich sehr interessiert verfolgte, war Goethe »ganz fatal gedruckt von allen Elementen es währte noch einige Tage«.[16]

Von Wien aus kam die inoffizielle Anfrage an Anna Amalia, welche Position der Weimarer Hof in dieser Angelegenheit einnehme. Immerhin waren der Graf und auch Edelsheim in preußischem Auftrag unterwegs, um Bündnisse gegen den Kaiser zu organisieren. Offiziell erklärte der Weimarer Hof, dass man von den Unternehmungen des Grafen »keinerlei Kenntnis gehabt habe«. Anna Amalia versicherte darüber hinaus noch ihre persönliche Ergebenheit.[17]

Graf Goertz erledigte seine Aufgabe mit Erfolg, Karl von Zweibrücken ließ sich auf das Abkommen mit Preußen ein, Friedrich II. war zufrieden.[18] Der Herzog legte nun offiziell Protest gegen die Besetzung Bayerns ein, auch Frankreich und Russland stellten sich gegen den Kaiser. In München erschienen derweil Berichte über das Wirken von Goertz als Geheimagent des preußischen Königs, zwar ohne Namensnennung, aber doch für alle erkennbar.[19] Er wurde von Friedrich II. nun auch offiziell zum außerordentlichen Gesandten am Hof zu Zweibrücken ernannt, mit dem Auftrag, ein Bündnis zwischen Preußen und Frankreich zustande zu bringen.

4.2. Abmahnung durch Carl August

> »Es ist nur allzuwahr, dass man die Undankbarkeit so weit
> treibt und ihnen die Pension nehmen will«,

schrieb die Gräfin am 23. März 1778, noch während der Freiherr von Edelsheim in Weimar weilte, an ihren Mann. Sie wusste dies von der Oberhofmeisterin Gianini. In Weimar war die Empörung wegen seiner »Dienste gegenüber einer fremden Macht« groß.²⁰ Und während Friedrich II. ankündigte, Goertz zum Staatsminister zu machen, beriet man im Geheimen Consilium über Maßnahmen gegen ihn.

Die Gräfin hatte inzwischen erfahren, dass man »ein Mittel gefunden (hat), den Herzog gegen Sie aufzubringen, weil Sie abgefahren sind, ohne ihn ins Vertrauen zu ziehen. Das ist ohne Zweifel die Liaison der Maman [Anna Amalia] und G. [Goethes], die sich zusammengetan haben, um Ihnen böse mitzuspielen … Ich sehe sehr wohl wohin das führt. Man will an Ihre Pension«. Es sei auch im Consilium besprochen worden, dass man die Stelle in Regensburg nicht an einen Mann geben könne, »der dem Reich derart schlechte Dienste erwiesen habe … Die Maman hat kein reines Gewissen, ich erkenn es an der Art, wie sie mich behandelt.«²¹

Eine Intrige Anna Amalias gegen Goertz, wie die Gräfin vermutete, war das natürlich nicht. Sie hatte nur genauso wie Goethe und Fritsch die Befürchtung, dass das Herzogtum durch das Verhalten des Grafen wieder zwischen die Fronten geraten könnte.

Um seine Pension zu retten, schrieb der Graf aus Zweibrücken an Carl August. Zehn Jahre des engen Umgangs mit Carl August, die Freundschaft und Liebe und auch die »Wohltaten«, die er nach wie vor bekomme, womit er wohl die Pension meinte – seien »geheiligte Bande«. Daher hätte er »das mir auferlegte Geheimnis« bei seiner Abreise niemandem lieber als ihm anvertraut, »wenn es mir erlaubt gewesen wäre«. Er beschreibt ihm dann seinen Geheimauftrag, über den er nun sprechen könne. Er sei noch als »Gesandter des Königs« in Zweibrücken, hoffe aber bald zurückzukommen.²²

Die Gräfin, die aber um den Lebensunterhalt der Familie fürchtete, geriet immer mehr in Panik. »Für uns erwarte ich nichts Gutes mehr, mein Freund.« Sie fürchtete sich vor dem

Brief, den der Herzog an ihren Mann schreiben sollte. Fritsch habe sie gestern so »überaus freundlich« angesprochen. Stein schien verlegen. Es war ihr egal. »Die einzige Sache, die ich fürchte, ist das Missiv *[Sendschreiben]* von Herrn G., unterzeichnet durch den Hzg.«[23]

Unter dem Datum des 19. März 1778 erfolgte dann die erwartete ernste Rüge Carl Augusts, die allerdings bis ins Detail mit den Beratern abgesprochen war. Er würde den Grafen mit Sicherheit zu seinem neuen Posten beglückwünschen, wenn er nicht bezogen auf sich »mancherlei unangenehme Empfindungen« dabei hätte. In einer Zeit der Konflikte unter den Mächtigen des Reiches, bei denen er und sein Land nichts zu gewinnen hätten, sondern nur verlieren könnten, müsse er »die Krise in der Stille abwarten« und würde deshalb nur ungern irgendeiner Partei folgen.[24]

Das war im Grunde die Neutralitätspolitik, die auch schon Anna Amalia verfolgt hatte, um zwischen den großen Parteien Preußen und Österreich nicht zerrieben zu werden – oder wie Goethe es ausdrückte: »Jetzt macht uns der eindringende Krieg ein ander Wesen, da unser Kahn zwischen den Orlogschiffen gequetscht werden wird.«[25]

Neutralitäspolitik sei auch immer die Meinung Goertzens gewesen, heißt es weiter in der Rüge, aber nun würde diese Neutralität durch dessen Verhalten »dem Publico zweideutig« erscheinen. »Nach einem so nahen Verhältnis zu mir, sich mit einem Charakter noch zu mir bekennend, gehen Sie von meinem Hofe aus, ohne mein Wissen, öffentlich für einen Teil entscheidende Unterhandlungen zu führen.« Carl August wünschte, dass der Graf bedacht hätte, dass er, der Herzog, nun bei denen, die ihm glaubten, dass er nichts gewusst habe, und bei denen, die das nicht glaubten, in »einen seltsamen Lichte vorkommen muss«. Entweder wunderte man sich, wie er von einem Mann, der zu den »Meinigen« gehöre, also unter anderem noch Pension beziehe, hintergangen werden konnte, und die anderen wunderten sich über sein, des Herzogs, Verhalten »in der jetzigen kritischen Lage Deutschlands«. Man könne das aber nun nicht mehr ändern. Carl August versicherte Goertz, dass seine »Gesinnungen gegen Sie unwandelbar sind«. Das war im Grunde eine harmlose Rüge, die vielleicht mehr wegen der Außenwirkung gemacht wurde.[26]

Goertz entschuldigte sich in aller Form und berief sich darauf, dass Carl August »verschiedentlich schriftlich und mündlich geäußert habe, Sie hielten mich für ganz frei«.[27]

In Weimar wollte man nun weiteres Unheil verhindern und ließ auf Geheiß Anna Amalias die Briefe des Grafen an seine Frau öffnen, die ihm daraufhin empfahl, in Zukunft ohne sein Siegel und an eine andere Adresse, zum Beispiel an Frau von Seckendorff, zu schreiben.[28] Bereits am nächsten Tag erzählte sie dem Herzog davon, der wohl genau wie die Gräfin vermutete, dass seine Mutter dahintersteckte. Noch am selben Abend, die Gräfin war wieder bei Anna Amalia eingeladen, fragte der Herzog die Gräfin plötzlich, ob die Briefe ihres Mannes nicht mehr geöffnet würden »und Maman war zugegen«. Das war ganz offensichtlich eine Warnung an seine Mutter, die wohl bewusst indirekt und öffentlich passierte, sodass sie sich nicht dazu äußern konnte.[29]

Wenn Goethe in seinem *Nekrolog* schreibt, dass Anna Amalia sich nach 1775 ins Privatleben zurückgezogen und nur ihrem Vergnügen gelebt habe, so stimmt das nicht für diese Jahre, in denen Graf Goertz in Weimar war und sie ihn wieder der Intrigen verdächtigte, was ja in diesem Fall nicht einmal von der Hand zu weisen war. Die Entschuldigungen des Grafen wirken bei einem so versierten Diplomaten jedenfalls unglaubwürdig. Er musste wissen, dass es für den Herzog Probleme mit dem Kaiserhof geben würde, wenn der Graf, der noch durch seine Pension Teil der Besoldungskette des Weimarer Hofes war, für eine feindliche Macht spionierte.

Im Hauptstaatsarchiv Weimar liegen im Nachlass Anna Amalias einige formlose, von ihr handgeschriebene Zettel an den Vorsitzenden des Geheimen Consiliums von Fritsch, in denen sie ihn um Informationen bittet über Dinge, die im Consilium besprochen wurden. Auf einem Zettel vom 6. April 1778 forderte sie ihn auf, in ihren Garten beim Wittumspalais zu kommen, wo sie im »Turm« auf ihn warten würde. Offenbar wurde der zum chinesischen Pavillon umgebaute alte Wachturm von Anna Amalia auch zu konspirativen Treffen genutzt, wenn sie sicher sein wollte, dass niemand Unbefugtes zuhören konnte.[30]

4.3. Eine Malreise und Kriegsminister Goethe

»Die Vermehrung der Land- und Seemacht in fast allen europäischen Staaten ... machen es höchstwahrscheinlich, dass wir dem Augenblicke nahe sind, wo vielleicht, so wie vor 20 Jahren, die Kriegsflamme fast über ganz Europa ausgebreitet sein wird«,

schrieben die *Weimarische(n) Wöchentliche(n) Anzeigen* im März 1778.[31] Es gab Mobilmachungen der Österreicher an der böhmisch-sächsischen Grenze, die preußische Armee wurde in Bereitschaft gesetzt wurde, der Erbprinz von Braunschweig war beim preußischen König in Potsdam und würde wohl auch in diesem Krieg das Oberkommando über ein Heer bekommen. Es war offenbar nicht gelungen, durch Unterhandlungen eine Einigung zu erzielen, und daher »ist wenig Hoffnung zur Erhaltung des Friedens übrig«.[32]

Der beginnende Krieg traf Weimar wieder einmal durch Forderungen Friedrichs II. nach Soldaten. Wie seine Mutter versuchte auch Carl August durch persönliche Briefe an seinen Großonkel zu verhindern, dass junge Männer für die preußische Sache in den Krieg ziehen mussten. Er beschwerte sich Anfang 1779 wegen der preußischen Werber auf weimarischem Gebiet und bat darum, dem preußischen General von Möllendorf (1724–1816) solche Werbungen zu verbieten. Außerdem sei dem König seine prekäre Situation bekannt: Er fürchte »ressentiment« durch den kaiserlichen Hof. Immerhin saß auch eine kaiserliche Garnison in Erfurt. Das könne zum »totalen Ruin seines Landes« führen, das immer noch unter den Folgen des letzten Krieges leide. Daher könne er die Menschen nicht ein weiteres Mal einer solchen Situation aussetzen.[33]

Im Reichstag diskutierten derweil die Gesandten der verschiedenen Fürstentümer. Einen neuen Krieg wollte niemand. Aus Wien kam die Warnung an die Fürsten, sich auf keinen Fall dem preußischen König anzuschließen. Das würde als »widrige und feindselige Gesinnung« angesehen und entsprechend geahndet.[34]

Graf Goertz wurde in diesen Tagen zum preußischen Staatsminister ernannt.

Im Mai 1778 folgte Herzog Carl August incognito als Graf von Allstedt zusammen mit Goethe einer Einladung des Prinzen Heinrich, des Bruders des preußischen Königs, nach Berlin, wo sie auch auf den Grafen Goertz trafen. Es ging darum, das Herzogtum Sachsen-Weimar-Eisenach für die preußische Sache zu gewinnen. Während Carl August damit offenbar kein Problem hatte und sich in Berlin sehr wohlfühlte, war Goethe von den Gesprächen über Kriege und Bündnisse und das Schachern um Macht ganz offenbar geschockt, fühlte sich vielleicht auch im Kreise der Profipolitiker inkompetent, worauf eine Bemerkung des Grafen schließen lässt, man habe »Goethe eine Lektion erteilt«.[35]

Goethe wandte sich noch aus Berlin an Frau von Stein: »So viel kann ich sagen, je größer die Welt, desto garstiger wird die Farce und ich schwöre, keine Zote und Essay der Hanswurstiaden ist so eckelhafft als das Wesen der Grosen, Mittlern und Kleinen durcheinander.«[36]

Zurück in Weimar fuhr Carl August zu seiner Mutter, die sich in Ilmenau mit einigen Hofleuten und dem Maler Kraus zum Zeichnen befand. Der Aufenthalt Anna Amalias dort war eigentlich für zwei Monate geplant. Nun entschloss sie sich ziemlich plötzlich, eine »Malreise« an den Rhein zu machen, zu der sie auch bereits am 10. Juni aufbrach, in einem Moment, wo überall das Ausbrechen eines neuen Krieges erwartet wurde.[37] Der preußische König erklärte tatsächlich am 3. Juli dem Kaiser den Krieg – und ausgerechnet in die Länder Karl Theodors von der Pfalz, des Verbündeten Kaiser Josephs II., reiste Anna Amalia als »Gräfin von Allstedt«, um entlang des Rheins Galerien, Schlösser und Burgen zu besichtigen.

Es wurde von Anfang an vermutet, dass Anna Amalia nicht nur zum Malen und Besichtigen unterwegs war. Sie muss sich auch mit dem Minister Karl Theodor Hompesch (1735–1800) getroffen haben. »Die Herzogin Anna Amalia von Weimar unterwegs in der bay. Angelegenheit« – so lautet eine Notiz des preußischen Außenministers Hertzberg.[38] Offiziell war sie unterwegs, die Gemälde- und Statuensammlung des Kurfürsten zu besichtigen. Merck teilte Anna Amalia im August mit, dass der Minister von Hompesch die Einwilligung des Kurfürsten signalisierte hatte, die Statuen *Castor und Pollux* sowie *Biblis und Caunus* für ihre Sammlung in Gips abformen zu lassen.[39]

Am Hofe des Prinzen Georg Wilhelm von Hessen-Darmstadt (1722–1782) in Darmstadt behauptete man, dass Anna Amalia eine »höchst verunglükte Reise« gemacht habe. Zweck sei es gewesen, eine Frau für Constantin zu finden. In

Frankfurt seien dann Briefe aus Weimar gekommen, die die Sache nicht mehr so eilig machten. Darum sei man nach Düsseldorf gefahren, um »der Sache einen Schein zu geben. Im Grunde aber sey es eine Politische Reise«. Das hatte Merck von verschiedenen Seiten gehört und war nun »bestürzt«, und es »gieng mir schwer ein, zu erfahren, dass der ganze Campo von Kunst und Natur, worauf wir uns getummelt hatten, ein Plaz wäre, von Politischem Bedürfniß unterminirt, und mit Dornen und Spinnweben von Plans u. Absichten umzogen«.[40]

Anna Amalia zeigte sich empört über diese Unterstellung: »Wie sehr mich die Garstige politische Auslegung unserer so harmlosen Rheinreise geschmerzt hat, können Sie sich vorstellen, sogar Thusssnelde, Einsiedel und Krauss, denen ichs sagte, sind außer sich darüber vom Range des Connoisseurs herab, blos unter den Nachtrapp der Hofschranzen versetzt zu seyn.«[41] Sicherlich wollte Anna Amalia schon immer eine Reise an den Rhein machen und sicherlich hat sie sie auch genossen. Aber die Umstände lassen eher darauf schließen, dass sie sich tatsächlich nicht nur nach Motiven zum Malen, nach Bildern und Statuen für ihre Sammlung umgesehen, sondern auch Informationen über die politische Lage gesammelt hat.

Ende Januar 1779 übernahm Goethe auch das Kriegsministerium, und eine seiner ersten Aufgaben war das Ausheben neuer Soldaten für Friedrich II., der mit einem demütigenden Brief Carl Augusts auf dessen Bitte um Verschonung reagiert hatte. Er finde in den Maximen, die der Herzog verfolge, nicht die tapfere Art seiner Vorfahren, Hans Friedrich von Sachsen und Bernhard von Sachsen. Diese hätten sich nicht gescheut, ihre Staaten und sogar ihre Personen der Missbilligung desselben Hauses, des Kaisers, auszusetzen, das »heute die Freiheit Deutschlands bedroht«, eine Gefahr, die noch größer sei als damals.[42]

War Friedrich II. seiner Nichte immer noch etwas entgegengekommen, weil sie eine Frau war und weil Anna Amalia parallel zu ihren eigenen Schreiben immer mehrere ihrer Verwandten einschaltete, so lehnte er nun die Anfrage Carl Augusts ohne Kompromisse ab.

In Weimar folgten intensive Beratungen im Consilium. Goethe verfasste ein Memorandum, in dem er Carl August die letztlich aussichtslose Situation klarmachte: Wenn man Friedrich II. nachgäbe, würden die Preußen immer wieder kommen und neue Soldaten rekrutieren. Und außerdem würde die kaiserliche Seite das sehr »übel« nehmen.[43] Eine Lösung hatte Goethe aber auch nicht.

Da letztlich alle Beteiligten keinen neuen europaweiten Krieg riskieren wollten, kam es im März 1779 zu einem Waffenstillstand, dem im Mai der Friedensvertrag folgte. Friedrich II. hatte, auch durch seine umtriebige Geheimagentenpolitik, sein Ziel ohne Blutvergießen erreicht: Kaiser Joseph II. zog sich aus den okkupierten Gebieten zurück.

5. Sehnsüchte

5.1. Fernweh und Fürstenfreunde

»Es tut weh, von nichts als den herrlichen Sachen zu hören
und sich ihnen nicht anders als durch ein trübes Fernglas
nähern zu können«,

schrieb Anna Amalia Ende 1779 an Merck. Die Nachrichten,
die sie von der Reise ihres Sohnes aus der Schweiz bekam
»machen mir den Kopf schwindelig ... Doch gönne ich's ihnen von Herzen und mach's wie die Frau Aja *[Goethes Mutter]*,
schüttele mich ein paarmal, setze mich an's Klavier oder
zeichne; da werden die Ideen wieder en couleur de rose«.[1]

Als sie diese Zeilen schrieb, war Anna Amalia 40 Jahre alt.
Ihre bisherigen Reisen – abgesehen von den Ausfügen in die
nähere Umgebung Weimars – beschränkten sich zumeist auf
einen Umkreis von maximal 170 Kilometern um Weimar:
Gotha, Leipzig, Dessau, Halberstadt und Kassel. 1765 reiste
sie zu einer Kur nach Aachen und 1771 zum Familienbesuch
nach Braunschweig. Erst Mitte Mai 1778 war Anna Amalia incognito zu ihrer ersten größeren Reise an den Rhein aufgebrochen. Im September 1780 folgte eine weitere »Kunst-
reise« nach Mannheim, wo ihr Interesse vor allem dem
Antikensaal mit den Gipsabdrücken antiker Skulpturen galt.[2]

Ansonsten kannte sie die Welt nur aus Erzählungen, Bü-
chern und Bildern von reisenden Männern. Das Journal ihrer
Rheinreise, das Merck angefertigt hatte und mit dessen Hilfe
sie die Erinnerungen an die schönen Sommertage wach halten konnte, war im Herbst 1778 »eine meiner schönsten Be-

schäftigungen«.[3] An Knebel schrieb sie: »Sie wissen, lieber Knebel, was Illusion beim Menschen vermag, wie ihm Allen, was er nicht sieht und nicht genießt, so schön und vollkommen sich darstellt, und wie die schmeichelnde Einbildungskraft ihm entfernte Dinge lieblicher vorspiegelt als Alles, was wirklich um ihn lebt und er besitzt. Darum sind auch wohl Reisebeschreibungen und Journale wie süße Träume für eine lebhafte Imagination.«[4]

Von der Reise an den Rhein 1778 hatte Anna Amalia zwei neue Briefkontakte mitgebracht: Merck und Goethes Mutter Catharina Elisabeth Goethe (1731–1808). Merck kam im darauffolgenden Jahr auf ihre Einladung für einige Wochen nach Weimar. Anna Amalia schrieb ihm, dass das Schicksal es gut mit ihr meine, »mich einen Freund finden zu lassen, wie Sie sind, der so wunderbaren, gewiss oft zu Boden drückenden Vorfallenheiten des Lebens seinem Herzen und dem Glauben an Wahrheit und Güte so treu bleibt, der alles in's Innerste seines Herzens schließt und mit Mut und Leichtigkeit trägt, was des Herrn Wille ist«. Sie unterschrieb mit »Ihre Freundin Amelie«.[5]

Merck schätzte an ihr ihren »gesunde(n), große(n) Verstand«.[6] Aber natürlich schätzte er vor allem ihre Begeisterung für das Sammeln von Kunstgegenständen, die ihm jahrelang Provisionen verschaffte, die er für seinen Lebensunterhalt brauchte. Er unterschrieb seine Briefe mit den Worten: »Ich bin mit der aufrichtigsten Verehrung Ew. Durchlaucht unterthänigster Knecht!«[7]

Das Thema Freundschaft zieht sich wie ein roter Faden durch Anna Amalias Leben. Freundschaft setzt aber gleichberechtigte Partner voraus. Abhängigkeiten jeder Art, vor allem finanzieller Art, lassen echte Freundschaft erst gar nicht entstehen. Durch ihren Rang als Fürstin, die sich fast ausschließlich im Umfeld ihres Hofes bewegen musste, war es fast unmöglich, auf jemanden zu treffen, der nicht abhängig war. Und darum konnte Anna Amalia nie sicher sein, ob die gesagten Worte echt waren oder wieder nur eine Schmeichelei, mit dem Ziel, sich selber einen Vorteil zu verschaffen.

Da war der Maler Oeser, der viele Jahre lang den Sommer in Weimar verlebte, mit dem sie fröhliche, intensive Stunden mit Zeichnen und Kunstbetrachtungen, Gesprächen über Kunst und Ähnlichem verbrachte und den sie in einem Brief sehr vertraut als »Lieber Alter!« anredete. Sie bedankte sich für die »liebliche Zeichnung« zu ihrem Geburtstag und schloss mit den Worten: »Leben Sie wohl ... und bleiben Sie mein alter Freund, so wie ich immer die Ihrige seyn werde.«[8] Aber auch er erhoffte sich natürlich von ihr finanzielle Unterstützung, Kontakte und Ähnliches. Selbst ein Wieland, der Jahrzehnte in ihrer Nähe verbrachte, der sie sehr schätzte und die Höhen und Tiefen ihres Lebens seit 1772 kannte, stand auf der Pensionsliste des Hofes.

Als Anna Amalia sich Ende November 1782 bei Knebel für seine guten Wünsche zu ihrem Geburtstag bedankte, schrieb sie: Wünsche »kommen aus dem Herzen eines Freundes; und meine Freunde machen mir diesen Tag lieb, denn sie machen mir durch ihre freundschaftliche Theilnehmung das Leben süß. Wie innig würde es mich freuen, wenn Sie mir Gelegenheit gäben, Sie überzeugen zu können, wie sehr ich Ihnen ergeben bin«.[9] »Leben Sie wohl, lieber Knebel, und seien Sie von der aufrichtigen Freundschaft (überzeugt), mit welcher ich bin Ihre aufrichtige Freundin Amelie.«[10]

Sie wäre wohl entsetzt gewesen, wenn sie das Tagebuch Knebels gekannt hätte, in dem er über Fürsten räsonierte, die glaubten, sie könnten persönliche Liebe erwarten.[11]

»Treue« und Gefolgschaft war das, was Vasallen, Diener und andere Abhängige seit Jahrhunderten ihren Herrschern schuldeten, dafür, dass sie sie schützten und versorgten.

Schmeichelei war eine Form des Umgangs, durch die der Abhängige sich weitere Gunsterweise erhoffte. Echte Freundschaft, und die suchte Anna Amalia, stand auf einer anderen Basis.

Von 1778 nach ihrer Rheinreise, wo sie in Frankfurt bei Goethes Mutter gewohnt hatte, bis Anfang 1784 ist ein lebhafter Briefwechsel zwischen den beiden überliefert. »Sie wissen, liebe Mutter, was Sie mir sind; also können Sie leicht glauben, wie unendlich mich Ihr Andenken gefreut hat.« Sie schloss ihren Brief mit den Worten: »Leben Sie wohl beste Mutter und denken Sie an mich als eine Freundin, die Ihnen auf Lebenszeit zugethan ist.«[12]

Anna Amalia berichtete in ihren Briefen fröhlich locker vom kulturellen Leben in Weimar, vor allem von den Aufführungen, die Goethe, »Freund Wolf«, als Autor geschrieben und inszeniert hatte. Sie benutzte dabei meist das Kosewort aus Goethes Kindheit, mit dem seine Mutter ihn wohl bei ihrem Aufenthalt in Frankfurt bezeichnet hatte: »Hätschelhanz«.[13] Goethe wurde rasch zum Hauptthema zwischen ihnen. »Liebste Frau Aja! Ich kann Ihnen mit viel Vergnügen ankündigen, dass ihr geliebter Hätschelhanz sich in Gnaden resolviret hat ein Hauß in der Stadt zu miethen«, zwar erst um Ostern, »indeßen haben wir doch, liebe Mutter, halb den Sieg davon getragen.« Sie hatte ihm versprochen »einige Meublen« anzuschaffen, weil »er so hübsch fein und gut ist«. Nun wollte sie von Goethes Mutter Proben von Zitzen, bestimmten Baumwollstoffen, einschließlich der Preise für die Stühle und das Canapee.[14] Anna Amalia und Goethes Mutter waren vereint in der Fürsorge für den »Hätschelhanz«. Die Nähe zur Mutter schaffte Nähe zum Sohn, die Familie Goethes wurde auch durch die Anrede »Mutter«, die Anna Amalia in den Briefen verwendete, zu ihrer. Sie lud Goethes Mutter mehrfach ein, nach Weimar zu kommen, was aber nie umgesetzt wurde. »Freund Wolf wünscht es auch; wir haben letzthin recht viel davon gesprochen.«[15]

Anna Amalia schickte ihr Kunstwerke, auch selbst gebastelte Geschenke wie beispielsweise einen Geldbeutel, Noten und Abschriften von Theaterstücken sowie Programmhefte, weil sie wusste, dass Goethes Mutter in ihrem Haus ein »Weimarzimmer« eingerichtet hatte.[16] »Unser Freund Wolf hat die Freundschaft für mich gehabt, alles selber zu ordnen. Der *Jahrmarkt von Plundersweilen* ist herrlich gegangen. Ihr Sohn schickt Ihnen die Abschrift. Wie es hier gespielt worden ist. Das Gemälde vom Bänkelsänger haben Wolf, Kraus und ich gemalt: das ist wieder etwas für das Weimarsche Zimmer!«[17]

Auch Goethes Mutter schrieb regelmäßig an Anna Amalia, beschrieb humorvoll ihren Alltag, nahm Anteil an dem, was in Weimar passierte – aber sie war sich immer des Standesunterschiedes bewusst. Typisch dafür ist ein Brief aus dem Jahr 1783: »Durchlauchtigste Fürstin! Ich bin ja wohl eine recht glücklich und beneidenswerte Frau! In dem Andenken, in der Gnade einer Amalia zu stehen! Einer Fürstin, die in Allem betrachtet, wirklich Fürstin ist – die der Welt gezeigt hat, dass sie regieren kann – die die große Kunst versteht die Herzen anzuziehen – die Liebe und Freude um sich verbreitet – die – mit einem Wort – zum Segen für die Menschen geboren wurde.« Sie unterschrieb diesen und alle anderen Briefe mit: »Ihro Durchlaucht unterthänigst und treusten Dienerin Goethe«[18]

Sieht man einmal von Anrede und Schluss, den üblichen Höflichkeitsformeln, ab, so muss man sich doch fragen, was Anna Amalia bei diesen Schmeicheleien empfunden hat, die sie hasste und die eine Standesgrenze zwischen ihr und Goethes Mutter aufbauten, die sie ja gerade mit ihrer Anrede »Mutter« vermeiden wollte. Schrieb sie aus diesem Grund in den folgenden Jahren so gut wie gar nicht mehr? Der Kontakt

wurde über ihre Hofdame Frau von Goechhausen aufrechterhalten, die stets die Grüße der Herzoginmutter ausrichten
ließ.

5.2. Prometheus und Hassobjekt Goethe

» Er ist ein Prometheus der sich seine eigene Welt schafft «,

schrieb Anna Amalia Goethes Mutter, nachdem sie Auszüge
aus dem *Wilhelm Meister* von Goethe selber vorgelesen bekommen hatte. » Es wird wieder ein Meisterstück von unsern
Herrn Wolff werden. Da ist Leben drin. «[19] Prometheus aus
dem Göttergeschlecht der Titanen, ein Held, der sich gegen
die Götter auflehnte und den Menschen das Feuer brachte,
das die Götter ihnen verweigerten.

So wurde er allerdings auch Jahre nach seiner Ankunft in
Weimar von den wenigsten gesehen. Im Gegenteil: Merck
stellte bei der Rheinreise verwundert fest, dass » mir aber
kein Mensch außer der Herzogin von G. mit Liebe hat reden
wollen, das befemdete mich «.[20]

Während es in den ersten Jahren vor allem sein Verhalten
zusammen mit dem Herzog war, das alle Konventionen
sprengte und ihm Tadel von allen Seiten einbrachte, so war es
in den Jahren darauf seine rasante Karriere, bei er durch seine
Vertrauensstellung beim Herzog einen wichtigen Posten nach
dem anderen bekam.

Am 5. September 1779 wurde Goethe zum *Geheimen Rath*
ernannt und » der erbitterte Hass fast aller hiesigen Men-
schen gegen unsern Mann, der im Grunde doch keiner Seele
Leides gethan hat, ist, seitdem er Geh. Rath heißt, auf eine
Höhe gestiegen, die nahe an stille Wuth grenzt «,[21] schrieb
Wieland an Merck. Und ein Jahr später stellte er bedauernd

fest, dass Goethe nicht mehr schreiben würde, denn der »regiert itzt das Herzogthum Weimar«.[22]

Goethe empfand den neuen Titel als »wunderbar«, als ob
er »wie im Traum, mit dem 30ten Jahre die höchste Ehren-
stufe, die ein bürger in Teutschland erreichen kan, betrete«.[23]

Als Anna Amalia ihm aber eine »weitläufige Demonstra-
tion« hielt, »dass mich der Herzog müssen und wolle adlen
lassen, ich habe sehr einfach meine Meinung gesagt. und einiges dabey nicht verhehlt«.[24] Goethe wollte nicht in den Adel
erhoben werden, er fürchtete wohl zu Recht, das ihm das endgültig den Zorn der adligen Gesellschaft zuziehen musste.
Vielleicht hatte ihn auch das Treffen mit dem Prediger Münter nachdenklich gemacht, der sich im September des Jahres
für eine Woche in Weimar aufgehalten hatte und auch mit
Goethe zusammengetroffen war. Das Schicksal Struensees,
des omnipotenten Ministers in Dänemark, dem man auch
nachsagte, er hätte die eigentliche Regierung dargestellt, hatte
sich zum fatalen Ende gewandt, in dem Moment, wo der
König ihn in den Adelsstand erhoben hatte.[25]

Gegen Goethes Willen wurde das Adelsdiplom dann doch
beim Kaiser beantragt und traf im Juni 1782 in Weimar ein. Da
»werden einige Feldzüge gegen ihn unvermeidlich bleiben«,
kommentierte Ludecus in einem Brief an Knebel.[26]

Aber es kam noch schlimmer. Am 10. Juli 1782 wurde der
Kammerpräsident von Kalb mit einem Gehalt von 1000 Talern entlassen. Man wusste von Missstimmung zwischen dem
Herzog und Kalb, die Schulden der Kammer waren täglich
angestiegen, aber niemand hatte so eine Wendung erwartet.[27]
Daher gab man Goethe die Schuld an der Entlassung, denn er
sollte der neue Kammerpräsident werden. Freiherr von Lyncker, der Einblick in die Geschäfte hatte, sah dagegen die Entlassung von Kalbs differenzierter. Goethe habe daran keinen
Anteil gehabt. Von Kalb hätte »mancherlei Verschuldung

hinsichtlich der Kammerverwaltung auf sich geladen«. Er habe vor allem in Allstedt eine »ansehnliche Acquisation von Wiesen zu seinem Gut Kalbsrieth« gemacht und zwar »auf eine sehr zweideutige Weise«.[28] Es ging um eine Veruntreuung von Geldern, was aber nicht öffentlich gemacht wurde. Daher waren alle betroffen und ohne Verständnis für so eine harte Maßnahme.[29]

Anna Amalia dagegen war bestens informiert. Sie hatte noch vor der Entlassung von Kalb einen inoffiziellen Besuch von der Schwägerin seines Bruders, Major Heinrich Julius Alexander von Kalb (1752–1806), bekommen. Die ganze Familie sei in Aufruhr. Anna Amalia schickte einen Brief an Fritsch mit der vorsichtigen Anfrage, ob man die Sache noch mit dem gleichen »Eifer« verfolge oder ob es »Möglichkeiten« gebe, um sie »einschlafen zu lassen«. Fritsch möge aber darüber »absolutes Stillschweigen« bewahren, was der auch befolgte, aber ihrem Wunsch, die Sache diskret unter den Tisch fallen zu lassen, um einen Skandal für die Familie von Kalb zu verhindern, kam er nicht nach.[30]

Dennoch ist der ganze Vorgang ein weiterer Beweis dafür, dass Anna Amalia immer wieder mal ihr altes Netzwerk, vor allem ihre Kontakte zu Fritsch, benutzte, um in das politische Geschehen einzugreifen, wohl wissend, dass sie großen Ärger nicht nur mit ihrem Sohn bekommen würde, wenn das herauskam.

Was die Menschen aber besonders aufregte, war die ungeheure Machtstellung, die der Favorit des Königs durch die Ansammlung von Posten einnahm. Herder machte sich die Mühe, mit bissigem Humor alle Privilegien und Funktionen einmal aufzuzählen: Goethe war nun Wirklicher Geheimer Rat, Präsident des Kriegskollegiums, Aufseher des Bauwesens, einschließlich des Wegebaus, Zeremonienmeister, Hofpoet, Verfasser schöner Aufführungen, Direktor der Zeichenakademie, überall auch Schauspieler, Tänzer, »kurz das fac totum des Weimarischen u. so Gott will, bald der major domus sämmtl. Ernestinischer Häuser, bei denen er zur Anbetung herumzieht. Er ist baronisiert u. an seinem Geburtstage … wird die Standeserhebung erklärt werden«.[31] Herders Frau Caroline schrieb in einem Brief: »Liebster Freund, die Unzufriedenheit, die jetzt hier herrscht, ist nicht zu beschreiben. Die besten Leute aus dem *Collegium* suchen heimlich anderwärts Dienste. Groß und Klein verachtet und verflucht Goethe.« Sie sprach von einer »Revolution« im Staatskörper.[32]

Hinzu kam die Besorgnis, dass Goethe wegen mangelnder Kenntnisse seinen vielfältigen Posten nicht gewachsen war. Immerhin sollte er nun auch noch die Finanzen des Herzogtums regeln. »Es bleibt abzuwarten, wie ein Mann, der sich in dieser Abteilung noch weniger auskennt als ich in der aramäischen Sprache, sich aus der Affaire ziehen wird«, schrieb von Seckendorff an seinen Bruder.[33] Von Anna Amalia liegen keine Äußerungen zu Goethes neuer Machtstellung vor, sie wäre auch sicherlich verwundert gewesen, wenn sie von der ohnmächtigen Wut des Adels und der Bürger erfahren hätte. Sie selbst hatte gerade erst den Adelstitel für Goethe in die Wege geleitet. Für sie war er in diesen Jahren tatsächlich Prometheus aus dem Göttergeschlecht der Titanen. »Goethe hat mich durch ein Geschenk von allen seine ungedruckten Schriften sehr erfreut; sollte das Einem nicht schmeicheln, lieber Knebel? Ich bin aber auch ganz stolz darüber«, schrieb sie Ende 1782.[34]

Ihre besondere Beziehung zu ihm mit allen Höhen und Tiefen hatten natürlich auch andere beobachtet. Hier eine Auswahl der Betrachtungen von Gräfin Goertz, die regelmäßig ihrem Mann berichtete:

»Maman versteht sich mit dem génie par excellence besser

als jemals zuvor, und trotz ihrer Zurückhaltung in der Öffentlichkeit wird darüber gelästert. Er ist bei fast allen erlesenen Abendessen dabei.«[35]

Anna Amalia sei nicht mehr bei all »seinen Lustpartien dabei ..., ihr blutet das Herz, sie weint deswegen, sogar öffentlich, sie kann nicht anders«.[36]

Anna Amalia sei »in der schlechtesten Laune der Welt, weil Goethe ihr seine göttliche Lotte vorzieht«.[37]

Oberhofmeisterin Gianini schrieb an die Gräfin Goertz, die Herzoginmutter habe erneut »einen hübschen Irrsinn« gemacht. »Sie hat gestern in Dietfurth den Geburtstag Goethes mit einem chinesischen Schattentheater und einem Feuerwerk gefeiert.«[38]

Auch Marianne von Wöllwarth, die als Hofdame Anna Amalias die größte Nähe zu ihr hatte, bemerkte: »Grand-Maman ist untröstlich vor Schmerz, weil der Dichter, ihr Idol, sie verlassen hat, um sich noch stärker als jemals an seine göttliche Lotte zu binden. Es ist unglaublich, wie diese Liebe so lange andauern kann, weil es sie sichtbar hässlich macht.«[39]

Dass Anna Amalia eine tiefe Zuneigung zu Goethe erfasst hatte, die über Jahre andauerte, das ist unbestritten und wurde von vielen aus dem inneren Zirkel des Hofes unabhängig voneinander beobachtet. Dass diese Liebe aber von Goethe erwidert wurde, dafür gibt es keine Beweise. In den Zeugenaussagen ist immer nur von der Eifersucht Anna Amalias die Rede, die ihre Gefühle auch in der Öffentlichkeit kaum unterdrücken konnte. Eifersucht auf Charlotte von Stein, der die Zuneigung Goethes galt, die sie so gerne gehabt hätte.

Auch Goethes zahllose Briefe an Charlotte bestätigen die Zeugenaussagen. Am 16. August 1783 schrieb er zum Beispiel an Frau von Stein: »Ich bin gerne geblieben, und hoffe dich heute zu sehen. Danck für die Worte deiner Liebe. Ich halte mich still und ruhig, wenn du mir bleibst, hab ich alles. Heute soll noch aufgeräumt werden. Lebe wohl du beste.«[40] Am 24. August 1783 heißt es: »Fritz will was geschriebnes mitnehmen. Er soll mit mir essen, und dir einen guten Morgen bringen. Wenn es schön wäre, lüde ich dich heraus. Schreibe mir, wo du heute bist. Liebe mich mein Leben.«[41] Allein diese beiden Briefe Goethes, in denen er über seine Liebe zu und konkrete Begegnungen mit Charlotte von Stein schreibt, während Anna Amalia nachweislich beim Familientreffen in Braunschweig war,[42] müssten eigentlich den Spekulationen darüber, dass die Liebesbriefe eigentlich an Anna Amalia gerichtet waren, weil die beiden eine lebenslange heimliche Beziehung hatten und Frau von Stein nur die Strohfrau war, ein Ende setzen. Die Idee einer gegenseitigen Liebesbeziehung zwischen der Herzogin Anna Amalia und dem Dichterfürsten Goethe mag unbestritten ihren Reiz haben, hat aber mit der historischen Wahrheit wenig zu tun.

Ein weiterer Kommentar erübrigt sich, wenn man den folgenden Brief Goethes an Charlotte aus dem Jahr 1783 liest: »Das Wetter ist unendlich schön. Und ich habe Augenblicke und Anblicke, wo ich dich sehnlich an meinen Arm wünsche. Du bist das Liebste, womit ich alle schöne Gegenden ziere. Du wirst geliebt, wie du es wünschest, und ich kann allein in dir finden, was ich mein ganzes Leben durch gewünscht habe ...«[43]

V. Sehnsuchtsort Italien
(1783–1790)

1. Frust, Krankheit und Fluchtpläne

1.1. Langeweile, schwarzes Blut und Krankheit

» Wir haben einen gesunden Erbprinzen «,

schrieb Goethe am 15. März 1783, » und sind darüber in neues Leben und Freude versetzt, Ihr werdet das mit fühlen. «[1] Knebel teilte er mit: » Die Ankunft des Erbprinzen, die größte Begebenheit, die sich für uns zutragen konnte, hat eine zwar nicht sichtbare, doch sehr fühlbare Würkung. Die Menschen sind nicht verändert, jeder einzelne ist, wie er war, doch das Ganze hat eine andere Richtung und wenn ich sagen soll, er würkt in seiner Wiege wie der Ballast im Schiffe durch die Schwere und Ruhe. «[2]

Das Jahr 1783 war in mehrfacher Hinsicht eine Zäsur. Die Geburt des Thronfolgers war tagelang mit Maskenaufzügen und Redouten zu Ehren der Herzogin Louise gefeiert worden. Aber das konnte nicht darüber hinwegtäuschen, dass die Begeisterung der Anfangsjahre für solche Veranstaltungen abgeflaut war.

» Hier geht sonst alles ziemlich gut. Verliebt ist fast niemand mehr «, hatte noch 1780 der Herzog an Knebel geschrieben. » Ich mache Feueranstalten, gute und schlechte durcheinander … Die übrigen schreiben, spielen Comödien, sehen zu, dejeuniren in der Esplanade und geben Stoff zu herrlich politen Gesprächen. «[3]

So fröhlich locker sah das künstlerische Leben am » Musenhof « in Weimar drei Jahre später nicht mehr aus. Das *Lieb-*

habertheater wurde von einer professionellen Theatergruppe abgelöst, die der Herzog Ende 1783 engagierte. »Unsere Winter Belustigungen sind ganz gut. Die Theater Gesellschaft ist nicht unter die schlechtesten zu rechnen, und macht uns manchen guten Abend«, schrieb Anna Amalia an Goethes Mutter.[4]

Anna Amalia war in den letzten Jahren die treibende Kraft hinter den Vergnügungen bei Hofe gewesen, was allgemein anerkannt wurde. »Unsere Herzogin Mutter scheint an allen Qualitäten, die eine Fürstin allen Menschen, die Zutritt bei ihr haben, lieb u verehrenswert machen müßen, mit jedem Jahre zuzunehmen«, schrieb Wieland. »Sie ist unsere Pallas und unser Palladium zugleich, und ich begreife nicht, wie wir ohne sie existieren wollten. Sie hat noch nie gegen diejenigen, die ihr einmal lieb waren, von Sentiment geändert, und ist also auch dem hrn. bruder *[Goethe]* unverändert mit alter huld u Großschätzung wohl beygethan.«[5] Vor allem Tiefurt wurde zu einem Ort, an dem man sich wohlfühlen konnte: »Kommen Sie, Liebe Frau, doch bald nach Tiefurt«, lud Anna Amalia Frau Herder ein. »Sie können ganz dreist kommen, hier trinkt man aus dem Fluss Lethe, der alle Sorgen vergessen macht u. nur das Andenken am Genuss des Guten und Schönen erhält.«[6] Das wusste auch Knebel zu schätzen: »Die Herzogin-Mutter ist gar gütig und gut; bei ihr in Tiefurt ist eine Freiheit, die bei keiner Privatperson wohltuender sein könnte und die dennoch nie gemißbraucht wird.«[7]

Doch auch Anna Amalia konnte nicht verhindern, dass sich in Weimar zunehmend die Langeweile weiter ausbreitete. »Bisher ist die Herzogin-Mutter unser einziger Trost gewesen; ohne sie würde Weimar in weniger Zeit wieder ein so unbedeutendes, langweiliges und seelentötendes Nest sein als irgendeines in teutschen und welschen Landen«, bekannte Wieland Anfang 1785 gegenüber Merck.[8] Neue spannende

Vergnügungen waren nicht in Sicht. Der Herzog war oft außer Hause, Herzogin Louise lebte zurückgezogen, das Hofleben lief auf Sparflamme.

Goethe, der sonst ein Garant für Abwechslung im Hofalltag war, »ertrank« wegen seiner Ämterfülle in Arbeit, da er sehr fleißig, gewissenhaft und pflichtbewusst war, was inzwischen die meisten in Weimar auch anerkannten, selbst wenn sie ihn wegen seiner Bevorzugung durch den Herzog weiterhin »hassten«. »Alles spricht doch hier sehr frey gegen Goethe! Obs Neid? Oder Schmähsucht? Oder gegründete Ursache?«, fragte sich Christian Heinrich Rinck (1770–1846), der Weimar auf einer Studienreise besuchte[9]

Auch die großen Ereignisse der europäischen Geschichte gingen an Weimar vorüber. Als in Frankfurt Kaiserwahl war, schrieb Anna Amalia an Goethes Mutter »leider bey uns pasirt gar nichts, sogar kein ausländisches Thier gehet durch Weimar geschweige denn ein Kaiser«.[10] Vor allem die Wintermonate, wenn die Gartenfeste in Tiefurt, Spaziergänge hinaus zu Goethes Garten und ähnliche Aktivitäten nicht stattfinden konnten, die Veranstaltungen bei Hofe aber keinen Ersatz schafften, machten allen zu schaffen. 1785 beispielsweise beklagte sich Carl August bei Knebel über das Wetter – der Himmel war trüb, es hatte geschneit: »Ich kann noch nicht zu dem seligen Zustand der Thiere gelangen, welche so einer vorzüglichen Passivität unter der weißen Decke in ihren Höhlen genießen; mich drückt der Winter entsetzlich, und der Mangel einer guten Eisbahn entzieht mir auch den einzigen Trost, welcher uns sonst übrig blieb ... Die öffentliche Gesellschaft in unsern Mauern ist diesen Winter so insipid [fad] wie möglich ... Unsere Gesellschaft ist wirklich die allerennuyanteste vom ganzen Erdboden.«[11] »Es herrscht eine allgemeinen Stille hier, oder wie die Herzogin Mutter letzt sagte: Sie schlafen Alle!«, meinte Caroline Herder.[12] Anna

Amalia selbst fand in der Musik ihre erfüllende Beschäftigung in diesen stillen Monaten.

Für Aufregung bei Hofe und in der Bevölkerung sorgte Anfang 1786 eine schwere Erkrankung Anna Amalias. »Wir befinden uns leidlich wohl hier in diesem Winter, die Frau Herzogin bereitet uns seit einigen Tagen Sorge, sie leidet an einem Fieber, von dem sie urplötzlich befallen wurde«, schrieb Goethe Mitte Februar 1786 an die Gräfin Brühl.[13] Aus dem Fieber entwickelte sich aber eine Lungenentzündung, sodass man um das Leben der Herzogin bangte. Es ging sogar das Gerücht, die Herzogin sei plötzlich verstorben.[14] Leibarzt Hofrat Starck »wagte am elften Tage noch ein Brechmittel und sie genas«, wobei auch »Gesundheitsschokolade, Chinasalz, Eselsmilch und balsamische(r) Essig« zum Einsatz kamen.[15] Die Genesungsphase mit häufigen Rückschlägen dauerte aber noch bis zum Frühsommer 1786. Mit wenigen Unterbrechungen musste Starck über Wochen in Weimar in Bereitschaft sein. Auch ihre Söhne waren sehr besorgt. Anna Amalia hatte bei einem Abendspaziergang mit ihrer Hofdame ein fürchterliches Krächzen gehört und meinte, einen Geist gesehen zu haben, was Carl August auf ihre Nerven, die durch die Krankheit angespannt waren, und auf das »durch die Folgen der Krankheit und den Druck der Dünste der Abendluft gereiztes und zitterndes Nervensystem« zurückführte. Er war froh, dass durch den Schrecken ihre Gesundheit nicht gelitten hatte und »hoffentlich soll auch dieses kleine Übel Sie lehren, was die Abendluft für schädliche Wirkung auf Sie tut und Sie bewegen, sich besser in acht zu nehmen«.[16]

1.2. Goethes Frust und Sehnsucht
nach Neuorientierung

»Ich wäre der undanckbarste Mensch, wenn ich nicht bekennte,
dass meine Lage weit glücklicher ist, als ich es verdiene. Freylich
schont mich auch wieder die Hitze und Mühe des Lebens nicht,
und da kann's denn wohl geschehen, dass man zu Zeiten müde und
matt auch wohl einmal mismutig wird«,

schrieb Goethe im März 1783.[17] » Ich stecke mitten unter meinen Geschäfften noch immer so voll Leidenschafften, Liebhabereyen, Erfindungen, Einfällen, Grillen und Planen dass mir würcklich manchmal das Leben sauer wird.«[18]

Das fiel natürlich auch anderen auf. Der ehemalige Kammerpräsident von Kalb, Vater des entlassenen Johann August Alexander von Kalb, schrieb an diesen: »Goethe wird nun einsehen, daß man mit Genie kein Land regieren kann, sondern daß außer Diesem auch Kenntnisse desselben, der angestellten großen und kleinen Diener und gesammelte Erfahrungen nötig sind.« Und wenn man das nicht habe, müsse man Männer, die darüber verfügen, anstellen. »Sein *[Goethes]* Mißvergnügen und Unruhe über den Lauf der Dinge wundert mich nicht. Denn die Welt, die Weimar kennet und weiß, daß e r allein Herrn und Sachen geleitet, so fällt auch ganz natürlich Lob und Tadel auf i h n , und da hier der letzte Fall eintritt, so kann man leicht ermessen, wie einem Mann, der so viel Ambition hat, zumute sein muß.«[19]

Goethes Freunde machten sich Sorgen. Er »leidet aber nur allzusichtlich an Seel u Leib unter der drückenden Last, die er sich zu unserm besten aufgeladen hat«, schrieb Wieland an Merck. »Mir thuts zuweilen im Herzen weh, zu sehen wie er bey dem allen Contenance hält, und den Gram gleich einem verborgnen Wurm an seinem Innwendigen nagen lässt.«[20]

Auch in Goethe wuchs die Unzufriedenheit mit der ganzen Situation in Weimar. Carl August ließ sich zunehmend außerhalb Weimars in die poltischen Geschehnisse verwickeln. Im September 1787 wurde er zum preußischen Generalmajor ernannt und sollte am Feldzug in Holland teilnehmen, was in Weimar große Bestürzung hervorrief. Zu dem Zeitpunkt war Goethe bereits in Italien. Aber die Entwicklung hatte sich für ihn schon vorher abgezeichnet, und er hatte sich davon ganz klar distanziert. Der Weg Carl Augusts war nicht mehr sein Weg. Bereits 1785 hatte er an Knebel geschrieben: »Die Kriegslust, die wie eine Art von Krätze unsern Prinzen unter der Haut sitzt, fatigirt mich wie ein böser Traum, in dem man fort will und soll und einem die Füße versagen. Sie kommen mir wie solche Träumende vor und mir ists, als wenn ich mit ihnen träumte. Lass ihnen den glücklichen Selbstbetrug. Das kluge Betragen der Grosen wird hoffentlich den Kleinen die Motion ersparen, die sie sich gerne auf andrer Unkosten machen möchten. Ich habe auf dies Capitel weder Barmherzigkeit, Anteil, noch Hoffnung und Schonung mehr.«[21]

Aber auch vor Ort in Weimar kam es zu Verstimmungen zwischen dem Herzog und Goethe. Goethe als neuer Kammerpräsident »brachte in die Verwirrung Licht und Ordnung«, heißt es in den Erinnerungen Caroline Herders. »Er entwarf einen Finanzetat mit vielen Einsparungen, den der Herzog zunächst auch annahm. Aber ihm waren dann »die Fesseln von Goethe, die er ihm durch den neuen Kammer-Etat anlegte, unerträglich.« Er war bisher an »Willkühr« gewöhnt. Es gab mehrere Auseinandersetzungen zwischen den beiden, über die Goethe sich mit Herder besprach.[22]

Der Herzog »hat seine Existenz im Hetzen und Jagen. Der

Schlendrian der Geschäfte geht ordentlich«, auch wenn der Herzog »einen willigen und leidlichen Theil dran (nimmt) und lässt sich hier und da ein Gutes angelegen seyn«.[23] »Bei Hofe und so den ganzen Tag verdorben.«[24] »Leider bin ich zur Herzoginn Mutter zur Tafel gebeten und verliere die schönste Zeit des Nachmittags.«[25] – Solche und ähnliche Bemerkungen tauchen in diesen Jahren immer wieder in Goethes Tagebuch oder seinen Briefen auf. Zur Geburt des Erbprinzen war im März 1783 ein *Venezianischer Karneval*, ein Aufzug mit 139 Personen und circa 100 Pferden, aufgeführt worden. Goethe hatte als »Ritter in altdeutscher Tracht, im weißen Atlaskostüm mit Prupurmantel, auf dem Kopf ein Barett mit Federn, reitend auf einem weißen Pferde, dessen Zeug gelb und mit Silber reich bestickt war, von Fackelträgerknaben im gleichen weiß und gelben Kostüm umgeben«, teilgenommen.[26]

Aber solche Veranstaltungen waren für Goethe nicht mehr als Pflichtübungen, die zunehmend mit seinem Anspruch, wieder als Künstler tätig zu sein, kollidierten. In diese Zeit fällt auch seine harte Kritik an der Gruppe der adligen Laien, die eben keine Künstler waren und nie werden würden, sondern nur Dilettanten blieben: »Der Dilettant verhält sich zur Kunst wie ein Pfuscher zum Handwerk«, schrieb er. »Goethes Versuch, seine sozial hochkarätige Laiengruppe auf den verschiedenen Gebieten der Kunst zu Höchstleistungen aufsteigen zu lassen, musste er sich als gescheitert eigestehen, denn es fehlte einfach das notwendige Talent.« Er nahm weiter an den Vergnügungen teil, weil es zu seinen Pflichten am Hofe gehörte. »Doch sollte man sich manchmal fragen, wie sehr er zeitweilig unter der Situation gelitten haben muss.«[27] »Hier geht's übrigens im Alten«, formulierte Goethe seinen Frust zu diesem Thema. »Schade für das schöne Gebäude, das stehen könnte, erhöht und erweitert werden könnte und leider keinen Grund hat! Doch was hat Grund auf der beweglichen Erde!«[28]

Auch sein Verhältnis zu Charlotte von Stein, das er nach ihrem Willen und im Hinblick auf die Öffentlichkeit als geschwisterliches, platonisches Verhältnis zumindest nach außen hin akzeptiert hatte, konnte ihn auf Dauer nicht befriedigen. »Ach liebe Lotte, Du weißt nicht, welche Gewalt ich mir angetan habe und noch antue, und dass der Gedanke, Dich nicht zu besitzen, mich doch im Grunde, ich mag's nehmen und stellen und legen, wie ich will, aufreibt und aufzehrt«, schrieb er ihr später aus Italien.[29]

Bereits Ende 1782 hatte Goethe angefangen, Bilanz zu ziehen. Er ließ alle Briefe, die er seit 1772 bekommen hatte, abheften. Er wollte diese letzten zehn Jahre vor sich sehen wie »ein langes durchwandertes Thal vom Hügel aus gesehen«.[30] Dabei stellte er fest: »Ich bin recht zu einem Privatmenschen erschaffen und begreife nicht, wie mich das Schicksal in eine Staatsverwaltung und eine fürstliche Familie hat einflicken mögen.«[31] Er zog sich immer mehr zurück: »Ich sehe fast niemand, ausser wer mich in Geschäften zu sprechen hat; ich habe mein politisches und gesellschaftliches Leben ganz von meinem moralischen und poetischen Leben getrennt (äußerlich versteht sich) und so befinde ich mich am besten.«[32]

So ein Leben aber kann man nicht durchhalten, ohne dass es auch zu einer inneren Spaltung führt. Er sah die Herzoginmutter manchmal, das Herzogspaar selten. »Und so fange ich an mir selber zu leben und mich wieder zu erkennen. Der Wahn, die schönen Körner, die in meinem und meiner Freunde Daseyn reifen, müssten auf diesen Boden gesät und jene himmlischen Funken könnten in die irdischen Kronen dieser Fürsten gefasst werden, hat mich ganz verlassen und ich finde mein jugendliches Glück wieder hergestellt.« So wie er zu Hause »die Erscheinungen der Geister und die juristische Praxis« nicht verbunden habe, »eben so getrennt lass' ich jetzt den Geheimrath und mein andres Selbst, ohne das ein Geh. R. sehr gut bestehen kann. Nur im Innersten meiner Pläne und Vorsätze und Unternehmungen bleib ich mir geheimnisvoll getreu und knüpfe so wieder mein gesellschaftliches, politisches, moralisches und poetisches Leben in einen verborgenen Knoten zusammen«.[33]

Goethe war erschöpft. War er noch 1776 fröhlich angetreten, um zu erkunden, wie die Welt ihm »anstehe«, so musste er jetzt erkennen, dass diese Welt, die 1786 wieder auf einen Krieg hinauslief, nicht die seine war, dass er keine entscheidenden Reformen durchsetzen konnte, dass er eigentlich kein Politiker war. Er hatte sich als Dichter, als Künstler verloren, hatte für den Hof leichte Stücke produziert, im Grunde nichts Aufsehenerregendes mehr. Seine leidenschaftliche, aber immer auf Abstand gehaltene Liebe zu Charlotte war nur ein Puzzleteil in dem ganzen Unbehagen, das ihn ausfüllte. Aus Rom schrieb er ihr später: »Wie das Leben der letzten Jahre wollt' ich mir eher den Tod gewünscht haben.«[34]

Seine Sehnsucht aus Kindertagen, nach Italien zu reisen, dem Land, in dem er sich als Künstler wiederzufinden hoffte, wurde immer größer. »Ja, die letzten Jahre wurde es eine Art von Krankheit, von der mich nur der Anblick und die Gegenwart heilen konnte«, schrieb er aus Rom am 3. November 1886 an den Herzog. »Jetzt darf ich es gestehen. Zuletzt durft ich kein Lateinisch Buch mehr ansehn, keine Zeichnung einer italiänischen Gegend. Die Begierde, dieses Land zu sehn war überreif.«[35] »Rom ist der einzige Ort der Welt für den Künstler und ich bin doch einmal nichts Anderes.«[36]

In seinen Briefen aus dem Jahr 1786 hatte er seinen Freunden eine längere Auszeit angekündigt, die er nach dem Karlsbader Kuraufenthalt im Sommer nehmen wollte. Ziel und Dauer seiner Reise hatte er aber nicht angegeben, auch nicht beim Herzog, Anna Amalia oder Frau von Stein. Erst Wochen später erfuhren sie, wo er war. »Göthens Aufenthalt wissen Sie nun endlich«, schrieb Herzog Carl August an seine Mutter am 14. Dezember 1786. »Die guten Götter mögen ihn begleiten; ich habe ihm gestern geschrieben und ihn gebeten, so lange wegzubleiben, als er es möchte.«[37]

Neben seinen Briefen an Charlotte von Stein verfasste Goethe aus Italien regelmäßig Sammelbriefe an »den Freundeskreis in Weimar«, die dann zwischen den Mitgliedern, dem Herzogspaar, der Herzoginmutter, dem Prinzen August von Sachsen-Gotha, den Ehepaaren von Stein, Herder und Knebel kreisten. In seinem ersten Brief vom 1. November 1786 schrieb er aus Rom: »Nun bin ich hier und ruhig und wie es scheint auf mein ganzes Leben beruhigt. Denn es geht, man darf wohl sagen, ein neues Leben an, wenn man das Ganze mit Augen sieht, das man Theilweise in und auswendig kennt. Alle Träume meiner Jugend seh ich nun lebendig, die ersten Kupferbilder, deren ich mich erinnre (mein Vater hatte die Prospeckte von Rom auf einem Vorsaale aufgehängt), seh ich nun in Wahrheit, und alles was ich in Gemählden und Zeichnungen, Kupfern und Holzschnitten in Gyps und Korck schon lange gekannt, steht nun beysammen vor mir, wohin ich gehe, find ich eine Bekanntschaft in einer neuen Welt, es ist alles, wie ich mir's dachte, und alles neu.« Er beschrieb die Bauwerke, Statuen und Gemälde, die er sah, in allen Einzelheiten. Und immer wieder die Versicherung, wie gut es ihm im Land seiner Träume ging.[38]

Anna Amalia hat diese Briefe genau studiert und teilte ihre Eindrücke Merck mit: Sie werde Goethes Mutter bitten, ihm Auszüge aus Goethes Briefen aus Rom zu schicken. Er sei sehr »wohl« und fühle sich dort »wie einheimisch ... Wenig Menschen giebts und wird es geben, die Rom auf eine solche Weise sehen und so Studiren wie er.«[39]

Auch sie selbst wollte bereits 1787 nach Italien reisen. Es lässt sich aus den Quellen nicht mehr erschließen, ob sie diesen Wunsch bereits vor Goethes Abreise äußerte oder ob sie erst nach seiner Abreise und durch seine Briefe inspiriert ihm nach Italien geschrieben hatte, dass sie nachkommen wolle.

Jedenfalls hat Goethe ihr diesen Wunsch zunächst noch ausgeredet. Im Verzeichnis seiner Briefe listet er unter dem 11. August 1787 einen Brief an Charlotte von Stein – eingeschlossen in einem Brief an die Herzoginmutter, ebenfalls vom 11. August 1787 mit einem »NB: über ihre Reise« – auf. Der Brief an Anna Amalia ist nicht überliefert, aber es gibt in Goethes, von ihm selbst zusammengestellter Werksausgabe auch von ihm geschriebene Originalbriefe, in denen zwar die Adressaten nicht genannt werden und auch wohl ganz persönliche Dinge entfernt wurden, aber ansonsten der Text authentisch ist. Dort stehen Briefe, in denen Goethe die geplante Reise der Herzoginmutter gegenüber Dritten erwähnt. So zum Beispiel in dem vom 11. August 1787: »Ich habe der Herzogin einen langen Brief geschrieben und ihr geraten, die Reise nach Italien noch ein Jahr zu verschieben. Geht sie im Oktober, so kommt sie gerade zu der Zeit in dies schöne Land, wenn sich das Wetter umkehrt, und sie hat einen bösen Spaß. Folgt sie mir in diesem und andrem, so kann sie ihre Freude haben, wenn das Glück gut ist. Ich gönne ihr herzlich diese Reise.«[40]

Er gönnte sie ihr, aber hatte offenbar nicht vor, gemeinsame Zeit in Italien mit ihr zu verbringen. Das zeigt auch der Brief an Carl August vom 17. November 1787: »Sie wollte noch dieses Jahr hierher und es war ein sehr kühnes, ja ein verwegnes Unternehmen, mit denen mir bezeichneten Personen, mit einer ganz bonhomischen, ununterrichteten, so gut als mit dem Lande unbekannten Caravane einen Zug durch diese Gegenden zu machen. Ich habe ihr pflichtgemäß und geheimderäthlich die Gründe vorgelegt, warum die Reise noch ein Jahr aufzuschieben sey. Glücklicherweise kamen einige Umstände dazu, die sie determinirten, noch zu bleiben und zu warten.«[41]

Sein freies Künstlerleben in Italien wäre in dem Moment beendet gewesen, wo die Herzoginmutter mit – wenn auch kleinem – Gefolge angereist wäre. Er wäre in die gleiche Situation geraten, aus der er geflüchtet war, sein Ziel, sich als Künstler wiederzufinden, wäre nicht vollendet worden.

1.3. Reisefieber und Bedenkenträger

» Wie glücklich bin ich, einmal meinen Wunsch in Erfüllung zu bringen und das schöne Natur u Kunstreiche Land mit eigenem Auge zu sehen und zu genießen!«

Mit diesen Worten kündigte Anna Amalia Anfang 1788 Merck ihre Italienreise an. »Ist dass nicht ein kühnes Unternehmen? … Goethe wird wohl Ostern zurückkommen, doch ist es noch nicht ganz gewiss. Er ist fleißig in allem Betracht, und wir werden ihn wie neugeboren wiedersehen. Ich glaube, Italien ist für uns, was der Floß Lethe den Alten war: man verjüngt sich, indem man alles Unangenehme, was man in der Welt erfahren hat, vergisst und dadurch ein neugeborener Mensch wird.«[42]

Reisen einer Frau, und dann noch einer Herzogin, nach Italien waren in dieser Zeit eher sehr ungewöhnlich. Frauen reisten, wenn überhaupt, zu den bekannten Kurorten, machten Verwandtschaftsbesuche, aber keine Reisen, die allein der Bildung und dem Vergnügen dienten. Entsprechend zahlreich waren dann auch die Bedenken gegen Anna Amalias Italienpläne. Vor allem Hofmarschall von Einsiedel hatte überhaupt kein Interesse, nach Italien zu reisen.»Das Reiseprojekt der Herzogin ist ein Geheimniß, das ich nicht verathen haben will. Vielleicht hats auch nicht statt, so hoff ich.«[43] Unterstützung bekam Anna Amalia dagegen durch ihren Sohn Carl August: »Mich freut's, dass die Anstalten zu Ihrer vorhabenden Reise Sie einstweilen angenehm beschäftigen; man genießt dabei im voraus schon mancherlei.«[44]

Während Einsiedel noch hoffte, dass die Reise nicht stattfinden würde, hatte Carl August bereits Goethe in Italien eingeschaltet. In seinem Bericht zur *Italienischen Reise* ist unter dem 5. Oktober 1787 ein langer Brief aus Albano an eine nicht näher benannte Person in Weimar abgedruckt, in dem Goethe verkündete, dass er schon in Verhandlungen wegen einer Villa als Unterkunft für die Herzogin sei. »Ich habe mit Rath Reiffenstein in Frascati ihren ganzen Aufenthalt projektiert ... Wenn alles gelingt, so ist's ein Meisterstück ... In Rom ist auch ein schönes freiliegendes Quartier mit einem Garten für sie bereit. Und so wünsche ich, dass sie sich überall zu Hause fände; denn sonst genießt sie nichts; die Zeit verstreicht, das Geld ist ausgegeben, und man sieht sich um wie nach einem Vogel, der einem aus der Hand entwischt ist. Wenn ich ihr alles einrichten kann, dass ihr Fuß an keinem Stein stoße, so will ich es thun.«[45]

Am 10. November 1787 wandte sich Goethe aus Rom erneut an Einsiedel, dass er einen jungen Mann namens Filippo Collina (1745 – nach 1795) nach Weimar schicken werde zur Begleitung der Reisegruppe nach Italien und zur Hilfe vor Ort. »Wenn man nicht einen Italiäner an die Italiäner hetzt; so kommt man nicht fort.«[46] Am selben Tag kündigte Goethe die Ankunft Collinas, »der für den Dienst der Herzoginn Mutter bestimmt ist«, seinem Diener Philipp Seidel an.[47]

»Und nun ein Wort von Ihrer Frau Mutter Reise«, schrieb Goethe an den Herzog im November 1787, »die mir schwer auf dem Herzen liegt.« Auch dem Herzog kündigte er Collina an, der das »Mechanische der Reise« erledigen sollte. Neben anderen Problemen, die man bei der Reise einer fürstlichen Person, einem »kühne(n), ja ein verwegne(n) Unternehmen«, bedenken müsse, sollte Anna Amalia unbedingt einen Arzt mitnehmen.[48] Der Herzog schrieb auch sofort an seine Mutter und bot ihr seinen Leibarzt Bernstein an. »Haben Sie ja die Gnade und schlagen mir dieses nicht ab. Ohne Arzt reisen Sie nicht, ich lasse nicht einen Augenblick Ruhe.«[49]

Goethes Besorgnis war aber auch, dass die Herzoginmutter in Italien in einen Kaufrausch bei Kunstwerken geraten könnte, und so empfahl er ihr, dass er eine Summe von 200 Zechinen, venezianische Goldmünzen, »nach und nach für sie in kleinen Kunstwerken« ausgeben könne, die sie bei ihrer Ankunft vorfinden würde. In einem Brief vom 3. November 1787 an eine unbekannte Person in Weimar, der ebenfalls in seinen Werken abgedruckt ist, begründete er diesen Vorschlag damit, dass auf diese Weise ihre »Begierde zu besitzen, die bei jedem Neuankömmling, er sey, wer er wolle, entsteht, und welche sie nur mit einer schmerzlichen Resignation unterdrücken, oder mit Kosten und Schaden befriedigen könnte«, eingegrenzt werde. Der Empfänger des Briefes, den Goethe duzte und der sich im näheren Umfeld von Anna Amalia befinden musste, wurde aufgefordert, diesen Vorschlag bei der Herzoginmutter zu unterstützen.[50]

Auch Herzog Carl August kamen inzwischen Bedenken, seine Mutter ohne einen kompetenten Begleiter nach Italien reisen zu lassen. Daher bat er Goethe in einem zwölf Seiten langen Brief darum, seine Mutter in Italien zu begleiten. Goethe war nicht begeistert. »Sie wünschen, dass ich Ihre Frau Mutter in Italien erwarten möge, ich will mich darüber aufrichtig erklären ... Je mehr ich mich bemühte nachzudencken und zu sorgen, wie ich ihr als getreuer Vorläufer den Weg bereiten könnte, desto mehr sah ich wie wenig man thun kann und wie nachher alles auf den Augenblick ankommt.« Die größte Schwierigkeit war, dass Anna Amalia sich auch unter anderen Menschen bewegen sollte, ohne selbst zu sehr belästigt zu werden. Daher brauchte sie eine römische Dame an ihrer Seite, die sie zumindest am Anfang begleitete und überall einführte. Er hatte mit der Malerin Angelica Kauffmann (1741–1807) darüber gesprochen, und gemeinsam hatten sie zwei Damen gefunden, aber bei beiden gebe es »ein Aber«. Auch der Senator werde helfen, »indeß bleibt es immer eine gefährliche Sache, sich ganz in fremde Hände zu liefern«. Daher und wenn der Herzog unbedingt wolle, dass er bleibe, »so wird es meine Schuldigkeit für alles und auch für diesen Punkt zu sorgen«.

Aber eigentlich hoffte Goethe, dass der Herzog anders entschied, und berichtete von seinem bisherigen Leben in Italien, das er führte, »mich von den phisisch moralischen Übeln zu heilen, die mich in Deutschland quälten und mich zuletzt unbrauchbar machten; sodann den heisen Durst nach wahrer Kunst zu stillen, das erste ist mir ziemlich, das letzte ganz geglückt«. Er habe sich treiben lassen und nur seinen Zielen gelebt und »allen widerstanden die mich in die Welt ziehen wollten … Bestimmt mich nun aber Ihr Wille hier zu bleiben, Ihrer Mutter zu dienen; so werde ich von Ostern an ein neues Leben beginnen, um mich zu dem Posten eines Reisemarschalls zu qualifiziren«. Er müsste einen Bedienten einstellen, der ihm ein Quartier einrichtete, damit er als Vertreter des Herzogs standesgemäß auftreten könnte. Er würde verschiedene hochstehende Personen kontaktieren, »somit sind alle Schleußen aufgezogen, und das übrige folgt von selbst«. Er würde sich den ganzen April dieser Aufgabe widmen und mithilfe eines verständigen Mannes »alle Verhältnisse kennenlernen und sehen, was die Herzogin zu thun und zu lassen hat«. Was den »Genuss der Kunst und Natur betrifft«, so glaubte er, dass niemand ihr das so vermitteln könnte wie er selber. Im Mai könnte er einen Ausflug nach Neapel machen und sich bei Hofe vorstellen und auch in Florenz, wenn er Anna Amalia bis Verona entgegenreiste. Er werde allerdings noch niemandem darüber schreiben, auch Anna Amalia nicht, sondern die Entscheidung des Herzogs abwarten. »Bestätigen Sie Ihren Willen dass ich Ostern hierbleiben soll; so sehe ich mich als einen Diener der Herzogin an und subordinire meine übrige Existenz dieser Pflicht.«[51] Goethe betonte nicht umsonst mehrfach, dass er natürlich auf des Herzogs Befehl als »Diener« Anna Amalias bleiben würde. Im Grunde wollte er das aber nicht, sein Leben in Freiheit und Ungezwungenheit wäre beendet.

Mitte März endlich erhielt Goethe in Rom die ersehnte Antwort des Herzogs, dass er wie von ihm geplant nach Weimar zurückkommen könne. »So werden alle meine Hoffnungen, Wünsche und so wird mein erster Vorsatz erfüllt«, bedankte er sich überschwänglich beim Herzog. »Ihrer Frau Mutter hätte ich, wenn Sie es für nötig und schicklich gehalten hätten, gerne meine Dienste in Italien gewiedmet, ob ich gleich wohl einsehe, dass ich dabey mehr würde eingebüßt haben als sie durch meine Gegenwart gewinnen konnte.« Doch er glaubte, dass er ihr durch seine Vorbereitungen nützlich gewesen ist.[52]

Zur selben Zeit war Anna Amalias Reiseplan auch in Weimar durchgesickert und sorgte für Aufregung. Die Bürger wandten sich durch ihre Deputierten an Fritsch mit ihrer »tödtlichsten Angst« und mit der Bitte, dass diese Reise »unterbleiben möge«. Man habe schon zwei Jahre zuvor wegen der Krankheit der Herzogin um ihr Leben gezittert, und ihre Freude sei »grenzenlos« gewesen, als sie sie »vor den Pforten des Todes umkehren sahen«. Umso bedenklicher sei nun die Reise in ein Land, in dem das Klima nicht unbedingt gesund sei. Fritsch selber hatte gedacht, schrieb er weiter, die Deputierten würden nun auch den Verlust anführen, den ihre Abwesenheit für Handel und Betriebe der Stadt und des Landes bedeuten würde, aber sie waren nur um ihre Gesundheit besorgt.[53]

Trotzdem wird der Gedanke an finanzielle Verluste eine Rolle gespielt haben, da der Herzog oft abwesend war, die Herzogin zurückgezogen lebte, Goethe auch nicht da war und nicht abzusehen war, wann er wiederkommen würde. Und nun wollte auch noch die Herzogin wegfahren. Laut den Belegen in ihrer Schatulle hatte sie zum Beispiel 1787 16 000 Reichstaler für Garderobe, Möbel, Küche und Besoldungen ausgegeben. Kaufleute, Handwerker und Bedienstete mussten für die Zukunft Einbußen befürchten.[54]

Fritsch war sich nicht sicher, ob Anna Amalia diese Bitten bei ihrer Entscheidung berücksichtigen würde. »Höchstdieselben schienen früher auf die öffentliche Meinung und die Wünsche ihrer getreuen Unterthanen einigen Werth zu legen. Und da darf ich nicht verschweigen, dass im ganzen Land nur eine Stimme, nur eine Absicht herrscht, welche diese Reise für das größte Unglück ansieht, das ihm widerfahren könnte, wenn sie nachtheilig für EW. D. Gesundheit werden sollte.«[55]

Aber es gab einen entscheidenden Unterschied zu »früher«: Anna Amalia war nicht mehr verantwortlich für das Land und ihre Bürger, sie befand sich seit 13 Jahren im »Ruhestand«. Und so erhielt Fritsch fünf Tage später auch die Antwort, dass sie sich sehr geschmeichelt über die Liebe und Anhänglichkeit der Bürger fühle und Fritsch sehr dankbar sei für die Rolle des Vermittlers, aber dass man ihr diese Zerstreuung »grade für mein körperliches wie geistiges Wohl angerathen« habe. Sie habe »alle Maßregeln ergriffen ... damit diese Reise unter Gottes Beistand zu meiner völligen Wiederherstellung beitrage; und ich glaube, dies mir selbst schuldig zu sein wie auch allen denen, welche mich mit ihrer Zuneigung beehren, um ihnen nützlicher sein zu können, so lange der Himmel mir das Leben gewähren will. Um so wol das Publikum wie mich selber zu beruhigen, habe ich mich entschlossen einen Arzt mitzunehmen.«[56] Wenn man bedenkt, dass sie sich seit 1775 mit dem Gedanken an diese Reise befasste, weniger aus gesundheitlichen Gründen, so war es ein geschickter Schachzug, die Italienreise als Medizin für ihre noch labile Gesundheit einzusetzen und so die Bedenken der Bürger ins Leere laufen zu lassen.

Der Plan, Goethe als Reisebegleiter zu gewinnen, wurde auch nach seiner Rückkehr nach Weimar am 18. Juli 1788 weiterverfolgt. Dies ging aber wohl nicht vom Herzog aus, der ja schon Goethes Argumente aus Italien, warum er nicht mit seiner Mutter reisen wollte, akzeptiert hatte, sondern, wie verschiedene Zeugenaussagen aus ihrem näheren Umfeld zeigen, von Anna Amalia. »Freund Goethe ist gestern abend spät zurückgekommen«, schrieb Sophie von Schardt (1755–1819) an Christoph Albrecht von Seckendorff (1748–1809). »Man sagt, dass die Herzoginmutter Himmel und Hölle in Bewegung setzen wird, um ihn dahin zu bringen, dass er mit ihr nach Italien zurückgeht.«[57] Ähnliches schrieb Marianne von Wedel (1752–1815), die spätere Oberhofmeisterin der Erbprinzessin Maria Pawlowna (1786–1859), an ihre Tante, die Gräfin Goertz, am 23. Juli 1788: »Goethe ist zurückgekehrt, kaum wurde sein Name genannt, da hörten wir nichts anderes mehr als Italien, Italien! Er kam nicht davon los. Die alta Mama [Anna Amalia] scheint seit dieser Zeit schlechte Laune zu haben. Ich glaube, sie hatte gehofft, dass Goethe sich ihr wieder zuwendet, und wie es scheint, hat er keine Lust dazu«.[58] In diesen Zusammenhang gehört auch die bereits zitierte Stelle von Emilie von Werthern, dass Anna Amalia, deren »Reitze vor 10 Jahren nicht die Gewalt (hatten) ihn [*Goethe*] zu fesseln«, nun in »Rom zu Reeüssiren« hoffte, was von Werthern für aussichtslos hielt.

Inwieweit Anna Amalia tatsächlich zu diesem Zeitpunkt noch Gefühle für Goethe hatte oder ob sie sich von seiner Gesellschaft einfach nur eine kenntnisreiche, angenehme Reisebegleitung versprach, lässt sich nicht mit letzter Sicherheit sagen. Fakt ist jedenfalls, dass in der Kutsche, mit der Anna Amalia am 15. August 1788 abfuhr, ein leerer Platz war. Goethe schrieb später an Charlotte von Stein, die ihn nach seiner Rückkehr sehr unfreundlich behandelt hatte: »Ich sah Herdern, die Herzoginn verreisen, einen mir dringend angebotenen Platz im Wagen leer, ich blieb um der Freunde willen, wie ich um ihretwillen gekommen war.«[59]

Vor der Abreise machte Anna Amalia »in Erwägung der ungewissen Dauer des menschlichen Lebens« ihr Testament, um ihren Nachlass und die Verteilung auf ihre beiden Söhne zu regeln.[60] Anna Amalia, die sogar ihr eigenes Bett auf die Reise mitnahm, fuhr unter dem Pseudonym einer Gräfin von Allstedt in einem großen Reisewagen mit ihrer Hofdame von Goechhausen und ihrem Hofmeister von Einsiedel. Im zweiten Wagen folgten der Arzt Dr. Huschke, der vorher noch im Schnellverfahren promoviert hatte, und zwei Kammerfrauen. Mundkoch François René le Goullon (1757–1839) saß in einer leichten Chaise, damit er vorfahren konnte, um am Ziel der jeweiligen Reiseetappe das Essen vorzubereiten. Filippo Collina, der von Goethe geschickte Kurier und Unterhändler, ritt nebenher.[61] Zeitweise kamen noch Künstler dazu, die als Berater oder Unterhalter engagiert worden waren: Philipp Christoph Kayser (1755–1823), Musiker und Komponist, der aber schon in Bozen die Gesellschaft wieder verließ, ab Ostern 1789 David Heinrich Grave (1758–1789), der Kammersänger der Herzoginmutter in Weimar, den sie zum Studium nach Italien vorausgeschickt hatte.

Goethe, der bei der Abreise in Weimar am 15. August 1788 anwesend war, erzählte Caroline Herder, dass sie » sehr vergnügt abgereist (sei) mit dem Wort: künftiges Jahr sehen wir uns wieder «.[62] Niemand ahnte zu diesem Zeitpunkt, dass die Herzogin erst knapp zwei Jahre später zurückkehren würde.

Die Reiseroute war bis Rom detailliert geplant, die einzelnen Ausflüge, die Fahrten nach Neapel und die Dauer der jeweiligen Aufenthaltsorte bestimmte Anna Amalia vor Ort selbst.

Schon in Regensburg wurde deutlich, dass sie nicht nur als Privatperson so wie Goethe reisen konnte: Es gab für sie einen offiziellen Empfang beim diplomatischen Korps des Reichstages. Das Besichtigungsprogramm auf der weiteren Reise bestand in unzähligen Kirchen, Klöstern, Schlössern, Gemäldegallerien, Bibliotheken mit alten Handschriften, ein Programm, das Anna Amalia mit Begeisterung absolvierte: » Mit mir steht's wie mit den seligen Geister im Elysium. «[63]

Während Anna Amalia nur unregelmäßig ihre Erlebnisse niederschrieb und erst später in Weimar eine Zusammenfassung ihrer Reise verfasste, führte Louise von Goechhausen ein ausführliches Tagebuch, eine Fundgrube für die Details der Fahrt, mit zum Teil sehr humorvollen Kommentaren. Aus Tirol schrieb sie an Wieland über die Berge und tiefen Täler und » fast alle Viertelstunden ein blutender Heiland, Abbildungen von Unglücksfällen, einstürzenden Wagen oder Legenden von Heiligen, die durch Wunderkraft Menschen vom Untergang retteten, alles in hässlicher Kunst dargestellt «.[64]

In Mailand fand Anna Amalia einen Brief Goethes vor: » In der Hoffnung, dass meine gnädigtse Fürstin glücklich in Mayland anlangen werde, schicke ich dieses Briefchen ab, um Sie daselbst zu begrüßen. Ich bin Ihnen, wie so viele andere, im Geiste nachgefolgt, doch gewiss mit eigenen Gedanken und Empfindungen. Mögen Sie recht rein das manigfältige Gute genießen, das Ihnen auf Wegen und Stegen von nun an begegnen muss.«[65]

2. Reise ins Paradies

2.1. Zwischen Sightseeing, Papstaudienz und Kunstgenuss

» Es ist eine wahre Wollust, so genießen zu können, ich bin sehr glücklich darüber, und ich profitiere sehr davon; alle Tage bin ich auf den Füßen; die Natur, welche hier so schön ist, macht einen hier noch fähiger, die Wonne alles Schönen zugenießen. «

Voller Begeisterung schrieb Anna Amalia diese Zeilen aus Rom, wo sie am 4. September 1788 angekommen war, an ihren Bruder Friedrich August.[1] Und Knebel teilte sie mit: » Stellen Sie sich eine Person vor, die an einer sehr guten und schmackhaften Tafel sitzt und deren Magen nicht gehörige Verdauungskräfte hat, so können Sie sich meinen Zustand vorstellen. Der Genuss ist hier groß, man ist umringt mit dem Schönsten und Vollkommensten, was man in der Welt wünschen kann. «[2]

In ihren fiktiven Briefen an ihre Schwester, in denen sie Jahre später das Erlebte anhand ihres Tagebuchs ausführlich beschrieb, heißt es: » Von jeher weißt Du, liebe Schwester wie sehnlich ich immer darauf getrachtet habe, Italien zu sehen. Endlich ist mein Wunsch in Erfüllung gekommen. Ich bin wirklich in Rom und schreibe Dir daher. Die Imagination reichet nicht hin, sich eine Vorstellung davon zu machen, ohne es selbst gesehen zu haben. Mit einem Worte, Rom lässt sich nicht beschreiben. Der Tag meiner Ankunft zu Rom, wo ich im Finstern ankam, war mir nicht anders zu Muthe, als wenn ich plötzlich aus einem schönen Traume erwacht, und Geister hätten mich auf einmal in die Hauptstadt der Welt versetzt.

Über mir sehe ich eine große Stelle, die von einem reinen Himmel, welcher von prächtigen Villen, Cupola, hohen Gebäuden, Obelisken und Ruinen umkränzt war. Nie habe ich mein Daseyn so sehr gefühlt als in diesem Moment. Ich fand meine Wünsche auf einmal erfüllet.«[3]

Obwohl sie eigentlich inkognito reiste, wurde sie in Rom offiziell im *Diario Ordinario* angekündigt, in dem auch weiterhin ihre wichtigsten Aktivitäten, einschließlich der ihr zu Ehren gegebenen Empfänge und Ähnliches, notiert wurden.[4] Der Tagesablauf sah nach einem Brief, den Frau von Goechhausen an Goethe schrieb, so aus: Spaziergang bis mittags durch die Stadt, danach wurde eine Minestra, Gemüsesuppe, gegessen, und jeder begab sich auf sein Zimmer zur Siesta. Nachmittags fuhr man mit der Kutsche umher oder spazierte durch einen der zahlreichen Gärten. Abends versammelten sich alle um einen großen runden Tisch und zeichneten und »schwätzten« oder man besuchte Konzerte und Vorstellungen der berühmten italienischen Oper buffa.[5]

Im Theater hatte Anna Amalia eine eigene Loge, wo sie den Besuch von Prinzen und Ministern erhielt. Die italienische Musik, die seit ihren Kindheitstagen zu ihrem Leben gehörte, konnte Anna Amalia nun an ihrem Ursprungsort genießen. »Die italienische Musik muss in Italien gehört und von Italienern vorgetragen werden«, notierte sie in ihr Tagebuch. »Ihre große Lebhaftigkeit, ihre romanische Sprache, ihr außerordentlich reiner Tackt für diese Künste, alles bewirkt den größten Zauber; man wird hingerißen, man weiß nicht wie.«[6]

Das Besichtigungsprogramm war im Grunde identisch mit dem, das jeder Romtourist auch noch heute absolviert: Pantheon, Zirkus Maximus, Via Sacra, Vatikan mit Petersdom, wo sie mehrfach die Messen besuchten, Sixtinische Kapelle, Villa Borghese: »Jeder Vormittag, sehr wenige ausgenommen, ist der Kunst gewidmet.« Anna Amalia zog die antiken

Bauten den sakralen christlichen Bauten vor. Im Pantheon, wo die Lichtstrahlen durch die gewölbte Kuppel »wie von Gottes Auge« hindurchblickten, »überfiel« sie »ein heiliger Schauer … meine Seele erhob sich zu dem unsichtbaren Wesen, was mich hier umschwebte, und nichts anderes als Ehrfurcht und erhabene Gedanken hier einflößen kann«. Von dort ging es zum Petersdom mit großer Erwartung, die aber rasch enttäuscht wurde. Im Inneren der Kirche glaubte Anna Amalia »in einem Labyrinth ausgesetzt zu werden. Meine Augen irrten hin und her, bald auf Colossalischen Säulen, bald auf ungeheure Figuren von Heiligen und … auf die kostbaren Arbeiten aus Bronze, auf prächtige Grabmäler von feinstem Marmor, auf Mosaische Gemälde. Alles setzte mich in Erstaunen; meine Seele blieb aber so kalt, als sie bey dem Anblick des Pantheons von einem warmen und erhabenen Gefühl belebt wurde. Obgleich der menschliche Verstand seine Künheit und Größe in diesem ungeheuren Gebäude im vollem Maß zeigt, so fehlt es hier an der so wesentlichen Einheit, ohne welche das Interesse, wodurch das Pantheon sich so sehr auszeichnet, unmöglich Statt finden kann … Wer nicht wüßte, dass dieses Gebäude zu einer Kirche bestimmt wäre, der könnte sich eben sowohl einen großen Palast, oder ein Theater darin vorstellen«. Dann ging es weiter zu Colosseum, Kapitol und jeder Menge antiker Tempel. »Mit einem Wort, man thut kein Schritt ohne ein denkmal eines Gottes oder Helden oder merkwürdigen Menschen der Vorzeit zu begegnen; aber eben so traurig wird die Seele, wenn sie an Roms ehemaligen Glanz erinnert wird, man gehet wie unter Abgeschiedenen Schatten unsterblicher Männern auf ihren Gräbern, und Rom ist nicht mehr. Daß doch das einzelne Schicksal alles unter seinem Joch fortschlagget, und so … was uns der Gottheit nähert, der Vergangenheit unterwirft.«[7]

Natürlich kannte Anna Amalia aus ihren jahrzehntelangen

Studien die einschlägigen Werke eines Johann Joachim Winckelmann (1717–1768) und anderer Archäologen und Kunstexperten, die sie verinnerlicht hatte. Und natürlich floss das in ihre Beschreibungen ein, aber letztendlich ging es ihr nicht um eine Analyse von Kunstwerken. Sie wollte nicht mit ihren Kenntnissen der Altertümer und Kunstwerke »glänzen«, sondern ihre Bemerkungen »gründen sich auf nichts anders als auf die vorübergehenden Empfindungen welche die Betrachtung der Gegenstände selbst in mir erweckt hat«.[8]

Und dabei kamen dann sehr kritische und sehr amüsante Bemerkungen heraus, die viel über Anna Amalia erzählen. In der Karmeliterkirche La Madonna della Vittoria gibt es ein Bild aus Marmor der heiligen Therese von Bernini, der »sie in Verzückungen göttlicher Liebe« vorstellen wollte. »Es ist ihm aber nicht gelungen; die Therese hat vielmehr eine Wollüstige lage, u der Engel mit einem Pfeil in der Hand gleicht vielmehr einem Liebes Gott. Sie ist zwar ganz bedeckt, aber ihr Gewand hat viel ähnliches mit schmutzige Wäsche.«[9] Im Palast Borghese fand sie das berühmte Bild der *Diana von Dominichino*, auf dem die Göttin der Jagd den Preis unter ihren Nymphen austeilt. Das Bild habe »wie viele andere Menschliche Dinge das unverdiente looß getroffen berühmt zu seyn ohne dass man eigendlich weiß, wie es dazu gekommen ist. Es hat zwar einige schöne individuelle partien, aber das Auge findet keinen Ruhepunkt unter den angehäuften Handlungen, und die Haupt Figur der Diana ist sehr übel geraten; hingegen eine Nymphe, die sich badet, sehr schön und voll grazie«.[10]

In Weimar wartete man ungeduldig auf Nachrichten der Reisegruppe. »Seyn Sie mir, meine beste und gnädigste Fürstin, in dem großen Rom aufs beste willkommen«, schrieb Goethe Mitte September. Sie hatte ihm aus Varenne geschrieben, und er hoffte auf weitere Nachrichten. »Genießen Sie nun, alles so lang gewünschte Gute und kehren Sie bald und völlig befriedigt zu uns zurück.«[11] Vier Wochen später kam bereits der nächste Brief von ihm, in dem er seine Sehnsucht nach Italien mitteilte: »Wie sehr mich jede Nachricht von meiner theuersten Fürstin aus Rom freut, kann ich nicht ausdrücken, ich sehe zugleich Ihre und meine herzlichsten Wünsche erfüllt. Da Sie gesund sind, haben Sie nun alles, wonach Sie sich so lange gesehnt haben, und können im Anschauen der herzlichsten Gegenstände, sich einen Schatz aufs ganze Leben sammeln.« Ein wenig bedauerte Goethe offenbar nun doch, dass er nicht mitgefahren war. »Warum bin ich doch zurückverschlagen! Um meinetwillen mehr als um Eur. Durchl. willen wünsche ich es, denn aus allem sehe ich, dass Sie alles genießen eben auf die Art, wie ich es Ihnen zu verschaffen wünschte. Die glückliche Zeit verfließe Ihnen langsam und schöne Tage mögen Sie uns zurückbringen.«[12]

Auch Carl August war über die guten Nachrichten aus Rom »ausserordentlich« erfreut, da er nun wusste, »dass Sie glücklich ohne Zufälle den Ort Ihrer Wünsche erreicht haben«. Allerdings machte ihm die Begeisterung seiner Mutter auch leichtes Unbehagen: »Indessen bin ich doch auch überzeugt, dass dorten, wie an allen Orten des Erdenrundes, Beschwerlichkeiten sind, die denen zumal auffallen müssen, die bloss zum Leben und Geniessen bestimmt sind, welche nicht zur Künstlerklasse gehören und deren Konstitution zu einem andern Himmelsstrich und Gebräuchen gewöhnt worden. Diese Vermutung lässt mich hoffen, dass Sie bald wieder zu uns und zu Ihren angestammten Handlungen und Genüssen kehren werden.«

Für Anna Amalia war es sicherlich beruhigend zu erfahren, dass ihre beiden Söhne wohl nicht in den nächsten Monaten in den Krieg ziehen würden: »Russland bisse freilich gerne, indessen gehören zum Beissen so viele, die sich beissen lassen, dass ihm auch endlich die Zähne wacklich werden.« Insgesamt gesehen, schrieb Carl August, werde dies wohl »eine zieml(ich) dauerhafte Ruhe gewähren. Meine Haut bringe ich also vorderhand nicht zu Markte. Mein Bruder, der in wenigen Tagen General und Regimentsinhaber werden wird, hat auch nicht Gelegenheit, seinen Mut zu beweisen«.[13]

Die Begeisterung ihres Hofmarschalls von Einsiedel hielt sich dagegen in Grenzen. Er hoffte, dass Anna Amalia wegen des bevorstehenden heißen Sommers in Italien bereits im Frühjahr 1789 zurückkreisen würde. Er berichtete Mitte November nach Weimar, dass die Herzogin durch Vermittlung des Kardinals Bernis und der Herzogin von Santa Croce in die obere Gesellschaft eingeführt worden sei. »Die Herzogin empfängt die ausgezeichnetesten Höflichkeiten, mehr als wir erwarten konnten«, sodass sich Einsiedel Sorgen machte, »dass alles so glänzend endige wie es begonnen habe.«[14] Auch Frau von Goechhausen bestätigte in ihrem Tagebuch, dass Prinzen und Prinzessinnen, Kardinäle und Gesandte ihre Aufwartung bei Anna Amalia machten und sie zu Vorstellungen in Oper und Theater oder anderen Veranstaltungen abholten. Sie wurde überall »sehr feyerlich empfangen«.[15] In ihrem Journal kommentierte Anna Amalia: »Man erzeichte mir sehr viel Ehrerbietung, mir kam alles comisch vor so wie die ganze Römische Nation.«[16] Am 4. Dezember 1788 wurde sie sogar in die *Arkadische Akademie* unter dem Namen »Palmirena Atticense« aufgenommen.[17] »Mir war es nicht anders zumute als wie ein nasser Pudel.«[18]

Auch der Papst empfing sie in Privataudienz im Vatikan, was sonst nur bei königlichen Personen geschah, wie Herder bemerkte. »Ihre D. die Herzogin Mutter genießt hier alle ausgezeichnete u. ich möchte sagen, königl. Ehre. Sie ist vorigen Sonntag dem Papst vorgestellt worden, u. ist mit der Aufnahme sehr zufrieden: der Kardinal Bernis u. der Kard. Staatssekretär wetteifern, ihr den Aufenthalt teils anständig, teils so ruhig zu machen, als es der Zweck ihrer Reise fordert.«[19] Und an seine Frau schrieb er ergänzend: »Den Römern gefällt die Art, dass sie sich nicht als Prinzessin affichierte, sondern als eine Liebhaberin der Künste beträgt; deswegen tun sie ihr, als einer Altezza Real aus dem Preuß. Hause so viel Ehre an.«[20]

Anna Amalia selbst nahm die Papstaudienz von der humorvollen Seite: »Ich werde mit ihm Schnabel an Schnabel sein, aber hélas, das bedeutet nicht mehr in der Welt, als dass der Geist herabsteigt, um einer Frau gegenüber liebenswürdig zu erscheinen«, schrieb sie an ihren Bruder Friedrich August. »Ich werde sehr großmütig zu dir sein nach meiner Audienz. Ich werde mit dir meine Heiligkeit teilen, mit der ich umgeben sein werde.«[21] In ihrem Tagebuch notierte sie: »Den 23. 11. wurde ich an den Papst präsentiert … Es war ein komischer und theatralischer Aufzug. Es war mir nicht anders zumute, als wenn ich zum Heimlichen Gericht sollte geführt werden.«[22] Ihr Sohn, dem sie die Audienz geschildert hat, kommentierte: »Bringen Sie uns ja Ihren Heilgenschein und die Strahlen, welche aus selbigen auf Thusnelden und Einsiedel abströmten, mit; sie sollen unsere langen Winterabende erhellen. Ja wol könnten wir sie schon jetzt vertragen, denn wir leben durch Hülfe des Wetters in einer unerträglichen Lage.«[23]

Als Protestantin stand sie der pomösen Gottesverehrung, die ihr überall in Rom begegnete, sehr kritisch gegenüber. »Die Religion zu Rom ist mehr ein Schauspiel als Gottes Verehrung. Entweder sind sie abergläubisch oder ganz ohne Religion. In den Pabst verehren sie mehr die dreyfache Crone, als das Heilige seiner Würde.«[24]

»Bey der Angelica *[Kauffmann]* habe ich schon zweimal gesessen, es wird ein sehr schönes Tableau wo ich mit pranken kann, als ich das letzemal saß, las Herder Ihre Gedichte uns vor; die gute Angelica wurde so begeistert, dass das Bild immer schöner wurde«, schrieb Anna Amalia an Goethe, der den Kontakt zu der Malerin vermittelt hatte. Ihr Tableau »ist die schönste Poesie, die man auf mich hätte machen können, ich finde mich dadurch sehr geschmeichelt«.[25] Sie hatte es den sorgfältigen Vorbereitungen Goethes zu verdanken, dass sie in Rom und Neapel sofort Anschluss an die dort lebenden Künstler und Bekannten Goethes bekam: an Johann Friedrich Reiffenstein, den gothaischen und russischen Hofrat, und an Aloys Hirt aus Baden, an die Maler Friedrich Bury (1763 – 1823), Johann Heinrich Schütz, Heinrich Meyer (1760 – 1832), Christoph Heinrich Kniep (1755 – 1825) und Johann Heinrich Wilhelm Tischbein (1751 – 1829). Vor allem aber zu der Malerin Angelika Kauffmann, der Gattin des italienischen Malers Zucchi, fand Anna Amalia rasch ein freundschaftliches Verhältnis.

Und so lebte die Herzogin eine Art Doppelleben in Rom und später in Neapel als verehrter Gast der Familien des Hochadels bis hin zur Königsfamilie und als Teil der Künstlerfreunde Goethes, die sich abends, wenn sie nicht ausging, in ihrem Haus einfanden. Es wurde gezeichnet, Musik gemacht oder auch Gedichte von Goethe vorgelesen. Anna Amalia engagierte Sänger der Oper, die Privatkonzerte gaben, wie Bury Goethe berichtete.[26] Tischbein beschreibt in einem Brief einen Abend bei Anna Amalia: »Fröhlicher Geistesgenuss war da die Fülle, es scherzte mit Klugheit und Witz die Gesellschaft, welche sie umgab: *[William]* Hamilton, Herder, Angelika Kauf(f)mann, Zucchi.«[27] Auch neue Bekannte, wie Johann Friedrich Hugo Freiherr von Dalberg (1760 – 1812), ein Bruder ihres guten Freundes Theodor von Dalberg, und seine Geliebte fanden sich ein. Herder, der mit den beiden reiste, schloss sich ab Oktober 1788 Anna Amalias Gefolge an.[28] Die Korrespondenz mit seiner Frau verhilft uns heute zu vielen Details über die Situation in Rom und parallel dazu über die Lage in Weimar.

»Ich finde mich hier ganz selig und wünsche mir keine andere Existenz«, schrieb Anna Amalia an Goethe. »Ich werde schwanger von so vielem Schönen und Herrlichen, dass ich mir nur eine glückliche Entbindung wünsche, mitzuteilen, was ich empfangen habe!«[29]

Hofmeister von Einsiedel dagegen hoffte immer noch, dass man so schnell wie möglich nach Weimar zurückfahren würde. »Die Herzogin ist sehr gesund und vergnügt, doch wünsche ich, dass sie die warmen Monate nicht erwarten möge, denn ihr physisches Wohl besteht und gedeiht blos in mäßiger Kälte – ihr Entschluss wird nach der Reise nach Neapel, die wir Anfang Januars antreten, vermuthlich erst eine Bestimmung bekommen, denn jetzt begreift sich's leicht, dass sie nicht entschlossen sein kann«, zurückzukehren.[30]

Und so war es auch. An eine Rückreise nach Weimar verschwendete Anna Amalia keinen Gedanken. Allerdings störten sie zunehmend die vielen gesellschaftlichen Verpflichtungen in Rom, wie sie ihrer Schwester Sophie Caroline schrieb. Sie gefalle sich in der »Capitale du Monde« nicht.[31] Außerdem sei es in Rom im Winter fast so kalt wie in Deutschland. Daher plante Anna Amalia einen Ausflug nach Neapel, auch um »sich was vorsingen (zu) lassen«, da die Oper dort »cosa meravigliosa«, eine wunderbare Sache sein sollte, schrieb ihre Hofdame an Goethe.[32]

Die Nachricht, dass Anna Amalia nach Neapel gehen wollte, wurde natürlich auch in Weimar ausführlichst diskutiert, vor allem, als bekannt wurde, dass sie danach keinesfalls direkt in die Heimat reisen wollte, sondern bereits die Wohnung des ehemaligen Kardinals Aquaviva in Rom für einen weiteren Aufenthalt dort angemietet hatte.[33] Alle waren besorgt, schrieb Caroline Herder an ihren Mann, dass die Herzogin die große Hitze im Sommer in Italien nicht vertragen würde. Außerdem scheine es so, als ob Anna Amalia »Goethe wieder in Rom erwarten will«.[34]

2.2. Neapel und ein Erzbischof

»Mein ganzer Aufenthalt zu Neapel ist der glückseligste Zeitpunkt meines Lebens gewesen. Gott gebe es, daß es so bleibt u mir stärke giebt es mit klugheit zu vollenden«,

schreibt Anna Amalia über die ersten sechs Wochen in Neapel, wo sie kurz nach Neujahr 1779 angekommen waren.[35] Das hatte weniger mit antiken Bauwerken oder der wunderbaren Natur zu tun, sondern in erster Linie mit einem Mann, den sie dort kennenlernte und mit dem sie nahezu jeden Tag dieser sechs Wochen verbrachte.

Er hieß Giuseppe Capecelatro (1744 – 1836), kam aus altem neapolitanischem Adel, war Doktor des Rechts und seit 1778 Erzbischof von Tarent, das Teil des Königreichs beider Sizilien war und von den Bourbonen beherrscht wurde. Ende 1788 veröffentlichte er einen Diskurs mit dem Titel: »Historischpolitischer Ursprung, des Fortschritts und der Dekadenz der Macht der Kleriker auf die zeitlichen Herrschaften«. Die Schrift erschien zwar anonym, aber da der Text gespickt war mit Auszügen aus seinen anderen Reden und Schriften, galt die Autorenschaft des Erzbischofs als erwiesen. Mit dieser Schrift griff er frontal den durch die Jahrhunderte etablierten Machtanspruch der katholischen Kirche über die weltlichen Regierungen an und forderte eine Rückbesinnung auf die ursprüngliche Lehre des Evangeliums. Capecelatro kritisierte in seinen Schriften auch die »Verpflichtung« der katholischen Priester zum Zölibat, weil dies »in starkem Gegensatz zu den

Naturrechten und der evangelischen Ethik« stehe, »die die Keuschheit zwar empfohlen, aber nicht auferlegt« habe. Schließlich sei der erste Papst Petrus auch verheiratet gewesen, und das erzwungene Zölibat sei »oft eine Quelle bitterer Tränen«. Während der neapolitanische Hof ihn unterstützte, wurden seine Schriften in der ersten Hälfte 1789 mehrfach offiziell als Verleumdung und Blasphemie verurteilt, 1794 sogar auf den *Index der verbotenen Bücher* gestellt. Ihm wurde »Rebellion« »Ketzerei und Gotteslästerung« vorgeworfen.[36]

Am 10. Januar 1789, genau an dem Tag, als die erste offizielle Verurteilung veröffentlicht wurde, war der Erzbischof zum ersten Mal in der Villa Anna Amalias. Er spiele sehr gut Klavier, schrieb Frau von Goechhausen in ihr Tagebuch.[37] Und Herder schwärmte von ihm: »Hier habe ich den Erzbischof von Tarent kennengelernt, den gescheutesten, lebhaftesten, gelehrtesten, sinnreichsten, liebenswürdigsten Geistlichen, den ich je gesehen habe.«[38]

Von diesem Tag an war der Erzbischof der tägliche Begleiter Anna Amalias. Von den Konflikten, die er zu dieser Zeit mit seiner Kirchenleitung hatte, wusste sie mit Sicherheit nichts, denn sonst wäre sie vielleicht vorsichtiger gewesen. Sie besichtigten Kirchen, Katakomben, antike Tempel und Amphitheater, Pompeji, Gemäldesammlungen, eine Makkaronifabrik, Seraglio, wo 300 Menschen in der Seidenproduktion und Verarbeitung beschäftigt waren, ein Arbeitshaus, in dem 300 Kinder ausgebildet wurden, und sie machten Spaziergänge am Meer. Abends besuchten sie gemeinsam Konzerte und die Oper, wo der Erzbischof stets bei Anna Amalia in ihrer Loge saß und manchmal »Macaroni und Würste ins Theater kommen (ließ), die sehr gut thaten«.[39]

Der Erzbischof brachte Geschenke und manchmal selbst gedichtete Verse auf den zusammen erlebten Tag.[40] Auch Anna Amalia schickte ihm Geschenke, so zum Beispiel einen selbst gestickten Beutel.[41] Eine besondere Gabe des Erzbischofs waren vier Paar kostbare Handschuhe aus sogenannter Muschelseide. Die wirtschaftliche Situation in seinem Erzbistum war sehr schlecht, und so förderte er u.a. die Verarbeitung von Muschelseide (Byssus), dem Sekret der Fußdrüsen der Großen Steckmuschel, aus dem man die Faser gewann und zu hochwertigen, kostbaren Damenhandschuhen verarbeitete, die in Adelskreisen sehr begehrt waren.

Dies kostbare Geschenk ließ sich der Erzbischof aber erst durch Herder absegnen, um keinen Fauxpas zu begehen. Der folgende Brief findet sich im Nachlass Herders unter den Papieren zu seiner italienischen Reise: Der Erzbischof schreibt, dass die Herzogin sehr angetan war, als sie Handschuhe aus Muschelseide gesehen habe: »Ich wage nun nicht, ihr vier Paar davon zu überreichen, wenn Sie nicht diese schlichte Gabe mit den ernsthaftesten Bezeugungen meiner Hochachtung begleiten. Das Wesen dieser Fürstin, ihre Art, die Züge ihrer Lebhaftigkeit, die Größe ihrer Gedanken besitzen einen solchen Grad von Gewalt über meinen Geist, dass ich davon in höchstem Maße bezaubert bin. Ich möchte Ihnen gern tausenderlei Dinge darüber sagen; da aber die Herrscher das Unglück haben, beständig das Lob der Völker hervorzurufen, will ich mich enthalten, noch mehr zu sagen: Schon der bloße Verdacht, meine Empfindungen könnten als Ausfluss der niedrigen Verehrung erscheinen, hindert mich daran.«[42] Herder genehmigte das Geschenk.

In Neapel beschäftigte sich Anna Amalia bevorzugt mit der Musik Italiens und lud auch hier neben adligen Besuchern und Gesandten Künstler aus Goethes Freundeskreis zu sich ein. Ein besonderer Gast war der Leiter der königlichen Hofkapelle, Giovanni Paisiello (1740–1816), der fast jeden Abend, wenn keine Vorstellungen waren, kam, ihr seine Opern vorsang und spielte. Anwesend war an diesen Abenden immer auch der Erzbischof, nach Anna Amalias Hofdame » ein ganz vortrefflicher Mann und ein anderer hecht als unsere deutschen Bischöfe, (er) ist der Herzogin ihr treuer Gefährte; er hat viel Verstand, Kenntnisse und Talente und ist dabei sehr musikalisch; Sie können also leicht glauben, dass Dieser einen großen Stein im Brette hat«, schrieb sie an Wieland.[43] Im Tagebuch der Hofdame finden sich in diesen Wochen fast täglich Einträge den Erzbischof betreffend und immer wieder der Hinweis, dass der Erzbischof als Letzter ging:

» Abends die gewöhnliche Gesellschaft, der ErzBischof blieb zuletzt. «

» Dalberg pp der ErzBischof, der blieb spät. «

» Abends kam der Erzbischof ... wir aßen Maccaroni und tranken Syrakuser. «

» Abends kamen die drei Künstler ... Die Hackerst kamen auch. Der Erz Bischoff blieb bey uns. «

» Der ErzBischof war da, er fuhr mit uns nach Hauß, die andern gingen in die Oper. «[44]

Am 17. Februar 1789, dem letzten Tag in Neapel, wurde abends mit dem Erzbischof gemeinsam Punsch getrunken » und man ging ohne Abschied auseinander; ich lag schon im Bett, als sein Bedienter den schriftlichen Abschied brachte«, schrieb die Hofdame.[45]

Und Anna Amalia? Der Erzbischof schickte ihr über Tischbein sein Porträt, und es kamen Briefe und Gedichte von ihm. Im Hauptstaatsarchiv zu Weimar liegt eines dieser undatierten Gedichte:

» Amalia ... Ach, geliebter Name
Amalia ... Ach, wie unglückselig
Ach, mein armes Herz!
Jedes Mal in deiner Nähe
Ich glaubte mich so glücklich
Ich bin ein unglücklicher Mann

Ich weine bei Nacht und bei Tag
Welch böser Tyrann
hat unsere Herzen geteilt?
Diese unschuldige Liebe
Wird der Himmel am Ende beschützen. « [46]

2.3. Zurück in Rom und Flucht nach Neapel

» Wie ich Rom sah, wurde ich betrübt, es war mir nicht anders
zumuthe, als würde ich in ein Closter eingesperrt «, [47]

schrieb Anna Amalia in ihr Tagebuch. Die Feierlichkeiten
rund um Karfreitag und Ostern im Petersdom und in der Six-
tinischen Kapelle sollten, auch von Goethe angepriesen, ein
Highlight der Reise werden. Daher waren sie zurück nach
Rom gekommen. Frau von Goechhausen schrieb Wieland
ausführlich darüber und auch über das traditionelle Feuerwerk, die berühmte Girondola. » Es scheint, als stritten die
Geister in der Luft und die Welt stürzte krachend in Trüm-
mern zusammen. « [48] Goethe wäre gerne wieder dabei gewesen. Er schrieb an Anna Amalia, wie sehr er bei dem Gedanken gelitten habe, dass er dieses Ereignis versäumte. Die
Karwoche hätte ihn fast zur Verzweiflung gebracht, und er
müsse alles tun » um meine Gedanken von jenen glücklichen
Gegenden wegzunehmen. Nun ist der Herr wieder aufer-
standen und hat auch mich von der unmäßigen Begierde er-
lößt, Eur Durchl. wenigstens in gewissen Stunden, näher zu
seyn «. [49]
   Anna Amalia nahm zwar Anteil, aber eigentlich wünschte
sie sich nur nach Neapel zurück. » Wie glüklich wehre man,
wen(n) man könnte immer mit Menschen leben, wo man
fühlt, dass man eine Analogie gegen einander hätte u wo man

feinheit in verstand u Sitten u im Betragen findet u daß jeder Theil sucht einen andern glüklich zu machen, wo keiner herrschen will u kein Egoisme herscht … doch sei ruhig mein Herz.«[50]

Vier Wochen hielt sie es in Rom aus. Es wurden weitere Besichtigungen unternommen, abends kamen Besucher, es wurde gezeichnet, Musik gemacht, Punsch getrunken, Herder las aus Horaz' oder aus Goethes Werken vor.[51] Sie besuchten den Tivoli und die Villa d'Este, unter den großen Zypressen las Herder ihnen einen von Goethe geschickten Teil des *Tasso* vor.[52]

Bereits am 19. Mai 1789 reiste Anna Amalia mit ihrem Gefolge wieder nach Neapel ab. Ihre Hofgesellschaft wusste sehr gut, warum die Herzogin unbedingt dorthin zurückwollte. Weder Goethe noch andere Italienreisende hatten Neapel zum Zentrum ihres Aufenthalts gemacht, sondern natürlich Rom, die Hauptstadt der Welt. Frau von Goechhausen war dementsprechend nicht sehr begeistert: »es that mir weh der Abschied von Rom.«[53]

Als Anna Amalia Ende Mai wieder in Neapel ankam, fand sie den Erzbischof nicht mehr dort und wurde »ganz melancolisch«, wie sie ihrem Tagebuch anvertraute.[54] Von Einsiedel, der auch lieber in Rom geblieben wäre, bemerkte etwas genervt gegenüber Herder, der inzwischen nach Weimar zurückgekehrt war, dass »wir den Erzbischof nicht gefunden haben und nicht sehn werden, wenn wir auch noch so lange verweilen«.[55]

Der Erzbischof war durch die römische Kurie, seine vorgesetzte Behörde, zurück in sein Bistum beordert worden. Immerhin gab es bereits seit dem Konzil von Trient (1545 – 1547) das Residenzdekret, das die Bischöfe zur Anwesenheit in ihren Bistümern verpflichtete. Bei Nichtbeachtung drohten hohe Strafen. Aber dies und der Vorwurf, einen zu aufwendigen Lebensstil in Neapel zu pflegen, waren sicherlich nicht die wahren Gründe für die Rückbeorderung gewesen. Bischöfe und Kardinäle führten zu der Zeit in der Regel ein Leben, das eher weltlichen Fürsten zukam. Dagegen spielten schon eher seine Schriften eine große Rolle, mit denen er seit Ende 1788 auf Konfrontation zur Kirche gegangen war. Die Zurückbeorderung war eine Disziplinarmaßnahme, die wohl auch der Isolierung des gefährlichen Schreibers in der abgeschiedenen Provinz in Tarent dienen sollte. So konnten seine Thesen zumindest nicht mehr durch sein persönliches Erscheinen innerhalb der neapolitanischen Gesellschaft weiterverbreitet werden.

Anna Amalia hatte unterdessen eine Villa in Portici, zwölf Kilometer von Neapel entfernt am Fuße des Vesuv, gemietet. Begeistert schrieb sie an Knebel: »Der Vesuv, zu dessen Füßen ich jetzt wohne, hat die große Höflichkeit und gibt mir alle Abend ein kleines Feuerwerk … Vor einigen Tagen war er mit Wolken ganz umkränzt, die Mündung ausgenommen, die eine dunkelrote hohe Flamme ausstieß, die glühenden Steine, die er auswarf, tanzten leicht in der Luft, als denn kam die Lava, die sich mit den Nebelwolken mischte und sie verteilte. Der Widerschein der Lava machte über den Berg eine dunkel rote Glühende Glorie, die bis tief in die Nacht dauerte. Es war das schönste Schauspiel, was ich in meinem Leben gesehen habe; ich ermangele auch nicht, alle Abende meine Andacht den Vesuv gegenüber zu halten, u kann mir recht gut vorstellen wie es nationen gibt die das Feuer anbeten.«[56] Am 23. August 1789 wurde Anna Amalia in Begleitung zur Besichtigung der »neue(n) Lava« auf den Vesuv getragen, während die anderen auf Eseln ritten.[57]

Im Juni siedelten sie nach Neapel um, wo Anna Amalia wieder vom Hochadel umworben wurde. Es gab sogar mehrfach Einladungen vom Königspaar von Neapel. Ferdinand IV.

war mit Maria Carolina, einer Tochter Maria Theresias, verheiratet, der Großcousine Anna Amalias. Bei Feierlichkeiten saß sie an der königlichen Tafel, und manchmal waren sie erst am frühen Morgen wieder zu Hause.[58]

Friedrich Hildebrand von Einsiedel schrieb aus Neapel frustrierte Briefe an Herder: Es gebe kaum Fremde in Neapel, »einige verwirrte Engländer ausgenommen, sind wir die einzigen … Die Morgen werden auf der Gitarre verklimpert, die Nachmittage verschlafen, … und was unter dem Fittig der Nächte vorgeht, das soll meine Feder nicht enthüllen!«.[59]

Während in Rom vor allem die antiken Bauwerke im Mittelpunkt des Interesses gestanden hatten, begeisterte Anna Amalia nun vor allem die Natur in der Umgebung Neapels, die die Neapolitaner mit den Worten »è un pezzo di cielo caduto in terra« feierten: Es ist ein Stück Himmel, das auf die Erde gefallen ist. »Könnten Sie nur einen hiesigen Mondschein sehen, wenn er, schöner als die Thüringische Sonne auch in den wärmsten Abenden bei uns untergeht, hier majestätisch hinter dem Vesuv hervortritt, auf der Spitze desselben ruht und die ganze Gegend begrüßt, deren glühender Purpur nur dem neuen Lichte weicht«, schrieb sie an Knebel. »Der dunkelblaue Himmel, dessen brillantirte Sterne den Mond umkränzen und lieblich um ihn zu tanzen scheinen; die funkelnde Milchstraße mit ihren Millionen Sternen, die, wie der Gürtel der Venus, den ganzen Erdkreis mit Liebe zu umgeben scheint; dieses Alles doppelt in dem silbernen Meere wiederscheinend, das ruhig und still alles das Schöne aufnimmt, womit es umgeben ist. Aber ich komme mir ordentlich wie ein elender Schmierer vor, der ein Gemälde von Rafael copirt, indem ich eine Szene der Natur beschreibe, die nur durch Anschauen und Gefühl kann genossen werden.«[60]

Anna Amalia entschied allein über den Verlauf ihrer Reise. So wie sie ihren Sohn und alle anderen in Weimar, die ihre

Rückkehr bereits in diesem Sommer erwartet hatten, im Unklaren ließ, so wenig wusste selbst Einsiedel, immerhin offizieller Reisemarschall. Noch am 29. September 1789 schrieb er an Herder: »Noch ist es unentschieden, ob wir bleiben oder gehen? Wann und wohin wir von hier aus wandern sollen? Doch bald muss ein Entschluss darüber gefasst werden; denn wir können nicht, wie jener Feldherr, der Sonne Halt gebieten und den Schnee vom Brenner wegschmelzen, wenn der Wintermond ihn damit bedeckt hat.«[61] Einsiedel hielt also eine Rückreise nach Weimar vor dem Winter noch durchaus für denkbar. Aus demselben Brief stammte seine Bemerkung, dass sie den Erzbischof wohl nie treffen würden, egal, wie lange sie noch in Neapel warteten. Aber Einsiedel hatte offenbar keine Ahnung, dass es längst einen anderen Plan gab.

2.4. Reise nach Apulien

»Das Hauptziel dieser kleinen Reise war, den Erzbischof von Tarent, welchen ich im vorigen Winter zu Neapel kennenlernte, zu besuchen«,

heißt es in Anna Amalias fiktiven Italienbriefen. »Dieser Mann, welcher sich vorzüglich durch Verstand und Edelmuth vor allen, die ich von seiner Nation in Italien gekannt habe, auszeichnete, stammt aus einer der ältesten adligen Familien des Königreiches.«[62] Bereits am 13. Juni 1789 hatte Erzbischof Capecelatro über einen Freund, Don Gaetano d'Ancora (1751–1816), wieder Kontakt zu Anna Amalia aufgenommen.[63] Anfang Juli brachte ein Bediensteter des Erzbischofs Tabak für Anna Amalia und sicherlich auch den Brief, in dem ein Treffen fern von Neapel in der Einsamkeit Apuliens vorgeschlagen wurde.[64]

Und wer weiß, ob Einsiedel und die anderen davon wussten, dass Anna Amalia parallel zu ihren Exkursionen in die Natur rund um Neapel versuchte, den Erzbischof zu rehabilitieren, indem sie ihm über den englischen Gesandten Sir William Hamilton (1730–1803) und den britischen Minister John Acton (1736–1811) einen hohen »Ehrenposten«[65] am neapolitanischen Hof zu verschaffen suchte, wenn auch ohne Erfolg.

An Anna Amalias Geburtstag, am 24. Oktober 1789, notierte die Hofdame, dass man versuche zu feiern, die »bevorstehende Reise machte mich aber eben nicht heiter«.[66] Den übrigen Mitgliedern ihres kleinen Hofstaates wird es nicht anders gegangen sein. Apulien, das Reiseziel, das Anna Amalia vorgegeben hatte, lag abseits aller Touristenwege. Niemand wusste, was sie dort erwartete. Und ganz schicklich war die Reise wohl auch nicht, denn dass die Reise von Anna Amalia nur unternommen wurde, um den Erzbischof wiederzusehen, das war den anderen natürlich auch bewusst. Während dieser Reise nach Apulien hat sie auch keine Briefe nach Weimar geschrieben, wohl um keine Antwort auf eventuelle Fragen nach dem Grund für die Reise geben zu müssen. »Wir fingen an zu fürchten, dass ein barbaresker Kaper die sämtliche Gemeinde nach Tunis oder Tripolis aufgebracht hätte, und da wollte ein jeder sich schon rüsten, Sie wieder zu befreien«, schrieb Carl August sehr erleichtert, als sie sich nach ihrer Rückkehr aus Neapel wieder meldete.[67]

Derweil ging es der Reisegesellschaft gut. Treffpunkt war das Benediktinerkloster La Madonna in Andria, wo die Gruppe am 2. November ankam. Als ein Kurier den Erzbischof für den Abend ankündigte, fuhr Anna Amalia ihm mit ihrer Hofdame entgegen. Er stieg in ihren Wagen. »Die Freude ihm wieder zu sehen ist nicht zu beschreiben u ihm war es auch so zumuthe.«[68] Nach dem Soupé kam er noch zu ihnen, »wir schwätzen noch bis tief in die Nacht«. Auch die folgenden Abende verbrachten sie zusammen. »Es wurde getanzt und gesungen und geschwätzt«,[69] schrieb Frau von Goechhausen in ihr Tagebuch.

Tagsüber, zwölf Tage lang, machten sie Ausflüge in die Umgebung, wo Anna Amalia von den Einheimischen begeistert gefeiert wurde. »Die Herzogin sahen sie wie eine Göttin an.«[70] Als Anna Amalia von einem besonderen Nationaltanz der Apulier hörte, bat sie den Erzbischof, ihn aufführen zu lassen. Es war ein Liebestanz, der sich *La Schiattosa* nannte. »Zwey Personen von beyderley Geschlechte treten anfänglich als Liebhaber auf, hierauf zürnen sie mit einander, die Tänzerin äußert durch Mimische Geberden groll und Verachtung gegen ihren Tänzer; dieser aber fleht um ihre gunst u Vergebung, welche endlich erfolgt. Hierauf spielt der Tänzer die Rolle des erzürnten, und sie diejenige welche der Tänzer gegen sie spielte. Dieser Tanz wird mit der Musick begleitet, die sehr lebhaft und wohlklingend ist. Durch ihre angebohrne lebhaftigkeit, u mit ihren feurigen Viel sprechenden, großen Augen wißen sie so viel *grazie* und ausdruck in jede ihrer Geberden zu legen, daß man, was sie sagen wollen, wie von Wort zu Wort verstehet. Ihre National Lieder sind angenehm und sehr leidenschaftlich.« So lautet die Beschreibung in Anna Amalias Aufzeichnungen.[71]

Interessant ist ein Tagebucheintrag der Hofdame vom 6. November 1789, dass alle anderen aus dem Wagen stiegen und nur Anna Amalia, ihre Hofdame und der Erzbischof weiterfuhren. »Nach Tisch kann er wieder zu uns, ich ging allein spazieren.«[72]

Und Anna Amalia und der Erzbischof?

Wir wissen es nicht.

Am Abend vor der Abreise gab es ein Nachtessen im Saal des Benediktinerklosters. Viele Leute standen draußen, wollten Anna Amalia sehen. Sie sagte jedem ein freundliches Wort, es wurde auf ihre Gesundheit getrunken und spontane Gedichte, sogenannte Brindisis, auf sie vorgetragen.[73]

Dann kam der Moment des Abschieds, dem der Erzbischof ganz bewusst aus dem Weg ging, indem er abfuhr, ohne sich zu verabschieden. Das Risiko eines emotionalen Abschieds vor Publikum konnte er nicht eingehen. »Wie ich hörte, er wehre weg, stürzten mir die Thränen aus den Augen«, notierte Anna Amalia in ihr Journal. Abends auf der Rückreise legte sie sich »so gleich zu Bette um in ruhe an mein besten Freund zu denken«.[74]

Frau von Goechhausen schrieb in ihr Tagebuch: »Das Scheiden auf ewig von einem Mann wie den ErzBischof ist eine Art anticipierten Todes.«[75] Und Wieland teilte sie mit: »Bei unserer reise in Apulien gab die Herzogin dem Erzbischof von Tarent in Adria ein Rendezvous.« Goechhausen schwärmte von dem Mann, der von allen geliebt werde: »Menschen dieser Art waren die ersten Heiligen ... So wie er geliebt wird, ist er der Herzogin ergeben.«[76]

Im Goethe- und Schiller-Archiv befindet sich unter den Autografen, die Goethe gesammelt hat, ein Brief eines Geistlichen namens Alberto Fortis (1741–1803) aus Ariano, Apulien, vom 15. Oktober 1790 an Anna Amalia. »Madame, es ist eben derselbe Ort und dasselbe Zimmer, wo V(otre) A(ltesse) genau vor einem Jahr auf dem Weg nach Adria Station machten.« Er wollte den Erzbischof besuchen. »Wir werden Reisepläne schmieden und eine Reise nach Weimar wird das Ziel all unserer Spekulationen.«[77]

Jahre später beschrieb Anna Amalia, was sie bewegte: »Dieser vertrauenswürdige Mann besitzt die seltene Gabe, Verstand und Herz in gehörigem Gleichgewicht zu erhalten, und ist mit allen den Eigenschaften begabt, welche das gesellige Leben und den Umgang angenehm und lehrreich ma-

chen, und wird daher von jedermann geliebt und hochge-
schätzt.« Er »liebt, was edel ist, und sucht es allenthalben zu
verbreiten; kurz, er leuchtet wie ein seltenes Phänomen unter
seinen Landsleuten hervor. Wie schmeichelhaft ist es nicht
für mich, diesen trefflichen Mann meinen Freund nennen
zu können, und mit ihm in fortdauerndem Briefwechsel zu
setzen!«.[78]

Noch aus Weimar versuchte sie über ihre Kontakte zu den
Gesandten in Neapel und zum Königshaus, seine Verbannung
aufzubrechen, aber vergebens. An eine Zukunft mit ihm hat
sie mit Sicherheit nicht geglaubt, und einen Besuch in Weimar musste sie eher fürchten. Denn private Treffen mit einem
katholischen Erzbischof, der das Zölibat ablehnte, das war
nur in der abgeschiedenen Provinz Apulien möglich. Alles andere hätte nur zu Enttäuschungen und zu einem handfesten
Skandal geführt. Es war ein Traum von Liebe und Freundschaft, der aber nur als Traum weiterleben konnte.

2.5. Wolken im Paradies

»Leider, liebste Mutter, muss ich Ihre Genüsse auf eine
unangenehme Art unterbrechen...«

So beginnt Carl August seinen Brief vom 20. April 1789 an
seine Mutter, in dem er ihr mitteilt, dass seine Frau einen
Sohn geboren hatte, der aber bereits eine halbe Stunde nach
der Geburt wieder starb.[79]

Anna Amalia reiste durch Italien wie durch eine Traum-Pa-
rallelwelt des Erlebens und Genießens, in die Nachrichten aus
der Heimat wie diese nur für kurze Zeit ein Stück Realität
brachten.

In aller Ausführlichkeit schilderte Carl August seiner Mutter, was passiert war, in der sicheren Annahme, dass sie Anteil nehmen würde. Die »Wasser« Fruchtblase platzte, Leibarzt Starck musste erst aus Jena geholt werden. Das Kind lag falsch. »Vergeblich wartete er auf Wehen; endlich, um Mitternacht, da nichts Poussierendes kommen wollte, musste er das Kind wenden, brachte es lebendig heraus, fand aber, dass der Hals in der Nabelschnur verschlungen war. Alle Mittel wurden angewandt; aber die Anhäufung des Bluts war zu groß im Haupte, und das Kind verschied … Meine Frau hat abscheulich gelitten und war in sehr großer Gefahr … Unser aller Kummer ist nicht gering. Möge Ihnen diese böse Nachricht nur einen Augenblick verderben und dann vergessen und zerstreut durch so viele angenehme Empfindungen werden.«[80]

Anna Amalias Brief an ihn ist nicht erhalten, nur sein Antwortbrief, in dem er sich für ihre Anteilnahme bedankte und sich gleichzeitig entschuldigt: »Ich bedaure herzlich, dass Ihre nächsten Angehörigen Ihnen etwas die süssen Stunden gestört haben.«[81]

In der Regel schrieb Anna Amalia einmal in der Woche an ihn. Er antwortete, freute sich, dass es ihr gut ging, und berichtete über sich, seine Familie und die Zurückgebliebenen aus ihrem Kreis in Weimar. Carl August gab auch ihre Aufträge an Goethe weiter,[82] berichtete über seinen Bruder Constantin, mit dem er sich öfter, zum Beispiel zur Jagd, traf. Er erzählte ihr, dass sich Constantin den Arm gebrochen hatte und zum General ernannt worden war.[83]

Am 29. Juli 1789 vermerkte Frau von Goechhausen in ihrem Tagebuch, dass Guiseppe Bonecki die Nachricht gebracht habe, »von der Rebellion in Paris, dass die Bastille demolirt worden«.[84] Auch Carl August berichtete seiner Mutter davon, allerdings im August noch auf sehr fröhlich-lockere Art: »Ich gäbe viel darum, da ich ein grosser Liebhaber neuer Entstehungen bin, wenn ich ein Augenzeuge jener unbegreiflichen Revolution sein könnte. In Hoffnung, dass Sie durch Ihre baldige Rückkunft ebenfalls eine sehr liebreiche Revolution bei uns zustande bringen werden, freue ich mich doppelt auf dieses Ereignis und wünsche mir, dass Sie es uns bald mit völliger zufriedener Gesundheit gewähren mögen.«[85]

Dass die Nachricht von der Situation in Paris auch im Kreise der Weimarer Reisegruppe diskutiert wurde, zeigt ein Brief Anna Amalias an Knebel von Mitte September: »Was die französische Revolution betrifft, so traue ich mir nicht, darüber zu urtheilen, aber ich glaube, man könnte über den jetzigen Zustand der Franzosen einem gewissen Griechen nachsprechen, der zu Solon sagte: Bei euch diskutieren die Weisen und die Irren entscheiden. Bis jetzt ist es eine völlige Anarchie; ob etwas Gutes herauskommen wird und kann, muss die Zeit lehren. Man erwartet hier viele französische Prinzen mit Weib und Kind.«[86]

Diese Nachrichten klangen zunächst nicht bedrohlich, wurden eher als ein französisches Problem angesehen, abgesehen davon, dass man Flüchtlinge erwartete. Gefährlicher wurde es, als die Unruhen auf das Reichsgebiet übergriffen, wie Carl August seiner Mutter Mitte Dezember mitteilte: »In Deutschland ist es sehr unruhig.« Es gab an verschiedenen Orten Aufstände. Auch an der weimarischen Grenze standen würzburgische Dörfer auf. Es stünde ein »allgemeines Feuer zu befürchten, welches wahrscheinlich und fast unvermeidlich im Frühjahre ausbrechen muss«. Darüber dürfe er aber nicht mehr sagen. »Mir dünkt, doch will ich es nicht als eine Gewissheit behaupten, dass, wenn Sie Ihre Familie noch einmal beisammen sehn wollen, Sie eilen müssen, das Haus zu erreichen. Die Witterung ist sehr günstig dazu, indem der Winter sehr gelinde zu bleiben verspricht.«[87]

Anna Amalia, die zu weit abseits der Geschehnisse war und für die ein Krieg in ihrem Paradies keinen Raum hatte, dachte aber gar nicht daran, ihre Reise vorzeitig abzubrechen. An ihren Bruder schrieb sie, dass viel vom Krieg gesprochen würde, »aber ich hoffe, daraus wird nichts«.[88]

Nachrichten aus Weimar brachten auch immer wieder Goethe ins Spiel. Da waren seine Briefe an Anna Amalia, in denen er ihr ausführlich von Herders Absichten berichtete, ein Angebot der theologischen Fakultät in Göttingen anzunehmen und Weimar zu verlassen.[89] Er bat sie darum, bestimmte Bücher über Paestum, Neapel und andere Orte mitzubringen, außerdem Werke, »welche uns mit der Natur, der Kunst, den Alterthümern der beyden Sicilien bekannter machen können … und dereinst Ihre Bibliothek damit, zu unserm Troste, zu bereichern«.[90] Kupferstiche sollte sie mitbringen[91] und »allerley Sämereyen« aus verschiedenen Gebieten zu »unsern wissenschaftlichen Speculationen« und bestimmte Mineralien aus verschiedenen Gegenden, zum Beispiel Basalt, Felsenstein und Lava, die man über Hamburg nach Weimar schicken könne.[92] Aus eigenem Antrieb sammelte Anna Amalia Noten von Konzerten und Opern, um sie in Weimar aufführen zu lassen.

Jeder, der in Italien reiste, bemühte sich, Dinge aufzutreiben, die den Zurückgebliebenen etwas von dem Erlebten nahebrachten. Anna Amalia schrieb an Knebel, sie wolle sich »noch mehr (zu) befleißigen, meinen Freunden nützlich zu werden, um bei meiner Zurückkunft in meinem Kreise so viel wie möglich mitzutheilen, was ich hier in Italien empfangen habe«.[93] Goethe war fast jeden Abend, wenn keine Theater- oder Opernvorstellungen waren, in der Reisegruppe »anwesend«. Entweder durch Erinnerungen in Gesprächen mit seinen Kunstfreunden oder durch die Lektüre seiner Werke, die zum festen Abendprogramm gehörten. Vor allem sein neuestes Werk *Tasso*, das kapitelweise per Post seinen Weg nach Rom und Neapel fand, stand im Zentrum.[94]

In Rom und in Weimar galt *Torquato Tasso* als Schlüssel-roman. Caroline Herder hatte mit Frau von Kalb über *Tasso* gesprochen und schrieb ihrem Mann. »Sie nimmt Goethens *Tasso* gar zu speziell auf Goethe, die Herzogin, den Herzog und die Steinin; ich habe sie aber ein wenig darüber berichtigt. Das will ja auch Goethe durchaus nicht so gedeutet haben. Er habe ihr gesagt, dass ein *Dichter* einen *ganzen Charakter schildere*, wie er ihm in seiner Seele erschienen ist, einen solchen ganzen Charakter besitze ja aber ein einzelner Mensch nicht allein. So sei es mit dem *Dichtertalent* selbst, so mit der Kunst zu *leben*, die er durch den Herzog oder Antonio darstelle. Dass er Züge von seinen Freunden, von den Lebenden um sich hernimmt, ist ja recht und notwendig; dadurch werden seine Menschen wahr, ohne dass sie eben *einen ganzen Charakter lebend sein können oder dürfen.*«[95] Und: »Von diesem Stück sagte er mir im Vertrauen den eigentlichen Sinn. Es ist *die disproportion des Talents* mit dem *Leben.*«[96]

Auch heute noch wird immer wieder versucht, Goethes *Tasso* durch entsprechende Interpretationen in direkten Zusammenhang mit seinem Liebesleben zu bringen. Dabei gilt: Interpretationen von Literatur sind keine wissenschaftliche Methode, um historische Fakten zu erhärten, zu widerlegen oder sogar zu ersetzen. Sie sind und bleiben Versuche, sich in die Gedankenwelt eines Autors hineinzuversetzen, und da niemand weiß, was ein Autor wirklich ausdrücken wollte, wo die Wahrheit aufhört und die Dichtung beginnt, was autobiografisch ist und was eben nicht, solange wir das eben nicht zum Beispiel durch einen Begleittext aus Autorenhand wissen, ist jeder Beweis, der allein auf Literaturinterpretationen aufgebaut werden soll, auf Sand gebaut. Oder, wie Caroline Herder von Goethe berichtete: »Der Dichter nehme nur soviel von einem Individuum als notwendig sei (um) seinem Gegenstand Leben u. Wahrheit zu geben, das übrige hole er ja aus sich selbst, aus dem Eindruck der lebenden Welt; u. da sprach er viel Schönes u. Wahres darüber – auch dass wir den *Tasso*, der viel Deutendes über seine eigene Person hätte, nicht deuten dürfen, sonst wäre das ganze Stück verschoben.«[97]

Über die Korrespondenz Herders mit seiner Frau erfuhr Anna Amalia auch von dem Zerwürfnis zwischen Goethe und Charlotte von Stein. In fast jedem Brief tauchte die gestörte Beziehung zwischen den beiden auf, die die Gemüter in Weimar beschäftigte, weil sie bei jedem Aufeinandertreffen offenbar wurde. Im März beendete Caroline Herder auch das Rätselraten, warum das so war: »Ich habe nun das Geheimnis von der St(ein) selbst, warum Sie mit G. nicht mehr recht gut sein will. Er hat die junge Vulpius zu seinem Clärchen u. läßt sie oft zu sich kommen pp sie verdenkt ihm dies sehr, da er ein so vorzüglicher *Mensch* ist, auch schon *40 Jahr* ist, so sollte er sich nichts tun, wodurch er sich zu den andern so herabwürdigte – was meinst Du hierüber? Dies alles aber sub rosa *[unter dem Siegel der Verschwiegenheit]*!«[98]

Seine Beziehung zu Christiane Vulpius (1765–1816) fand nicht nur Frau von Stein befremdlich, sondern auch die übrige Hofgesellschaft. Sie sei »eine allgemeine H*[ure]* vorher gewesen«, beschrieb Caroline Herder die allgemeine Meinung, wenngleich dies der Wahrheit in keiner Weise entsprach.[99]

Goethe rechtfertigte sich Charlotte von Stein gegenüber, dass er den Beweis seiner Liebe zu ihr mit seiner Rückkehr aus Italien erbracht habe, obwohl der Herzog wollte, dass er dort bliebe. Und trotzdem mache sie ihm Vorwürfe. Und alles nur wegen eines Verhältnisses, »das dich so sehr zu kräncken scheint ... Und welch ein Verhältniß ist es? Wer wird dadurch verkürzt? Wer macht Anspruch an Empfindungen, die ich dem armen Geschöpf gönne? Wer an die Stunden, die ich mit ihr zubringe? Sie könne jeden fragen, ob er seitdem weniger für seine Freunde empfinde oder tue«. Goethe war frustriert und genervt: Die Art, »wie du mich bißher behandelt hast, kann ich nicht erdulden. Wenn ich gesprächig war, hast du mir die Lippen verschlossen, wenn ich mitheilend war, hast du mich der Gleichgültigkeit, wenn ich für Freunde thätig war, der Kälte und Nachlässigkeit beschuldigt. Jede meiner Minen hast du kontrollirt, meine Bewegungen, meine Art zu seyn getadelt und mich immer mal à l'aise [unbehaglich] gemacht. Wo sollte da Vertrauen und Offenheit gedeihen, wenn du mich mit vorsätzlicher Laune von dir stießest?«.[100]

Noch hatte er Hoffnung, dass sich alles wieder einrenken würde – aber letztlich vergeblich. Eine Charlotte von Stein, die versucht hatte, Goethe mit einer rein platonischen Liebe zu halten, die aus diesem Grund ja auch nicht geheim gehalten werden musste und wofür sie von allen bewundert wurde, konnte ihm das Verhältnis mit einer Christiane Vulpius nicht verzeihen. Charlotte wollte eine Liebe, die sich auf geistiger Ebene abspielte, ohne das »Beschmutzende« der sexuellen Komponente. Sie hatte geglaubt, dass sie Goethe dahin erziehen konnte, dass ihm Gespräche und Freundschaft ausreichten. Schlimm genug war schon seine Flucht nach Italien, und nun, nach seiner Rückkehr, kam diese Geliebte, die ihr intellektuell nicht das Wasser reichen konnte. Das konnte sie nicht ertragen.

Von Anna Amalia gibt es keinen Kommentar über die Beziehung Goethes zu Christiane Vulpius. Und anders als in den Jahren zuvor liegen auch aus ihrem Umfeld nach ihrer Rückkehr aus Italien keine Beobachtungen über ein eifersüchtiges Verhalten Anna Amalias vor. Ihre Beziehung zu Goethe scheint spätestens nach der Begegnung mit dem Erzbischof in rein freundschaftlichen Bahnen verlaufen zu sein.

Ein Thema, das in den Briefen aus Weimar immer wieder

auftauchte, war die Rückkehr Anna Amalias. »Die Herzogin Mutter ist wohl; sie will aber an ihre Rückreise nicht gern erinnert seyn«, schrieb Herder im März 1789.[101] Bereits im November 1788, kurz nach ihrer Abreise, hatten die Spekulationen begonnen, warum die Rückkunft Anna Amalias in naher Zukunft bevorstehen müsste. Mal waren es die Kosten, die höher waren als erwartet, mal die Hitze im kommenden Sommer, die für ihre Gesundheit schlecht sein würde.[102] Carl August erinnerte seine Mutter ebenfalls, wenn auch sehr humorvoll, an die Rückkehr. Vielleicht dachte er an seine Parisreise, wo er selbst immer wieder seine Mutter um Verlängerung gebeten und ihr seine Sorgen wegen der befürchteten Langeweile in Weimar mitgeteilt hatte. »Der Karneval ist sehr tanzend vorbeigeglitten, kein Unfall hat das Vergnügen gestört. Sie fehlten uns aber sehr dabei; vielleicht, dass das Jahr 1790 für uns noch reizender sein wird. Haben Sie doch die Gnade, mir einmal bei Gelegenheit etwas von Ihren fernern Projekten wissen zu lassen«, schrieb er seiner Mutter.[103] Und in seinem Geburtstagsbrief an sie meinte er: »Die Fortuna redux [Göttin des Glücks] und itineraria [Göttin der Reise] sollen ihnen ihre Gesichter entgegenwenden und mit dem heutigen Tage so viele anziehende Blicke zuwerfen, dass Sie von nun an Ihren Hauptgedanken auf's Rückkehren richtet.«[104]

Carl August fürchtete, dass die alten »Missverhältnisse« in Weimar, »die sie sonsten plagten und Sie deren Dauer ferner fürchten«, der Grund für die immer wieder verschobene Rückkehr seien. Man könne aber den Charakter der Menschen kaum ändern, und daher sei das »gegenseitige Ertragen doch die seligste Beschäftigung auf Erden.« Sie solle ihm aber, wenn wieder einmal »grosse Steine des Anstoßes« vorkämen, vertrauen, dass er alles daransetzen werde, diese aus dem Weg zu räumen. Und wenn sie diese Dinge dann gemeinsam regeln könnten, »so werden wir gewiss den Rest unserer

Tage zufrieden hinbringen. Schöpfen Sie ja neuen Mut zur Wiederkehre; die neu Art, mit welcher Sie unsere Ressorts besehn werden, gibt Ihnen hoffentlich und gewiss den Lusten gegen uns die liebreichste Duldung anzuwenden, welche Tugend eine Ihrer vorzüglichsten Ihres Charakters ist.«[105]

2.6. Musik in Neapel und Goethe in Venedig

»Die Königl. Familla selbst nimt antheil an diesem Vergnügen, welches für das Auge eins der schönsten Schauspiele ist, besonders das alles in groster Ordnung zu gehet«,

bemerkte Anna Amalia über den Karneval 1790 in Neapel. Donnerstags und samstags schwärmten die Menschen maskiert »in Corso« auf der Strada Toledo herum. In »Perutschen und Chaisen« säßen die maskierten Menschen und würden sich Zuckerwerk zuwerfen, auch auf die Balkone ihrer Bekannten, »welcher Krieg oft ein paar Stunden dauret«.[106] Ungerührt von den Anfragen aus Weimar, wann sie denn zurückkommen wolle, führte Anna Amalia ihr Leben zwischen Kunst, Theater und Musik in Neapel fort. Sie veranstaltete einmal pro Woche eigene musikalische Abende: *Académie de Musique*, für die sie die drei besten Sänger des Operntheaters engagierte, und auch ihr eigener Kammersänger Grave trat dort auf. Ein Höhepunkt war stets der Auftritt des königlichen Kapellmeisters Giovanni Paisiello, der seine neuesten Opernpartituren vorstellte. Nicht selten waren mehr als 25 Zuhörer eingeladen. Die Kosten für diese Veranstaltungen waren aber enorm.[107]

Ende November geschah etwas, was Anna Amalia für den Rest ihres Aufenthaltes lähmte: »Wenn das Gemüte leidet, so ist alles versteint, und so war es auch bei mir.«[108] Ihr Kammersänger Grave starb, als sie mit von Einsiedel und ihrer Hofdame bei einer Militärparade war. Dass er Selbstmord begangen hatte, verschwieg man ihr. »Wie niedergeschlagen die liebe Herzoginnn ist, nach dem Tod des Grawe können Sie nicht glauben«, schrieb Bury an Goethe. »Wenn Sie zuerst noch seines selbst Mords bewusst, wäre Sie ganz Undröstbar; es ist wa(h)r, daß Sie für Ihre grosse Music Liebhaberey worin sie ganz existiret sehr vieles verlohren; besonders wenn Sie weiter nach Deutschland denkt – und die Rebetitonen [*Erinnerungen*] gehabt von allem dem Schönen, was Sie in Italien gehört, wäre Sie herzlich vergnügt gewässen, und nun siehet die gute Damme alles durch den Verlust vereydelt.« Hinzu kam noch, wie Bury weiter berichtete, dass Anna Amalia sich mit Frau von Goechhausen überworfen habe, weil sie an dem Tod von Grave mitschuldig sein sollte. Sie warf ihr vor, dass sie ihn immerzu beleidigt und noch ein paar Tage vor seinem Tod einen großen Streit mit ihm gehabt habe.[109] Vielleicht war Grave auch einfach nur überfordert durch die häufige Beanspruchung bei den Musikabenden, Frau von Goechhausen sprach von »Anfälle(n) von Narrheit«. Karoline Jagemann, eine Schülerin Graves, machte ebenfalls die Hofdame verantwortlich. Sie hätte in Rom durch eine Intrige einen Auftritt in einer römischen Opernaufführung verhindert, aus Neid und weil sie fürchtete, dass Grave bei Erfolg in Rom bleiben würde. Dadurch sei seine Karriere verhindert worden, was ihn psychisch und physisch zerstört habe.[110]

»Das Land ist wie der fleuve d'oublié«, schrieb Anna Amalia Ende 1789 an ihren Bruder, der gerade seine Frau verloren hatte, und lud ihn nach Neapel ein.[111] Dieser Fluss des Vergessens, einer der fünf Flüsse der Unterwelt, den man auch Lethe nannte, war es, »der alle Sorgen vergessen macht u. nur das Andenken am Genuss des Guten und Schönen erhält.«[112]

Doch dann hieß es Abschiednehmen vom Paradies. Über Rom ging es nach Venedig, wo Anna Amalia am 6. Mai 1790 ankam und wo Goethe seit Wochen auf sie wartete. »Der Anblick von Venedig in dem weiten Meer ist schön. Wir aßen, spielten und die Herzogin machte Musick während unserer Fahrth und um 5 Uhr kamen wir glücklich in Venedig an, wo wir Goethen fanden«, schrieb Frau von Goechhausen in ihr Tagebuch.[113] Drei Wochen blieben sie dort zusammen, besichtigten die Stadt, Museen, Kirchen, Amphitheater und Schlösser auch in der Umgebung und hörten Konzerte auf dem Markusplatz. Goethe blieb abends oft noch bis in die Nacht hinein zusammen mit Anna Amalia und ihrer Hofdame.[114] Am 26. Mai 1790 wurde die Heimreise angetreten, die insgesamt sehr vergnügt verlief, wie Frau von Goechhausen in ihrem Tagebuch dokumentierte: In Bolzano »fanden wir zu Goethens Freude wieder Bier und warn den Abend durch recht vergnügt.«[115] Kurz vor Dietfurt an der Altmühl »brach das Rath und wir warfen um, es ging gut ab und wir fuhren in andern Wagen mit Goethen auf den Bock bis Dithfurt, wo wir vergnügt zu Nacht aßen.«[116] Am 18. Juni 1790 gegen 23 Uhr kamen sie in Weimar an.

»Die Herzogin ist freundlich und gesellig zurück«, schrieb Caroline Herder an eine Freundin, obwohl sie, wie auch ihr Mann und andere »den heitren Himmel u. was unter ihm an Geist und Kultur gedeiht, vermißt ... Wer nicht ein Weltbürger ist, der überall sein Vaterland hat, sollte nicht reisen; der Grund unseres Verhältnisses wird erschüttert und er hat viel zu tun, sich wieder darin zu verfestigen«.[117]

VI. Weimars hellster Stern
(1790–1807)

1. Rückkehr in die Langeweile

*» Seit ich über den Ponte molle [antike Brücke über den Tiber
in Rom, heute: Milvische Brücke] heimwärts fuhr, habe ich
keinen rein glücklichen Tag mehr gehabt «,*

schrieb Goethe Jahre, nachdem er aus Italien zurückgekommen war.[1]

Der Umgebung Anna Amalias war diese Sehnsucht, die so
viele Italienreisende befiel, schon früh bewusst, denn man
machte sich bereits kurz nach ihrer Abreise Gedanken, wie
die Herzogin sich nach ihrer Rückkehr in der alten Heimat
zurechtfinden würde, wobei noch alle davon ausgingen, dass
dies bereits im Sommer 1789 geschehen würde. Ihr Hofmarschall von Einsiedel, der Anna Amalia in Rom beobachtete,
wie sie begeistert Noten sammelte, schlug Herder vor, man
solle ihr doch die Möglichkeit geben, diese Stücke bei ihrer
Rückkehr als Intendantin für Musik und Theater in Weimar
auf die Bühne zu bringen. Herder gab die Idee an Goethe weiter: » Du weißt, wie es einem ist, der aus Italien soll u. Du
kannst denken wie es ihr sein wird, die in Weimar nichts
Lockendes vor sich findet.« Einsiedel meine, das würde ihr
schmeicheln und sie würde sich damit amüsieren. Eigentlich
sei ja auch keiner dabei im Wege. Der Herzog wolle den Posten auch nicht. Goethe solle darüber nachdenken, sonst, so
fürchtete Herder, » wird ihr die Abreise im Frühlinge schwer
werden; denn es geht ihr hier zu wohl u. sie hat in Weimar
nichts, das sie hiegegen auf die Waage lege «.[2]

Nach seiner Rückkehr aus Italien im Sommer 1789 schrieb
Herder mehrfach Briefe an Anna Amalia, in denen er von sei-

nen eigenen Erfahrungen sprach, um sie auf die Rückkehr vorzubereiten. Er könne nur noch an Italien denken »u tun kann man nach einer Reise in Italien gar nichts; welche Erfahrung ich als eine Prophezeiung auch Euer Durchlaucht demütigst zu Füßen lege. Man ist wie eine geschwungene Glocke, die stillsteht u. in sich selbst sanft wiedertröstet«. Nur in Tiefurt sei es schön; Herder war sicher, dass es auch Anna Amalia dort wieder gefallen werde, »es lässt sich in ihm allerliebst von Italien sprechen, schwatzen u. träumen. Traum ist doch Alles in der Welt u. oft ist der Traum mehr als der Genuss selbst; so dünkt michs jetzt – … U. ich kann nicht so schön wie E. D träumen«.[3] Für Herder war die Zeit in Italien ein »Wundertraum«, ganz unwirklich. Ihr werde das wohl nicht ganz so gehen, weil sie länger dort gewesen und weise sei, aber auch für sie werde die Zeit kommen, wo sie das Erlebte als Traum und Märchen sehen werde, »und ich bin gewiss, dass der schönste Genuss Italiens Ihnen in der Erinnerung noch erst bevorstehe«. Wenn sie erst einmal in den »stillen Hafen von Tiefurt« zurückgekehrt sei, werde sie das Erlebte mit »stolzer und froher Seele sich selbst gewähren«.[4]

Als Herder diese Sätze schrieb, dachte Anna Amalia überhaupt noch nicht über eine Rückkehr nach. Im Gegenteil, sie steckte mitten in den Planungen für ihre Reise zum Erzbischof nach Apulien.

Als sie dann im Juni 1790 zurück nach Weimar kam, konnte sie weder ihr Wittumspalais noch ihr Haus in Tiefurt beziehen, da beide durch die letzte Überschwemmung unbewohnbar waren und renoviert werden mussten. Sie wurde für die Sommermonate im höherliegenden Schloss Belvedere einquartiert. »Die Herzogin-Mutter ist nach Belvedere gezogen. Sie beträgt sich wirklich heroisch und verbirgt, was sie schmerzt, unter einer Affabilität [Gelassenheit], die Jedem wohltut«, schrieb Goethe an Knebel.[5]

Anna Amalia nahm die Situation tatsächlich mit Ruhe, scharte einen »Kreis von guten Menschen« um sich, zu denen das Ehepaar Herder, Goethe und Wieland gehörten, die »fleißig« bei ihr waren. Herder, der auf Belvedere eine Brunnenkur machte, und sein kleiner Sohn August wohnten bei ihr. Der Kleine machte ihr »recht gute Augenblicke; es ist ein recht liebes und gescheites Kind«.[6]

Der dänische Dichter Jens Bagensen (1764 – 1826), der im Sommer 1790 als Gast Wielands Weimar besuchte, traf Ende Juli im Garten von Tiefurt Anna Amalia mit ihren Hofdamen und Hofkavalieren, wie er in seinem Tagebuch notierte: »Sie ist eine äußerst einnehmend-majestätische Dame, mit großen schweren Augen, die aussehen, als müssten sie alles durchblitzen, würde nicht eine weise, liebe Zartheit ihr strahlendes Feuer dämpfen.« Wieland stellte ihn und seine Frau vor, »die sich nicht gerade übermäßig tief verbeugte und so frisch und ungezwungen mit ihr redete, als könnte diese ihre Tante sein«. Amalia erzählte von ihrer Reise nach Italien, »von der lebendigen Sehnsucht nach Allem, was sie in diesem herrlichen Land genossen hat«.[7]

Die Sehnsucht, die Goethe und Herder nach ihren Italienaufenthalten empfunden hatten, traf natürlich auch Anna Amalia. »Seitdem ich mich nun wieder im Thüringer Lande befinde, ist es mir nicht anders zumute, als erwachte ich aus einem tiefen Schlafe und alle die schönen und glücklichen Tage, die ich in Italien gelebt habe, wären nur ein schöner Traum gewesen. Auch hab' ich noch alle Muße, davon zu träumen«, schrieb sie an Knebel. Mit den mitgebrachten Kunstgegenständen richtete sie sich ein kleines Museum im Schloss Belvedere ein. »So lebe ich denn nun hier in dem Genuss des Vergangnen und suche, so viel es in meinen Kräften stehet, mitzuteilen.«[8]

Schwierig wurde es, als der Herbst kam: »Das Laub fällt

ab, ich sah also nichts auf meiner Belvederischen Höhe als nackte Bäume.« Und so kehrte sie Anfang November nach Weimar zurück, wo es zwar nicht besser war, »doch suche ich mich hier mit meinen italienischen Kunstsachen zu beschäftigen, um mein Gemüt in Heiterkeit zu erhalten«.[9] Das Novemberwetter war aber für jemanden, der zwei Jahre lang unter der Sonne Italiens gelebt hatte, nur schwer zu ertragen, trotz Ablenkungen durch Besucher und sosehr sie sich auch bemühte, die Situation mit Humor zu nehmen: »Ob wir zwar hier keine Staats-Umwälzung zu befürchten haben, so scheint doch die Natur mit uns eine sehr unangenehme Veränderung im Sinne zu haben, dass sie aus vernünftigen Geschöpfen Schwämme machen will, denn seit zwei Monaten haben wir nichts als Regen und die abscheulichste, feuchteste aller Witterungen gehabt. Ich bin wie ein Fisch, der nach Luft schnappt, und muss vergehen, wenn es nicht bald anders wird.«[10]

Ihre Reise nach Italien war in jeder Hinsicht für sie ein Einschnitt gewesen. Sie hatte nicht nur Neues erlebt, sie hatte auch die Muße gehabt, über ihr bisheriges Leben nachzudenken, wie sie ihrem Bruder Friedrich August, der auch in den kommenden Jahren einer ihrer wichtigsten Briefpartner war, anvertraute. »Es ist ein Glück, dass mich mein guter Stern bis jetzt nie verlassen hat und dass er mich immer auf dem guten Weg begleitet hat, und ich werde versuchen, ihn festzuhalten, bis der Himmel etwas anderes mit mir vorhat. Ich fühle genau, lieber Fritz, dass man nur für die anderen lebt und nur sehr selten für uns selber, vor allem in unserem Stand, und ich kann gut sagen ohne die geringste Anmaßung, dass ich seit dem 16. Lebensjahr bis zu meiner Reise nach Italien nur für andere gelebt habe. In Italien war ich für mich selber, diese kleine Ruhepause hat mir gutgetan. Seit meiner Rückkehr habe ich mich der Welt zurückgegeben und ich werde dieses Leben gut weitergehen, bis der gütige Gott anders entscheidet.«[11]

2. Revolution und Flucht in die heile Welt

2.1. Krieg gegen Frankreich

» Wenn die geringste Gewalt, die geringste Beleidigung gegen Ihre Majestäten, den [französischen] König, die Königin und die königliche Familie verübt wird, ohne dass sofort etwas zu ihrem Schutz ... unternommen wird, werden sie [der österreichische Kaiser und der preußische König] eine beispiellose und für immer denkwürdige Rache üben, indem sie gegen die Stadt Paris eine militärische Execution und einen Umsturz des Staates durchführen und die für die Attentate schuldigen Aufrührer mit der Todesstrafe, die sie verdienen, bestrafen werden. «

So endet das Manifest vom 25. Juli 1792, ein Aufruf an das französische Volk im Namen des Herzogs Karl Wilhelm Ferdinand von Braunschweig-Wolfenbüttel, Oberbefehlshaber der preußischen Truppen und Bruder Anna Amalias. Nach der Krönung Franz Joseph Karls von Habsburg in Frankfurt zum Kaiser unter dem Namen Franz II. am 14. Juli war das Manifest auf dem anschließenden Fürstentag in Mainz vorgestellt und beschlossen worden. Am 3. August wurde es in Paris in den Zeitungen veröffentlicht und löste einen Sturm der Entrüstung aus. Man hatte schon lange den Verdacht, nicht ohne Grund, dass die Königin Marie Antoinette versuchte, ihre österreichischen Verwandten gegen die Revolutionäre zu Hilfe zu rufen, was sich jetzt bestätigt hatte. Die Familie stand bereits seit Oktober 1789 in Paris im Palais des Tuilleries unter Hausarrest. Am 3. September 1791 hatte der König die neue

Verfassung anerkennen müssen, nach der er als »König der Franzosen« seine Legitimierung von nun an nicht mehr von Gott, sondern vom Volk besaß. Nicht mehr der Wille des Königs war Gesetz, sondern das, was die Nationalversammlung beschloss.

Der neue Kaiser Franz II. war, anders als seine Vorgänger, bereit, einen Krieg gegen Frankreich zu beginnen. Er hatte bereits Anfang 1792 die Wiedereinsetzung Ludwigs XVI. in alle seine Rechte gefordert, andernfalls werde man militärisch eingreifen. Daraufhin erfolgte am 20. April die erwartete französische Kriegserklärung an Österreich, die Ludwig XVI. unterschreiben musste. Heimlich sandte er aber Gesandte an Preußen, Österreich und die anderen Fürsten, dass er den Krieg nur als Anlass nehme, um seine Macht mit ihrer Hilfe wiederherzustellen.[1] Seitdem marschierten die Truppen der Alliierten Richtung Frankreich, um nicht nur die französische Königsfamilie zu befreien, sondern auch um zu verhindern, dass die Ideen der Revolution von Freiheit, Gleichheit und Brüderlichkeit in die Staaten des Reiches hinüberschwappten, in denen überall noch »von Gott eingesetzte« Fürsten herrschten.

Das Manifest erreichte jedoch genau das Gegenteil. Ein Aufschrei der Empörung ging durch Paris, der König wurde der Konterrevolution beschuldigt, ein Verbrechen, auf das die Todesstrafe stand. Am 10. August 1792 stürmten wütende Aufständische das Palais des Tuilleries, die königliche Familie wurde in den Temple, eine ehemalige Festung des Templerordens, gebracht. Am 21. September 1792 schaffte die neu gewählte Nationalversammlung in ihrer ersten Sitzung das Königtum ab: Frankreich wurde zur Republik erklärt.[2]

In Weimar war man gut informiert: Die *Weimarische(n) Wöchentliche(n) Anzeigen* berichteten in ihren Ausgaben ausführlich von den Ereignissen in Paris und von der Front. So zum Beispiel unmittelbar nach der Veröffentlichung des Manifests am 25. August 1792: »Überall, auch auf den Fahnen, wird der Name des Königs ausgelöscht.«

Carl August, der als preußischer Generalmajor am Feldzug der Jahre 1792/93 teilnahm, empfahl seiner Mutter, neben den Berliner Zeitungen die offizielle Revolutionszeitung *Gazette National où le Moniteur Universel* zu lesen, da könne sie genau verfolgen, was die Franzosen vorhatten. Allerdings seien die Zahlen über die Verluste bei Schlachten manchmal falsch.[3] Man konnte im Detail auch die Verhandlungen der Nationalversammlung, den Prozess gegen den König, seine Hinrichtung und auch die Massaker verfolgen, die gegen Adlige und Andersdenkende in Paris verübt wurden.

In einem Brief an Charlotte von Stein berichtete Anfang September 1792 Herzogin Louise über eine Gesprächsrunde bei ihr mit dem Juraprofessor Bartholomäus Ludwig Fischenich (1768–1831) aus Bonn, der über die Französische Revolution mit viel »Vernunft und Verstand« gesprochen habe, was dem auch anwesenden Knebel, der die Revolution positiv bewertete, nicht gefallen habe. Herder glaubte, dass das Manifest des Braunschweiger Herzogs zum Teil die Ursache für die Gräueltaten in Paris sei,[4] was der Aufruf zum Mord am preußischen König und am Herzog von Braunschweig durch den Baron Jean Baptiste de Cloots (1755–1794) in der französischen Nationalversammlung zu bestätigen schien.[5]

Dass das Manifest ihres Bruders die Situation in Paris hatte eskalieren lassen, glaubten auch Anna Amalia und ihr Bruder Friedrich August. Kurz nach der Veröffentlichung des Manifestes Ende Juli hatten sie sich mit der Mutter in Quedlinburg getroffen. Zentrales Thema dort war das Manifest, über das sich Friedrich August sehr kritisch ausgedrückt und bereits Bedenken über die möglichen Folgen geäußert hatte. Alles, was er damals gesagt hatte, so schrieb Anna Amalia ihm einen

Monat später, sei unglücklicherweise eingetroffen. »Unser Bruder muss ungeheuerlich traurig sein.« Er habe es so gewollt, aber sei nun in einer »schrecklichen« Situation. »Aber er ist zu bedauern, und mein Herz ist betrübt vor Schmerz.« Sie wünschte sich, dass er mit Ehren von diesem »Abgrund des Unglücks« zurücktreten und einen ehrlichen Frieden machen könne. Ob es denn nicht wenigstens einen aufrichtigen Menschen gebe, der ihm raten würde, sich ruhig zurückzuziehen und sich für neutral zu erklären? »Du sagst mit Recht, dass ich verrückt bin, weil ich so viel Anteil nehme. Es ist, weil ich ein wenig diese Braunschweigische Eitelkeit habe, die mich die Schande P.(reußens) lebhaft spüren lässt.«[6]

Während man bei Hofe und bei den adligen Familien in Weimar die Ereignisse in Paris mit Abscheu verfolgte, zeigten andere, wie Knebel, Wieland und Herder durchaus Sympathie – zumindest für die Ideen von Freiheit und Gleichheit und die Versuche, eine demokratische Regierung aufzustellen. In seiner Taufrede für den am 30. Mai 1792 geborenen Sohn Carl Augusts, Prinz Carl Bernhard (1792–1862), predigte Herder: Der Prinz sei in eine Zeit des Umbruchs hineingeboren. »Im Gegensatz zu einer einstigen Schmeichlerverehrung, die die Fürsten zu Göttern übertrieb, werde ihm jetzt durch die niedere Leidenschaft des Gegenteils, aufgebrachten Hass, tollkühne Frechheit und scharfen Tadel, Gelegenheit gegeben, durch von ihm zu erlangende und zu bewährende Tugenden seine Berechtigung zu dem Vorrecht seiner Geburt erweisen.« Diese Predigt Herders, vor dem versammelten Hof öffentlich in der Stadtkirche gehalten, sorgte für viele Diskussionen. Immerhin stellte Herder die Forderung auf, dass ein Fürst sich das Recht auf seinen bevorzugten Stand durch gelebte Tugenden erwerben müsse.[7]

Herders Begeisterung für die Revolution auch noch nach den Septembermorden in Paris war bekannt, und er bekam, ebenso wie Knebel, vom Herzog durch Voigt eine Abmahnung. »Sorgen Sie doch dafür, dass Knebel auch noch Seine Zunge zähme, es kommen mir allerhand nachrichten zu, wie sehr selbst der gemeine Mann sich über seine äußerungen scandalisire, so ist es auch mit Herder, Sie können beyden zu verstehn geben, dass es von mir käme, was Sie davon wüssten.«[8] Mitte Januar 1793 klagte auch der Geheimrat Schmid über Herder, Wieland und Knebel, die »denen Unordnungen der Democratie das Wort … reden würden.«

Goethe bekam vom Herzog den Auftrag, sich um die Lage in Weimar zu kümmern: »Leider habe ich schon auß manchen Briefen erfahren, dass unser Häuflein sehr zwiespältig ist; … ich hoffe aber sehr auf deine Bindekraft.«[9]

Auch im Herzogtum zeigten die neuen Ideen aus Frankreich erste Wirkung und verursachten den herzoglichen Beamten Kopfschmerzen. Geheimrat Schnauß berichtete dem Herzog, dass sich das »französische Revolutions Gift« immer weiter ausbreite. »Öffters bekommen ganze Dorffschaften und Herrschafften Freyheits Convulsionen, welche nicht anders als durch scharffe Arzney curirt und allenfalls in eine lähmende Gicht verwandelt werden müßen.«[10]

Anna Amalia bekam ihre Informationen nicht nur durch die Zeitungen, sondern direkt von der Front durch ihren Sohn, der ausführliche Briefe schrieb und, wenn er verhindert war, Goethe beauftragte, der sich ebenfalls im Hauptquartier bei Hans an der Bionne, 60 Kilomter westlich von Verdun, befand. »Durchlauchtigste Fürstinn, gnädigste Frau«, schrieb er Ende September 1792. »Es ist bißher, Danck sey der Vorsicht unseres großen Heerführers [*Anna Amalias Bruder*], alles so ordentlich gegangen, wir haben unsern Weg so ruhig und sicher zurückgelegt, dass ich kaum einigen Unterschied empfand, wenn ich im feindlichen Lande von Ort zu Ort mich mitbewegte, es war eben, als wenn man in einer großen Suite von Weimar nach Eisenach führe ... Das beste, was mir übrigens in dieser Halbwüste, an welcher die alte Natur und die neue Kriegskunst um die Wette gearbeitet haben, zu sagen bleibt, ist: dass sich unser Fürst recht wohl befindet und dass er, wenn er gleich wie seine treuen Diener an Corpulenz ein wenig abgenommen, dennoch ja desto mehr an übrigem Wohlseyn sich befestigt fühlt. Er trägt mir auf ihn bey Ew. Durchl. zu entschuldigen, dass er nicht selbst schreibt und seine herzliche Liebe versichert.«[11]

Der erste Koalitionskrieg gegen Frankreich (1792 – 1797), an dem sich zunächst nur Preußen, Österreich und einige kleinere deutsche Staaten beteiligt hatten, schien im Winter 1792 schon beendet zu sein. Carl August schrieb an seine Mutter nach der verlorenen Schlacht bei Valmy vom 20. September 1792, dass die Truppen sich in die Winterquartiere zurückziehen würden, ein zweiter Feldzug sei nicht geplant, »weil ein jeder einsieht, dass mit den Kriege nichts zu zwingen ist, die Zeit vielleicht das französische Wesen zerstört« und die Armee durch Märsche, Witterung, Krankheiten und ähnliches so »ruiniert ist«, dass man den Feldzug nicht weiterführen könne. Er wünschte sich, dass im Frühling der Krieg ganz vorbei wäre.[12]

Aber es kam anders. Am 17. Januar 1793 wurde Ludwig XVI. nach einem Schauprozess wegen »Verschwörung gegen die Freiheit der Nation und des Anschlags auf die allgemeine Sicherheit des Staates« verurteilt und am 21. Januar hingerichtet.[13] Nun traten auch Großbritannien, die Vereinigten Niederlande, Spanien und ab 22. März 1793 auch die Reichsstände des Heiligen Römischen Reiches in den Krieg gegen Frankreich ein.

2.2. Tod Constantins

»Liebste Mutter! Mit der äußersten Ungeduld erwarte ich Nach-
richten von Ihrem Befinden; in welche tiefe Trauer wird Ihnen die
unglückliche Nachricht gestürzt haben, die ich meiner Frau über-
schreiben musste, um sie Ihnen beizubringen. Gebe das Glück,
dass Sie diesen harten Zufall ohne Nachtheil für sich selbst über-
stehn mögen.«

So beginnt der Brief Carl Augusts vom 13. September 1793
an seine Mutter. Er hatte seine Frau, Goethe, Ludecus und
Fritsch gebeten, sich um seine Mutter zu kümmern, und
hoffte nun, »dass meine Freunde ihre Pflicht gegen Sie erfüllt
haben werden und das ihrige beitrugen, um sie in der Gefahr,
welche der heftige Schmerz Ihnen bringen konnte, zu unterstützen«. Auch Anna Amalias Bruder und der preußische
König seien sehr betroffen und nähmen Anteil. »Schenke mir
nur balde mein Schutzengel den Trost, Sie getröstet und gestärkt zu wissen; so ist mein lebhaftester Wunsch in unserer
wünschensvollen Zeit erfüllt.«[14]

Carl August hatte sich nicht getraut, seiner Mutter durch
einen Brief vom Tode seines Bruders Constantin am 6. September 1793 zu berichten, sodass er seine Frau gebeten hatte,
ihr die Nachricht persönlich zu überbringen. In Briefen an
Fritsch, Voigt, Goethe und Ludecus sorgte er sich, wie seine
Mutter die Nachricht aufnehmen würde. Seine Frau Louise
sollte sich mit Goethe beraten, »wie die Pille der unglücklichen Mutter des Verstorbenen beyzubringen« sei. Auch die
Familie Gore solle mithelfen, sie »zu trösten und zu stär-
cken«.[15]

Eigentlich war Constantin mit seinem kursächsischen Regiment gar nicht am Feldzug beteiligt gewesen. Weil er aber

genau das wollte, hatte sich Carl August bemüht, seinem Bruder zu helfen. Der Prinz von Nassau, der die Russen kommandieren sollte, war bereit, Constantin zu sich zu nehmen, wie Carl August bereits im Juli 1792 seiner Mutter berichtete. Constantin lehnte ab, weil er immer noch hoffte, mit dem Kurfürsten von Sachsen zu marschieren, was Carl August aber für unwahrscheinlich hielt. Constantin versäume eine Gelegenheit, sich mit der Lage und dem »innern Zusammenhang der Sachen bekannt« zu machen. »Ich hatte mit meinem Bruder noch ganz andere Projekte für die Zukunft, welche seinen Zustand verbessert hätten«, schrieb er enttäuscht an seine Mutter. Wenn er dieses Projekt aber ablehnte, sei es besser, er heirate, und zwar die Prinzessin Caroline von Braunschweig, die 200 000 Taler mitbekäme. »Diese ist reich genug, dass er mit ihr leben kann, ohne einen Zuschuss zu gebrauchen, den ich ihm auf allen Fall nicht geben kann.« Anna Amalia solle das mit ihm besprechen,[16] was sie auch tat, aber Constantin wollte sich erst nach dem Feldzug dazu äußern.[17]

Wir wissen nicht, mit welchem Nachdruck Anna Amalia sich dafür einsetzte, dass auch ihr zweiter Sohn in den Krieg zog. Sie sah den Krieg immer kritischer und wünschte sich den Frieden. Im Juli 1793 schrieb sie an ihren Bruder Friedrich August, der sich bereits im März 1793 aus der Armee zurückgezogen hatte, wie froh sie darüber sei. Dieser Schritt würde ihm »mehr Ruhm bringen als die Siege, die du hättest ansammeln können«. Sie hoffte, dass ihm viele folgen würden, aber es sähe eher so aus, als liebe man es, streitsüchtig zu sein »und das alles für nichts«.[18]

Auch mit Goethe, der sich seit Mai wieder mit Carl August an der Front befand, korrespondierte Anna Amalia in diesen Wochen. Sie habe nicht eher geschrieben, weil es so viel geregnet habe, dass sie sich wie ein »Bewohner des Reichs des Neptun« gefühlt habe. Das Wetter habe alle in »Missmut«

versetzt und »alle elasticität« zerstört. Sie bedankte sich für seinen Brief und wartete täglich auf die Nachricht über die Einnahme von Mainz. Man »reißet sich um die Zeitungen«, schrieb sie. »Ich sitze in meinem kleinen Thale und suche mir die Musen zu Freundinnen zu machen, und trotz dem Pariser Convent dem barbarismus bey mir den eingang zu versperren. Meyer und ich opfern den wohltätigen Göttinnen durch fleißiges Zeich(n)en, und es schmeichelt mir, daß ich ziemliche fortschritte mache.«[19]

Sie schickte Goethe die *Zeit*-Gedichte von Johann Wilhelm Ludwig Gleim (1719 – 1803), die er gerade herausgegeben und ihr zugeschickt hatte. In diesen Gedichten verarbeitete Gleim auf poetische Weise die politischen Zustände, schrieb Verse über Friedrich den Großen über den Herzog Ferdinand von Braunschweig und über Weimar:

»Als ich zu Weimar war:
Athen ist wieder. In Athen
Sind Mars, und Phöbus treue Brüder!
Die Grazien, und Musen gehen
Ein Fürst, und ein Anakreon,
Gehen Hand in Hand, im schönsten Grünen,
Auf einem deutschen Holikon …
Schämt euch, ihr Königsstädte! Wien,
Paris, und Petersburg, und London, und Berlin!
Ihr, alle Königstädte! solltet
In eurem euch von Gott geschenktem Wohlergehn
Athen seyn, und ihr wolltet,
Athen nicht seyn. Gott sprach, und Weimar ist Athen!«[20]

Diese Gedichte sollten Goethe an der Front »den bey Ihnen herrschenden Lakonismus, welcher für den Geist immer etwas lästiges hat, einigermaßen … versüßen«. Sie würden zwar nicht den Geist zu einem »hohen Schwung erheben«, aber auch »trockenes Kraut« sei für den »hungrigen Magen ein wilkommenes geschenk. Indeßen freut es mich zu hören, daß Ihnen essen, trinken und schlafen wohl behaget buon prô vi faccia. *[Wohl bekomm es euch.]*«. Der Brief endete mit den Worten: »Vergessen Sie nicht Ihre Freundin Amelie.«[21]

Im Juli, als sie diesen Brief schrieb, befand sich Constantin ebenfalls an der Front bei der seit dem 14. April 1793 andauernden Belagerung der Stadt Mainz, das die Revolutionsarmee besetzt und am 18. März 1793 dort die Mainzer Republik ausgerufen hatte, nachdem der Kurfürst und Erzbischof von Mainz mit Hofstaat und Adligen geflüchtet war. Constantin war dem Stab des sächsischen Korps zugeordnet worden, sein Regiment blieb in Querfurt.

In einem Brief aus dem Hauptquartier Marienborn schrieb Goethe Mitte Juni 1793 im Auftrag Carl Augusts an Anna Amalia: »Der Herzog befindet sich wohl und frisch, so auch der Prinz, welcher nun mehr von dem Churfürsten die Erlaubniß erhalten hat, die Campagne mit den Sächsischen Truppen machen zu können, welches bey weite das Vortheilhafteste ist, was dem Prinzen hätte begegnen können. Auch der König hat diesen Heldentrieb gebilligt.«[22] Am 23. Juli 1793 kapitulierten die französischen Truppen und zogen aus Mainz ab.

Im Archiv zu Weimar findet sich der letzte Brief Constantins an seine Mutter vom 9. August 1793. »Nun beginnt unser Treck wieder zu gehen«, schrieb er, »jedoch unsere wahre Bestimmung ist noch nicht bekannt. Wahrscheinlich Sar Louis *[Saarlouis]*.« Das Gebiet um die Saar war im Herbst 1792 von französischen Truppen besetzt worden. »Bey dem Korps des Grafen Kalkreuth, der die Sachsen mit commandirt, bin ich als volontair, und nun ganz von meinem Bruder getrennt, von dem ich nicht einmahl weis, wo derselbe cantonirt oder lagert.« Der Brief endete mit den Worten: »Ich verbleibe mit dem tiefsten Respekt dero gehorsamer Sohn Constantin.«[23]

Am 6. September 1793 starb Constantin in Wiebelskirchen an der Saar. Carl August war aus Pirmasens ans Krankenlager gerufen worden, der Bruder war bei seinem Eintreffen aber schon tot. Als offizielle Ursache wurde eine nicht ganz ausgeheilte Ruhr und anschließendes Nervenfieber angegeben, wahrscheinlich aber war es wohl eine Typhuserkrankung. Constantins Leichnam ließ Carl August nach Eisenach bringen, wo er in der fürstlichen Gruft der St. Georgskirche beigesetzt wurde. Ihn »nach Weimar zu bringen, verbietet mir die Schonung für seine unglückliche Mutter«, schrieb er an Fritsch.[24]

Anna Amalia erhielt die Nachricht am 11. September. Zwei Tage später schrieb sie an ihren Bruder, dass sie ihm für die Früchte danke, die er ihr geschickt hatte »in diesen Momenten, wo ich niedergedrückt bin von dem furchtbaren Schmerz durch den großen Verlust meines armen Sohnes Constantin, den der Himmel mir genommen hat … nachdem er von der Ruhr genesen und dann ein Nervenfieber … Ach! Nun bleibt mir nur noch ein Sohn und ich muss auch bei ihm jeden Moment auf traurige Nachrichten gefasst sein. Der Himmel möge ihn mir bewahren und sein Herz zu friedlichen Gedanken führen. Dass er sich mit Ehre entscheiden kann, Ihrem Bespiel zu folgen, sind die einzigen Wünsche, die mein Herz hat.«[25]

Anna Amalia befand sich in Tiefurt, wo sich alle nach dem Wunsch des Herzogs um sie bemühten. Geheimrat Voigt berichtete ihm: »In Tiefurt, wo ich vorgestern wieder gewesen, befindet man sich wohl und zerstreuet die Frau Herzogin Mutter so gut man kann.«[26] An ihren Sohn schrieb die Herzoginmutter selbst am 20. September, der Brief ist jedoch nicht erhalten. Aber der Inhalt war offenbar so, dass Carl August sich getröstet fühlte, weil ihre Gesundheit nicht gelitten hatte: »Gebe der Himmel die Fortdauer dieser guten Einrichtung.« Constantin habe sich »wirklich die Hochachtung aller derer erworben«, die ihn bei der Armee kannten. Die Sachsen bedauerten sehr, dass sie ihn verloren hatten, denn »er war kaltblütig und ging mit jeden sehr anständig um«. Er hoffe, dass sie sich »durch kleine Reisen zerstreuen« könne. »Göthes erfinderischer Geist wird wohl Mittel zu Veränderungen an die Hand geben.«[27]

Und Goethe kümmerte sich wie immer, wenn die Herzogsfamilie ihn brauchte, auch in diesem Fall, wie er seinem Freund Jacobi schrieb: »Am schwarzen Siegel und schwarzen Rande siehst du diesmal keine geheuchelte Betrübniß. Den Prinzen Constantin haben wir ungern verlohren, im Augenblicke da er sich des Lebens werther gemacht hatte. Ich habe, als alter Nothhelfer, diese Zeit der Herzoginn Mutter mancherley Zerstreuungen bereiten helfen und bin dadurch selbst zerstreut worden.«[28] Die Zeit nach Constantins Tod sei »die härteste Zeit meines Lebens«, bekannte Anna Amalia im November.[29]

Zwei Briefe aus dem Jahr 1806, in denen sie sich zum plötzlichen Tod von Herders ältestem Sohn, der für die Mutter völlig unerwartet im Alter von 32 Jahren an Typhus gestorben war, äußert, zeigen noch 13 Jahre später, wie sehr sie die Nachricht von Constantins Tod getroffen hatte: Dieser Tod erwecke »traurige Erinnerungen«: »Was wird die arme Mutter leiden, die nichts von der Krankheit ihres Sohnes darum weiß, nur den Tod allein erfährt.«[30] An den Bruder des Toten, August Herder schrieb sie, er möge seiner Mutter helfen, ihre »schmerzlichen Gefühle zu deuten, welche aus den wärmsten Quellen des Herzens fließen«. Sie habe selber die »traurige Erfahrung« gemacht, was es bedeute, einen geliebten Sohn zu verlieren. Darum »getraue« sie sich auch, nicht »trösten zu wollen – den was ist trost? In diese zerschmetterten zustand nichts als Kalte worte – die zeit u in sich selbst die

Kraft zu haben sich im harten Schicksal so zu schicken, daß man doch nicht darunter ganz liegt, wen man im seinem Glauben beharret, daß ein besseres Schicksal einem bevorstehet«.[31]

2.3. Rückzug in die heile Welt

»Ja, wenn die Menschen die Wohltaten der Freiheit und Gleichheit in Unschuld und Eintracht zu genießen wüßten«,

sprach Juno zu Jupiter in Wielands *Göttergesprächen*, die 1791 zuerst veröffentlicht wurden, »ohne einer Regierung, einer Verwaltung, gemeinsamer Einkünfte, eines Kriegsstaats, kurz einer *künstlichen* Ordnung der Dinge, die der Unzulänglichkeit der *natürlichen* beständig zu Hülfe kommen muß, nötig zu haben: dann hättest du recht, zu sagen, daß eine solche Revolution – insofern sie sich auf einmal über den ganzen Erdboden verbreitete – die Quellen aller Übel, die von jeder künstlichen Anordnung der menschlichen Dinge unzertrennlich sind, auf immer verstopfen würde. Aber, was wäre dies anders als eben jenes fabelhafte *goldne Zeitalter*, das außer in der Fantasie der Dichter nie existiert hat, noch jemals existieren wird, als – in den *Inseln der Seligen!*«.[32] Wielands Text steht stellvertretend für die Ernüchterung, die nach und nach, spätestens nach den Terrorakten im Herbst 1793 zumindest bei denen in Weimar eintrat, die in engem Kontakt zum Hofe standen.

Goethe, der zu keiner Zeit Sympathien für die Revolutionäre gehabt hatte, schrieb in seinen *Annalen* für das Jahr 1794: »Robespierres Gräueltaten hatten die Welt erschreckt und der Sinn für Freude war so verloren, dass niemand über dessen Untergang zu jauchzen sich getraute«, vor allem, weil die französischen Truppen weiter auf dem Vormarsch waren, »rings um die Welt erschütterten und alles Bestehende mit Umschwung, wo nicht mit Untergang bedrohten«.[33]

In seinem Gedicht *Der Antritt des neuen Jahrhunderts* gab Schiller das Motto vor, nachdem man auch in den Adels- und Hofkreisen in Weimar in diesen Jahren zu leben versuchte:

> *In des Herzens heilig-stille Räume*
> *Musst du fliehen aus des Lebens Drang!*
> *Freiheit ist nur in dem Reich der Träume,*
> *Und das Schöne blüht nur im Gesang!*«[34]

Es gab in Weimar seit 1791 ein Hoftheater mit Berufsschauspielern und Sängern. Die Leitung des Hoftheaters übernahm »mit Vergnügen« Goethe.[35] Auf den Vorschlag Herders und von Einsiedels, Anna Amalia diese Aufgabe zu übertragen, damit sie eine Aufgabe hatte nach ihrer Rückkehr aus Italien, ist Goethe nie eingegangen. Zur Aufführung kamen in den ersten Jahren unter Goethes Leitung Stücke von Lessing, Schiller, Shakespeare, Iffland und Kotzebue, an Opern unter anderem Mozarts *Don Juan*, *Die Zauberflöte* und *Die Entführung aus dem Serail*. »Einer Unzahl Italiänischer und Französischer Opern eilte man deutschen Text unterzulegen«, vermerkte Goethe. Die Partituren wurden dann durch ganz Deutschland verschickt.[36]

Ein wichtiges Anliegen Anna Amalias war es allerdings, die Musik Italiens auf die Bühne Weimars zu bringen. Ihr Sänger Grave, den sie ja extra zum Studium der italienischen Musik nach Italien geschickt hatte, damit er sie später in Weimar präsentieren konnte, lebte nicht mehr. Ihr Sohn hatte ihr direkt nach seinem Tod den Vorschlag gemacht, da sie ja nun Geld spare und dieses sicherlich wieder auf die Musik verwenden wolle, zusammen mit ihm immer zum Winterhalbjahr eine deutsche Primadonna für sechs Monate zu engagieren, die dann in allen Operetten und auch bei Konzerten und Kammermusik mitspielen müsse. Danach würde man sie wieder entlassen oder weiterbeschäftigen. »Denn die Abwechslung ist bei dieser Kunst wichtig und keine Stimme kann sich länger frisch erhalten.« Ziel sei es, für das »Weimarer Publikum ein gutes Spectacle« zu erhalten.[37] Aber letztlich wurde aus diesem Plan, der Anna Amalia stärker einbezogen hätte, nichts, da Goethe als neuer Theaterdirektor sich ja auch mit den Opernaufführungen befasste.

Die Frage stellt sich auch, ob Anna Amalia wirklich eine offizielle Funktion im Weimarer Kulturbetrieb gewollt hätte. Es geht aus keinem ihrer Briefe oder Textstellen in ihrem Nachlass hervor, dass sie irgendwelche Ambitionen in diese Richtung hatte. Anna Amalia war nicht länger der Fuhrmann, der die Weimarer Hofgesellschaft zu Theateraufführungen oder anderen künstlerischen Betätigungen zusammenführte, um sich gemeinsam vergnügte Stunden zu machen. Sie wurde immer mehr zur Konsumentin von Aufführungen.

Die Veranstaltungen, die sie selbst organisierte, waren vor allem Hauskonzerte, bei denen sie auch selber mitspielte, oder Gesangsaufführungen. Auch Einladungen zu den montäglichen Vorleseabenden im Wittumspalais wurden gerne angenommen. Aber es waren Abende, bei denen die Geselligkeit im Vordergrund stand.[38]

Die Frage, was sie bloß machen werde, wenn sie zurück aus Italien komme, hatte sich auch Wieland gestellt. In einem Brief an Anna Amalia hatte er formuliert, was man in Weimar von ihr erwartete. »Aber glücklicherweise haben EW Durchlaucht in diesem auf eine so edle Art genossenen Theil Ihres Lebens einen Schatz von großen, interessanten und unvergesslichen Gegenständen, Sonnen, Bildern und Idealen in Ihrer Seele gesammelt, der für sich allein schon zureicht, nicht nur Ihr eigenes künftiges Leben mit Erinnerungen, die eine

Art von fortgesetztem Genuss sind, zu erheitern, sondern auch den armen lechzenden Seelen meinesgleichen zu Zeiten einige Tropfen aus Ihrem Überfluss zufließen zu lassen.«[39]

Ähnlich formulierte es Herder: »Komme zurück, o Fürstin, und mache den Traum uns zur Wahrheit, / lass uns mit Ton und Gespräch Tiefurt Italien sein!«[40]

Goethe, der ihr seine Epigramme überreichte, die er in Venedig geschrieben und ihr dort zum ersten Mal vorgelesen hatte, schrieb auf das Heft: »Sagt, wem geb' ich dies Büchlein? Der Fürstin, die mir's gegeben, Die uns Italien noch jetzt in Germanien schafft.«[41]

Die Erwartungen waren groß. Sie richtete ein kleines Museum ein mit ihren gesammelten Schätzen, um sie mit Freunden besichtigen und besprechen zu können. Sie schrieb Prosa- und lyrische Texte über ihre Erfahrungen in Italien, aber eine Veröffentlichung hat sie nie in Betracht gezogen. Das galt auch für ihren Italienbericht, über den sie an Knebel schrieb: »Auch war es immer meine Meinung gewesen, dass ich es nur für sehr billige Freunde und zu meiner eigenen Erinnerung der glücklichen Tage, die ich genossen hatte, aufsetzte.«[42]

Goethe hatte ihr, als sie noch in Italien war, dringend geraten, sie solle den Maler Friedrich Bury nach Weimar mitbringen, der Kupferstecher Johann Heinrich Lips (1758–1817) sei schon da, und sein Freund, der Schweizer Maler Heinrich Meyer (1760–1832), würde auch kommen, »so können wir eine artige Akademie aufstellen. Ohne Künstler kann man nicht leben, weder im Süden noch im Norden«.[43] Anna Amalia hatte alle drei in Italien kennengelernt, aber während Weimar für Schriftsteller wie ein Mekka wirkte, gelang es nicht, wirklich bedeutende bildnerische Künstler auf Dauer dort zu binden. Tischbein reiste erst gar nicht an, auch Angelika Kauffmann, die es zwar vorhatte, kam nicht. Friedrich Bury, mit dem Goethe und Anna Amalia in ständiger Korrespondenz blieben, erschien erst im November 1799 für neun Monate, bevor er sich in Berlin niederließ. Der Kupferstecher Lips blieb von 1789 bis 1794, nur Heinrich Meyer arbeitete fortdauernd, wenn auch mit Unterbrechungen, in Weimar, ab 1806 als Direktor der Zeichenschule.

So blieben Anna Amalia die Briefe mit Angelika Kauffmann, Johann Heinrich Wilhelm Tischbein, mit der Prinzessin von Croce und anderen Bekannten aus ihrer Italienzeit, durch die sie die Erinnerung auffrischen konnte und ihrer Sehnsucht nach dem Land, in dem sich zum ersten Mal in ihrem Leben frei gefühlt hatte, Ausdruck geben konnte. An Johann Heinrich in Dresden schrieb sie: »Wie sehr wünschte ich, mich mit Ihnen in denen Sälen von Antiken und Gemälden zu sehen! Aber ... Ihre Beschreibung der Madonna von Rafael *[Raphael]* in Dresden hat meine Sinnenkräfte wieder in Bewegung gebracht, indem mir das schöne Bild von Foligno ganz lebendig in's gedächtnis gebracht und mir einen sehr glücklichen Moment gemacht.«[44]

Anna Amalia übersetzte weiterhin Texte aus dem Italienischen, las italienische Werke und solche, die sich mit Italien befassten. Seitdem sie zurück in Deutschland war, hatte sie festgestellt, »dass die deutsche Literatur nicht an Geschmack und Feinheit zugenommen, sondern vielmehr verloren hat; das Wenige, was ich noch davon gesehen habe, ist kaum zu verdauen«. Stattdessen las sie das 1788 erschienene vierbändige Werk von Jean-Jacques Barthélemy (1716–1795) *Les voyages du jeune Anacharsis*, besonders die Stellen über Großgriechenland, wovon sie einen Teil in Süditalien gesehen und festgestellt hatte, dass »noch Vieles von den alten Sitten erhalten ist«.[45]

Vor allem aber befasste sie sich ab etwa 1793 mit den *Briefen über Italien*, in denen sie in fiktiven Briefen an ihre Schwester ihre Erlebnisse und Erfahrungen während ihrer zweijährigen

Reise nach und in Italien verarbeitete. Dabei benutzte sie das sehr ausführliche Tagebuch ihrer Hofdame von Goechhausen und ihre eigenen, eher sporadischen Aufzeichnungen. Voller Begeisterung beschrieb sie, neben den Betrachtungen der Bauwerke und Kunstgegenstände, oft sehr poetisch die Naturschauspiele, die sie erlebt hatte: In Rom die Cascatellen im Tivoli, wo sie im weichen Moos gesessen und den Regenbogen betrachtet hatte, den die Sonne »mit ihren Goldenen Strahlen ... mahlt, der sich wie in einem Vielfachen Spiegel verdoppelt, und bey ihren Untergang einen zärtlichen Blick hieher zurück wirft, alles dieses Vermag nur ein Magischer Pinsel zu schieldern«.[46]

Manche Beobachtungen über die Menschen, ihre Sitten und Gebräuche klingen etwas abenteuerlich: »Was in andern Ländern das Geschäfte der Frau ist, das besorget hier der Mann. Er gehet auf den Marckt Einkaufen, er bestelt die Küche, und schlept sich mit den Kindern. Er betrachtet die Frau wie seine Haus-Göttin, welchen den grösten theil des Tages mit papillioten [Lockenwicklern] am Fenster zu bringt und erkundiget sich bey ihre Nachbarin wie die Cioccolade geschmeckt hat, und um die Stadt Neuigkeiten.«[47]

Sehr viele Gedanken machte sie sich über das Musikleben, andere Passagen befassen sich mit der Liebe, der Religion und dem Adel. »Was die Regierung und Polizei dieses Landes anbetrifft, so kann man sie als eine art Theocrati betrachten; den es herschet hier eine so allgemeine ungebundenheit, dass man es dem unmittelbahren Einfluss des Himmels zuschreiben muss, dass sie nicht in Zügellosigkeit ausartet. Man könnte die Frage aufwerfen, ob das Volck durch eine Kraftvollere u weisere Regierung beßer werden würde als es jetzt durch seine Natürliche Gutmüthigkeit ist.«[48] Aus diesen Worten spricht die ehemalige Regentin, die sich auch für Fragen der öffentlichen Ordnung in Italien interessierte und als

Landesmutter die Erziehung des Volkes für die Aufgabe einer Regierung hielt.

So ist auch ihre Beschreibung Ferdinandpolos in San Leucio bei Castera in Kampanien zu sehen, das der König von Neapel Ferdinand I. (1751–1825) aufgebaut hatte. Ursprünglich als Hospiz für die Armen gedacht, ließ der König Betriebe ansiedeln, die bis heute in ganz Europa für ihre Seidenprodukte bekannt sind. Spannender aber ist der Aufbau der Siedlung, was schon Anna Amalia feststellte, als das neapolitansiche Königspaar sie zu einer Besichtigung einlud. »Diese kleine Colonie kann als ein aufkeimender Kleiner Stat in einem großen betrachtet werden. Nur der König ist das Haupt derselben; kein *Ministre*, geschweige denn andere dürfen sich in ihre Geschäfte mischen. Gesetze u Einrichtung sind vom König, alles mit vielen Verstand geordnet. Es hat viel ähnlichkeit mit unsern Herrnhuttern. Die Jugend wird hier in den Künsten Unterrichtet zu welchen sie mehr geschicklichkeit u Neigung haben. Jährlich wird eine gewisse anzahl Mägden vom König u der Königin zur Heirath ausgestattet, u es wird hier sehr darauf gesehen, daß kein junger Mensch sich verheiratet, bis er imstande ist, durch irgendein gewerbe sein Brod zu verdienen. Diejenigen welche so weit gelangt sind, sich selbst zu ernähren, legen jährlich ein gewisses quantum in den allgemeinen *Fond,* welcher dazu dient, die Krancken u zur arbeit untüchtigen zu erhalten. Wie glücklich würde der Stat seyn, wen diese wohltäthige sorgfalt sich auch ins große erstreckte.«[49]

Goethe war, wie er in seiner *Italienischen Reise* schreibt, auch in Caserta, hatte für einige Tage den Maler Hackert besucht, der dort im alten Schloss wohnte, malte und den Prinzessinnen Unterricht gab. Goethe beschreibt die Gegend ausführlich, Ferdinandpolo aber wird mit keinem Wort erwähnt.[50]

Die Interessen Anna Amalias, der ehemaligen Regentin, und Goethes, der dabei war, sich als Künstler wiederzufinden, waren eben sehr verschieden.

Eine Flucht in die heile Welt waren diese Jahre in Weimar aber dann doch nicht. Zwar war am 5. April 1795 zwischen Preußen und Frankreich der Friede von Basel geschlossen worden, aber der Frieden war fragil, denn England, Russland und Österreich führten weiter Krieg gegen die französischen Revolutionstruppen. »Indeß lebte man doch in einer traumartigen schüchternen Sicherheit im Norden, und beschwichtigte die Furcht durch eine halbbegründete Hoffnung auf das gute Verhältniß Preußens zu den Franzosen«, schrieb Goethe später in seinen *Annalen*.[51]

Und auch der Tod ihres Sohnes ließ sich nicht durch Verse und schöne Erinnerungen wegträumen. Anna Amalia ließ ihm 1795 in Tiefurt im Park direkt an der Ilm einen Gedenkstein errichten: einen Kenographen, was so viel wie »leeres Grab« oder »Scheingrab« bedeutet. Knebel machte einen Vorschlag für eine mögliche Inschrift: »In dem Thal, wo du den Lenz der Jahre genossest«. Der Spruch gefiel Anna Amalia, weil er nach ihrem Gefühl »passend« für ihren Sohn sei, der in Tiefurt während seiner Jugend eine Heimat fern vom Hofe gefunden hatte. »Ohne erst Goethe zu befragen, welcher sich nicht mehr mit solchen Sachen abgeben zu wollen scheint«, beauftragte sie Knebel ein Jahr später den Spruch in großen Buchstaben abzuschreiben, damit der Bildhauer ihn in den Stein schlagen könne.[52]

Warum am Ende doch ein Vorschlag Goethes in den Stein gemeißelt wurde, wissen wir nicht. Und so kann man auch heute auf den Steinplatten des Kenographen die folgenden sehr förmlichen Sätze lesen:

> *Im zweiten Jahre des unseligen Krieges der auch ihn hinwegnahm*

Ihrem zweyten und letzten zu früh abgeschiedenen Sohn
Constantin trauernd Amalie
Den gebildeten Jüngling den werdenden Mann entriß die
Parze.«

Constantin war knapp 35 Jahre alt, als er starb. Ihn als »werdenden« Mann zu verewigen, zeigt noch einmal sehr deutlich, wie wenig Verständnis er zeit seines Lebens in seiner näheren Umgebung gefunden hat.

Anna Amalia, die selbst in diesen Jahren in ihren Briefen den Humor nur selten verlor, zeigte in ihren undatierten Gedichten, die sie auf Englisch, Französisch und Italienisch schrieb, wie es in ihrem Innern häufig aussah, so wie im folgenden, geschrieben an einem ihrer Geburtstage jener Jahre:

> *With added days if life gives nothing new*
> *But, like a sieve, let ev'ry pleasure through*
> *Some day still lost, as each vain year runs o'er*
> *And all we gain some sad reflection more!*
> *Is this a Birth-day? … Tis, alas! Too clear,*
> *'Tis but the funeral of the former year.«*[53]

2.4. Gedanken, Töne und Disharmonien

»Der Friede, den sie hier in Tiefurt genoss, ging auf Diejenigen über, welche das Glück in ihre Nähe führte«,

schrieb Henriette Gräfin von Egloffstein (1773–1864) über das Leben Anna Amalias und ihres kleinen Hofstaates in den Sommermonaten in Tiefurt. Auch Wieland sprach von der »Abgeschiedenheit von der Welt und von Dem, was in der Welt ist, worin meine gnädigste Herzogin und Frau in dem dunstreichen Tiefurt lebt«.[54] Das Bild von der Herzogin, die schon frühmorgens »in einem schlichten Gewand und mit Strohhut« auf dem Kopf durch den Park wandelte, um ihre englischen Hühner und die Tauben zu füttern, die abends gemütlich mit Wieland und ihren Hofdamen beisammensaß, sich vorlesen ließ und dabei an einer Tapisserie für ihren Sohn arbeitete, war durchaus aus realen Erlebnissen der Gräfin Egloffstein entstanden, aber umschreibt natürlich nur einen Ausschnitt des Lebens in Tiefurt, wo man zwar fünf Kilometer von Weimar entfernt war, aber in keiner Weise außerhalb der restlichen Welt.

In diesen Jahren, in denen sie, abgesehen von den Hauskonzerten, nicht mehr aktiver Teil des Weimarer Theater- und Veranstaltungsbetriebes war, produzierte sie umso mehr Texte. In ihrem Nachlass im Weimarer Hauptstaatsarchiv liegen die Ergebnisse, zum Teil sorgfältig in Schönschrift, zum Teil kaum mehr leserlich, weil schnell dahingeschrieben und die Dokumente naturgemäß im Laufe der Jahrhunderte gelitten haben. Sie übersetzte literarische und philosophische Texte aus dem Griechischen, Italienischen, Englischen und Französischen, machte sich ausführliche Notizen über Werke, die sie gelesen hatte. Aber sie schrieb auch eigene Texte, in denen sie erlebte Erfahrungen verarbeitete: Parabeln, Gedichte in mehreren Sprachen, Komödien und Märchen. Auch jede Menge Epigramme in großer thematischer Bandbreite lassen sich im Nachlass finden, wie zum Beispiel dieses: »Je mehr eine Meinung verrückt ist, desto ehrlicher und gefährlicher ist es, den Wahnsinn zu zeigen.«[55]

Weiterhin gehören kultur- und musiktheoretische Aufsätze zum Textfundus im Nachlass. Ein Schwerpunkt ihrer Texte liegt bei den Gedanken, die sie sich über die Musik machte. In ihrem Aufsatz über die Eigenschaften, den Charakter und die Modulation der Melodie, schreibt sie über »Consonirende« und »Dissonirende« Tonleitern, über Oktaven und Dreiklänge. In ihrem zentralen Aufsatz *Gedanken über die Musik* heißt es: Die »Tonkunst erhielt ihre Schöpfung und ihre Gesetze von der Natur; das ganze Welt Gebäude ist auf Ordnung und Harmonie gegründet und gleich wie die Natur alles durch die einfachen Mitteln erreicht, so sind auch die Gesetze der Tonkunst so einfach, daß sie einfach und ohne ihren Zweck zu verfehlen auf die Seele wirken kann. Daher folgt, daß das einzige, allein das reine Gefühl, ihr natürlicher Gegenstand ist, u die Mitteln denselben zu erreichen nichts weniger als wilkürlich sind ... Das Wesen der Kunst läßt sich durch den menschlichen Verstand nicht ergründen, was wir von ihr wissen, das sind resultate ihrer würkungen. Man kann sie als ein Göttliches geschenk betrachten, wodurch unsere Seele mit der allgemeinen Harmonie der ganzen Natur auf das innigste verbunden wird, ohne bestimmen zu können, wie sie mit so mächtiger Kraft auf sie wirke. Sie ist das kräftigste Mittel, wodurch die Weisheit des Schöpfers das allgemeine Band der Natur und sich selbst nach einer liebevollen Weise dem Menschen fühlbar gemacht hat.«[56] – Harmonie, Einfachheit, Gefühl und Geschmack, das waren Kriterien, nach denen sie auch die erlebten Aufführungen beurteilte.

Ihre *Gedanken über die Musik* schickte sie wie den Bericht über Italien herum und bekam begeisterte Rückmeldungen. An eine Veröffentlichung hat sie auch hier nicht gedacht, vielleicht, weil ihr durchaus bewusst war, dass sie den Rückmeldungen nur bedingt trauen konnte, denn mit ehrlicher Kritik gegenüber einer Herzogin hielt man sich lieber zurück.

Tiefurt als abgeschlossenes Refugium funktionierte nicht, auch wenn Anna Amalia das vielleicht manchmal gerne gehabt hätte. Zeitungen, Briefe und mündliche Berichte der zahlreichen Emigranten brachten ihr unter anderem Nachrichten von der Besetzung der Stadt Frankfurt durch französische Truppen am 5. Juli 1796. Auch Goethes Mutter hatte an ihren Sohn geschrieben: »Unsere jetzige Lage ist in allem Betracht sehr fatal und bedenklich.«[57]

Durch Zeitungen und Bücher, wie die Listen ihrer Buchanschaffungen dokumentieren, informierte sie sich über die politische Situation. »Auf Landkarten verfolgte sie den Krieg sowie die historischen und aktuellen Grenzverschiebungen zwischen Frankreich und dem Reich.«[58] Immer häufiger tauchte der Name Napoleon auf, der 1796/97 in Italien einen erfolgreichen Feldzug führte, Venedig und den Kirchenstaat besetzte. Immerhin konnte der Papst die Franzosen zum Abzug aus Rom bewegen, musste dafür aber neben Goldmünzen auch Hunderte von Skulpturen, Gemälden und wertvollen Bücher abgeben, die heute noch im Louvre in Paris zu sehen sind.

Während Anna Amalia an ihren Erinnerungen aus dem Traumland Italien schrieb, war es längst zum Kriegsschauplatz geworden. Besonders dürfte sie die Besetzung Neapels und die Flucht des Königspaares getroffen haben. Ob ihr das Schicksal des Erzbischofs bekannt war, wissen wir nicht, da ihre brieflichen Kontakte nach Beginn des Krieges nahezu beendet waren. Als nach einem halben Jahr die Franzosen besiegt wurden und der Hof im Juni 1799 nach Neapel zurückkehrte, ließ man alle verhaften, die sich nicht eindeutig gegen die Revolutionstruppen gestellt hatten, auch den Erzbischof von Tarent, der zu zehn Jahren Gefängnis verurteilt wurde.

In Tiefurt ging das Leben zumindest für Außenstehende seinen alltäglichen Gang, auch wenn manches Mal Misstöne den Frieden störten. So zum Beispiel, wenn Wieland, Herder, Goethe und Knebel aufeinandertrafen, was nicht nur zu spannenden Gesprächen führte, wie Gräfin von Egloffstein berichtete: »Es erklangen auch mitunter Mißtöne, welche die sanfte Harmonie des Tiefurter Lebens störten ... Wo viel Licht ist, da ist auch viel Schatten!« Man durfte seine Meinung frei-

heraus sagen, und so »knüpften sich zwischen den hochbe-
gabten Besuchern von Tiefurt die geistreichsten Unterhaltungen an; doch gingen diese nur allzu oft in heftige Diskussionen
über, bei welchen Wielands launenhafte Krittelei, Herders
persiflierender Witz sowie Knebels unbezähmbare Leiden-
schaftlichkeit, vor allem aber Goethes diktatorisches Genie
kräftig hervortraten und den Streitenden nicht selten scharf
verletzende Worte auf die Zunge legten, die den stets vorhandenen Brennstoff in den Gemütern so gewaltsam anfachten,
dass selbst Amaliens Gegenwart und ihre versöhnende Milde
nicht hinreichten, die hoch auflodernden Leidenschaften zu
dämpfen«.[59]

Nach außen hin war Anna Amalia vermittelnd, einen offenen Konflikt vor allem mit Goethe, der zunehmend zu einer
alles bestimmenden Instanz für Kunst und Theater in Weimar
wurde, trug sie nicht auf offener Bühne aus. Sie äußerte sich
auch nicht in ihren Briefen darüber, anders als, um nur eines
der vielen Beispiele von Zeitzeugen aus der Zeit zu nennen,
Böttiger, der 1796 schrieb: »In unserer weimarischen Welt
bleibt's beim alten. Die heiligen drei Götter (Goethe, Schiller,
Herder) beschatten und bewetterleuchten einander wie
sonst.«[60]

Es waren die Jahre, in denen Goethe und Schiller auch an
ihren Aufsätzen über die Kunst und an ihrer Kritik an den Dilettanten arbeiteten. Anna Amalia verarbeitete ihre Kritik an
Goethe und den anderen »schönen Geistern« in ihren Texten als Märchen, Traum oder Gedicht: »Diese Nacht träumte
mir, ich machte ein Märchen, da ich erwachte, wars wirklich
so«, schrieb sie mit einem Augenzwinkern an Wieland im
April 1795, dem sie häufig ihre Texte und Briefe zum Korrigieren anvertraute. »Voller Freude wollte ich mich bey den Musen bedanken, aber wie sehr war mein Stolz gedemütigt, da sie
mich auslachten, mich vorwitzig nanten und dabey sagten:

geh zu unsern Liebling und lerne erst etwas, denn ob er dir schon gelegentlich von uns erzählt, als meinten wirs recht gut mit dir. So wißen wir doch nicht recht viel davon: also geh zu ihm, zeig ihm dein Opus und wen ers statt der Antwort ins Feuer wirft, so sey stille und bedank dich. Dies war das Urtheil der Musen, die Grazien stimmten bey – und ich schicke Ihnen mein Märchen. Amelie.«[61]

Das Märchen handelt von zwei klugen Männern, die in Nubien lebten. Der eine von ihnen, Arminius, wohnte in der Stadt und war »durch Schmeichelei, durch falsche Bewunderer« zum »Narren« geworden. »Er bekam dadurch eine Aufgeblasenheit, einen Stolz, eine Eigenliebe, die ihresgleichen nicht hatte ... und war in seine Meinungen verliebt.« Er besaß eine kostbare Mineraliensammlung, die er allen stolz zeigte, um sich als Gelehrten darzustellen. In dieser Sammlung gab es zwei Brillanten, von denen besonders der eine, groß wie ein halbes Ei, von Arminius als etwas ganz Besonderes gelobt wurde. Alle kamen, um ihn zu bestaunen, und beteuerten, sie hätten nie etwas Schöneres gesehen. Und selbst die, welche den zweiten Brillanten schöner fanden, trauten sich nicht, das zu sagen, weil Arminius »der Stolz der ganzen Stadt war«. Der andere kluge Mann lebte bescheiden auf einem Dorf in der Nähe der Stadt »ganz der Wissenschaft der Naturwissenschaften« und teilte sein Wissen mit seinen Freunden. Er hörte von diesem Stein und wollte ihn ansehen, stellte dann aber fest, dass er nicht echt war. Da man ihm nicht glaubte, ließ er eine Kohlenpfanne holen, warf beide Steine ins Feuer. Der große Brillant ging in Rauch auf, während der andere, unscheinbarere sich als echt erwies. Der kluge Mann aus dem Dorf sagte daraufhin zu den umstehenden Menschen: »Sie können samt und sonder den Lauf der Welt daraus ersehen, das Falsche wird oft für Wahrheit gehalten und vorgezogen, der Narr lässt sich durch glänzende Farben hinreißen, der Weise aber schätzet die Sache nach ihrem innern Werte.«[62]

Diese Parabel war nur sehr leicht verschlüsselt: Der weise Mann stand für Wieland, darum hatte Anna Amalia ihm ja ihr Märchen zur Begutachtung geschickt. Und zumindest in der Person des Arminius konnte jeder, der in diesen Tagen in Weimars gesellschaftlichem Leben unterwegs war, unzweifelhaft Goethe erkennen. Vor allem für ihn und Schiller war wohl auch die folgende Warnung Anna Amalias gedacht: »Der Mensch hört, sieht und schweigt, doch sehen, hören und sprechen ist Kunst. Sorget also dafür, o ihr Menschen, daß ihr nicht mit Leichtsinn und verderbtem Gefühl Euch nährt zum Himmel der Heiligen Musen, damit sie nicht fliehen vor dir wie für (vor) ein unheiliges Wesen, daß ihnen verunreinet; tretet zum Heiligsten mit Demuth und reinem Herzen, Stolz und Eitelkeit ist ihnen verhasst.«[63]

Auch die Behandlung ihrer Hofsängerin Luise von Rudorff durch Goethe führte zu einer ernsthaften Verstimmung zwischen Goethe und Anna Amalia, wie Karoline Jagemann, die Tochter des Weimarer Hofrates und Bibliothekar Anna Amalias in ihren Erinnerungen berichtete. Sie war in Mannheim zur Sängerin und Schauspielerin ausgebildet worden und seit 1795 zurück in Weimar, wo sie aber zunächst kein Engagement anstrebte, da sie mit einem Grafen Veterani verlobt war. Sie schreibt in ihren Erinnerungen, dass die Herzoginmutter »diejenige von den Fürstlichkeiten (war), die am wenigsten von dem damaligen Stande des Theaters befriedigt wurde«. Durch ihre Erfahrungen bei den Opernaufführungen in Italien nahm sie »ungern mit der hiesigen Mittelmäßigkeit vorlieb« und beim Schauspiel lobte sie die ehemaligen Theatertruppen Kochs und Seilers.

Anna Amalia war auch deshalb voller »Widerwillen«, weil ihre Hofsängerin nicht mehr am Theater singen durfte. Sie bekam wohl immer wieder Rollen, da Anna Amalia das unbedingt wünschte, aber es gab bei Proben und Auftritten immer wieder Schwierigkeiten. Es hieß, sie »warf (alles) regelmäßig um, verdarb den anderen Sängern das Konzept und beschuldigte den Kapellmeister und das Orchester der Kabale«. Hofkammerrat Kirms musste schließlich im Auftrag Goethes der Rudorff mitteilen, dass sie »unbrauchbar« sei und kein weiteres Engagement mehr bekäme. Die Herzoginmutter wollte das nicht hinnehmen und sprach ihre Empörung darüber offen gegenüber Karoline Jagemann aus, die fast täglich bei ihr zu Gast war und für Anna Amalia so etwas wie eine Vertraute in Sachen Musik wurde.

Das änderte sich schlagartig, als der Graf Veterani in den Krieg zog und die Verlobung löste. Karoline Jagemann, die selber noch gar keine Bühnenpläne für Weimar gemacht hatte, aber die der Hofkammerrat Kirms gerne engagieren wollte, wurde ohne ihr Zutun auf einmal zur Konkurrenz für Luise von Rudorff. Die Folge war, dass sie keine Einladungen mehr in den Wittumspalast bekam und nur noch gerufen wurde, um Ermahnungen von Anna Amalia zu erhalten mit dem Hinweis, sie wolle sie nicht auf dem Theater sehen. Dabei hätte Luise von Rudorff zu dem Zeitpunkt ohnehin nicht mehr in Weimar auftreten können, da sie, von Carl August schwanger, das Angebot Knebels annahm, sie zu heiraten.

Erst am 18. Februar 1797 hatte Karoline Jagemann ihre erste Vorstellung im *Oberon*. Als ihr Vater, immerhin Weimarer Hofrat, Anna Amalia von der offiziellen Anstellung seiner Tochter am Theater berichtete, hob sie die Hand, um ihm eine »veritable Ohrfeige« zu geben. Er kam zornig nach Hause und ging erst nach Tagen nach einem versöhnlichen Brief Anna Amalias wieder ins Palais, schreibt seine Tochter in ihren Erinnerungen.[64]

Gräfin Henriette von Egloffstein, die Anna Amalia sehr

verehrte, schreibt in ihren Memoiren, dass »wie ich zu Ehren der Wahrheit bekennen muß – eine blinde Vorliebe für das Individuum sie allzu parteiisch machte, was leider! manchmal geschah. Dann verteidigte die Herzogin ihre Günstlinge mit einem leidenschaftlichen Eifer, der ihre Denk- und Handlungsweise in einem zweifelhaften Lichte erscheinen ließ«.[65]

Anna Amalia, die bei Karoline Jagemann, die zu einer der berühmtesten Sängerinnen ihrer Zeit werden sollte, auch eine andere Art des Singens wahrnahm, eine neue Art, die Töne aneinanderzureihen, die sie nicht mochte, schrieb wehmütig das folgende Gedicht:

> »Verschwunden sind, o Muse, deiner Leier Töne,
> Nicht mehr erschallt der süße Zaubersang der Saiten;
> Nicht mehr umschweben mich die hohen Harmonien,
> Die mir des Lebens trübe Bilder rasch (...) verwehten
> Und von der Erd' in Himmelsphären mich erhoben!
> Verschwunden sind, o Muse, deine hohen Töne
> Und alles Leben süßer Reiz ist nun entwichen.
> Es taumelt die Natur umher und klingt verödet,
> Nur im Gefühl der Trauer klagt meine Seele;
> Denn es erschallen jetzt nur ausgegriffen Töne
> Disharmonie nur rauschet von den neuen Saiten ...«[66]

Sehnsucht, Wehmut und Trauer kennzeichnen auch ihre Texte und Gedichte zum Thema Liebe und Freundschaft, wie das folgende, im Original auf Italienisch geschriebene Gedicht zeigt:

> »Du schläfst zwischen den Federn, und ich singe hier,
> Du ruhst zufrieden, ich klage:
> Erwache, mein Guter, und indessen
> Möchte ich dir erzählen von meiner Qual.
> Ich liebe dich, ich verehre dich, ich schwöre es,
> und rühme mich damit,

Du behandelst mich in jedem Moment schmeichelnd;
Dies ist mein Leid, dies ist meine Trauer
Ich gebrauche Treue, du Verrat. «[67]

Mit zunehmendem Alter verließ sie die Hoffnung, dass ihre Sehnsucht nach Liebe noch Erfüllung finden würde. Das war wohl auch die Ursache dafür, dass sie das folgende, hier in Auszügen wiedergegebene Gedicht Voltaires in Schönschrift übersetzt und dabei zum Teil mit eigenen Worten ergänzt hat

» *Man stirbt zweymal, wie stark muss ich es fühlen.*
Der Liebe Loos (los), und nicht mehr lieblich seyn,
Dieß ist für mich ein zehnfach bittrer Tod,
…
Es kam sogleich vom hohen GötterSitz,
Die Freundschaft schnell zu meinem Trost herab,
Vielleicht war sie so stark an Zärtlichkeit,
Doch minder stark an Feuer als die Liebe.

Ein neuer Reitz entzückte meine Brust
Die himmlisch Lieb gab meinen Augen Kräfte,
Ich folgt ihr nach, doch mir entrannen Thränen,
Weil ihr allein mein Herz nun folgen kann. «

Da es keine Aussicht mehr auf leidenschaftliche Liebe gab, trat die Freundschaft, die » himmlische « Liebe, an ihre Stelle und löste zunächst » Thränen « aus. Aber, wie sie Knebel gegenüber 1804 betonte: » Die Freundschaft ist hier auf Erden das einzige dauerhafte Glück, das der Lauf der Jahre nicht erschüttern kann. «[68] Goethe, der die Stimmung Anna Amalias wohl erkannt hatte, ließ zu ihrem 61. Geburtstag in einem Liebhabertheater, das auch als Erinnerung an die Liebhabertheatervorstellungen seiner ersten Jahren in Weimar gedacht war, das Stück *Paläophron und Neoterpe*, der Kampf des Alten gegen das Neue, aufführen. Er widmete es ihr »in dankbarer Verehrung«.

> *Im Allgemeinen nennt man mich die alte Zeit,*
> *Und wer besonders wohl mir will, der nennt mich auch*
> *Die goldne Zeit, und will in seiner Jugend mich*
> *Als Freund besessen haben, da ich, jung wie er*
> *Und rüstig, unvergleichlich soll gewesen sein …*
> *Und dennoch kehret jedermann den Rücken mir*
> *Und richtet emsig sein Gesicht der neuen zu,*
> *Der jungen da, die schmeichelnd jeglichen verdirbt,*
> *Mit törichtem Gefolge durch das Volk sich drängt …«*

Die neue Zeit, Neoterpe, verteidigt sich, und am Ende versöhnen sich beide:

> *Neoterpe: »Das Alter ehr' ich,*
> *denn es hat für mich gelebt.«*
> *Palaeophron: »Die Jugend schätz' ich,*
> *die für mich nun leben soll.«*

Der »alten« Herzogin Anna Amalia wurde dann gehuldigt als der Frau, die den »Bund« des Alten mit dem Neuen »längst« in der Stadt Weimar »begründet« hatte.[69]

3. Verschiedene Welten

3.1. Elegien, Xenien und ein Traum

»Laß dich, Geliebte, nicht reun, dass du mir so schnell
dich ergeben, Glaub' es, ich denke nicht frech, denke nicht
niedrig von dir.«

So beginnt die dritte von Goethes *Römischen Elegien*,[1] die er nach seiner Italienreise geschrieben hatte, poetische Erinnerungen an erotische Erlebnisse in Rom: *Erotica Romana*, wie sie ursprünglich hießen. »Er las mir seine ›Elegien‹, die ... zu den besten Sachen gehören, die er gemacht hat«, schrieb Friedrich Schiller an seine Frau und überredete Goethe, sie zur Veröffentlichung in seiner Zeitschrift *Die Horen* freizugeben.[2] Bislang hatte Goethe sie nur im privaten Rahmen an Freunde verschickt oder daraus vorgelesen. Von einer Veröffentlichung hatte ihm ausgerechnet der Herzog abgeraten, vielleicht in weiser Voraussicht, was der Text für einen Sturm moralischer Entrüstung auslösen würde, auch wenn Charlotte von Stein angesichts der zahlreichen Geliebten des Herzogs verwundert feststellte: »Was aber unsern Herrn just einen Moment diese pedantische Sittlichkeit überfallen hat, begreife ich nicht.«[3] Gegenüber Schiller begründete Carl August, dem die *Elegien* an sich gut gefallen hatten, seine Vorsicht damit, dass man Goethe vor der Veröffentlichung hätte raten sollen, »einige zu rüstige Gedanken, die er wörtlich ausgedrückt hatte, bloß erraten zu lassen«, andere »unter geschmeidigeren Wendungen« mitzuteilen und wieder andere ganz wegzulassen.[4]

Im Juni 1795 wurden unter dem Titel *Elegien* zwanzig von ihnen in den *Horen* veröffentlicht.

Während wir heute eher zu Schillers positiver Bewertung der *Elegien* neigen, war die Empörung in Weimar groß. Goethe hatte schon mit seinem *Werther*, seiner *Stella* und auch mit Gedichten wie *An den Geist des Johannes Secundus* viele provoziert, ohne dass es derart heftige Reaktionen gab. Was war diesmal anders? Vielleicht spürten die Leser, dass diese *Elegien* auf ganz konkreten erotischen Erlebnissen Goethes zu beruhen schienen, nicht nur in Italien, wo er nach Herder so »sinnlich« geworden war,[5] sondern auch in Weimar: Die meisten *Elegien* seien bei seiner Rückkehr »im ersten Rausche mit der Dame Vulpius« geschrieben worden, hieß es.[6] Goethes skandalöses Liebesleben mit Christiane Vulpius war schließlich seit Jahren ein beliebtes Gesprächsthema. Charlotte von Stein schrieb in einem Brief an Charlotte Schiller, dass ihr »diese Verhältnisse zum Ekel« seien.[7]

»Zu den merkwürdigsten Erscheinungen an unserm literarischen Himmel gehören Goethes ›Elegien‹«, schrieb Böttiger, der als einer der wenigen Schillers Meinung über die Elegien teilte. »Es brennt eine genialische Dichterglut darinnen, und sie stehn in unserer Literatur *einzig*. Aber alle ehrbaren Frauen sind empört über die bordellmäßige Nacktheit. Herder sagte sehr schön, er (Goethe) habe der Frechheit ein kaiserliches Insiegel aufgerückt. Die ›Horen‹ müssten nun mit dem u geschrieben werden.«[8] Schiller bemühte sich in Briefen an Freunde um Schadensbegrenzung und kündigte sein »Glaubensbekenntnis über das, was dem Dichter in Rücksicht auf das Anständige erlaubt und nicht erlaubt« sei, an.[9]

Auch Anna Amalia kannte natürlich die *Elegien*, die das Hauptgesprächsthema in diesen Wochen in Weimar waren. Sie war aber nicht so prüde wie die meisten der anderen

Frauen, wie schon ihre Beschreibungen italienischer Kunstwerke gezeigt haben. In Neapel ging sie im Haus des britischen Botschafters William Hamilton und seiner Geliebten
ein und aus, auch die Geliebte des Freiherrn von Dalberg war
ihr regelmäßiger Gast in Rom und Neapel. Beide Söhne hatten Geliebte und uneheliche Kinder. Carl Augusts Geliebte
war von 1791 bis 1794 Luise von Rudorff, Kammersängerin in
Weimar und persönliche Hofsängerin bei Anna Amalia. Als
sie schwanger wurde, schrieb Anna Amalia ihr: » Sey Du ganz
ruhig über mir ich versichere Dich auf meine Ehre daß Du im
gerinsten nichts bey mir verlohren hast, ich liebe Dich und
Schätze Dich wie ich es immer gethan habe. «[10] Knebel heiratete sie 1798 und adoptierte ihren Sohn, Anna Amalias illegi-
timen Enkel Carl (1796 – 1861). Anna Amalia war verärgert,
weil sie ihre Hofsängerin durch die Hochzeit verlor, aber das
Verhalten ihres Sohnes stellte sie nicht infrage.[11] Männer waren eben so, das war für sie ein Naturgesetz. In ihrem Nachlass
finden sich erstaunlich viele Texte, in denen sie sich mit dem
unterschiedlichen Verhalten der Geschlechter zu Liebe und
Sexualität befasst: »Viele Männer sind in ihrem Verhalten
ehrlich und zuverlässig in ihrer Zuneigung: Aber auch darunter sind nur wenige, die auch wissen, wie sie unser Herz erreichen. Ihre Liebe ist in keiner Weise der unseren gleich. Sie
empfinden zwar den gleichen Rausch, oft legen sie sogar
mehr Bedeutung darein: Aber sie kennen nicht diesen un-
ruhigen Eifer, diese zarte Sorge, die in uns diese zärtliche und
ununterbrochene Fürsorge hervorruft, deren einziges Ziel
immer das geliebte Objekt ist. Der Mann genießt ein Glück,
das er zügelt, die Frau ein Glück, das sie erhalten möchte …
Das Vergnügen des einen [Mann] heißt Befriedigung seiner
Begierden, das des anderen [Frau] besteht vor allem darin,
diese zu erregen. Zu gefallen ist für ihn nur ein Mittel zum Erfolg, während es für sie Erfolg an sich ist. Und die Koketterie,

die man den Frauen oft vorwirft, ist nichts anderes als der Missbrauch, dieser Art zu fühlen«.[12] Und als Fazit ihrer Überlegungen könnte man ihren Satz nehmen, den sie auch in der Realität beherzigte: »Um die Männer lieben zu können, muss man wenig erwarten.«[13]

Kaum hatten sich die Gemüter in Weimar über die *Elegien* beruhigt, verursachten Goethe und Schiller, der seit 1789 in Jena lebte und arbeitete, den nächsten Skandal, der diesmal Wogen im ganzen Reich erzeugte. In dem von Schiller herausgegebenen *Musenalmanach für das Jahr 1797* wurden die *Xenien* von Goethe und Schiller abgedruckt, mit denen die beiden die gesamte Elite der deutschen Dichter und Denker angriffen, zum Teil namentlich, zum Teil indirekt, aber so, dass jeder, der sich in der Szene auskannte, die Namen erschließen konnte. Hier nur einige Beispiele:

> *Wieland, wie reich ist dein Geist! Das kann man nun
> erst empfinden,
> Sieht man, wie fad' und wie leer dein Caput mortuum
> ist.*

> *Nicolai reiset noch immer, noch lang' wird er reisen,
> Aber ins Land der Vernunft findet er nimmer den Weg.*
> *Hast du auch wenig genug verdient um die Bildung der
> Deutschen,
> Fritz Nicolai, sehr viel hast du dabei doch verdient.*[14]

Die Reaktionen ließen nicht lange auf sich warten. »Der neue Schillersche *Musenalmanach* ist ein wahres Revolutionstribunal, ein Terrorism, gegen welchen alle guten Köpfe in Masse aufstehen müssen«, schrieb Böttiger entsetzt. »Es ist mir unbegreiflich, wie Goethe, der sonst so leise auftretende, furchtsame Zauderer, sich in einem so *jugendlichen* Mutwillen mit offenem Visier hinreißen lassen konnte.«[15] Böttiger versprach seinem Freund Schulz, ein Exemplar des »sansculottisches

Ungeheuers« zu schicken.»Alle, die ihre Knie nicht vor den göttlichen *Horen* gebeugt haben, werden darinnen guillotiniert ... auch die Newtonianer, die Goethes Offenbarung über die Farben nicht verehren wollen ... Alles ist in Aufruhr über diese Unverschämtheit. Man begreift nicht, wie der furchtsame Goethe so heraustreten konnte.« Auch der Herzog von Gotha sei »äußerst aufgebracht«, weil sein Liebling Friedrich von Schlichtegroll (1765–1822) »mit einem aasfressenden Raben verglichen« wurde.[16]

Die einen sprachen von jugendlichem Übermut, andere glaubten, dass Goethe »der viele Weihrauch ... schwindelig gemacht« habe »und er erlaube sich nun Dinge, die man auch nicht ungeahndet sollte hingehen lassen«.[17]

Wieland, auch einer der Betroffenen, der von Goethe schon so einiges Beleidigendes hatte über sich ergehen lassen müssen, meinte nur altersweise, dass Goethe und Schiller sich selbst damit mehr Schaden zugefügt hätten, als alle ihre »literarischen Widersacher und Diaboli« zusammen ihnen in ihrem ganzen Leben zufügen könnten.[18]

Natürlich ließen die betroffenen Dichter die Beleidigungen nicht so stehen und entwarfen nun ihrerseits *Gegen-Epigramme*: »Von Nicolai erwarte ich die schärfste Lauge, und die Rezensenten werden die Geisel tapfer schwingen«, schrieb Weisse aus Leipzig. Es könne auch nicht schaden, wenn den Verfassern der *Horen*, die sich »das Monopol über Geschmack und deutsche Literatur anmaßen wollten«, »die Wahrheit« gesagt würde.[19] Charlotte von Stein berichtete ihrem Sohn Fritz, dass alle, einschließlich des Herzogpaars, es »nicht unrecht« fänden, den beiden, »welche glaubten, allein auf dem Parnaß zu befehlen, in ihrer Manier zu antworten«.[20]

Geheimrat Voigt, der, wie die meisten bei Hofe, einfach nur genervt war von den durch Goethe und Schiller mutwillig angezettelten, für den Ruf Weimars schädigenden Angriff auf die literarische Welt, schrieb an Gottlieb Hufeland: »Der *Xenien*-Krieg bringt eine literarische Attacke über Weimar und Jena, die wir hätten vermeiden können.«[21]

Anna Amalia, die sich öffentlich nicht äußerte, verarbeitete ihre Meinung aber wieder einmal in einem literarischen Text, einem *Traum im Jahr 1798*, der die Überheblichkeit der »schönen Geister« ironisch karikiert:

»Einst träumte mir, ich wäre in einem fernen Lande. Man hieß es das Arabesque Land und die Bewohner desselben nannten sich bald Systemmacher, bald große Geister und bald die allein Klugen. Ihr Bestreben und ihr Geschäfte gingen alle dahin, die Natur womöglich einen entgegengesezten Lauf gehen zu lassen und sie in Monster umzuändern. Sie selbst gingen auf den Köpfen, und bey einigen sah ich zu meinem Erstaunen Bäume von verschiedenen Arten ... aus ihren Füßen wachsen.« Einige versuchten unter großer Anstrengung die höchsten Gipfel der Bäume zu erklettern, um zu spüren, ob der Bart von Jupiter weiß oder rot wäre. Aber plötzlich bewegte Jupiter, der ungehalten über diesen »armeseligen Vorwitz« war, sein Haupt und »schüttelte zornig seinen lockigen Bart, und sogleich fiel das Völckchen der Genies« auf die Erde. »Ich (erwachte) aus meinem Schlaf, unruhig, ob das alles ... Traum oder Wirklichkeit sey. Ich sprang auf von dem Lager, das mich beunruhigt hatte, und sah begierig, doch vertrauensvoll, auf das Gemählde der nahen Welt: aber leider stellte es mir die Scenen, die ich für einen unsteten Traum hielt, in noch lebhafteren Farben wirklich dar.«[22]

3.2. Dichter, Despoten und bittere Texte

*» Vielleicht Morgen oder Uebermorgen werden wir uns in
einer lustigen Gesellschaft sehen. Indessen verbleibe ich immer
Ihre Amelie. «*[23]

Goethe und Anna Amalia sahen sich in den Neunzigerjahren
hauptsächlich in »lustigen« Gesellschaften bei offiziellen
Anlässen wie Hoffesten, Geburtstagsfeiern, Theatervorstel-
lungen, Konzerten, aber auch privat in Tiefurt oder im Wittumspalast zu Mahlzeiten, Literaturlesungen und in fröhli-
chen Diskussionsrunden. Im Wittumspalast war Anna Amalia
vom Herbst 1791 bis Sommer 1792 auch Gastgeberin der von
Goethe ins Leben gerufenen »Freitagsgesellschaft«, dessen
Präsident er war. Ziel war es, Vorträge von Gelehrten aus Weimar und Jena zu hören und zu diskutieren. Anwesend war oft
auch das Herzogspaar, Anna Amalia selbst kam meist mit
zwei ihrer Hofdamen. Böttiger, der auch zu den Vortragenden
gehörte, hat über die Sitzungen ausführliche Aufzeichnungen
gemacht. »Jeder sitzt, wie er zu sitzen kommt, während das
vorlesende Mitglied seinen Platz an einem besonderen Tisch
einnimmt. In der Mitte steht eine große runde Tafel, auf welche die mathematischen Instrumente, Zeichnungen, natur-
historische Merkwürdigkeiten, deren Erwähnung geschehen
soll, hingelegt werden. Ist nun eine Vorlesung vorbei, so steht
Alles auf und tritt um die Tafel herum, spricht, macht Ein-
würfe, hört und beantwortet die Fragen des Herzogs und der
Herzoginnen, die nun mitten im Zirkel stehen, und nun geht's
zu einer neuen Vorlesung, und Jeder nimmt wieder seinen
Stuhl ein. Da eine Session immer drei Stunden, von abends
5 – 8, dauert, so würde ohne diese kleinen Pausen die Zunge
vom Schweigen, der Körper vom Sitzen ermüden. «[24]

Die Themen waren bunt gemischt. Goethe stellte sein Farbenprisma im Gegensatz zu Newtons Farbentheorie vor, Herder las aus seinem Aufsatz über die *Wahre Unsterblichkeit*. Voigt zeigte alte Dokumente aus dem Weimarer Archiv, Johann Georg Lenz (1748–1832), Inspektor der Kunstkammer und des Naturalienkabinetts in Jena, zeigte einige Intestinalwürmer in Spiritus, »die er selbst aus den Eingeweiden vieler Tiere hervorgesucht und präpariert hatte«, Hofarzt Hufeland führte seine Entdeckung über die Wirkung des Lichts vor, die »er an einem im Rahmen gefassten Schattenriss des Herzogs« gemacht hatte. Die Gelehrtenabende waren aber von Beginn an »mit der Gelehrsamkeit übermäßig belastet: Drei bis vier Vorträge aus verschiedenen Wissenschaften! Drei bis vier Stunden Dauer! Da mussten den aufmerksamen Zuhörern die Köpfe rauchen!«. Der Verein hielt sich nur einige Monate.[25]

Um die Jahrhundertwende wurde Weimars Kulturszene von etlichen heftigen Diskussionen und Skandalen erschüttert, die auch das Verhältnis zwischen Goethe und Anna Amalia weiter belasteten. Goethes Haupttätigkeit nach 1791 neben dem Schreiben seiner eigenen Texte und der Zusammenarbeit mit Schiller war die Direktion des Hoftheaters. Seine Tätigkeit wurde in Weimar von Anfang an von allen Seiten kritisch beäugt. Schon im November 1795 schrieb Böttiger nach einem Gespräch mit Wieland, dass der sich wunderte, weil Goethe in der Theorie, mit seinem Serlo in *Wilhelm Meister* »solche Ideale von guter Theaterdirektionen aufstellt, selbst ein so abscheulicher Direktor ist…«.[26] Die Truppe des Weimarer Theaters sei in einzelnen Teilen nicht schlecht, und manche Stücke würden auch ganz gut gegeben, schrieb Carl von Brühl an seine Mutter, »allein das Ganze könnte besser sein, wenn die Direktion besser wäre. Allein Goethe, dem es doch nicht an Verstand und Kenntnissen fehlt, nimmt sich so schlecht dazu, dass wirklich Sachen vorkommen, die unverantwortlich sind«, zum Beispiel die Verteilung der Rollen und zu wenig Anschaffung neuer, guter Darsteller wegen der teuren Gage.[27]

Henriette von Beaulieu-Marconay, selbst eine eifrige Theatergängerin, berichtet, dass »das weimarische Publikum das Theater liebte« und sich ausführlich und sehr kritisch mit allem befasste, auch mit den aufgeführten Stücken, die oft schon vorher gelesen und besprochen wurden.[28] So zum Beispiel Voltaires »Mahomet«, den Goethe in Jambenform umgeschrieben hatte. Ihr Mann meinte, es seien »vortreffliche Verse«, schrieb Caroline Herder an Knebel, aber der Inhalt » eine Versündigung gegen die Menschheit und gegen alles… Ach die Musen alle sind erkrankt, Bester, oder verpestet«.[29] Andere wie Böttiger waren dagegen begeistert.[30]

Bis hier könnte man die Diskussionen als normale Meinungsverschiedenheiten des Publikums betrachten, über Geschmack lässt sich bekanntlich streiten. Aber was dann in den Jahren 1800 bis 1803 folgte, ging weit darüber hinaus und machte Weimar zum Spottobjekt weit über die Stadtgrenzen hinaus.

Anlässlich der Oper *Don Giovanni* von Mozart kam es zu einem Streit zwischen der Primadonna Karoline Jagemann und dem Hofkapellmeister Kranz, der für die Opern zuständig war, weil beide unterschiedliche Auffassungen über das Tempo des Gesangs hatten. Für eine Sängerin ist ein schnelleres Tempo einfacher, weil sie ihre Stimmbänder schonen kann und trotzdem einen größeren Effekt erzielt. Die Streicher im Weimarer Orchester konnten das Tempo aber nicht mithalten. Man einigte sich schließlich auf ein mittleres Tempo. Bei der Vorstellung im Februar 1801 eskalierte die Situation zu einem öffentlichen Skandal, als Karoline Jagemann plötzlich, bewusst oder unbewusst, das Tempo anzog, der Kapellmeister aber das abgesprochene Tempo beibehielt.[31] »Bei dem Gelächter was in dieser Unordnung geschah … hat sich

Göthe so echauffiert, dass er laut aus seiner Loge dem Publikum Stillschweigen gebothen. Man hat aber doch gelacht«, schrieb Karl von Stein an seinen Bruder Friedrich.[32]

Karoline Jagemann beschwerte sich daraufhin bei der Hoftheaterkommission über Kranz' »bösen Willen« und drohte damit, Weimar zu verlassen, wenn man Kranz nicht hindern würde, ihr »weiter zu schaden«. Kranz hatte in diesem Streit von Anfang an keine Chance, da Karoline Jagemann die Geliebte des Herzogs war. Goethe verfügte, da der Herzog abwesend war, zunächst einmal, dass Kranz von allen Opernaufführungen entfernt würde, da er durch sein Verhalten einen Eklat verursacht habe. Der Herzog verwandelte es dann in ein Verbot für Opern, in denen die Jagemann auftrat. Das bedeutete aber, weil sie in so gut wie allen Opern sang, dass Kranz seine Funktion als musikalischer Leiter am Hoftheater verlor. Proteste waren vergeblich.[33]

»Verzeihen Sie, lieber Goethe, wenn ich wiederhole meine Bitte für den Kapellmeister Kranz.« Mit diesen Worten versuchte Anna Amalia, ihren Hofkapellmeister zu retten. »Ich verlasse mich ganz auf Ihre Freundschaft, die mich hoffen lässt, daß Sie, lieber Goethe, einige rücksicht auf meine bitte und wünsche nehmen mögen, womit Sie mich unendlich verbindlich machen. Ihre aufrichtige Freundin Amalie«[34] Aber auch sie erreichte nichts. Die Stellung der Jagemann als Geliebte des Herzogs war uneinnehmbar, der Kapellmeister hingegen musste gehen. Ende Januar 1803 reichte Kranz sein Entlassungsgesuch ein. Durch Vermittlung Anna Amalias erhielt er eine Anstellung als Hofkapellmeister in Stuttgart.[35] In Italien hatte sie Partituren gesammelt, um in Weimar mithilfe der Hofkapelle unter Kranz italienische Opern und andere Konzerte aufführen zu lassen. Mit seinem Weggang war dieses Projekt nun endgütig gescheitert: »Nun ist es alle mit meiner Musick. Der Alte Gore und ich leiden dadurch am meisten«, schrieb sie frustriert an ihre ehemalige Hofsängerin Rudorff.[36]

Parallel dazu kam es zu einem weiteren Eklat im Theater, wo man im Januar 1802 Wilhelm Schlegels Stück *Ion* aufführte, was beim Publikum gemischte Reaktionen auslöste. Herder, dem es gar nicht gefallen hatte, traute sich nicht, seine Meinung darüber in einer Rezension zu schreiben, um einen Konflikt mit Goethe zu vermeiden.[37] Böttiger dagegen schrieb für das *Journal des Luxus und der Moden* eine kritische Rezension »mit der möglichsten schonung unserer Theaterdirektion, mit der ich um alles in der Welt nicht in einen öffentlichen Krieg geraten wollte«. Goethe, der die Schlegelbrüder protegierte, habe aber noch vor dem Druck davon Kenntnis bekommen und »fulminiert so fürchterlich auf mich und schrieb so drohende Billette an Bertuch, dass dieser die Unheilsbogen sogleich kassiert, ob er gleich Zensurfreiheit hatte und ganz anders hätte verfahren können. Doch Goethe drohte, sogleich seine Demission von der Theaterdirektion zu geben, wenn es geschähe. Die Sache machte hier Aufsehn und indigniert jeden, der kein Sklave der Schlegelschen Clique ist«. Unter strengster Vertraulichkeit schickte Böttiger die Bogen mit, damit sein Freund Rochlitz sich selber ein Urteil bilden könne, ob »etwas gegen Goethe Achtungswidriges« darin war.[38]

Goethe habe »zu dem Donnerkeil Zuflucht« genommen, schrieb auch Caroline Schlegel, die naturgemäß das Stück ihres Manne lobte. Er habe dem Herzog und Voigt gesagt, er lege seine Direktion nieder, »wenn solche Schmeisfliege immer hinterher kommen und sich auf das Beste, was sie lieferten, hinsetzen dürfe«.[39] Knebel tat Böttiger sehr leid, es gehe ihm gar nicht gut, schrieb er an Karoline Herder. Sonst nehme er sich immer so in Acht »die Blitze des Jupiters« nicht »zu reizen ... Nun hat Jupiter die Schale gesenkt«.[40]

Böttiger hatte, wie andere auch, Angst, sich mit Goethe anzulegen, der zwar selber austeilte, wie in den *Horen*, aber Kritik an seiner Tätigkeit nicht duldete und zur Verhinderung negativer Kritik sogar vor Drohungen nicht zurückschreckte. Im Zweifel hatte er den Herzog auf seiner Seite, so wie das schon immer war seit seiner Ankunft in Weimar. Seine Machtstellung war unangefochten, nicht umsonst wurde er von allen als »Jupiter« bezeichnet.

Auch Bertuch, der das Journal herausgab, bat Böttiger, seinen Aufsatz zurückzunehmen, weil er Goethe zeigen wollte, dass er parteilos sei. Goethe wurde aufgefordert, in Zukunft selber die Artikel über das Theater in Weimar zu schreiben, und so geschah es dann auch.[41] Kritik an den Vorstellungen des Theaters war damit nicht mehr möglich, Böttiger, der bisher mit seinen Meinungen nicht hinter dem Berg gehalten hatte, verließ 1804 Weimar, um nach Dresden zu gehen. Da er zur weiteren Hofgesellschaft um Anna Amalia gehört hatte und häufig als kompetenter Gesprächspartner über Literatur, Geschichte und Politik in Tiefurt und im Wittumspalais anwesend gewesen war, bedauerte Frau von Goechhausen in einem Brief an ihn stellvertretend für die Herzogin den Verlust seiner geistigen Leitung und Führung, wie sie es ausdrückte.[42]

Henriette von Beaulieu-Marcony, die frühere Gräfin von Egloffstein, schrieb auf, was andere nur dachten: Goethe habe überall seine Spione, Kritik an den aufgeführten Werken und an den Leistungen der Schauspieler schriebe er »ins schwarze Register u behielt sich vor, bei der ersten Gelegenheit uns sämmtlich dafür abzustrafen«.[43] Auch wenn einige Äußerungen vielleicht etwas übertrieben waren, so zeigen sie doch alle deutlich das Klima in Weimar rund um das Theaterleben, wo ein Goethe vorschrieb, was die Zuschauer für gut oder schlecht halten sollten. Sie rächten sich, wie bei der Aufführung des *Alarcos* von Schlegel, als die Szene kam, in der es hieß, »der alte König sey aus Furcht zu sterben endlich gestorben«, was sprachlich so absurd war, dass die Zuschauer in ein »unbändiges Gelächter« ausbrachen und Goethe laut »Stille!« rief.[44] Dieser Vorfall machte in der literarisch interessierten Welt die Runde. Selbst Schiller schrieb an Körner: »Mit dem *Alkaros* hat sich Goethe allerdings compromittirt; es ist seine Krankheit sich der Schlegels anzunehmen, über die er doch selbst bitterlich schimpft und schmäht.« Das Stück sei nur ein Mal ohne allen Beifall gegeben worden.[45]

Auch bei der Auseinandersetzung Goethes mit Friedrich Ferdinand von Kotzebue (1761–1819), der 1798 als bekannter deutscher Dichter in seine Heimatstadt zurückkam, standen Anna Amalia und ihr Hofstaat nicht auf der Seite Goethes.

Kurz nach der Aufführung des *Ions* von Schlegel übergab Kotzebue der Direktion des Theaters sein Stück *Die Kleinstädter,* in dem Anspielungen auf Schlegel vorkamen. Das Stück wurde zunächst ohne Beanstandungen angenommen, die ersten Proben waren gelaufen, der Tag der Vorstellung auch schon festgesetzt, als Goethe Kotzebue auf einmal erklärte, er habe Streichungen vornehmen müssen. Kotzebue wollte sich Goethes »eigenmächtige Korrrekturen« in seinem Stück aber nicht gefallen lassen, nur weil Goethe Anspielungen auf »seine Lieblinge, die Schlegel, witterte. Er wollte nun gar nichts mehr im Weimarer Theater aufführen lassen«.[46] Dieser »Wortwechsel« fand ausgerechnet während eines Konzertes bei der Herzoginmutter statt, wie Karoline Schlegel ihrem Mann berichtete.[47]

Kotzebue verließ daraufhin Weimar, weil er sich Goethes despotisches Verhalten nicht länger gefallen lassen wollte, und ging nach Berlin. »Der verwitwete Hof hat gleichsam *offene* Fehde gegen G(oethe), und dort hängt alles auf der Kotzenbuben Seite«, schrieb Christian August Vulpius (1762–1827), der spätere Schwager Goethes, an Nikolaus Meyer.[48]

Kotzebue gründete in Berlin die Zeitung *Der Freimüthige oder Berlinische Zeitung für gebildete, unbefangene Leser*. Gleich in der ersten Ausgabe erschien ein Artikel von ihm unter der Überschrift »Eine Begebenheit, von welche wir wünschen, dass sie erdichtet wäre«. Und dann kommt die ganze Geschichte der Unterdrückung der Rezension über Schlegels *Ion* von Böttiger durch Goethe zur Sprache. Kotzebue fragt die Leser in seinem Artikel, was hätte Goethe gesagt, wenn man seine Satire über Wieland *[Götter, Helden und Wieland]* oder seine Xenien »durch einen Machtspruch ohne Gründe« unterdrückt hätte? Der Artikel endet mit der Aufforderung an Goethe, sich zu äußern, denn seine über ganz Deutschland zerstreuten Anhänger würden »untröstlich sein, wenn sie von ihrem Lieblingsdichter eine Handlung glauben müßten, die wir – freimüthig gesprochen – lieber von einem Großvezir erzählt haben würden«.[49]

In Weimar war man empört. Auch wenn man die Selbstherrlichkeit Goethes durchaus verurteilte, dies war ein Angriff auf die ganze Gesellschaft. »In Berlin macht man sich recht über uns lustig. Vorzüglich dient ihnen unser Schauspiel zum Zeitvertreib«, schrieb Knebel an Karoline Herder.[50]

Anna Amalia kommentierte die Farce trocken in ihrer Spruchsammlung: »Die Genies stiften mehr Verwirrung als Erleuchtung, wenn die Redlichkeit sie nicht antreibt.«[51] Allerdings fand sie das Verhalten Kotzebues auch nicht in Ordnung. Er sei ein »schlechter und läppischer Mensch«, aber »dem grossen G. schadet es nicht, ich fürchte nur, dass andere nachfolgen u uns noch mehr ducken. Stoff haben sie genug dazu«.[52] Frau von Stein brachte die Sache auf den Punkt. Herzogin Louise habe ihr »mit Abscheu« den Artikel vorgelesen. Aber Goethe habe das wohl durch seine *Xenien* mitverursacht und den »Geist, sich alles zu erlauben, ein wenig angefacht«.[53]

Und Goethe? Er »soll jetzt sehr verstimmt sein über manches, was über seinen Theaterdespotismus gesagt wird«, erzählte man sich in Weimar.[54] Wobei seine Werke durchaus von denselben, die seinen Depotismus beklagten, begeistert bejubelt wurden. Auch Schiller war frustriert, weil Goethe sich in Jena aufhielt und nichts mehr vorantreiben wollte. »Er ist jetzt ordentlich zu einem Mönch geworden …« und verläßt das Haus nicht mehr. Schiller plante Weimar zu verlassen und sich nach einem anderen »Wohnort und Wirkungskreis umzusehen; wenn es nur irgendwo leidlich wäre, ich ginge fort«.[55]

Die Intrigen und öffentlich ausgetragenen Auseinandersetzungen, bei denen jeder seine eigene »Wahrheit« vertrat, waren auch Karoline Herder entsetzlich: »Fratzen u. Lügen als Wahrheit herum zu tragen« sei »so sehr in Weimar zur Mode geworden … Sein Angesicht wegwenden, u. nur in seiner Pflicht u. mit wenig Freunden leben, ist das Einzige, was man thun kann. Der Geist des Ortes ist so verderbt u. verschoben, dass man zu seiner eigenen Ruhe weder zu rechten noch Linken schauen darf«.[56] Anna Amalia ließ ihre Enttäuschung über die Situation in Weimar wieder einmal in ihre bittern Texte fließen, die sie in dieser Zeit verfasste:

> »*Kennt ihr das Wunder von Weimar?*
> *Die bunte scheißige Fama*
> *Mit dem verzogenen Mund und dem verkehrten Herz*
> *Daher aus Mund und Herz ertönt als Lüge die Wahrheit*
> *Und der tollste Betrug kömt als Wahrheit daher.*«

Und auf die bekannte Melodie vom *Armen Augustin* dichtete sie:

> »*O du liebes Weimar du / Rennst dem Verderben zu: / 'S Herz ist weg, / Der Verstand ist weg, / Weimarschen liegt im Dreck. / O du liebes Weimar du, / Du gehst zur Ruh.*«[57]

3.3. Freud und Leid

*»Für den Fall, dass Sie, Madame, ... es für nöthig halten, gegen
den letzten Willen unserer verstorbenen Mutter einzuschreiten,
werden Sie einen Prozess gegen alle Vermächtnisnehmer ... aushalten müssen.«*

So lautete ein Schreiben ihres Bruders Carl Wilhelm Ferdinand von Braunschweig an Anna Amalia, die zusammen mit
ihrer Schwester Elisabeth Christine Ulrike nach dem Tod ihrer Mutter am 17. Januar 1801 das Testament anfechten wollte,
weil beide sich im Vergleich zu den anderen Geschwistern benachteiligt fühlten.[58] Die Mutter hatte ihre Kinder nicht gleich
bedacht, sondern offensichtlich danach, wie nahe sie ihr standen, welche Rolle sie in ihrem Leben gespielt hatten und wie
ihre finanzielle Situation war. Philippine Charlotte hatte offensichtlich schon Protest befürchtet und in ihr Testament
die Ermahnung aufgenommen, dass alle »gleichwohl Mein
Andenken zu (zu) ehren und den letzten Willen ihrer Mutter
zu respektieren (hätten), also auch dergestalt betragen und
keine Streitigkeit untereinander erregen, mithin kein Mißvergnügen in die Familie bringen werden«.[59]

Anna Amalia hätte wohl nie gedacht, dass sie einmal ausgerechnet mit einem ihrer Brüder auf solche Weise kommuni-
zieren musste und dadurch einen öffentlichen Skandal provo-
zierte, denn alle Gelder aus dem Testament, auch die an die
Bedienten und an Stiftungen, konnten erst nach Beilegung
des Streites ausgezahlt werden. Aber sie benötigte das Geld,
um ihre Schatulle wieder aufzufüllen, die sich immer noch
nicht von den immensen Kosten der Italienreise erholt hatte,
auch wenn sie selbst ihr Verhalten mit ihrer »Verpflichtung«
gegenüber ihrer Enkelin Caroline, der einzig überlebenden

Tochter ihres Sohnes Carl August, begründete. Am Ende bekamen beide Schwestern eine Erhöhung, Anna Amalia immerhin ein Drittel mehr als von der Mutter vorgesehen. Das Verhältnis zum Bruder war aber nachhaltig zerrüttet.[60]

Auch die politischen Verhältnisse waren eher besorgniserregend. Zwar hatte sich das Herzogtum Sachsen-Weimar-Eisenach, genau wie Preußen, in den letzten Jahren neutral verhalten, trotzdem verfolgte man in Weimar gespannt und auch mit Sorge die Kämpfe zwischen Frankreich und Österreich im Zweiten Koalitionskrieg, in dem vor allem die Franzosen unter Napoleon siegreich waren. Herzog Carl August, der 1794 die preußische Armee verlassen hatte, trat 1798 erneut in sie ein, da er befürchtete, dass sein Land Kriegsschauplatz werden würde. Er wolle lieber »das allgemeine Beste verteidigen helfend mit dem Degen in der Faust die Welt verlassen«, als in der Emigration leben.[61] Um einen weiteren Bündnispartner zu gewinnen, begannen auf Initiative Carl Augusts ab 1799 in St. Petersburg Verhandlungen über eine mögliche Hochzeit zwischen dem Erbprinzen Carl Friedrich und Maria Pawlowna, Tochter des Zaren Paul I., die 1801 erfolgreich abgeschlossen wurden. Außerdem hatte Carl August vorsichtshalber bereits im März 1799 in St. Petersburg nachgefragt, ob seine Familie dort im Falle eines Krieges Asyl finden könnte.[62]

Anna Amalia versuchte, so gut es ging, mit der latenten Kriegsgefahr umzugehen. Sie schrieb ein wenig wehmütig an Christoph von Benckendorff, dass man »nicht zu sehr über die jetzigen Zeiten nachdenken sollte, das macht nur schlechtes Blut, und das Leben ist zu kurz, um es nicht so viel wie man kann zu genießen. Unsere guten alten Zeiten waren fröhlicher, die Gesellschaft war lebendiger, jetzt hält man den Kopf schief, man will alles festmachen, indem man alles, was man tut, kritisiert, in dem Glauben, dass das geistreich ist.«[63]

Im Frieden von Lunéville mit dem siegreichen Frankreich musste Kaiser Franz II. 1801 die bereits 1795 und 1797 vereinbarte Abtretung der linksrheinischen Gebiete an Frankreich endgültig bestätigen. Die Fürsten, die dort Ländereien besaßen, sollten durch Gebiete rechts des Rheins entschädigt werden, vor allem durch die Säkularisierung geistlichen Besitzes. Die Verhandlungen darüber liefen unter französischer Regie, die Ergebnisse wurden im Reichsreputationshauptschluss 1803 festgeschrieben. Damit verloren über 200 kleinere Gebietseinheiten, meist geistliche Territorien, Reichsstädte und Grafschaften ihre Selbstständigkeit, fast fünf Millionen Menschen bekamen neue Landesherren. Preußen erhielt dabei Erfurt und das Eichsfeld, was man in Weimar nicht so gerne sah, da es den preußischen Einfluss auf den thüringischen Raum noch verstärkte. Anna Amalia kommentierte resigniert aus Tiefurt: »Ich finde mich noch immer im Tal der Ruhe und sehe die Welt mit Gleichgültigkeit an, was verdient sie denn mehr! Wir werden ganz umzingelt von Preußen – das Herz blutet über die zersetzung des armen Teuschlands. Wird es besser und glücklicher? Die Zeit wird das lehren. Geduld!«[64]

Rückzug und ausblenden, was in der Welt passierte, weil man es ja doch nicht ändern konnte – das war das Motto der meisten in der Gesellschaft Weimars zu jener Zeit. Ablenkungen gab es genug am Hofe Anna Amalias. Schiller las des Öfteren aus seinen neuesten Werken vor, die dann eifrig besprochen wurden. Der Hamburger Schauspieler und Theaterdichter Friedrich Ludwig Schröder (1744 – 1816) las in Tiefurt aus Lessings *Nathan der Weise*.[65]

Auch Goethe war oft zu Besuch, wenn er nicht krank war, was regelmäßig im Winter geschah und alle in Besorgnis versetzte. Anna Amalia, die in diesen Jahren wegen seiner Überheblichkeit so manches an ihm auszusetzen hatte, vergaß ihren Unmut, sobald sie um sein Leben fürchtete. Und umso mehr freute sie sich, wenn es ihm nach Wochen dann wieder besser ging: »Da Sie, lieber Goethe, nach allen unseren Wünschen wiederhergestellt sind, so wünsche ich nichts mehr, als dass ich Ihnen meine Freude darüber selbst beweisen könnte. Wenn es Ihnen gelegen ist, so wollte ich heute um halb elf zu Ihnen kommen. Lassen Sie es mir mündlich sagen, wie es Ihnen am liebsten ist. Amalie.«[66]

Auch Wieland und Herder gehörten zu den regelmäßigen Besuchern in Tiefurt und im Witwenpalais. Vermisst wurde dabei Böttiger als kompetenter Gesprächspartner, vor allem wenn es um Altertümer ging, ein Gebiet, auf dem er weit über Weimar hinaus als Experte anerkannt war. Anna Amalia schrieb ihm regelmäßig Briefe, in denen sie auch ganz offen über ihre Seelenlage berichtete. Sie lud ihn immer wieder zu Besuchen ein und versicherte ihm ihre »immerwährende Freundschaft«, was einmal mehr bestätigt, dass es vor allem die persönliche Meinung Goethes und Schillers war, die bis heute das Bild dieses Mannes beeinflusst.[67] Es hatte nur wenig mit der Realität zu tun.

Es wurden weiterhin im Winter Redouten gegeben, es gab Maskenzüge, die Goethe immer noch zum Geburtstag der Herzogin Louise veranstaltete. Und auch das *Liebhabertheater* spielte ab und an zu wohltätigen Zwecken oder um Anna Amalia eine Freude zu machen. Allerdings waren von der älteren Liebhabergesellschaft nur noch der Kammerherr von Einsiedel, sein jüngerer Bruder Heinrich und Frau von Goechhausen dabei, die auch die treibende Kraft war.[68] Abwechslung brachte 1803 auch der Besuch der Herzoginmutter in Dresden, wo sie an gesellschaftlichen Vergnügungen bei Hofe teilnahm und die berühmte Gemäldegalerie, die Antikensammlung und die von Anton Raphael Mengs (1728–1779) gesammelten Gipsabdrücke besichtigte.

Besonderes Aufsehen machte Ende 1803 der Besuch der Schriftstellerin Germaine de Staël (1766–1817) in Weimar, die wegen ihrer kritischen Meinung 1802/03 von Napoleon aus Paris und dem Umland ausgewiesen wurde. Zusammen mit ihrem Geliebten Benjamin Constant (1767–1830) machte sie eine sechsmonatige Reise durch Deutschland. Sie wollte unbedingt auch Goethe sehen, der allerdings kein großes Interesse hatte, eine Frau zu treffen, die so gar nicht seinem bevorzugten Frauenbild entsprach und bereits erfolgreich mehrere Romane und auch politisch-philosophisch-literatur-theoretische Schriften veröffentlicht hatte. Erst auf ausdrück-lichen Wunsch Carl Augusts kam er zu einem Treffen mit ihr aus Jena nach Weimar zurück.

Dafür interessierten sich umso mehr das Herzogspaar und Anna Amalia für sie. Anna Amalia hatte bereits ihren Briefro-man *Delphine* gelesen, der ihr aber nicht besonders gefiel.[69] Als sie den Text an Wieland schickte, schrieb sie dazu, sie hoffe, dass er bei der Lektüre » kein Gallen Fieber « bekomme, » sie verdient es nicht «.[70] Das änderte sich, als sie persönlich in Weimar erschien. Anna Amalia lud Knebel ein, » ein Phäno-men in der Gestalt von Frau von Stael kennenzulernen «.[71] Drei Monate blieb sie in Weimar, besuchte das Theater, er-schien auf Empfängen oder gab selber welche und war fast täglich im Wittumspalais. Anna Amalia lobte ihr » angeneh-mes Wesen, verbunden mit großem Verstand und angeneh-mem Witz «.[72] » Man muß sie selber kennen, um ganz andere Ideen von ihr zu bekommen ... Die Stael hat einen sehr klaren Begriff über Goethe. «[73]

Und ihre Meinung über ihn findet man in ihrem Buch wie-der, das sie im Anschluss an ihre Reise schrieb: » Wenn man die Kunst versteht, Goethe zum Sprechen zu bringen, ist er bewundernswert; seine Beredsamkeit wird von Gedanken er-zeugt; sein Scherz ist zugleich voll Anmut und Philosophie, seine Fantasie durch äußere Gegenstände aufgeregt wie etwa die der Künstler im Altertum, und doch hat seine Vernunft nur zu sehr die Reife unserer Zeit. Nichts stört die Kraft seines Kopfes, und selbst die Inkonvenienzen seines Charakters, Launen, Verlegenheit, Zwang, ziehen wie Wolken hin am Fuße des Berges, auf dessen Gipfel sein Genie erhaben ruht.«[74]

Über Weimar urteilte sie mit den Worten: »Weimar war keine kleine Stadt; es war ein großes Schloss, wo eine ausgesuchte Gesellschaft sich mit Teilnahme über jedes neue Kunstprodukt unterhielt. Liebenswürdige Schülerinnen einiger höheren Köpfe beschäftigten sich mit literarischen Arbeiten, als wären es die wichtigsten Neuigkeiten der Zeit gewesen, zogen durch Lesen und Studieren die Welt zu sich heran und entrissen sich mithilfe des unermesslichen Gedankenraumes den Zwangsformen der Umstände … Man nannte Weimar längst Deutschlands Athen, und in der Tat war es die einzige Stadt, in der das Interesse für die schönen Künste einheimisch, national und ein brüderliches Band für alle Stände ist. Ein liberaler Hof suchte aus Bedürfnis der Gewohnheit die Gesellschaft der Männer von Geist auf, und die Literatur gewann deutlich unter dem Einfluss des guten Geschmacks, der an diesem Hofe vorherrschte.«[75]

Im Juni 1804 gab es große Aufregung, als die verwitwete Mutter des preußischen Königs Friedrich Wilhem III., Friederike Louise (1751–1805), die eine Schwester der Herzogin Louise war, nach Weimar kam und unbedingt Anna Amalia sehen wollte: »Nun, theuerster Freund, denken Sie sich den Holderpolder in Tiefurts Bezirk«, schrieb Frau von Goechhausen an Böttiger. »Die Esel schrieen, die Kühe brüllten, die Gänse schnatterten und die Hühner machten glu, glu, glu! Alles sang Hymnen nach seiner Art.« Am nächsten Tag machte man den Gegenbesuch in Weimar, aß »in dem Glanzgewimmel « des Hofe, abends gab es ein Konzert von drei Franzosen aus dem Musée conservatoire von Paris, die sie schon einige Tage vorher bewundert hatten «.[76]

Einen großen Raum in Anna Amalias Tagesablauf nahm auch in diesen Jahren das Schreiben ihrer Briefe in Anspruch. Zu ihren wichtigsten Briefpartnern gehörte das Ehepaar Knebel. Sie schickten sich zum Geburtstag Pakete, Anna Amalia war Beraterin bei Eheproblemen und nahm großen Anteil an der Entwicklung des kleinen Carl Wilhelm, der ja auch ihr Enkel war. In den Briefen ist er immer ein Thema, seine Kinderkrankheiten genauso wie Erziehungsfortschritte. Sie freute sich z. B., dass der 3-Jährige » so noblich « wurde, ermahnte die Mutter aber, sie solle ihn nicht verziehen.[77] Als der neunjährige Carl ihr einen Geburtstagsbrief geschrieben hatte, bedankte sie sich: » auch die zarten und lieblichen Verse des kleinen Carl haben mich sehr gefreuet, und beiliegendes Billet wird ihm selbst sagen, wie lieb sie mir sind; sie sagen mehr als die wortreichen Hexameter des guten alten Voß. «[78]

Aus der offiziellen Verbindung ihres Sohnes Carl August mit Louise lebten noch drei Enkelkinder: Erbprinz Carl Friedrich (1783–1853), Caroline Luise (1786–1816), zu der Anna Amalia ein besonders herzliches Verhältnis hatte, und Carl Bernhard. Wie viele Enkelkinder sie insgesamt aus außerehelichen Verbindungen Carl Augusts und aus Verbindungen von Constantin hatte, wissen wir nicht genau, und sie wusste das mit Sicherheit auch nicht. Nur wenn die Geliebten aus dem Umfeld des Hofes kamen, wurde es bekannt.

» Dem[oiselle] Jagemann macht, wie man sagt, eine nothwendige Reise auf einige Monate «, schrieb Frau von Goechhausen an Böttiger im September 1804.[79] Jeder wusste, was sie damit andeuten wollte. Seit einigen Jahren hatte der Herzog schon eine Beziehung mit der Sängerin Caroline Jagemann, die jahrzehntelang andauern sollte, offenbar mit Duldung durch die Herzogin.[80] Wenn Amalia der Jagemann eher kritisch gegenüberstand, so hing das mit ihrer anderen Auffassung von Gesang zusammen und weil sie sich über ihre Beziehung zum Herzog in den Theaterplan einmischte.[81]

Eine weitere »Enkeltochter« kam mit der Hochzeit des Erbprinzen mit Maria Pawlowna, die am 3. August 1804 in St. Petersburg stattfand, dazu.

Während das Erbprinzenpaar sich auf den Weg nach Weimar machte, warf die bevorstehende Ankunft glänzende Schatten voraus: »Freilich können Sie kaum einen Begriff haben von dem Glanz, der uns neuerlich umgibt«, schrieb Frau von Goechhausen an Böttiger. Der Herzog habe gleich drei russische Orden bekommen, auch Anna Amalia habe einen erhalten, »überhaupt reden wir jetzt von Gold, Silber und Edelsteinen wie sonst von Quarz, Gneis und Glimmer.«[82]

»Wir sind hier sehr beschäftiget mit arrangieren und zuweilen mit dérangieren auf die ankunft des jungen Ehepaars, das erwartet wird in einigen tagen«, teilte Anna Amalia Henriette von Beaulieu-Marconnay am 1. Oktober 1804 mit. »Alles ist in Bewegung, die Kaufleute haben nicht Beine genug um in die Häuser zu laufen, die Schneider schwitzen, man hört nichts anders als von gestickten und ungestickten Kleidern, von Tunika ... Talaren und dergleichen mehrerer, dass auf einige Zeit ... die leidige Politique verschwunden ist, und man nichts als fröliches höre, wie glücklig were man, wen man nie mehr davon hörte.«[83]

Am 3. November 1804 wartete Anna Amalia zusammen mit Herzogin Louise vor dem noch rechtzeitig fertiggestellten Schloss, um das Erbprinzenpaar in Weimar zu begrüßen.[84] Bereits vier Wochen nach der Ankunft konnte Anna Amalia verkünden, dass ihre neue Enkelin ein »wahrer Schatz« sei, »die ich unendlich liebe und verehre, sie hat Glück und wohl auch den Segen dazu zu uns gebracht ... Ich kann mich auch schmeicheln, daß sie mich liebt. In meinen Enkeln werde ich vielleicht Glücklicher werden«.[85]

In Maria Pawlowna hatte Anna Amalia auch jemanden gefunden, der ihre Begeisterung für die Musik teilte. Sie spielte hervorragend Klavier, allerdings gefiel ihr »der Zustand der hiesigen Musik« nicht, auch in dem Punkt ging sie ganz mit ihrer neuen Großmutter konform.

»Diese gute Fürstin lebt neu in ihrer holden Enkelin, die sie mit kindlicher Zärtlichkeit liebt und auf einem zwanglosen zutraulichen Fuß mit ihr lebt«, erzählte Frau von Goechhausen Böttiger. Maria Pawlowna komme oft einige Male pro Woche allein oder mit Begleitung zum Abendessen. Sie wisse alsdann durch hundert Artigkeiten ihr den Abend froh und heiter zu machen. »So will es die gute Großmama, und das hat sie ihr bald abgemerkt.« Wieland sei oft dabei und dann spreche sie deutsch »wie ein Engel«.[86]

Diese Jahre brachten aber nicht nur neuen Glanz, sondern auch einige Todesfälle. Bereits im Dezember 1803 war Herder gestorben, um den Anna Amalia als jahrelangen Weggefährten trauerte: »Den Verlust, den Wir hier durch Herders Tode gemacht haben, hat mir ein sehr trauriges und schmerzhaftes Neujahr geschenkt; den unersetzlichen Verlust, den ich durch diesen Tod erfahren, kan ich nicht aussprechen. Seyn Geist wird mir hoffentlich doch noch immer um sich wandeln.«[87]

Im Mai 1805 starb Schiller, der in den letzten Jahren ein steter Gast an ihrem Hofe gewesen war. »Unsere gute Herzogin fühlt tief den Schmerz, dieses zu erleben. Möge Gott diese treffliche Frau erhalten, wenigstens so lange als die noch übrig sind, die ihren Werth fühlen«, schrieb Frau von Goechhausen an Knebel. »Weimar wird sehr arm. Bald wird nach Jean Pauls Prophezeiung der Wanderer nichts mehr finden als – das neue Schloß. Möge der Himmel noch lange, lange erhalten, was noch übrig blieb!«[88]

Auch Goethe war im Winter 1804/05 sehr krank gewesen. Am Hofe Anna Amalias waren alle in Sorge, man fürchtete wieder einmal um sein Leben. Umso größer die Freude bei Anna Amalia, als es ihm dann besser ging. »Ich habe mit Theilnahme und aufrichtiger dankbarkeit Ihre sendung erhalten«, schrieb sie ihm. »Sie haben Ihre Zuschrift – die ich schmeichelhaft nennen möchte – meinem eigenen Zauberwink zugesellt: nemlich den Wunsch recht lange zu leben, und der schaffenden Kraft unseres Zeitalters noch eine Zeit lang zuzusehen ... Ihre aufrichtige Freundin Amelie«.[89] Manchmal unterzeichnete sie auch nur mit »Ihre Amelie« oder »Amelie«.

Im Oktober 1805 kam dann der schwerste Abschied. Ihr Bruder Friedrich August wollte sich in Weimar ein Haus kaufen und dort seinen Lebensabend verbringen. »Ein strenges Schicksal gönnte ihm und uns diese Freude nicht.« Er sollte Taufpate ihres ersten Urenkels sein, aber nach 14 Jahren der Trennung hatte sie den »Umgang des geliebten Bruders (nur) einige Tage genossen, so gefiel es der höheren Macht, der wir Alle unterworfen sind, ihn nach Kurzem Krankenlager von mir zu trennen. Ich fühle die Härte meines durch so manchen ähnlichen Schlag noch nicht versöhnten Schicksals zu tief und schmerzlich, als daß ich Ihnen nicht für dießmal mehr sagen könnte. Ich weiß, Sie nehmen teil daran wie alle guten Menschen, die den Verewigten gekannt haben; und Dieß ist es auch, was meinen Schmerz einigermaßen erleichtert und mich fähiger macht, mich der harten Notwendigkeit und Geduld zu unterwerfen«, vertraute sie Böttiger an.[90] Der Herzog kümmerte sich sehr um seine Mutter, schrieb ihre Hofdame: »Alles beeifert sich um sie und sie fühlt diese Liebe.«[91]

3.4. Krieg und Frieden

»Die Novitäten aus dem heiligen Röm. Reich sind heutiges Tages durchaus so beschaffen, dass man gar nicht daran denken, geschweige denn davon reden mag«,

schrieb Wieland an die Schriftstellerin Sophie de la Roche (1730–1807). »Aber was ich thäte, wenn mir Jupiters Donnerkeile zu Gebote ständen, weiß ich sehr wohl. Danken wir dem Himmel, dass wir bessere Zeiten gesehen haben, und ziehen uns in unsre Ideen-Welt zurück, wo uns N.(apoleon) nichts zu befehlen hat.«[92] Dieser Rückzug, der in den Jahren davor in Weimar zumindest zeitweise noch möglich gewesen war, konnte im Sommer 1805 angesichts des unaufhaltsam scheinenden Vormarschs von Napoleon, der sich am 2. Dezember 1804 selbst zum Kaiser gekrönt hatte, nicht mehr gelingen. Die Hoffnung auf einen dauerhaften Frieden hatte man schon längst begraben.

Es würde an dieser Stelle zu weit führen, die einzelnen Schritte aufzuführen, die am 23. Mai 1803 zur Kriegserklärung Großbritanniens an Frankreich führte. Zunächst blieb es in Europa relativ ruhig, der allgemeine Frieden war nicht bedroht. Da sich Russland aber durch Napoleons Aktionen im Nahen Osten bedroht fühlte, schloss es am 11. April 1805 ein Bündnis mit Großbritannien mit dem Ziel, die Franzosen hinter die Grenzen von 1792 zurückzudrängen. Diesem Bündnis schlossen sich Österreich, Schweden und Neapel an, Preußen blieb neutral, bis Anfang Oktober der französische General Bernadotte in das preußische Gebiet von Ansbach-Bayreuth einmarschierte. Daraufhin ließ der preußische König seine Truppen mobilisieren und schloss mit Zar Alexander I. am 3. November 1805 einen Freundschaftsvertrag.

»Preußen, Russen, Schweden, Engländer sind alle im Hannoverischen angelangt, die Franzosen haben sich ganz stille zurückgezogen. Vielleicht kommen noch Mohammedaner, um Deutschland zu retten oder mitzuhelfen, daß es ganz untergeht«, kommentierte Anna Amalia.[93]

In Weimar setzte man bei der Auseinandersetzung mit Napoleon große Hoffnungen in den Zaren Alexander I., den Bruder der Erbprinzessin Maria Pawlowna. »Ein Nordstern ist angekommen in Berlin«, schrieb Anna Amalia an Knebel, »auch wir hoffen, dass er uns erscheinen wird; der Erbprinz hat sogleich nach Berlin gemusst. Es geht sehr bunt in der Welt zu, doch muss man nicht Alles glauben, was der große Buonaparte sagt. Der Erzherzog Ferdinand hat sich mit vierzigtausend Mann durchgeschlagen und ist glücklich davongekommen – schöne Taten werden aber verschwiegen –, so sind die Franzosen! Doch wird immer am Frieden gearbeitet, wie man sagt; auch scheint es, dass der große Napoleon nicht gern Preußen zum Feinde haben möchte. Im Grunde wissen sie alle nicht, was sie wollen, auch selbst Buonaparte, der nur seinem tollen und blinden Stolz und Übermut die Zügel laufen lässt und sucht, wie weit er kommen kann.«[94]

Am 6. November kam Kaiser Alexander I. in Weimar an, wo er sich längere Zeit vor allem mit Anna Amalia unterhielt und sie auch nach dem Theater noch im Wittumspalais besuchte. »Man spricht von Friedenshoffnungen oder fürchterlichem Krieg. Möchte doch der Kaiser der Mann sein, der die Welt wieder in ihre Angeln hebt«, schrieb Frau von Goechhausen danach an Böttiger.[95]

Seit Herbst 1805 hatte es in Weimar Einquartierungen von sächsischem und preußischem Militär gegeben. Täglich marschierten Soldaten mit schwerem Geschütz durch die Stadt. »Alle Dörfer liegen hagelvoll ... Alles steigt zu enormen Preisen, und wir wissen nicht, was aus uns werden soll«, schrieb

Vulpius besorgt.[96] »Das lässt uns ängstliche Blicke in die Zukunft thun ... bald wird es wie in Wallensteins Lager hier aussehen«, sorgte sich Frau von Goechhausen.[97] Überall »wandeln die preußischen Heerscharen mit ihren elenden Pferden ... Was es werden wird? – Wer weiß das? Eine gewaltige Confusion scheint überall zu walten, und nichts ist gewisser als die Ungewissheit ... Dass doch 3 oder 4 Ehrgeizige, Verkehrte, Verblendete, dumme Köpfe so viel 1000 und 1000 Menschen scheeren können! Dass es vom Zufall abhängt, ob ein guter oder ein dummer Kerl die Völcker regiert!«[98]

Am 13. November besetzten die französischen Truppen Wien. Bei der entscheidenden Schlacht am 2. Dezember 1805 bei Austerlitz, in der Frankreich Russland und Österreich besiegte, waren noch keine preußischen Truppen dabei. Aber da die preußischen Truppen gegen Frankreich immerhin schon mobilisiert worden waren und Friedrich Wilhelm III. Napoleon ein Ultimatum gestellt hatte, bestand Napoleon im Frieden von Schönbrunn darauf, das preußische Ansbach an das mit Frankreich verbündete Bayern abzugeben im Tausch gegen Hannover, alle Häfen gegen England zu schließen und bei Bedarf Hilfstruppen gegen Russland zu stellen. Auch wenn in Berlin die Empörung hochschlug, unterzeichnete der preußische König am 15. Februar 1806 den Vertrag und ließ wieder abrüsten. Kaiser Franz II. musste neben Gebietsabtretungen seine Zustimmung zu einem zukünftigen Bund Napoleons mit deutschen Fürsten geben, dem späteren Rheinbund, was im Juli 1806 dann zur Auflösung des Reiches führen sollte.

Die Stimmung in Weimar blieb gedrückt. Anna Amalia schrieb an ihre Freundin von Knebel, die sich beklagt hatte, dass sie keine Briefe mehr bekomme: Jetzt »ist mein humor nicht sehr gestimmt Briefe zu schreiben, den meine Seele leidet sehr an den jetzigen unglücklichen Zeiten, die man leider nicht ändern kann, als in geduldiger resignation zu aushalten, und zu suchen so viel wie möglich sich darüber zu erheben um nicht ganz zu nichts zu werden.«[99] Und an Knebel: »Ich finde mich sehr geschmeichelt, lieber Knebel, durch das gut Zutrauen, das Sie in mich setzen. Wollte der Himmel, es stände in meiner Macht, den lieblichen Traum der Vorwelt, der Sie begeistert zu haben scheint, wahr zu machen! Aber leider! Fühle ich zu sehr, wie wenig meine Kräfte hinlänglich sind, dem gewaltigen Dämon zu widerstreben, der die Herzen aller Menschenkinder zusammendrückt, und die Welt selbst aus ihren Angeln zu heben droht. Nur im Stillen kann der gute Wille mit Liebe und Freundschaft in einem kleinen Kreise von Freunden auch das Gute wirken. Sollte die Natur mit diesen Gaben mich versehen haben, so würden Sie, lieber Knebel, die ersten Früchte derselben davon tragen.«[100]

Während Anna Amalia resignierte, war Herzogin Louise, die die Zustände auch nicht ändern konnte, aber eben deutlich jünger war, wütend, vor allem auf die deutschen Fürsten im Süden, die sich Napoleon angeschlossen hatten. »Die deutsche Nation, das alte Germanien wird degradiert und fast vernichtet, und alte Häuser stellen sich sogar an die Spitze, um das tyrannischste Joch zu erdulden, ohne sich zu empören und zu schämen ... Wenn man nur wüsste, warum man in diese Welt geworfen ist. Niemand hat gefragt, ob man hier sein möchte.« Sie würde am liebsten in eine Wüste auswandern und dort leben.[101]

An Anna Amalias Geburtstag wurde in diesem Jahr im Theater das Trauerspiel *Der Eid* von Pierre Coneille (1606–1684) aufgeführt. Nach der Melodie von *God save the Queen* wurden Goethes Verse gesungen:

>*Mitten in unsre Reihen*
>*Stürmet der Krieg herein,*
>*Umstellt uns hier ...*«[102]

Ablenkungen durch Theater und Konzerte gab es in dieser Zeit auch nicht so, wie man es gewohnt war. Besucher stellten fest, dass das Theater seit dem Tod von Schiller »sehr gelitten« habe. Die interessanteste und fast einzige Vorstellung im Winter sei Goethes *Stella* gewesen, die er umgeschrieben hatte. Auch mit der Musik sei es ziemlich vorbei, schrieb Gries an Gottlieb Hufeland.[103] Anna Amalia lenkte sich, wie so oft in den letzten zehn Jahren, durch Erinnerungen an ihre Italienreise ab. Tischbein, mit dem sie immer noch korrespondierte, schickte ihr regelmäßig Zeichnungen: »Sooft ich sie ansah, so entstanden in mir fröhliche Erinnerungen über die glücklichen und seligen Augenblicke, die ich mit Ihnen in Italien verlebt habe. Denn jetzt sind nur Zurückerinnerungen, die das Leben noch versüßen können.«[104] Abgesehen von einem heftigen Husten, der sie im April ans Bett fesselte, kam auch der Kummer um den Tod des Prinzen Alexander, ihres Urenkels hinzu, der im Alter von sechs Monaten verstorben war. So »sieht man doch überhaupt nur ungerne andere leiden und ein Wesen sterben, das nur eben geboren ward«, schrieb sie traurig an ihren Bruder.[105]

Mitte Juli wurde dann der von Napoleon initiierte und schon lange angekündigte Rheinbund gegründet, in dem sich zunächst 16 deutsche Fürsten zusammenschlossen und sich verpflichteten, im Kriegsfall aufseiten Napoleons zu kämpfen. Das war das faktische Ende des Heiligen Römischen Reiches deutscher Nation, dem am 6. August 1806 auch folgerichtig die Niederlegung der Kaiserkrone durch Franz II. folgte.

Herzogin Louise schrieb daraufhin an ihren Bruder, sie habe überlegt, ob sie den Brief nicht auf Papier mit Trauerrand schreiben solle, »zum Zeichen unserer Trauer über das tragische Ende der deutschen Verfassung«.[106]

Das Ancien Regime, in dem Anna Amalia aufgewachsen war, in dem sie selbst als Regentin geherrscht hatte, war Vergangenheit. Es war nicht alles gut gewesen, aber es war vertraut, man kannte die Regeln. Das neue Unbekannte schien mit Napoleon nur Krieg und Chaos zu bringen. Dabei darf man natürlich nicht vergessen, dass die Herrschaft der Franzosen nach Beendigung der Kriegshandlungen für die Bürger in den besetzten Gebieten durchaus Positives bedeutete: Napoleon führte überall den *Code Civil* ein, das damals fortschrittlichste Gesetzbuch, in dem die Gleichheit aller Bürger vor dem Gesetz, die Freiheit für alle und der Schutz des privaten Eigentums festgeschrieben wurde.

Wieland philosophierte über die Dinge, die in der Vergangenheit anders gelaufen waren, als er sich das gewünscht hatte. »Doch lassen wir alle diese und ähnliche Vergangenheiten; es musste und sollte alles so gehen, wie es gegangen ist, und auch hier, wie in Allem, bleibt es, trotz unsrer Kurzsichtigkeit, die nichts davon begreifen kann, Bei der großen Wahrheit: What ever is, is right.«[107]

Im August 1806 erfuhr man in Berlin, dass Napoleon geheime Verhandlungen mit Großbritannien führte wegen einer Rückgabe Hannovers, das ja inzwischen zu Preußen gehörte. Die Empörung war groß, Friedrich Wilhelm III., der lange gezögert hatte, ließ wieder mobilmachen und forderte Napoleon ultimativ auf, sich mit seinen Truppen hinter den Rhein zurückzuziehen, was dieser als Kriegserklärung auffasste und seine Truppen in Marsch setzte Richtung Thüringen. Auch die preußische Armee versammelte sich dort mit 130 000 Mann.

»Wir schwanken und schwanken wie ein Schiff, das auf stürmischen Wellen tanzt«, schrieb Anna Amaila an Knebel. »Man will Krieg a tout force.« Die Erbprinzessin sei auf dem Sprung, sobald Franzosen gesichtet würden, ginge sie nach Dresden. Ihr Sohn sei bei ihrem Bruder Carl Ferdinand, der die preußische Armee anführte.[108] Er war inzwischen 70 und hatte gar nicht mehr vorgehabt, in den Krieg zu ziehen, aber Königin Louise hatte ihn persönlich darum gebeten.

Der Aufmarsch der preußischen Truppen führte direkt durch Weimar. In der Stadt war jedes Quartier besetzt, im Stern und auf dem Feld neben dem Wald Richtung Jena entstand ein riesiges Lager. Johann Heinrich Carl Koes (1782–1811), der mit Goethe und Major Hinrich von Hendrich einen Spaziergang dorthin machte, berichtete: So weit man sehen konnte, standen Zelte. »Die Soldaten kochend, Kohl und Kartoffeln; andere Holz umhauend aus den Alleen, andere Ochsen oder Kühe schlachtend, die nachher stückweise auf Pfählen ins Lager getragen wurden. Marketenderinnen mit Branntwein und Kaffee, Feldwachen, Hauptwache, Kavallerieregimenter defilierten vorbei, ringsherum stieg Rauch aus dem Lager herauf. Es war ein schöner Herbsttag.« Goethes Gemüt war niedergedrückt, weil ihm gestern Soldaten die Fenster und Möbel in seinem Gartenhaus zerschlagen hatten.[109]

Überzeugt vom Sieg der preußischen Truppen, war Königin Louise ihrem Mann ins Hauptquartier gefolgt, und gemeinsam besuchten sie Weimar, wo sie am Frauentor, in der Nähe vom Goethehaus, wohnten. Noch bevor die russischen Truppen aber in Thüringen eingetroffen waren, kam es zu ersten Gefechten zwischen Franzosen und Preußen. Als am 10. Oktober die Franzosen die Preußen bei Saalfeld schlugen, wobei auch Prinz Louis Ferdinand starb, verließ die Erbprinzessin, die als Schwester des russischen Zaren bei einer französischen Besetzung in Gefahr gewesen wäre, ebenso wie ihr Mann, Weimar. Auch Königin Louise fuhr zurück nach Berlin.

In Weimar ließ Goethe am Abend vor der Schlacht von Jena die Operette *Fanchon, das Leiermädchen* spielen, der Text war von Kotzebue, die Musik vom Komponisten Himmel,

der die Lieder auch sang, wie er das in diesem Herbst auch
schon in Tiefurt getan hatte.

>> *Es kann schon nicht Alles so bleiben*
Hier unter dem wechselnden Mond
Es blühet, vergeht und verwelket,
Was mit uns die Erde bewohnt …
Und weil es nicht immer kann bleiben,
So haltet die Freude recht fest!
Wer weiß denn, wie bald uns zerstreuet
Das Schicksal nach Ost und nach West! <<[110]

Am Tag darauf, dem 14. Oktober, wurden die Preußen von
Napoleon bei Jena geschlagen, sein Marschall Davout be-
zwang die preußische Hauptarmee unter dem Herzog von
Braunschweig bei Auerstedt. Der Herzog wurde schwer ver-
wundet nach Braunschweig gebracht, Napoleon machte sich
auf den Weg nach Berlin, das er am 24. Oktober von seinen
Soldaen besetzen ließ. Die preußische Königsfamilie floh
nach Ostpreußen.

Den Kanonendonner der Schlacht hatte man bis nach Weimar gehört. Gegen 11 Uhr verließ Anna Amalia >> auf inniges
Bitten << von Herzogin Louise zusammen mit Prinzessin Caroline, von Einsiedel und Frau von Goechhausen Weimar, wie
die Hofdame später an Böttiger schrieb. >> Die fürchterliche
Kanonade begleitete uns auf der Straße nach Erfurt; Dampf
und Feuer schlug in die Wolken, auf der Chaussee retirte
schon Cavalierie und Bagage. << Kaum waren sie einige Stunden dort, hieß es, der Feind sei nur noch eineinhalb Stunden
vor der Stadt. >> Unsere Flucht aus der Stadt mit aller Kavale-
rie, Blessirten und Flüchtigen war fürchterlich. << Über Langensalza, Mühlhausen wurden sie bis Halberstadt >> gejagt <<.
Von dort ging es weiter nach Göttingen, wo sie auf Briefe warteten, die sie veranlassten, nach Kassel weiterzufahren. >> Hier

ruhten wir wirklich aus, denn wir sahen weder Freund noch Feind. Die Sehnsucht nach Weimar war unbeschreiblich. «[111]

In Weimar gingen an jenem Abend um fünf Uhr die Plünderungen los, die einenhalb Tage dauerten, wie Vulpius berichtete. Nur die Häuser, die eine sogenannte Sauvegarde [Schutzwache] bekamen, wie beispielsweise Goethes Haus, unter anderem weil dort französische Offiziere einquartiert waren, wurden verschont. Drei Tage lang konnte Vulpius mit seiner Familie nicht ins Haus zurück. »Mordgewehre auf uns gezückt, gemißhandelt, beraubt, unendlich unglücklich gemacht. Denn nicht zehn Häuser, selbst das Schloss nicht, sind verschont geblieben. Die fürchterliche Nacht, Geheul, Gewinsel, Brand – ach Gott! Und meine Frau und das Kind … im Park.«[112] Sie wurde vergewaltigt, wie so viele Weimarer Frauen in jenen Tagen.

Herzogin Louise war mit ihrem Hofstaat als Einzige der Herzogsfamilie im Schloss zurückgeblieben. Als Napoleon inmitten französischer Offiziere die Haupttreppe zum Schloss hochging, wurde er oben von Herzogin Louise empfangen. In mehreren Gesprächen konnte sie erreichen, dass die Plünderungen gestoppt wurden. Napoleon war ziemlich erbost über Carl August, der nicht nur als preußischer Offizier Krieg gegen ihn geführt hatte, sondern auch das Weimarer Kontingent Soldaten gegen ihn hatte kämpfen lassen. Napoleon drohte, ihm die Souveränität zu entziehen und das Herzogtum aufzulösen, falls er nicht innerhalb von 24 Stunden den militärischen Dienst Preußens verlasse. Auch hier konnte Louise durch einen Brief einen Aufschub erreichen, da man nicht wusste, wo sich der Herzog befand.[113]

Louise hatte sich mit ihrem mutigen Verhalten Napoleons Respekt erworben, aber das hätte für eine Schonung Weimars wohl nicht ausgereicht. Schließlich befand man sich im Krieg. Doch Louise war über ihre Schwester Amalie mit dem Haus

Baden verbunden, Amalies Sohn, Erbprinz Karl von Baden (1786–1818), Louises Neffe, war seit April 1806 mit Napoleons Adoptivtochter Stephanie (1789–1860) verheiratet. Herzogin Louise gehörte damit im weitesten Sinn zur Verwandtschaft Napoleons. Diese Begründung gab Napoleon selbst bei der Audienz, die er dem Weimarer Kanzler Müller am 5./6. November noch in Weimar gegeben hatte.[114] Auch in einem persönlichen Schreiben an Herzogin Louise bekräftigte Napoleon beides: »Ich wünsche, dass dieses dem Herzog von Weimar eine Lektion sei ... Alles, was ich für den Herzog getan habe, geschieht nur in Rücksicht auf Euch.«[115]

»Carl Augusts antinapoleonische Haltung hat ihm wiederholt das Lob der nationalen Weimar-Historiografie eingetragen. Aus der Sicht der Möglichkeiten eines Kleinstaats war das Engagement des Herzogs fatal und gefährlich für die eigenen Untertanen und die kulturellen Errungenschaften Weimar-Jenas.«[116]

Goethe löste in diesen Tagen einen Skandal aus, als er sich am 19. Oktober 1806 mit seiner Christiane in der Stadtkirche trauen ließ. Goethe habe sich mit seiner »alten geliebten Vulpius« trauen lassen, schrieb Johanna Schopenhauer an ihren Sohn. »Er hat gesagt, in Friedenszeiten könne man die Gesetze wohl vorbeigehen, in Zeiten wie den unsern müsse man sie ehren.« Johanna Schopenhauer war eine der wenigen in Weimar, die relativ vorurteilsfrei damit umgingen. Als Goethe am Tag nach der Trauung Christiane bei ihr vorstellte, »empfing ich sie, als ob ich nicht wüsste, wer sie vorher gewesen ist. Ich denke, wenn Goethe ihr seinen Namen gibt, können wir ihr wohl eine Tasse Tee geben.« Die anderen Damen, die bei ihr waren, waren erst sehr steif, aber dann folgten sie ihrem Vorbild. Johanna Schopenhauer hat ihr auch danach, auf Wunsch Goethes »das gesellschaftliche Leben sehr erleichtert«.[117]

Andere, wie Charlotte von Stein, waren schockiert. »Und während der Plünderung hat er sich mit seiner Mätresse öffentlich in der Kirche trauen lassen, und war dies die letzte kirchliche Handlung, denn alle unsere Kirchen sind nun Lazarette und Magazine.«[118] Auch über Weimar hinaus bis zum Hof in Kopenhagen war Goethes Hochzeit ein Hauptthema: »Goethes skandalöse Hochzeit hat einen jeden hier geärgert«, schrieb Charlotte von Schimmelmann an Charlotte Schiller. »Man schrieb uns gleich, dass die Kanonen von Jena sein Hochzeitslied und sieben brennende Häuser in W(eimar) seine Hochzeitsfackeln wären! Und eine solche Wahl der Person! Alles war in Harmonie, nur keine Muse war dabei.«[119]

Anna Amalia war inzwischen auf dem Rückweg nach Weimar. Der Weg nach Braunschweig war zu gefährlich geworden. Immerhin war sie die Schwester des preußischen Armeeführers. In Eisenach wollten die Einwohner Anna Amalia »gar nicht wieder weglassen, denn sie erschien ihnen wie ein Schutzgeist«. Am 30. Oktober waren sie zurück in Weimar. »Wir fanden Unglück und manches Elend, und doch fanden wir auch Ursach, Gott und der regierenden Herzogin zu danken, dass es nicht noch schlimmer wurde«, schrieb Frau von Goechhausen. Das Witwenpalais Anna Amalias hatte eine Sauvegarde bekommen, sodass es nicht geplündert worden war.[120]

»Herzogin Amalia und die liebenswürdige Prinzessin Caroline sind seit 3 Tagen wieder wohl behalten in unsrer Mitte«, freute sich Wieland in seinem Brief an Sopie de la Roche. »Der Erbprinz soll in Hamburg seyn – die Erbprinzessin – ich weiß nicht wo, und von dem Herzog wissen wir auch nichts zuverlässiges –, wie wird das alles sich enden? Whatever is, is right – nicht wahr?«[121]

Für Anna Amalia war es eine schwere Zeit. Abgesehen von

der Sorge um ihren Sohn und das Erbprinzenpaar waren es die Nachrichten aus Braunschweig, die sie erschütterten. Als ihr Bruder schwer verletzt, halb blind in Braunschweig ankam, war seine Familie bereits vor den anrückenden Franzosen geflüchtet. Ein Angebot des Herzogs, sich in Zukunft neutral zu verhalten, dafür aber sein Herzogtum zu behalten, lehnte Napoleon ab, woraufhin der Herzog Braunschweig verließ und die Franzosen einen Tag später die Stadt besetzten. Napoleon erklärte das Haus Braunschweig-Wolfenbüttel am 26. Oktober 1806 für abgesetzt, das Herzogtum wurde aufgelöst und 1807 dem neu geschaffenen Königreich Westphalen angegliedert. Am 10. November 1806 starb Karl Wilhelm Ferdinand von Braunschweig-Wolfenbüttel.

»Ich beruhige mich mit dem Trost, dass ich ihn glücklich finde, nicht mehr die Schmach der Menschheit zu empfinden, die mehr als der Tod ist und die Menschen zu Tieren heruntersetzt«, schrieb Anna Amalia an Knebel.[122] Doch das Ende der Herrschaft ihrer Familie in Brauschweig musste sie schwer treffen. Sie hatte sich auch nach ihrer Hochzeit immer noch als Teil dieser Familie betrachtet, die militärischen Erfolge ihrer Brüder und Onkel stolz verfolgt und daraus die Kraft für ihr eigenes Handeln gezogen. »Sie sieht, wie die Existenz ihrer ganzen Familie zusammenbricht«, berichtete Carl August an Frau von Staël. »Sie hält alle diese Ereignisse mit großer Ruhe aus, sie schluckt ihren Schmerz in sich hinein.«[123]

Auch das Herzogtum Sachsen-Weimar wurde von Napoleon als erobertes Land behandelt, zweieinhalb Millionen Francs an Kontributionen sollte man zahlen. Die Drohung der Auflösung stand nach wie vor im Raum, so wie Napoleon es schon mit den Herzogtümern Hessen-Kassel und mit Braunschweig-Wolfenbüttel gemacht hatte. Carl August blieb nichts anderes übrig, als den preußischen König um seine

Entlassung zu bitten und sich Mitte Dezember 1806 zusammen mit den anderen sächsischen Herzogtümern dem Rheinbund anzuschließen, womit er auch die Verpflichtung, Napoleon Soldaten zu stellen, einging.

In Weimar hatten inzwischen die Durchmärsche aufgehört. Alles sei Richtung Polen unterwegs, schrieb Anna Amalia an Frau von Knebel. »Es sieht sehr kriegerisch aus ... was noch alles werden wird, weiß Gott nur allein. Wir sind in seinen Händen u (er) wird uns nicht mehr auflegen, als was der mensch ertragen kann, das ist mein Trost.«

Aber in Jena gab es noch viele Verwundete, die versorgt werden mussten. Anna Amalia schickte daher an Frau von Knebel eine »große Schachtel Scharpie«, ein damals gebräuchliches Verbandsmittel, dessen Fasern man durch Zerrupfen von Baumwoll- und Leinentüchern gewann. Ihr Enkel Prinz Carl Bernhard, der trotz seiner erst 14 Jahre bereits am Krieg teilgenommen hatte, war zur Erleichterung Anna Amalias zurück, ihr Sohn war noch in Berlin, das die Franzosen immer noch besetzt hielten. Sorgen machte ihr die geliebte Enkelin Maria Pawlowna, die auf Befehl ihrer Mutter aus Sicherheitsgründen nach Russland zurückkommen sollte.[124]

Sorgen machte ihr auch Goethe. »Er ist fast alle Abend bey mir und spricht nichts als von grossen Naturen, er thut mir oft recht leid, daß er sich so bloß giebt, vor andern, die über ihn spotten und lächerlich ihn machen wollen«,[125] schrieb sie an Frau von Knebel. »Oft ist er überspannt, es scheint er mögte sich gern herraussen reissen von allen die Sachen die geschen sind, aber zu stark auf ihn gewürckt haben (und) er nicht ganz Herr darüber werden kan.« Er tat ihr sehr leid, weil er dadurch anderen, die »an seinem Geiste ihm nicht nachkommen« die Gelegenheit gab, über ihn zu spotten.[126]

Andere, wie Frau von Stein, hatten weniger Verständnis für Goethes Stimmung: »Manchmal ist er ganz verrückt, und nicht allein mir kommt er so vor, sondern mehreren Menschen.«[127]

Es ist hier nicht der Raum, um im Detail darauf einzugehen, aber es zeigt sich auch hier wieder ein rote Faden, der sich durch Goethes Leben zieht: Immer dann, wenn er mit einer Situation nicht klarkam, suchte er den Abstand dazu durch Flucht. In diesen Wochen nach der Schlacht von Jena und Auerstedt aber konnte er nicht nach Jena ausweichen, wie er das in den Jahren zuvor getan hatte. In Jena waren die Folgen der Schlacht mit den vielen Verwundeten noch viel präsenter als in Weimar. Im Wittumspalais bei Anna Amalia fand Goethe einen Schutzraum, ihr Mitleid schützte ihn auch vor dem Spott der anderen.

Das Jahr 1807 brach an, der Vormarsch Napoleons war nicht aufzuhalten. Erst am 9. Juli beendete der Frieden von Tilsit vorübergehend die Kriegshandlungen. Carl August, der sich noch im von den Franzosen besetzten Berlin aufhielt, begann das neue Jahr mit einem entsprechend pessimistischen Ausblick an seine Mutter: »Möge Sie der Himmel zu unserer Freude uns erhalten, Sie die künftigen Tage glücklicher durchleben laßen als das letzte Hundert; behalten Sie mich dabey lieb. Das Schicksal hat mich durch ein Nadelöhr kriechen lassen, u. seit dem glaube ich auch, daß ein Camel durch und ins Reich Gottes kommen kann; um so viel mehr auch wir! Daß ist ein Trost für die Zukunft u zwar für die entfernteste, die nächste wird wenig reizendes haben.«[128]

Anna Amalias Briefe, die sonst immer, auch in schwierigen Umständen, noch humorvoll waren, klangen nun nur noch resignierend und zunehmend hoffnungslos: »Zur jetzigen Zeit muß man Geduld und Festigkeit haben um nicht fortgeschleppt zu werden mit dem größten Hauffen um so auch schlecht zu werden als er ist, den Rechtschaffenheit und Rechtlichkeit giebt es nicht mehr und das schlägt ein fühlwol-

470

lenden Mensch nieder, Gott gebe, daß die Hofnung für Jena nicht ganz verloren geht – hoffen ist das einzige, was uns bleibt ... Verbrennen Sie diesen Brief. Unsere Musen hier schlafen ziemlich und wollen nicht freundlich werden, man ist hier mit so vielen unangenehmens umringt, daß ich es ihnen nicht verdenken kann freundlich zu seyn.«[129] In ihrem Brief an Tischbein, ebenfalls von Anfang Februar geht sie noch weiter: Sie bedankt sich bei ihm für seine Güte, ihr immer wieder Zeichnungen und anderes zu schicken. »Denn bei uns sind die Musen tot; die bösen Zeiten lieben sie nicht, vielmehr verstecken sie sich.«[130]

Anfang April 1807 zog Anna Amalia sich eine fiebrige Erkältung zu, von der sie sich nicht mehr erholte. Am 10. April starb sie nach einem Schlaganfall.[131]

Ungezählte Trauerbriefe kamen von allen Seiten. Aus Regensburg meldete sich Leo von Seckendorff. Man sei schon durch die »Erschütterungen der Welt« gebeugt genug, wo die Guten so allein stünden. Nun müsse man auch noch den Verlust von Menschen beklagen, »an denen man sich so gern aufrichten mochte. – Ich fürchte beinahe jetzt Briefe von Weimar zu bekommen, da selten ein Unglück allein kommt. Die gute Herzogin! Nach einem so schönen Leben ein solches Ende in Kummer, Verwüstung ihrer friedlichen Umgebung, ihres Hauses Fall! Wol musste ihr dies den letzten Stoß geben. Nun möchte ich sagen: Weimar ist gewesen! Ein Neues kann entstehen, aber das alte, formlose, mit seinem schönen Zauber ist nicht mehr. Der militärische Geist, der künftig gern oder gezwungen, allem angepaßt werden muß, wird vollends die Blumen zerdrücken, die sich jetzt noch fristen möchten – sie haben keine Pflegerin mehr«.[132]

Auch Wieland sah mit Anna Amalias Tod das Ende einer Ära gekommen. In einem Brief an Johann von Müller vom 24. August 1807 fasste er seine Gefühle in den folgenden Satz:

»Auch das kleine Bethlehem Weimar hat in der Geschichte des achtzehnten Jahrhunderts seinen Tag gehabt; aber die Sonne, die ihm vor vierzig Jahren aufging, ist im Jahr 1807 untergegangen, und die Nacht bricht herein, ohne einen neuen Tag zu versprechen.«[133]

Carl August forderte Goethe auf, nach Vorgaben des Ministers von Voigt eine Gedenkrede für seine Mutter zu entwerfen. Goethe plante darafhin eine zum Verlesen von den Kanzeln und eine zum Veröffentlichen in den Zeitungen. Dabei wies er den Verleger Cotta an, keine andere Rede als seine anzunehmen, da er befürchtete, dass Böttiger eine schreiben würde, sodass der *Nekrolog*, den Böttiger dann tatsächlich einreichte, abgelehnt wurde.[134]

Böttigers *Nekrolog* ist wesentlich poetischer, gefühlvoller als der von Goethe: »Mit ihr ist ein Gestirn untergegangen, dass uns so nie wieder scheinen wird ... Als die Nachricht von ihrem Tod von Mund zu Mund flog, rief jeder: ›Weimars schönster Stern ist untergegangen.‹ ... Nicht auf Pfauen und Adlern wie jene römischen Imperatorfrauen noch auf vorhandenen Mamordenkmälern fährt sie empor. Von purpurnen Dichterschwärmen wird ihr Wagen gezogen.«[135]

In Goethes *Nekrolog* wurde das Leben Anna Amalias als beispielhaft zur Nachahmung empfohlen, was den Text wesentlich emotionsloser machte.[136] Wie nahe Goethe ihr Tod aber gegangen ist, zeigt schon die Tatsache, dass er krank wurde. Er soll »dem Tode nahe gewesen« sein, schrieb Johanna Schopenhauer an ihren Sohn.[137] In den *Annalen* Goethes finden sich einige Sätze über den Tod Anna Amalias, die viel berührender sind als alles, was er offiziell geschrieben hat. Seinen *Nekrolog* bezeichnete er selbst dort als »eilige(n) Aufsatz, mehr in Geschäftsform als in höherm innern Sinne abgefasst.« Er sollte nur »Bekenntniß bleiben, wie viel mehr ihrem Andenken ich zu widmen verpflichtet sey«. Herzogin

Amalia, so schrieb Goethe, »verließ den für sie im tieffsten Grund erschütterten, ja zerstörten Vaterlandsboden, allen zur Trauer, mir zum besonderen Kummer«.[138]

Auch wenn in der Welt der Frieden noch lange nicht in Sicht war, auch wenn man in Weimar noch eine ganze Weile darüber stritt, wer das Leben und die Bedeutung Anna Amalias im Bezug auf die Musenwelt Weimars für die Nachwelt am besten in Szene setzen durfte und konnte, sie selbst hatte ihren Frieden gefunden.

Auch wenn sie keine große Kirchgängerin war, hatte sie einen unerschütterlichen Glauben an den Schöpfer, der dem Menschen nie mehr auferlegen würde, als dieser bewältigen könne, einen Schöpfer, der am Ende nicht bestrafte, sondern Gnade walten ließ, so wie es das Gebet Voltaires, das sie aus dem Französischen übersetzt, sorgfältig auf ein Blatt geschrieben und für sich bewahrt hatte, ausdrückt:

> »O! Gott, den man verkennt, o! Gott den alles lobet,
> Vernimm das letzte Wort, das meine Zunge spricht:
> Wenn ich mich selbst betrog, so sucht ich dein Gesetz;
> Mein Herz kann irrig seyn, doch ist's voll deiner Liebe
> Ich sehe unverzagt die Ewigkeit erscheinen,
> Bezweifelnd das ein Gott, der mir das Leben gab
> Ein Gott der täglich mich mit Gnaden überhäuffte,
> Wenn meine Zeit verstreicht, mich ewig martern
> wird.«[139]

Danksagung

Bedanken möchte ich mich bei allen, die mich in den letzten drei Jahren unterstützt haben, vor allem aber bei den Mitarbeiterinnen und Mitarbeitern des Goethe-und Schiller-Archivs, des Hauptstaatsarchivs in Weimar und des Niedersächsischen Landesarchivs in Wolfenbüttel.

Quellen- und Literaturverzeichnis

Primärquellen (ungedruckt) aus folgenden Archiven:
Geheimes Staatsarchiv Preußischer Kulturbesitz, Berlin
   (GStA-PK)
Goethe-und-Schiller-Archiv, Weimar (GSA)
Herzog August Bibliothek, Wolfenbüttel (HAB)
Hessisches Staatsarchiv Darmstadt (HStAD)
Landesarchiv Thüringen – Hauptstaatsarchiv Weimar
   (LATh-HStAW)
Niedersächsisches Landesarchiv Wolfenbüttel (NLAWo)
Österreichisches Staatsarchiv/Haus-, Hof- u Staatsarchiv, Wien
   (AT-OeStA/HHStA)
Royal Archives, Windsor Castle (RA)

Primärquellen *(gedruckt):*
Ausführlicher und wahrhafter Bericht von dem Thüringischen Feld-
   zuge und Kriegshändeln im Jahre 1757. Tagebuch eines sich dazu-
   mal in Gotha aufgehaltenen Passagier. Erfurt 1759
Berger, Andreas (Hrsg.): »Wir sind fast zu selig«. Jens Baggensens
   Tagebuch zu seinem Besuch in Weimar und Jena im Sommer
   1790. Tübingen 2006
Bergmann, Alfred: Briefe des Herzogs Carl August von Sachsen-
   Weimar an seine Mutter, die Herzogin Anna Amalia. Jena 1938
Bode, Wilhelm (Hrsg.): Goethe in vertraulichen Briefen seiner Zeit-
   genossen, Bde. 1–3. Berlin, Weimar 1982 (Bode Goethe 1–3)
Brandsch, Juliane (Hrsg.): »Es sind vortreffliche Italienische
   Sachen daselbst«. Louise von Goechhausens Tagebuch ihrer
   Reise mit Herzogin Anna Amalia nach Italien vom 15. August
   1788 bis 18. Juni 1790. Göttingen 2008
Deetjen, Werner (Hrsg.): Die Göchhausen. Briefe einer Hofdame
   aus dem klassischen Weimar. Nachdruck der Originalausgabe
   von 1923. O. O. 2011

Dönike, Martin: Friedrich Bury: Briefe aus Italien an Goethe und Anna Amalia. Göttingen 2007

Eckermann, Johann Peter: Gespräche mit Goethe in den letzten Jahren seines Lebens. Reutlingen 1960

Ense, Karl August Varnhagen von: K. L. von Knebel's literarischer Nachlass und Briefwechsel. Leipzig 1840

Falk, Johannes: Goethe aus naeherm persönlichem Umgang dargestellt. Leipzig 1832

Frankfurter Goethemuseum (Hrsg.): Goethekalender auf das Jahr 1932

Freye, Karl; Stammler, Wolfgang (Hrsg.): Briefe von und an J. M. R. Lenz, 2 Bde. Leipzig 1918

Gerlach, Klaus; Sternke René (Hrsg.): Böttiger, Karl August: Literarische Zustände und Zeitgenossen. Begegnungen und Gespräche im klassischen Weimar. Berlin 1998

Giebel, Wieland (Hrsg.): Die Tagebücher des Grafen Lehndorff. Die geheimen Aufzeichnungen des Kammerherrn der Königin Elisabeth Christine. Berlin 2012

Giel, Volker: Johann Wolfgang Goethe. Briefe. Historisch-Kritische Ausgabe, Bd. 6.I. Berlin 2010

Giel, Volker; Oellers, Norbert: Johann Wolfgang Goethe. Briefe. Historisch-Kritische Ausgabe. Bd. 8.I. Berlin 2017

Gleim, Johann Wilhelm Ludwig: Zeitgedichte vom alten Gleim. 1792

Goethe, Johann Wolfgang von: Goethe's sämmtliche Werke, 6 Bde. Stuttgart 1863

Goethe, Johann Wolfgang von: Werke, Kommentare und Register. Hamburger Ausgabe in 14 Bänden, Bd. 1. München 1981

Golz, Jochen (Hrsg.): Goethe-Tagebücher. Historisch-kritische Ausgabe, Bd. 1. Stuttgart, Weimar 1998

Golz, Jochen; Heinz, Jutta (Hrsg.): »Es ward als ein Wochenblatt zum Scherze angefangen«. Das Journal von Tiefurt. Göttingen 2011

Grumach, Ernst und Renate (Hrsg.): Goethe. Begegnungen und Gespräche, Bd. 1–4. Berlin 1965

Grumach, Renate: Kanzler Friedrich von Müller. Unterhaltungen mit Goethe. München 1982

Guhrauer, Gottschalk E.: Briefwechsel zwischen Goethe und Knebel (1774–1832). Leipzig 1851

Guth, Karl Maria (Hrsg.): Hufeland, Christoph Wilhelm: Selbstbiografie. Berlin 2014

Hellmann, Birgitt; Nöthlich, Rosemarie: Louise Friederike Stark. Briefe der Familie Stark. In: Weimar-Jena: Die große Stadt 1/2014

Hirzel, Heinrich (Hrsg.): Goethe, Johann Wolfgang von: Briefe von Goethe an Lavater aus den Jahren 1774–1783. Leipzig 1833

Hollmer, Heide (Hrsg.): Anna Amalia von Sachsen-Weimar-Eisenach. Briefe über Italien. St. Ingbert 1999

Hollmer, Heide; Meier, Albert (Hrsg.): Johann Gottfried Herder. Italienische Reise. Briefe und Tagebuchaufzeichnungen 1788–1789. München 1998

Holzinger, Michael (Hrsg.): Karoline Jagemann: Die Erinnerungen der Karoline Jagemann. Berlin 2014

Keil Robert (Hrsg.): Goethes Tagebuch aus den Jahren 1776–1782. Leipzig 1875

Keil, Robert (Hrsg.): Briefwechsel von Katharina Elisabeth Goethe. Leipzig 1871

Kotzebue, August von (Autor/Hrsg.): Der Freimüthige oder Berlinisches Unterhaltungsblatt für gebildete, unbefangene Leser. 2/1803

Kotzebue, August von (Hrsg.): Nachgelassene Schriften des verstorbenen Professor Musäus. Leipzig 1791

Kuhn, Alfred: Italienische Reise von Goethe. München 1925

Kurrelmeyer, Christoph (Hrsg.): Martin Wieland: Der goldene Spiegel, Singspiele und kleine Dichtungen 1772–1775. o. D. o. O.

Kurscheidt, Georg; Richter, Elke (Hrsg.): Johann Wolfgang Goethe. Briefe. Historisch-Kritische Ausgabe, Bd. 3.I und Bd. 3.II. Berlin 2014

Lachmann, Karl (Hrsg.): Gottfried Ephraim Lessings sämtliche Schriften, Bd. 18. Leipzig 1907

Leuschner, Ulrike: Heinrich Merck, Briefwechsel, 5 Bde. Göttingen 2007

Maurer-Constant, Johann: Briefe an Johann von Müller. Supplement zu Müller's sämmtlichen Werken, Bd. IV. Schaffhausen 1840

Oevres de Frederic le Grand, Politische Korrespondenz, Bd. 13. Digitale Ausgabe der Universitätsbibliothek Trier

Reverdil, Élie-Salomon-Francois: Struensee et la cour de Copenhague. 1760–1772. Memoires de Reverdil. Paris 1858

Scheller, Marie (Hrsg.): Am Weimarischen Hofe unter Amalien und Karl August. Erinnerungen von Karl Frh. von Lyncker. Berlin 1912

Schiller, Friedrich: Musenalmanach für das Jahr 1797. Tübingen 1797

Schrön, Matthias Ludwig (Hrsg.): Weimarischer Wöchentlicher Anzeiger. Ab 1755

Schulz, Günter u. Ursula: Meine liebste Madame. Gotthold Ephraim Lessings Briefwechsel mit Eva König. München 1979

Sophie von Sachsen (Hrsg.): Goethes Werke. Weimarer Ausgabe, IV. Abteilung: Goethes Briefe, Bd. 1–50. Weimar 1887–1912. (WA)

Staël, Germaine: De L'Allemagne. Paris 1852

Tümmler, Hans: Politischer Briefwechsel des Großherzogs Carl August von Weimar, Bd. 1. Stuttgart 1954

Vehse, Karl Eduard: Der Hof zu Weimar privat. Nachdruck von 1853. Köln 2011

Volz, Gustav Berthold (Hrsg.): Die Werke Friedrichs des Großen. Berlin 1913/14

Volz, Gustav Berthold (Hrsg.): Historische, militärische und philosophische Schriften, Gedichte, Briefe. Köln 2006

Weimar's Album zur vierten Säcularfeier der Buchdruckerkunst am 24. Juni 1840. Weimar 1840.

Wieland, Christoph Martin (Hrsg.): Der Teutsche Merkur, Bd. 1/ 1773

Wieland, Christoph Martin (Hrsg.): Der Teutsche Merkur, Bd. 4/ 1777

Wieland, Christoph Martin Wieland: Neue Göttergespräche. Leipzig 1791

Wilson, Daniel (Hrsg.): Goethes Weimar und die Revolution. Dokumente der Krisenjahre. Köln, Weimar 2004

Sekundärquellen:

Beaulieu-Marconnay, Carl von: Anna Amalia, Carl August und der Minister von Fritsch. Berlin 1874

Berger, Joachim, »Tiefurth« oder »Tibur«? Herzogin Anna Amalias Rückzug auf ihren Musensitz. In: Berger, Joachim (Hrsg.): Der »Musenhof« Anna Amalias. Köln, Weimar, Wien 2001. S. 125–164 (Berger Musenhof)

Berger, Joachim: Anna Amalia von Sachsen-Weimar-Eisenach (1739–1807). Denk- und Handlungsräume einer »aufgeklärten« Herrscherin. Heidelberg 2003 (Berger Diss)

Berger, Joachim: Höfische Musenpflege als weiblicher Rückzugsraum. Herzogin Anna Amalia von Weimar zwischen Regentenpflichten und musischen Neigungen. In: Ventzke, Marcus (Hrsg.): Hofkultur und aufklärerische Reformen in Thüringen. Die Bedeutung des Hofes im späten 18. Jahrhundert. Köln, Weimar 2002. S. 52–81 (Berger Musenpflege)

Berger, Joachim; Berger, Leonie: Anna Amalia von Weimar. München 2006 (Berger Biografie)

Bode, Wilhelm: Amalie. Herzogin von Weimar, 3 Bde. Berlin 1907–1909 (Bode Amalie I–III)

Bode, Wilhelm: Charlotte von Stein. Berlin 1919 (Bode Charlotte)

Bode, Wilhelm: Karl August von Weimar. Jugendjahre. Berlin 1912 (Bode KA)

Bojanowski, Eleonore von: Louise, Großherzogin von Sachsen-Weimar und ihre Beziehungen zu den Zeitgenossen. Stuttgart, Berlin 1903

Bornhak, Friederike: Anna Amalia. Herzogin von Sachsen-Weimar-Eisenach. Berlin 1892

Bosse, Heinrich: Lenz in Weimar. In: Bohnenkamp, Anne (Hrsg.): Jahrbuch des Freien Deutschen Hochstifts 2014. Göttingen 2015. S. 112–149

Dreise-Beckmann, Sandra: Anna Amalia und das Musikleben am Weimarer Hof. In: Berger, Joachim (Hrsg.): Der Musenhof Anna Amalias. Geselligkeit, Mäzenatentum und Kunstlieberei im klassischen Weimar. Köln, Weimar, Wien 2001. S. 53–80

Farelly, Dan: Between Myth and Reality. Goethe, Anna Amalia, Charlotte von Stein. Newcastle 2011.

Feuerstein-Praßler, Karin: Friedrich der Große und seine Schwestern. München, Zürich 2014

Freyer, Stefanie: Der Weimarer Hof um 1800. Eine Sozialgeschichte jenseits des Mythos. München 2013

Froitzheim, Johann: Lenz und Goethe. Stuttgart 1891

Fuld, Werner: Das Buch der verbotenen Bücher. Berlin 2012

Ghibellino, Ettore: Goethe und Anna Amalia. Eine verbotene Liebe. Weimar 2012

Hach, Wolfgang; Hach-Wunderlich, Viola: Von Monstern, Pest und Syphilis. Medizingeschichte in fünf Jahrhunderten. Stuttgart 2016

Heinz, Andrea: Wieland und das Weimarer Theater (1772–1774). Prinzenerziehung durch das Theater als politisch-moralisches Institut. In: Ventzke, Marcus (Hrsg.): Hofkultur und aufklärerische Reformen in Thüringen. Die Bedeutung des Hofes im späten 18. Jahrhundert. Köln, Weimar 2002. S. 82–98

Henkel, Gabriele; Wulf, Otto: Herzogin Anna Amalia – Braunschweig und Weimar. Stationen eines Frauenlebens im 18. Jahrhundert. Braunschweig 1995

Huschke, Wolfram: Musikort Weimar. Begegnungen von Luther bis Liszt. Köln, Weimar 2017

Kaufmann, Ulrich: Lenz in Weimar. Jakob Michael Reinhold Lenz 1776 am Weimarer Hof. München 1999

Klauss, Jochen: Anna Amalia und Carl August im Münz- und Medaillenporträt. In: Seemann, Hellmut (Hrsg.): Anna Amalia, Carl August und das Ereignis Weimar. Göttingen 2007. S. 65–78

Kraft, Herbert: J. M. R. Lenz. Göttingen 2015

Krause, Reinhold: Das Tagebuch des weimarischen Prinzen Constantin zu seiner Italienreise (1781/1782). In: Animo Italo-Tedesco. Studien zu den Italien-Beziehungen Thüringens. Weimar 2008. S. 77–108

Leithold, Norbert: Graf Görtz, der große Unbekannte. Berlin 2010 (Leithold Görtz)

Leithold, Norbert: Liebesbriefe und Geheimdepeschen. Aus der Korrespondenz des Grafen Johann Eustach von Görtz mit seiner Gemahlin und Friedrich II. von Preußen 1771–1782. Berlin 2012

Luserke, Matthias: Goethe und Lenz. Frankfurt am Main 2001

Marchi, Gian Paolo: Die Apulienreise der Herzogin Anna Amalia von Sachsen-Weimar-Eisenach. In: Animo Italo-Tedesco. Studien zu den Italien-Beziehungen Thüringens. Weimar 2008, S. 209 – 233

Menz, Egon: Lenzens Weimarer Eseley. In: Goethe-Jahrbuch, Bd. 106. Weimar 1989. S. 91 – 105

Merkel, Kerstin: Fürstliche Dilettantinnen. In: Ventzke, Marcus: Hofkultur und aufklärerische Reformen in Thüringen. Die Bedeutung des Hofes im späten 18. Jahrhundert. Köln, Weimar 2002. S. 34 – 51

Noll, Veit: Goethe im Wahnsinn der Liebe, 2 Bde. Salzwedel 2016

Peucer, Alphons: Das Liebhabertheater am Herzoglichen Hof zu Weimar, Tiefurt und Ettersburg 1775 – 1783, in: Weimar's Album zur vierten Säcularfeier der Buchdruckerkunst am 24. Juni 1840, Weimar 1840, S. 53 ff

Philipps, Carolin: Caroline Mathilde. München 2013

Philipps, Carolin: Die Dunkelgräfin. Das Geheimnis um die Tochter Marie Antoinettes. München 2012

Philipps, Carolin: Luise. Die Königin und ihre Geschwister. München 2010

Philipps, Carolin: Therese von Bayern. München 2015

Preuß, Werner H.: »Lenzens Weimarer Eseley«: »Der Tod der Dido«. In: Goethe-Jahrbuch, Bd. 106. Weimar 1989. S. 53 – 90

Salentin, Ursula: Anna Amalia. Wegbereiterin der Klassik. München 2011

Schlösser, Rainer: Struensee in der Deutschen Literatur. In: Altonaische Zeitschrift 1/1931. S. 1 – 177

Schmidt, Georg: Das Jahr 1783: Goethe, Herder und die Zukunft Weimars. In: Ventzke, Marcus: Hofkultur und aufklärerische Reformen in Thüringen. Die Bedeutung des Hofes im späten 18. Jahrhundert. Köln, Weimar 2002. S. 138 – 166

Schulz, Heide: Weimars schönster Stern. Quellentexte zum Entstehen einer Ikone. Heidelberg 2011

Seifert, Siegfried: »Sono sempre in movimento« = »Ich bin immer in Bewegung«. Ereignisse und Affären auf der Italienreise der Herzogin Anna Amalia von Sachsen-Weimar-Eisenach

(1788 – 1789). In: Animo Italo-Tedesco. Studien zu den Italien-Beziehungen Thüringens. Weimar 2008, S. 109 – 186

Sellert, Wolfgang: Der Reichshofrat. Begriff, Quellen und Erschließung, Forschung, institutionelle Rahmenbedingungen und die wichtigste Literatur. In: Zeitenblicke 3/2004

Sigismund, Volker L.: Ein unbehauster Prinz – Constantin von Sachsen-Weimar (1758 – 1793), der Bruder des Herzogs Carl August. In: Goethe-Jahrbuch, Bd. 106. Weimar 1989. S. 250 – 277

Ventzke, Marcus: Das Herzogtum Sachsen-Weimar-Eisenach 1775 – 1783. Köln, Weimar, Wien 2004

Vinci, Stefano: Giuseppe Capecelatro e il discorso istorico-politico dell'origine, del progresso e della decadenza del potere de' chierici su le signorie temporal (1788). In: Fides et Ratio. Rivista di scienze religiose 1/2012. S. 207 – 225

Voigt, Julius: Die sogenannte Ilmenauische Empörung von 1768. Leipzig 1912

Wahl, Volker (Hrsg.): Das Geheime Consilium von Sachsen-Weimar-Eisenach in Goethes erstem Weimarer Jahrzehnt 1776 – 1786, 1. Halbbd. 1776 – 1780. Wien, Köln, Weimar 2014

Anmerkungen

Prolog
1 Goethe's sämmtliche Werke 2, 421
2 LATh-HStAW HA AA XVIII 128, 6

I. Kindheit (1739–1756)
1. Geburt – Eltern – Geschwister
1 LATh-HStAW HA AA XVIII 128, 7 ff; GSA 68/381, 9
2 Feuerstein, S. 12 f
3 Bode Amalie I, 6 f
4 Feuerstein, 118
5 Ebd., 118
6 Berger Diss, 49
7 28.7.1766, HAB 1 Novissimi 4
8 10.1.1746, NLAWo, 1 Alt 24 Nr. 304, 2 f

2. Erziehung
1 GSA 36/VII, 18
2 Berger, Biografie, 22; Berger Diss, 57
3 Zit. n. Berger Diss, 52
4 GSA 36/VII, 18
5 Ebd.
6 Bode, Amalie I, 5 f

3. Kriegswirren
1 LATh-HStAW HA A XVIII, Bl. 127
2 Volz, 82
3 Feuerstein, 122

II. Hochzeit und Ehejahre (1756–1758)
1. Hochzeit mit Ernst August Constantin von Sachsen-Weimar-Eisenach
1 GSA 36/VII, 18
2 Henkel/Wulf, 24
3 Ebd.
4 Ebd.
5 NLAWo VIII 5 0004, Briefe Philippine Charlotte an Fr. II., 109
6 26.2.1756, ebd.
7 5000 Pistolen entsprachen 5000 preußischen Silbertalern oder 1000 Friedrich d'Or, Goldmünzen im Wert von jeweils fünf Pistolen.
8 NLAWo, 1 Alt 24 Nr. 302
9 NLAWo, 1 Alt 24 Nr. 302, Bl. 1–12
10 Salentin, 14 f
11 von Stüven, 17.3.1756, NLAWo, 1 Alt 24 Nr. 302, Bl. 35a
12 Henkel/Wulf, 26
13 20.3.1756; 26.2.1756, NLAWo VIII 5 0004, Briefe Philippine Charlotte an Fr. II., 111 f

2. Das erste Jahr in Weimar
1 Ca. 1772, vermutlich an Fritsch, GSA 68 VII 18, Bl. 2851
2 Bode Amalie I, 19
3 Ebd., 16 f
4 Ebd., 11 f

5   27.3.1756, WWA 13
6   Bode Amalie I, 13
7   14.4.1776, Philippine Charlotte
    an Friedrich II., NLAWo 299
    N 58, Bl. 148h
8   5.6.1756, Christian Ludewig
    Pfeiffer, Nr. 23
9   Bode Amalie I, 18
10 Ebd., 14
11 Berger Biografie, 31 f
12 NLAWo, 1 Alt 24, 8/8a

3. Gewitterwolken
1   21.1.1757, Oevres de Frederic
    le Grand, Bd. 14, 218
2   Volz, 115 ff
3   26.3.1757, WWA 12
4   12.5.1757, NLAWo, 1 Alt 24,
    Nr. 304, 19/11
5   22.5.1757, NLAWo, 1 Alt,
    Nr. 304, 12/13

4. Geburt des Erbprinzen
1   GSA 36/VII, 18
2   4.6.1757, WWA 23,
3   Zit. n. Berger Biografie, 32
4   Berger Diss, 69
5   3.9.1757, WWA 36
6   10.9.1757, WWA 37
7   29.10.1757, WWA 44, siehe auch
    September/Oktober 1757,
    WWA 38 – 44
8   Ausführlicher und wahrhafter
    Bericht, 45 ff
9   7.1.1758, WWA 1

5. Krankheit und Tod
Ernst Augusts Constantins
1   NLAWo, 1 Alt 5 Nr. 782, 65 f,
    79 f
2   NLAWo, 1 Alt 5 Nr. 782, 65 f,
    79 f

3   NLAWo, 1 Alt 5 Nr. 787
4   Zit. n. Berger Diss, 61
5   NLAWo, 1 Alt 5 Nr. 782, 5 – 7
6   16.3.1758, NLAWo, 1 Alt 5
    Nr. 782, 26
7   21.3.1758, NLAWo, 1 Alt 5
    Nr. 782, 37 – 39R
8   22.3.1758, NLAWo, 1 Alt 5
    Nr. 782, 58 f
9   22.3.1758, ebd. 60
10 NLAWo, 1 Alt 5 Nr. 782, 63
11 Bode Amalie I, 23 f
12 NLAWo, 1 Alt 5 Nr. 782, 60 ff
13 Berger Biografie, 33
14 29.5.1758, LATh-HStAW
    Fürstenhaus A 1925

III. Regentin und Obervormünderin (1758 – 1775)
1. Kampf um die alleinige
Vormundschaft
1   GSA 68/381, Bl. 11
2   NLAWo, 1 Alt 5 Nr. 587, 3
3   Ebd., 4
4   Ebd., 5
5   22.6.1758, AT-OeStA/
    HHStA, Kl. Reichsstände
    457, Bl. 88/89
6   8.7.1758, WWA 27
7   25.11.1758, WWA 47;
    5.5.1759, WWA 18
8   NLAWo, 1 Alt 24 Nr. 302,
    Heiratsvertrag
9   Berger Diss, 242; NLAWo,
    1 Alt 24, 14/15
10 26.6.1758, ebd.
11 26.6.1758, ebd.

12 NLAWo, 1 Alt Nr. 587, 6

13 Oevres de Frederic
le Grand, Politische Kor-
respondenz. Bd. 13, 230

14 NLAWo, 1 Alt Nr. 587, 7

15 Berger Diss, 236 f

16 Ebd., 237

17 LATh-HStAW Fürstenhaus
6-12-3001, A 1925/31

18 1. 9. 1758, ebd.

19 Berger Diss, 62

20 14. 7. 1758, ebd., 110

21 1. 9. 1758, NLAWo 1 Alt 24
Nr. 304, 20/21

22 3. 9. 1758, ebd.

23 9. 9. 1758, WWA 36

24 26. 10. 1758, NLAWo VIII 5
0004, Briefe Philippine
Charlotte an Fr. II., 139 f

25 Ebd.

26 NLAWo, 1 Alt Nr. 784,
Bl. 50 – 52, Kopie von Praun
an Carl

27 NLAWo, 1 Alt Nr. 587, 11

28 24. 10. 1758, ebd., 12

29 4. 11. 1758, ebd., 20 ff; siehe
auch 6. 11. 1758

30 10. 11. 1758, ebd., 15

31 15. 11. 1758, ebd., 16

32 17. 11. 1758, ebd., 13; Berger
Diss, 240

33 Berger Diss, 240

34 NLAWo, 1 Alt Nr. 587, 42
und 54 ff

35 Sellert, 1

36 24. 1. 1759, NLAWo, 1 Alt
Nr. 587, 26

37 De dato 25. 1. 1759, Exhibito
20. 2. 1759, ebd., 27

38 30. 1. 1759, ebd., 24

39 5. 2. 1759, ebd., 25

40 1. 1. 1759, LATh-HStAW
Fürstenhaus 6-12-3001,
A 1925/31

41 23. 1. 1759, ebd.

42 23. 1. 1759, ebd.

43 25. 1. 1759, ebd.

44 25. 1. 1759, ebd.

45 27. 1. 1759, ebd.

46 31. 1. 1759, ebd.

47 5. 2. 1759, ebd.

48 23. 2. 1759, ebd.

49 27. 2. 1759, ebd.

50 2. 3. 1759, ebd.

51 21. 2. 1757, ebd.

52 7. 3. 1759, ebd.

53 NLAWo, 1 Alt Nr. 587, 54 ff

54 Ebd., 50 ff

55 Ebd., 54 ff

56 26. 3. 1759, AT-OeStA/
HHStA, Bl. 288 f

57 AT-OeStA/HHStA,
RK Dipl. Akten Bericht
Dresden

58 Berger Diss, 240 f

59 19. 1. 1779, Bornhak, 342 f

60 NLAWo 1 Alt Nr. 587, 71

61 11. 9. 1759, WWA 35

2. Obervormundschaftliche
Regentin in Vertretung des
Sohnes

1 GSA 68/381, Bl. 11

2 6. 10. 1759, WWA 40

3 27. 10. 1759 WWA 42

4 4. 8. 1759, WWA 31

5 LATh-HSTAW A 1924

6 NLAWo, 1 Alt Nr. 587, 12 f

7 GSA 36/VII, 18

8 NLAWo, 1 Alt 5 Nr. 785,
   2 – 4a

9 Berger Diss, 24

10 NLAWo, 1 alt 5 Nr. 785, 18 f

11 GSA 68/381, 12

12 Beaulieu-Marconnay, 25 – 28

13 Wahl, 8

14 Beaulieu-Marconnay, 28

15 Zit. n. Berger Diss, 247

16 21. 2. 1758, §6, NLAWo 1 Alt 5
   Nr. 287, 4

17 Beaulieu-Marconnay, 25 f

18 Meine Gedanken, GSA
   68/381, 13

19 5. 1. 1760, WWA 1

20 Z. B Bornhak, 362; 21. 2. 1757,
   LATh-HStAW Fürstenhaus
   6-12-3001, A 1925/31

21 17. 1. 1760, WWA 3

22 22. 12. 1759, WWA, 51

23 25. 10. 1760, WWA 43

24 29. 12. 1760, AT-OeStA/
   HHStA, STK Sächs. Häuser

25 Ebd.

26 18. 11. 1760, ebd.

27 Ebd.

28 29. 12. 1760, ebd.

29 24. 12. 1760, LATh-HStAW
   HA AA XVIII, 85

30 5. 2. 1761, Bornhak, 348 f

31 28. 2. 1761, ebd., 350 f

32 1. 3. 1761, ebd.

33 Ebd., 353 f

34 Ebd., 354 f

35 Bode Amalie I, 97 f

36 8. 11. 1760, WWA 45

37 1. 3. 1760, WWA 9; 29. 5. 1762,
   WWA 22

38 29. 5. 1762, ebd.

39 8. 11. 1760, WWA 45

40 24. 10. 1761, WWA 43

41 15. 2. 1762, WWA 8

42 18. 5. 1762, WWA 19

43 26. 9. 1761, WWA 39;
   10. 10. 1761, WWA 41

44 Die »Hochfürstliche Münz-
   Verordnung«, 18. 9. 1762,
   WWA 38

45 Bode Amalie I, 95 f

46 26. 12. 1761, WWA 52

47 Zit. n. Bode Amalie I, 43 f

48 13. 6. 1761, WWA 24

49 Oeuvres de Fréderic
   le Grand, Bd. 22, 395 f

50 Ebd.

51 LATh-HStAW GHA B 487.1

52 NLAWo, 1 Alt 24, Nr. 304,
   25/26

53 Ebd., 3 – 5

54 26. 11. und 8. 12. 1762,
   NLAWo 299 Nr. 58, 172

55 12. 1. 1763, Bornhak 362

56 Ebd.

57 2. 4. 1763, WWA 14

58 19. 2. 1763, WWA 8;
   26. 2. 1763, WWA 9; 2. 4. 1763,
   WWA 4; 7. 5. 1763, WWA 14

59 Berger Diss, 254

60 7.5.1765, Bornhak, 363

61 9.5.1765, ebd., 364

62 13.8.1763, WWA, 33;
    20.8.1763, WWA 34

63 Bode Amalie I, 56 f

64 NLAWo, 1 Alt Nr. 587, 71

65 Ebd., Nr. 785, Bl. 3

66 NLAWo, 1 Alt 24 Nr. 304,
    Bl. 57 f

67 14.3.1763, ebd., Bl. 60 f

68 Berger Diss, 253

69 Joel 2,21

70 28.5.1763, WWA 2

71 Bode Amalie I, 69 f

72 Ebd., 92

73 Ebd., 68 ff

74 Ebd., 113

75 28.5.1763, WWA 22;
    4.6.1763, WWA 23; 2.7.1763,
    WWA 27; 9.7.1763, WWA
    28; Bode Amalie I, 75 f

76 12.11.1763, WWA 46;
    19.11.1763, WWA 47;
    26.11.1763, WWA 48;
    10.12.1763, WWA 50; Bode
    Amalie I, 78

77 13.10.1764, WWA 69

78 11.1.1769, WWA 3

79 Bode Amalie I, 89

80 8.8.1764, WWA 50

81 21.1.1764, WWA 3;
    21.4.1764, WWA 19;
    16.1.1765 WWA 5

82 25.2.1764, WWA 8

83 Bode Amalie I, 89

84 24.9.1763, WWA 39;
    10.10.1764, WWA 68

85 27.4 1765, WWA 34;
    17.12.1768, WWA 99

86 8.12.1770, WWA 98

87 Bode Amalie I, 83

88 2.6.1764, WWA 31;
    29.11.1766, WWA 96

89 Ventzke, 161

90 Zit. n. Klauss, 66 f

91 Ventzke, 161 f

92 28.5.1763, WWA 22

93 Ventzke, 165

94 Berger Diss, 267

95 Ebd.

96 LATh-HSTA, B 15044;
    Ventzke, 162 f

97 Meine Gedanken, GSA
    68/381, 12

98 Hochfürstliche Münz-Ver-
    ordnung, 18.9.1762, WWA
    38

99 Ventzke, 167 f

100 Ebd., 136

101 23.2.1765, WWA 23;
    27.2.1765, WWA 17

102 23.3.1765, WWA 24

103 Ventzke, 166

104 28.1.1766, WWA 104

105 26.5.1764, WWA 29

106 Bode Amalie I, 89; 7.1770,
    WWA 13, 4.8.1770, WWA
    62

107 21.1.1767, WWA 7

108 2.1.1768, WWA 1

109 19.9.1764, WWA 62;
    10.9.1766, WWA 73

110 Bode Amalie I, 91

111 Ebd., 92

112 27. 2. 1762, WWA 9

113 Bode Amalie I, 113

114 31. 8. 1768, WWA 77

115 9. 3. 1765, WWA 20

116 17. 11. 1770, WWA 92;
9. 3. 1765, WWA 20

117 25. 6. 1766, WWA 51

118 18. 7. 1764, WWA 58

119 9. 1. 1765 WWA 3

120 24. 4. 1769, WWA 35

121 17. 11. 1763, WWA 51

122 20. 1. 1770, WWA 6

123 22. 6. 1768, WWA 48

124 5. 1. 1765, WWA 2

125 4. 6. 1768, WWA 43

126 22. 12. 1767, WWA 102

127 Bode Amalie I, 102;
16. 6. 1770, WWA 48

128 12. 5. 1764, WWA 25

129 Ebd.

130 1. 6. 1765, WWA 44

131 18. 7. 1764, ebd.

132 30. 5. 1764, WWA 30

133 29. 9. 1764, WWA 65

134 Bode Amalie I, 114

135 13. 10. 1764, WWA 84

136 2. 1. 1765, WWA 1

137 Zit. n. Bode Amalie I, 67

138 Scheller, 28 f

139 Ebd., 30 f

140 Ebd., 21

141 Ebd., 10

142 Ebd., 29 f

143 Bode Amalie I, 156 f

144 Ebd., 136 f

145 Scheller, 22

146 Bode Amalie I, 136 f

3. Obervormünderin

1 GSA 24 8997 – 14

2 NLAWo, 1 Alt 5 Nr. 787, 10,
Bl. 15 f

3 20. 6. 1760, LATh-HStAW
HA A XVIII, 84

4 23. 7. 1760, NLAWo, 1 Alt 24
Nr. 304, 23

5 Berger Diss, 113

6 Zit. n. Bode KA, 20

7 8. 5. 1761, Bode Amalie I, 28

8 Zit. n. Bode KA, 25

9 Ebd., 117

10 Ebd.

11 Zit. n. Bode KA, 27

12 Ebd., 28 f

13 Ebd., 30 f

14 Zit. n. Berger Diss, 139

15 16. 9. 1765, ebd., 138

16 Berger Diss, 138

17 Ebd., 113

18 Ebd., 144

19 Details s. ebd., 143

20 Ebd.

21 GSA 36/VII, 18

22 29. 5. 1763, zit. n. Bode KA, 7;
Details s. Berger Diss, 183

23 7. 7. 1762, Berger Diss, 182

24 29. 5. 1763, ebd., 183

25 13. 10. 1763, ebd., 185

26 30. 3. 1771, WWA 26

27 18. 5. 1771, Berger Diss, 149 f

28 8. 6. 1771, Goertz an seine
    Frau, Leithold, 33
29 22. 5. 1771, ebd., 31

4. Enttäuschungen, Krisen,
Selbstzweifel (1771 – 1775)

1   18. 5. 1771, WWA 40
2   29. 6. 1771, WWA 52;
    31. 6. 1771, WWA 61
3   10. 4. 1771, WWA 30
4   30. 4. 1771, WWA 36
5   23. 5. 1772, WWA 42
6   3. 5. 1771, Einzelheiten
    s. Berger Diss, 268
7   Ebd.
8   13. 3. 1772, WWA 22
9   27. 5. 1772, WWA 43
10 6. 2. 1773 WWA 12
11 19. 4. 1775, WWA 32
12 Ventzke, 139 ff
13 LATh-HStAW B 17025 fol.
    48r, n. Ventzke, 140
14 9. 2. 1764, Gutachten von Dr.
    A. F. Bertram, zit. n. Berger
    Diss, 187
15 Hach, 129
16 Berger Diss, 186
17 Details s. ebd., 187 ff
18 Ebd.
19 20. 10. 1765, NLAWo, 1 Alt 24
    Nr. 304
20 30. 10. 1771, WWA 87
21 Berger Diss, 190
22 29. 3. 1772, Beaulieu-Marcon-
    nay, 42 f
23 GSA 68/381

24 6. 2. 1772, LATh-HStAW
    F 1532, Bl. 118 – 124
25 Bode Amalie I, 107
26 Ebd.
27 29. 3. 1772, Beaulieu-Marcon-
    nay, 42 f
28 29. 2. 1772, Goertz an Gräfin
    Goertz, Leithold, 36
29 25. 4. 1772, Goertz an Gräfin
    Goertz, ebd., 45
30 19. 8. 1772, Anna Amalia/
    Wieland an Goertz, Heinz
    92; Bode KA, 122
31 13. 12. 1773, Leithold, 87
32 Bode KA, 208
33 6. 4. 1772, Goertz an Gräfin
    Goertz, Leithold, 41
34 Berger Diss, 167
35 22. 12. 1773, Beaulieu-Mar-
    connay, 62 ff
36 14. 5. 1774, Knebel an Fritsch,
    ebd., 115 ff
37 2. 1. 1775, GSA 54/248
38 14. 1. 1775, Leithold, 103
39 18. 1. 1775, ebd.
40 9. 2. 1775, GSA 54/248
41 24. 3. 1775, Leithold, 127
42 Knebels intimes Tagebuch,
    Sigismund, 258
43 Ebd., 254
44 Ebd., 258
45 Berger Diss, 170
46 GStA-PK, Rep46 W69,
    21/22
47 Details s. Philipps, Caroline
    Mathilde

48 GStA-PK, BPH Rep46 W69, Bd. 1, 6

49 2.4.1772, Goertz an Gräfin Goertz, Leithold, 39

50 Volz, 625 ff

51 Reverdil, 382 f

52 Goethe's sämmtliche Werke 4, 202 f

53 Bekehrungsgeschichte des vormaligen Grafen J. F. Struensee, nebst desselben eigenhändiger Nachricht von der Art, wie er zu Aenderung seiner Gesinnung über die Religion gekommen ist. Von Dr. B. Münter. Kopenhagen 1772, Bd. 5, 535 f

54 29.8.1772, WWA 70

55 19.9.1772, WWA 76

56 30.1.1773, WWA 9

57 21.11.1772, WWA 94

58 Giebel, 532

59 Ebd., 533

60 Berger Diss, 91

61 29.9.1968, Feuerstein, 138

62 GSA 36 VII, 18; siehe auch GSA 24 8997 – 14

63 14.6.1768, Beaulieu-Marconnay, 30 f

64 21.3.1772, Goertz an Gräfin Goertz, Leithold, 38

65 Zit. n. Berger Diss, 37

66 Details ebd., 272 ff

67 NLAWo, 1 Alt 5 Nr. 785, 2 – 4a

68 Die folgenden Ausführungen zur Rebellion beziehen sich auf Voigt, 2 – 40

69 Voigt, 40 ff

70 Scheller, 21

71 Bode Amalie I, 144

72 21.5.1773, Goertz an Gräfin Goertz, Leithold 66

73 24.5.1773, Goertz an Gräfin Goertz, ebd., 61

74 18.5.1773, Goertz an Gräfin Goertz, ebd., 66

75 25.5.1773, Goertz an Gräfin Goertz, ebd., 68

76 14.4.1772, Goertz an Gräfin Goertz, ebd., 37

77 3.5.1773, Goertz an Gräfin Goertz, ebd., 53

78 Gerlach/Sternke, 241

79 10.5.1773, Goertz an Gräfin Goertz, Leithold, 61

80 Gerlach/Sternke, 241 f

81 10.5.1773, Goertz an Gräfin Goertz, Leithold 61

82 15.5.1773, Goertz an Gräfin Goertz, ebd., 63

83 25.5.1773, Goertz an Gräfin Goertz, ebd., 69

84 27.5.1773, Goertz an Gräfin Goertz, ebd., 70

85 1.6.1773, Goertz an Gräfin Goertz, ebd., 74

86 5.6.1773, Goertz an Gräfin Goertz, ebd., 76

87 30.9.1773, Wieland an Jacobi, ebd., 85

88 12.6.1773 Goertz an Gräfin Goertz, ebd., 82

89 GSA VII, 18 Bl. 2847 ff

90 LATh-HStAW HA AXVIII, 8a

91 29. 3. 1772, Beaulieu-Marconnay, 42 f

92 9. 12. 1773, ebd., 55 – 60

93 22. 12. 1773, ebd., 62 ff

94 9. 12. 1773, ebd., 55 – 60

95 9. 12. 1773, ebd., 59 f

96 22. 12. 1773, ebd., 62 ff

97 1. 6. 1771, WWA 44

98 Ventzke, 299

99 3. 4. 1771, WWA 27

100 Ventzke, 303

101 Verfügung vom 24. 5. 1771, 1. 6. 1771, WWA 44

102 LATh-HStAW B 6242, fol. 16, 75 – 82

103 Ebd., Bl. 95 ff

104 Ebd., Bl. 111 f

105 Ebd.

106 Ebd., Bl. 112

107 Ebd.

108 Kotzebue, Musäus, 227 ff

109 Ebd., 224

110 Ebd., 222 ff

111 Ebd., 228

112 20. 6. 1774, WWA 146

113 LATh-HStAW B 6242 Bl 114

114 LATh-HSTA, B 2734; Ventzke, 2 f

115 8. 6. 1774, WWA 46

116 Ventzke, 306

117 Ebd., 4

118 18. 5. 1774, WWA 40

119 Beaulieu-Marconnay, 80

120 Ebd.

121 Ebd., 80 f

122 Ebd., 83 f

123 Ebd., 85 f

124 9. 5. 1773, Graf Goertz an seine Frau, Leithold, 60

125 Bojanowski, 27

126 21. 12. 1773, Leithold, 92; 22. 12. 1773, ebd., 93

127 Bojanowski, 74

128 Ebd., 52 f

129 Zit. n. ebd., 52 f

130 2. 12. 1774, ebd., 54 f

131 Berger Diss, 197 f

132 9./10. 12. 1774, Bergmann, 3

133 11. 10. 1774, ebd., 3 f

134 Ebd., 5

135 18. 12. 1774, ebd., 5 f

136 Zit. n. Bojanowski, 62

137 19. 12. 1774, Leithold, 99

138 19. 12. 1774, Bergmann, 6 f.

139 24. 12. 1774, Bojanowski, 60

140 2. 1. 1775, an Anna Amalia, Leithold, 102

141 8. 2. 1775, WWA 11

142 18. 2. 1775, Bergmann, 14

143 4. 2. 1775, ebd., 11 f

144 18. 2. 1775, ebd., 14

145 23. 3. 1775, ebd., 16 f

146 11. 2. 1775, ebd., 13

147 2. 3. 1775, ebd., 15

148 16. 3. 1775, ebd., 15 f; 1. 4. 1775, ebd., 17

149 13. 4. 1772 Goertz an Gräfin Goertz, Leithold, 42

150 16. 1. 1775, ebd., 103

151 31. 3. 3 1775, ebd., 134

152 2.5 1775, ebd., 154

153 Paris, 27. 4. 1775, Bergmann, 18 f

154 Karlsruhe, 22. 5. 1775, ebd., 19

155 28. 6. 1775, WWA 51

156 21. 3. 1775, Leithold, 125

157 Ebd., 149

158 8. 5. 1775, ebd., 155 f

159 Beaulieu-Marconnay, 141 f

160 20. 6. 1775, Fritsch, ebd., 92 ff

161 21. 6. 1775, ebd., 95 f

162 Ebd., 97 f

163 4. 7. 1775, Anna Amalia an Fritsch, ebd., 98 f

164 Berger Diss, 282

165 8./9. 7. 1775, Bode KA, 247 f

166 LATh-HStAW HA A XVIII 23, Bl. 9 – 11

167 Bode KA, 251 f

168 24. 9. 1775, Anna Amalia an Fritsch, Beaulieu-Marconnay, 103

169 24. 9. 1775, Anna Amalia an Fritsch, ebd.

170 Berger Diss, 264

171 Ventzke, 51 ff; Berger Diss, 265 f

172 Berger Diss, 266

173 Ventzke, 38 f

174 Ebd., 37

175 Berger Diss, 266

176 24. 9. 1775, Anna Amalia an Fritsch, Beaulieu-Marconnay, 103

177 24. 9. 1775, Anna Amalia an Fritsch, ebd.

178 Ventzke, 39

179 Bojanowski, 69

180 21. 10. 1775, WWA 84

181 Ventzke, 20

182 Zit. n. ebd., 21 f

183 9. 12. 1773, Beaulieu-Marconnay, 59 f

184 GSA VII, 18

IV. Ein Leben ohne Ketten (1775 – 1783)

1. Ereignis Goethe

1 Selbstbiografie Hufeland, 12

2 Dichtung und Wahrheit, Bd. 4, 236

3 Ebd., 266

4 3. 11. 1775, GSA 44/84 Briefe, Bl. 28

5 27. 4. 1775, Bergmann, 19

6 23. 11. 1775, Bode Goethe 1, 145

7 Fuld, 149

8 6. 12. 1775, an Henriette Gräfin Bernstorff, Grumach 1, 390

9 25. 12. 1775, Gerlach/Sternke, ebd., 398

10 Müller, 60

11 Falk, Notizbuch, zit. n. Grumach 1, 478

12 22. 1. 1776, Leuschner I, 615

13 Karl vom Stein, zit. n. Grumach 1, 481 f

14 21. 1. 1776, an H. W. v. Gerstenberg, ebd., 391

15 6.12.1775, Friedrich Leopold, Graf zu Stolberg an Henriette Gräfin von Bernstorff, ebd., 392

16 1.3.1776, Philipp Seidel an J.A. Wolf, ebd., 406

17 Ebd.

18 Beaulieu-Marconnay, 143 f

19 Ebd., 153

20 7.2.1776, an J.G.R. Andreä, Bode Goethe 1, 163

21 Zit. n. Bode KA, 305

22 Zit. n. Leithold Goertz, 101

23 Falk, Notizbuch, n. Grumach 1, 478

24 14.2.1776, WWA 43; Kurscheid/Richter, 31

25 Aufzeichnungen vom 2.2.1797, Gerlach/Sternke, 207

26 An Bertuch, Bode Goethe 1, 173

27 Hufeland Selbstbiografie, 12

28 GSA 14/6

29 Falk, Notizbuch, zit. n. Grumach 1, 478

30 13.5.1776, Basel, Iselin an Frey, Bode Goethe 1, 181

31 Falk, Notizbuch, zit. n. Grumach 1, 479; G. Parthey, zit. n. Grumach 1, 479

32 Zit. n. Grumach 1, 479

33 Leuschner 1, 605

34 22.1.1776, ebd., 615

35 14.2.1776, Kurscheid/Richter 3.I, 43

36 16.3.1776, von Kalb an Goethes Eltern, Bode Goethe 1, 170 f

37 LAth-HStAW Fürstenhaus A XIX, Nr. 187

38 6.3.1776, an Lavater, Kurscheidt/Richter 3.I, 40 f

39 5.2.1776, Bode Goethe 1, 162

40 6.3.1776, ebd., 169

41 8.3.1776, ebd., 166 f

42 29.3.1776, an Bruder Albrecht, ebd., 174

43 6.3.1776, Kurscheidt/Richter 3.I, 41

44 19.2.1776, ebd., 32 f

45 Berger Diss, 191

46 Hufeland Selbstbiografie, 12

47 Leithold, 168

48 3.4.1776, Gräfin Goertz an ihren Mann, ebd., 167

49 5.4.1776, Gräfin Goertz an ihren Mann, Leithold Goertz, 106

50 14.4.1776, Leithold, 177

51 Ebd., Anm. 2

52 Leithold Goertz, 110

53 Hufeland Selbstbiografie, 12

54 10.5.1776, an Luise von Döring, Bode Goethe 1, 180 f

55 29.3.1776, an Bruder Albrecht, ebd., 174

56 19.6.1776, Zimmermann an Herder, GSA 44/84, Bl. 69 f

57 7.2.1776, an J.G.R. Andreä, Bode Goethe 1, 163

58 Zit. n. Gerlach/Sternke, 207

59 Bode KA, 249

60 27. 2. 1776, Lavater an Herder, Bode Goethe 1, 165

61 Leithold, 172

62 Beaulieu-Marconnay, 153 f

63 24. 4. 1776, GSA 20/82

64 26. 1. 1776, an Merck, Grumach 1, 404

65 13. 5. 1776, Beaulieu-Marconnay, 170 ff

66 8. 3. 1776, an Merck, Leuschner 1, 630

67 Zit. n. Bode Amalie II, 81

68 Beaulieu-Marconnay, 178 f

69 1. 6. 1776, Bode Goethe 1, 184

70 18. 4. 1776, Leithold, 184

71 10. 2. 1829, Eckermann, 222

72 14. 2. 1776, Kurscheidt/ Richter 3.I, Nr. 43, 31

73 25. 3. 1776, ebd., Nr. 71, 48

74 10.4. 1776, ebd., Nr. 78, 51

75 16. 5. 1776, ebd., Nr. 104, 62

76 27. 1. 1776, ebd., 24

77 28. 1. 1776, ebd., 25

78 14. 2. 1776, an Johanna Fahlmer, ebd., 31

79 27. 1. 1776, an Charlotte von Stein, ebd., 25

80 Bojanowski, 87 f

81 Ebd., 76

82 Müller, 183

83 8. 5. 1776, Bode KA, 325 f

84 18. 11. 1776, Bojanowski, 109

85 Ebd., 79 f

86 Kurscheid/Richter 3.I, Nr. 32, 25 f

87 22. 3. 1776, an Sulzer, Bode Goethe 1, 172

88 Kraft, 177

89 8. 3. 1776, Charlotte von Stein an Zimmermann, Bode Goethe 1, 169

90 Bode Amalie II, 189 – 195

91 Beaulieu-Marconnay, 171 ff

92 14. 2. 1776, an Johanna Fahlmer, Kurscheid/Richter 3.I, 31

93 Müller, 185

94 Zit. n. Gerlach/Sternke, 202; Grumach 1, 402

95 Eckermann, 222

96 18. 5. 1776, an Auguste zu Stolberg, Grumbach 1, 422

97 20. 5. 1776, an Auguste zu Stolberg, ebd., 423

98 19. 5. 1776, an Auguste zu Stolberg, ebd.

99 Freye/Stammler, Lenz Briefe 1, 328

100 Froitzheim, 73

101 24. 5. 1776, Kurscheid/ Richter 3.I, S. 70

102 Bode KA, 326

103 29. 5. 1776, Bode KA, 327

104 Beaulieu-Marconnay, 171

105 Albrecht/Döhler 1, 18

106 22. 6. 1776, Kurscheidt/ Richter 3.I, Nr. x, 77

107 Noll 1, 19

108 Ryno, Charlotte von Stein, Bode Amalie II., 192

109 Juni 1776, an Marchand,

Freye/Stammler, Lenz
Briefe, 127

110 Ph. Seidel an J. A. Wolf,
Gumach 1, 406 f

111 14. 4. 1776, an Lavater, Lenz
Briefe 1, 228

112 25. 4. 1776, Leithold, 185

113 Nach Falk, Grumach 1, 488

114 Ebd., 417

115 7. 6. 1766, Freye/Stammler,
Lenz Briefe 1, 270

116 Ende 4 1776, ebd., 241

117 Froitzheim 25

118 Goethe's sämmtliche
Werke 4, 221

119 23. 6. 1776, Albrecht/Döh-
ler 1, 19

120 142, S 84, 9. 7. 1776 Kur-
scheidt/Richter 3.I, S. 84

121 Bergmann, 21

122 Carl August an Mutter,
ebd.

123 19. 7. 1776, Bode KA, 308

124 24. 7. 1776, Leuschner 1, 672

125 9./12. 8. 1776, Bergmann, 22

126 22. 7. 1776, Grumach 1, 442

127 14. 7. 1776, Voss an Ernestine Boie, Bode Goethe 1,
191

128 11. 8. 1776, Boie an Miller,
ebd., 197

129 Scheller, 49

130 24. 7. 1776, an Merck,
Leuschner 1, 675

131 Graf Wartensleben, Bode
Goethe 1, 196

132 31. 8. 1776, J. J. Chr. Bode an
H. Ch. Boie, Kraft, 210

133 Freye/Stammler, Lenz
Briefe 2, 29 ff

134 29./30. 11. 1776, ebd., 56

135 Froitzheim, 34

136 Kaufmann, 37; Kraft, 224

137 3. Brief des Waldbruders,
zit. n. Luserke, 81

138 5. Brief Rothe an Herz,
ebd., 84 f

139 7. Brief: Rothe an Herz,
ebd., 86 ff

140 Froitzheim, 49 f

141 Freye/Stammler, Lenz
Briefe 2, 12 f

142 3. 10. 1776 Leithold, 190

143 9. 10. 1776, ebd., 193

144 5. 10. 1776, Gräfin Goertz an
ihren Mann, ebd., 191

145 14. 10. 1776, ebd., 196 f

146 Ebd., 193

147 13. 10. 1776, ebd., 195

148 Dokumentation in Riga
Stadtbibliothek, Freye/
Stammler, Lenz Briefe 2, 32

149 Leithold Görtz, 127

150 6. 11. 1776, ebd., 127 f

151 1. 11. 1776, Albrecht/Döhler
1, 28

152 Goethe Werke, HA, Kommentar, 553

153 Ebd.

154 LATh-HStAW HA A XVIII
Nr. 156, Bl. 2

155 Keil, 89

156 LATh-HStAW HA A XVIII Nr. 156, Bl. 3 – 4

157 Goethes Werke WA, III. Abteilung, Bd. 1, 26; Keil, 90

158 2. 11. 1776, Kurscheidt/Richter 3.I, Nr. 181, 114

159 Froitzheim, 52

160 LATh-HStAW HA A XVIII 150b, 128 f

161 Albrecht/Döhler 1, 30

162 29. 11. 1776, GSA 44/69, Bl. 18 f

163 3/1778 Merck, Lerschner 2, 3, 66

164 GSA 44/69, Bl. 18 f

165 Freye/Stammler, Lenz Briefe 2, 56 f

166 2. 10. 1779, ebd., 137

167 Ebd., 56 f

168 13. 1. 1777, Leuschner 1, 704

169 Froitzheim, 57

170 Ebd., 73

171 Ebd., 57

172 Ebd.

173 22. 12. 1776, Kurscheidt/Richter 3.I Nr. 201, 122

174 Ca. 30. 11. 1776, ebd., Nr. 191, 119

175 Zit. n. Bode Amalie I, 184

176 28. 11. 1776, Albrecht/Döhler 1, 18

177 Ende November 1776, Kurscheidt/Richter 3.I 193, 120; Kommentarband, 437 f

178 Ca. 1. 12. 1776, Kurscheidt/Richter 3.I Nr. 196, 121

179 1. 12. 1776, Kurscheidt/Richter 3.I Nr. 194, 120; Kommentarband 438

180 1. 12. 1776, ebd., Nr. 195, 120

181 Goethes Werke, WA, III. Abteilung, Bd. 1, 28 – 32

182 Zit. n. Kaufmann, 45

183 Froitzheim, 66

184 Zit. n. Luserke, 66

185 Kaufmann, 99

186 Noll, 12

187 14. 6. 1788, Original im Goethe-Museum Düsseldorf, Noll 1, 7 und Anm. 273

2. Musische Vergnügungen und anderer Zeitvertreib

1 6. 11. 1781, Leuschner 2, 669 f

2 Goethe's sämmtliche Werke 5, 508

3 Zit. n. Berger Musenhof, 126

4 Merkel, 38

5 Ebd., 49

6 Zit. n. ebd., 50

7 Der Teutsche Merkur 1/1773, 270 f

8 An Olympia. Den 24. Oktober 1777, Der Teutsche Merkur 4/1777, 104

9 Dreise-Beckmann, 63

10 Sigismund, 258; LATh-HSTAW HA XXVIII Nr. 145, Bl. 5 – 6

11 Knebel, Erinnerungen; Bode Amalie II, 14

12 8. 11. 1782, Ense, 192 f

13 27. 10. 1783, ebd., 194

14 Bode Amalie II, 51

15 Leuschner 2, 259 f

16 Berger Biografie, 133

17 Zit. n. Driese-Beckmann, 63

18 30. 11. 1786, Ense, 196 f

19 6. 7. 1780, Leuschner 2, 461

20 Gräfin Goertz an ihren
    Mann, Leithold, 198

21 Berger Biografie, 133

22 6. 7. 1780, Anna Amalia an
    Merck, Leuschner 2, 461

23 Bode Amalie II, 147

24 25. 4. 1784, ebd., 146;
    Leuschner 3, 478

25 Leuschner 3, 478

26 5. 3. 1780, LATh-HStAW HA
    A XVIII 82b, Bl. 1

27 12. 10. 1779, Leuschner 2, 309

28 4. 11. 1779, ebd., 317 f

29 8. 2. 1779, Anna Amalia an
    Merck, ebd., 201

30 4. 11. 1779, ebd., 318 f

31 4. 8. 1781, ebd., 646

32 an Knebel, Bode Amalie II,
    159

33 Leuschner 2, 278 f

34 Ebd., 279 Anm. 6

35 21. 9. 1779, ebd., 287 und 279
    Anm. 6

36 Peucer, 58

37 Berger Biografie, 139

38 Deetjen, 116 f

39 Berger Biografie, 139

40 2. 8. 1779, Leuschner 2, 266

41 Berger Biografie, 140

42 Ebd.

43 Kurscheid/Richter 3.I, 116

44 7. 12. 1781, Ense, 187

45 Keil, 176 f

46 Golz/Heinz, 46 und 643

47 Ebd., 46

48 Ebd., 36

49 Ebd., 17

50 7. 12. 1783, ebd.

51 11. 2. 1782, Leuschner 3, 5

52 Siehe auch Berger Diss,
    489 f

53 an Hamann, ebd., 491

54 6. 11. 1781, Leuschner 2, 669 f

55 21. 10. 1782, Leuschner 3, 166 f

56 8. 11. 1782, GSA 54/248, Bl.
    15 f

57 2. 1. 1784, Ense, 194 f

58 29. 8. 1782, ebd., 191

59 13. 2. 1785, Leuschner 3, 671 f

60 29. 4. 1784, ebd., 481

61 25. 4. 1784, ebd., 478

62 6. 7. 1780, Leuschner 2, 461
    und 462 Anm. 7

63 Bode Amalie II, 58

64 Leuschner 2, 443

65 22. 2. 1784, Keil, 207 f

66 4. 1. 1784, Ense 195

3. Familienbande

1 LATh-HStAW HA AXVIII
   22c, 3 f

2 24. 6. 1778, Bergmann, 23

3 Sigismund, 250

4 Berger Diss, 210

5 Leuschner 2, 267

6 Sigismund, 258

7 22. 6. 1780, an Knebel, zit. n. Berger Diss, 171

8 Sigismund, 258

9 LATh-HStAW HA A XVIII 22c, 3 f

10 LATh-HStAW HA A XVIII 145, Bl. 2

11 Berger Diss, 171 und 171 f Anm. 316

12 Keil, 43 f

13 6. 8. 1781, GSA 54/521, Bl. 35 f; Berger Diss, 173

14 4. 1. 1782, LATh-HStAW HA A XVIII 22c, Bl. 13

15 Zit. n. Berger Diss, 174

16 LATh-HStAW HA A XVIII Nr. 1 oder 22c, Bl. 32

17 19. 5. 1782, Sigismund, 260

18 14. 6. 1782, ebd., 273 f

19 12. 7. 1782, ebd., 74

20 LATh-HStAW HA A XVIII 22c, Bl. 32

21 30. 8. 1782, LATh-HStAW HA A XVIII 22c, Bl. 67 f

22 22. 10. 1782, ebd., Bl. 42 f

23 17. 12. 1782, ebd., Bl. 76

24 Ebd.

25 Zit. n. Berger Diss, 21

26 13. 1. 1783, Journal Constantin, zit. n. Berger, 211

27 28. 2. 1783, Constantin an Albrecht, zit. n. ebd.; Sigismund, 282

28 Sigismund, 263

29 Ebd., 264

30 Berger Diss, 21

31 16. 6. 1783, Carl August an Anna Amalia, Bergmann, 40

32 Zit. n. Berger Diss, 212 f

33 18. 6. 1783, früh Carl August an Anna Anna Amalia, Bergmann, 41

34 19. 6. 1783, ebd., 41 f

35 15. 1. 1784, Düntzer, 31 ff

36 Sigismund, 266

37 15. 1. 1784, Carl August an Knebel, Düntzer, 31 ff

38 Ebd.

39 8. 7. 1784, Bergmann, 46 f

40 Berger Diss, 178

41 24. 10. 1786, LATh-HStAW HA A XVIII Nr. 145, Bl. 5 – 6

42 Bergmann, 45 f

43 8. 7. 1784, ebd., 46

44 Ebd., 26

45 24. 6. 1778, ebd., 23

46 28. 10. 1779, ebd., 28 f

47 Ebd., 51

48 23. 11. 1784, ebd., 52

49 20. 9. 1780, ebd., 37

50 24. 6. 1778, ebd., 23

51 4. 10. 1783, Gabelbach, ebd., 43

52 6. 6. 1785, ebd., 56

53 Keil, 34 f

54 13. 9. 1779, Gräfin Gianini an Graf Goertz, Leithold, 319

55 Berger Diss, 204

56 16. 10. 1779, Bergmann 27 f

57 26. 12. 1779, ebd., 33 f; 19. 11. 1779, ebd., 29; 26. 12. 1779, ebd., 33 f

58 2.1.1780, Leuschner 2, 346
59 10.1.1780, ebd., 351
60 22.12.1784, Bergmann, 54
61 Grumach, Müller, 183
62 Bojanowski, 76
63 4.8.1780, an Amalia von Baden-Durlach, zit. n. Berger Biografie, 137
64 25.7.1777, zit. n. Bojanowski, 105
65 9.11.1776, Leithold, 205
66 18.5.1778 und 3.8.1778, zit. n. Berger Diss, 204
67 18.8.1778, ebd., 203
68 8.12.1778, Leuschner 2, 190
69 8.2.1779, ebd., 201
70 Bojanowski, 137
71 10.2.1783, an Merck, Leuschner 3, 244
72 Berger Biografie, 135
73 27.10.1783, Ense, 194
74 Berger Diss, 84 f
75 8.2.1779, an Merck, Leuschner 2, 201
76 Berger Diss, 86

4. Zwischen Krieg und Frieden
1 14.4.1776, Leithold, 181
2 15.4.1776, ebd., 178
3 Ebd., 162
4 Graf Goertz an seine Frau, ebd., 165 und 169 Anm. 1
5 8.4.1776, Leithold Görtz, 108
6 11.10.1776, Leithold, 194
7 Graf Goertz an seine Frau, ebd. 186, Anm. 1
8 15.11.1776, ebd., 208
9 18.11.1776, ebd., 210
10 Ebd., 217
11 1/1778, Leithold/Goertz, 186
12 1/1778, Leithold 228 f
13 Ebd., 233
14 3.2.1778, ebd., 237
15 21.3.1778, ebd., 264
16 Tagebuch 23.3.1778 und 24.3.1778, Goethes Werke. WA, III. Abteilung, Bd. 1, 64
17 21.3.1778, Gräfin Goertz an ihren Mann, Leithold, 264 und 264 Anm. 3
18 21.2.1778, Graf Goertz an seine Frau, ebd., 244
19 25.2.1778, Graf Goertz an seine Frau, ebd., 246
20 Ebd., 248
21 16.3.1778, Gräfin Goertz an ihren Mann, ebd., 258
22 27.2.1778, Tümmler, 53
23 7.3.1778, Gräfin Goertz an ihren Mann, Leithold, 261
24 Tümmler, 53 ff
25 An Merck, Leuschner 2, 60
26 Tümmler, 53 ff
27 Ebd., 55 f
28 30.3.1778, Gräfin Goertz an ihren Mann, Leithold, 287
29 1.4.1778, Gräfin Goertz an ihren Mann, ebd., 265
30 LA Th-HStAW HA A XVIII 31, Bl. 30
31 11.3.1778, WWA 20
32 7.3.1778, WWA 19
33 25.1.1779, Tümmler, 57

34 Leithold Goertz, 213

35 Graf Goertz an seine Frau, ebd., 224

36 19. 5. 1778, Grumach 2, 81

37 19. 5. 1778, Gräfin Goertz an ihren Mann, Leithold, 305

38 Ebd., 306

39 14. 8. 1778, Leuschner 2, 146

40 Ebd.

41 4. 9. 1778, ebd., 156 f

42 Tümmler, 58 f

43 9. 2. 1779, ebd., 61 ff

5. Sehnsüchte

1 4. 11. 1779, Leuschner 2, 318

2 Berger Diss, 544

3 14. 8. 1778, Anna Amalia an Merck, Leuschner 2, 147 f

4 28. 7. 1780, Ense, 186

5 14. 8. 1778, Anna Amalia an Merck, Leuschner, 2, 147 f

6 1. 8. 1778, Merck an Wieland Leuschner 2, 123 f

7 14. 8. 1778, ebd., 146

8 28. 10. 1787, LATh-HStAW F 1532[IV], Bl. 10/11

9 8. 11. 1782, an Knebel, Ense, 192 f

10 27. 10. 1783, ebd., 194

11 Knebels intimes Tagebuch, Sigismund, 25

12 29. 8. 1778, Keil, 113 f

13 4. 11. 1778, ebd., 122 f

14 3. 11. 1781, ebd., 176 f

15 4. 11. 1778, ebd., 122 f

16 22. 2. 1784, ebd., 206 f

17 4. 11. 1778, ebd., 122 f

18 Keil, 189

19 22. 2. 1784, ebd., 206

20 1. 8. 1778, Leuschner 2, 123 f

21 21. 9. 1779, Wieland an Merck, Leuschner 2, 286 f

22 Grumach 2, 256

23 7. Sept. 1779, Albrecht/Döhler 1, 438

24 18. 11. 1781, an Charlotte von Stein, Grumach 2, 330

25 11. 9. 1781, Brief an J. A. Ebert, Grumach 1, 318; drittes Treffen in Gotha am 30. 3. 1782, Tagebuch Münter, ebd., 354

26 5. 6. 1782, zit. n. Grumach 2, 366

27 Martha Eleonore von Witzleben an Graf Goertz, ebd., 376

28 Scheller, 122

29 26. 6. 1782, Grumach 2, 375

30 O. D., LATh-HStAW HA A XVIII 31, Bl. 34 f

31 11. 7. 1782, Herder an Hamann, Grumach 1, 374

32 August 1782, an J. G. Müller, Grumach 2, 378

33 8. 6. 1782, ebd., 376

34 8. 11. 1782, Ense, 192 f

35 15. 3. 1778, Leithold, 258

36 5. 5. 1778, ebd., 294

37 1. 7. 1781, Grumach 2, 311

38 29. 8. 1781, ebd., 317

39 9. 7. 1781, Nichte von Goertz, ebd., 305

40 Goethes Werke, WA IV 6,
   186
41 Ebd.
42 23.8.1783, Bergmann, 42
43 2.10.1783, aus Kassel, Goethes Werke, WA IV 6, 203

V. Sehnsuchtsort Italien
(1783 – 1790)
1. Frust, Krankheit und Fluchtpläne

1 15.3.1783, an Johann Christian Kestner, ebd., 136
2 3.3.1783, Ense, 40
3 27.7.1780, Schmidt, 138
4 22.2.1784, Keil, 206
5 5.1.1784, Wieland an Merck,
   Leuschner 3, 428
6 18.5.1783, Berger Biografie,
   152
7 An seine Schwester, Bode
   Amalie II, 30
8 An Merck, Leuschner 3, 633 f
9 9.11.1783, Tagebuch,
   Grumach 2, 434
10 13.7.1781, Keil, 169 f
11 26.12.1785, Ense, 117
12 7.11.1785, Grumach 2, 553
13 Giel 6.I, S. 401 f
14 Februar 1786, Nöthlich/
   Hellmann, 79 f
15 Hufeland Selbstbiografie, 25
16 20.8.1786, Bergmann, 62
17 15.3.1783, an Johann Christian Kestner, Goethes
   Werke, WA IV 6, 136
18 12.11.1783, an Friedrich
   Heinrich Jacobi, ebd., 211

19 16.1.1782, Grumach 2, 339
20 5.1.1784, Leuschner 2, 428
21 2.4.1785, Guhrauer 62
22 Zit. n. Grumach 3, 56
23 21.11.1782, an Knebel,
   Guhrauer, 37 f
24 3.2.1782, Tagebuch,
   Grumach 2, 347
25 19.1.1783, an Charlotte von
   Stein, ebd., 401
26 13.3.1783, Scheller Lyncker,
   125 f
27 Merkel, 50
28 1.9.1785, an Knebel,
   Guhrauer, 65
29 Zit. n. Bode Charlotte, 291
30 21.11.1782, an Knebel,
   Guhrauer, 37 f
31 17.9.1782, an Frau von Stein,
   Goethes Werke, WA IV 6, 58
32 21.11.1782, an Knebel,
   Guhrauer, 37 f.
33 21.11.1782, an Knebel, ebd.
34 Zit. n. Bode Charlotte, 290
35 3.1.1788, Giel 7.I, 16
36 Zit. n. Bode Charlotte, 290
37 Bergmann, 65
38 25.2.1787, Leuschner 4, 397
39 WA, Bd. VIII, 37
40 11.8.1787, Goethe's sämtliche
   Werke 4, 438
41 Giel 7.I, 209
42 6.1.1788, Leuschner 4, 493
43 Herbst 1787, wohl an
   Bertuch, Berger Diss, 554
44 17.12.1787, Bergmann, 72

45 Goethe's sämmtliche Werke
4, 449

46 Giel 7.I, 205

47 10. 11. 1787, Guhrauer, 75

48 7. 11. 1787, Giel 7.I, 210

49 11. 1. 1788, Bergmann, 73 f

50 Goethe's sämmtliche Werke
4, 456

51 25. 1. 1788, Giel 7.I, 232 – 240

52 17./18. 3. 1788, ebd., 255 ff

53 6. 2. 1788, Beaulieu-Marconay, 106

54 Berger Diss, 555

55 Beaulieu-Marconay, 106

56 Ebd.

57 19. 7. 1788, Bode Goethe 1,
353

58 Zit. n. Leithold Goertz, 292;
siehe auch Noll 1, 116 f

59 1. 6. 1789, Goethe Werke WA
IV 9, 123

60 LATh-HStAW HA A XVIII,
152

61 Hollmer, 87

62 Caroline Herder an Herder,
Herder, 53

63 Bode Amalie III, 179

64 Ebd., 6

65 1. 9. 1788, LATh-HStAW HA
A XVIII Nr. 42, Bl. 2

2. Reise ins Paradies

1 24. 10. 1788, LATh-HStAW F
1532^{IV}, Bl. 27 f

2 18. 11. 1788, Ense, 197 f

3 LATh-HStAW HA A XVIII,
16

4 Holmer, 88 und 99 Anm. 17

5 1. 11. 1788, Bode III, 17

6 LATh-HStAW HA A XVIII
16

7 LATh-HSTAW HA A XVIII
Rom ano 1788, Bl. 16

8 Ebd., Bl. 10

9 Ebd., Bl. 13

10 Ebd., Bl. 14

11 19. 9. 1788, LATh-HStAW
HA A XVIII, 43

12 31. 10. 1788, ebd.

13 9. 11. 1788, Bergmann, 78 f

14 Hollmer, 88 f

15 14. 11. 1788, Brandsch, 48

16 9. 11. 1788, Berger Diss, 559

17 6. 12. 1788, Herder an seine
Frau, Herder, 261

18 4. 12. 1788, Anna Amalia
Journal, LATh-HStAW HA
A XVIII, 153 ff

19 29. 11. 1788, an Carl August,
Herder, 242

20 19. 11. 1788, ebd., 223 f

21 22. 11. 1788, LATh-HStAW F
1532^{III}

22 LATh-HStAW, HA A XVIII,
153 ff

23 24. 12. 1788, Bergmann, 83

24 Holmer, 21

25 29. 11. 1788, Herder, 246

26 28. 10. 1788, Bury, 29

27 Bode Amalie III, 14

28 Herder, 150

29 5. 11. 1788, Bode Amalie III,
18

30 3. 12. 1788, Ense, 235

31 Ende Dezember 1788, Berger Diss, 560

32 Bode Amalie III, 20 f

33 Ebd.

34 19. 1. 1789, Herder, 313

35 17. 2. 1789, Journal Anna Amalia, LATh-HStAW HA A XVIII, 153 ff

36 Marchi, 158 – 181; Vinci

37 10. 1. 1789, Brandsch, 59

38 12. 1. 1789, Herder, 308

39 9. 2. 1789, Brandsch, 66

40 20. 1. 1789, ebd., 61

41 25. 1. 1789, ebd., 62

42 11. 1. 1789, Herder, 478 Anm. 307

43 2. 2. 1789, Bode Amalie III, 21 f

44 25. 1. 1789, Brandsch, 62; 29. 1. 1789, ebd., 63; 6. 2. 1789, ebd., 65; 14. 2. 1789, ebd., 67

45 Ebd., 67

46 LATh-HStAW HA A XVIII 157, Bl, 13 (Übersetzung aus dem Italienischen)

47 20. 2. 1789, Journal Anna Amalia, LATh-HStAW HA A XVIII, 153 ff

48 Bode Amalie III, 23 f

49 17. 4. 1789, LATh-HStAW HA A XVIII 43, Bl. 5 f

50 21. 2. 1789, Journal Anna Amalia, LATh-HStAW HA A XVIII, 153 ff

51 Brandsch, 77 ff

52 25. 5. 1789, Angelica Kauffmann an Goethe, Bode Amalie III, 25

53 Brandsch, 84

54 Journal Anna Amalia, LATh-HStAW HA A XVIII, 153 ff

55 29. 9. 1789, Herder, 537

56 29. 5. 1789 ebd., 483

57 Ebd., 98

58 25. 6. 1789, ebd., 89

59 29. 9. 1789, Ense, 536

60 13. 9. 1789, Neapel, ebd., 199 f

61 Herder, 53

62 LATh-HStAW HA A XVIII, 16

63 Brandsch, 87

64 8. 7. 1789, ebd., 91

65 Berger Diss, 565

66 Brandsch, 112

67 11. 12. 1789, Bergmann, 97 f

68 Brandsch, 115; Berger Diss, 580

69 Ebd., 116

70 17. 11. 1789, Goechhausen an Wieland, Bode Amalie III, 28 f

71 Holmer, 81 f

72 Brandsch, 116

73 6. 11. 1789, ebd.; 17. 11. 1789, Goechhausen an Wieland, Bode Amalie III, 28 f

74 11. 11. 1789, Journal Anna Amalia, LATh-HStAW HA A XVIII, 153 ff

75 7. 11. 1789, Brandsch, 117

76 17. 11. 1789, Goechhausen an Wieland, Bode Amalie III, 28 f

77 Marchi, 229 f

78 LATh-HStAW HA A
XVIII, 153 ff

79 Bergmann, 88 f

80 Ebd.

81 Ebd., 89

82 27. 6. 1789, ebd., 90 f

83 9. 11. 1788, ebd., 78 f;
24. 12. 1788, ebd., 83;
11. 12. 1789, ebd., 97 f

84 Brandsch, 93

85 15. 8. 1789, Bergmann, 92 f

86 13. 9. 1789, Ense, 199 f

87 11. 12. 1789, Bergmann, 97 f

88 LATh-HStAW F 1532^{III},
158 f

89 LATh-HStAW HA A XVIII
43, Bl. 4

90 10. 10. 1789, ebd., 153 ff

91 6. 2. 1789, ebd., Bl. 4

92 14. 2. 1789, LATh-HStAW
HA XVIII 43

93 29. 5. 1789, Ense, 198 f

94 22. 7. 1789, LATh-HStAW
HA A XVIII 43

95 20. 3. 1789, Caroline Herder
an ihren Mann, Herder,
391; 13. 2. 1789, ebd., 341

96 20. 3. 1789, ebd., 391

97 13. 2. 1789, ebd., 341

98 8. 3. 1789, an Herder, ebd.,
373

99 8. 5. 1789, an Herder, ebd.,
457

100 1. 6. 1789, Goethe Werke,
WA IV 9, 1244

101 14. 3. 1789, Herder an Herzogin Louise, Weimar's
Album, 107

102 7. 11. 1788, Caroline Herder
an ihren Mann, Herder,
204

103 27. 2. 1789, Bergmann, 86 f

104 24. 10. 1789, ebd., 96 f

105 29. 9. 1789, ebd., 94

106 Holmer, 60

107 Seifert, 144; Berger Diss,
561

108 4. 12. 1789, Anna Amalia,
zit. n. Bode Amalie III, 11

109 22. 12. 1789, Bury, 52

110 Seifert, 157 f

111 LATh-HStAW F 1532^{III}

112 18. 5. 1783, Anna Amalia an
Frau Herder, Berger Bio-
grafie, 152

113 Brandsch, 147

114 15. 5. 1790, ebd., 149

115 2. 6. 1790, ebd., 154

116 11. 6. 1790, ebd., 156

117 8. 11. 1790, Caroline Herder
an Friederike Luise Gräfin
zu Stolberg-Stolberg, Herder, 551

VI. Weimars hellster Stern (1790–1807)

1. Rückkehr in die Langeweile

1 Bode Amalie III, 3

2 27. 12. 1788, Herder an Goethe, Herder, 292 f

3 16. 7. 1789, ebd., 522

4 18. 9. 1789, an Anna Amalia,
ebd., 528 f

5 9.7.1790, Bode Amalie III, 33

6 3.8.1790, Anna Amalia an Knebel, ebd., 185 f

7 27.7.1790, Berger, 197

8 3.8.1790, Ense, 201 f

9 4.11.1790, ebd., 202 f

10 20.12.1790, ebd., 204

11 6.1.1792, LATh-HStAW HA AXVIII F 1532^{IV}

2. Revolution und Flucht in die heile Welt

1 Philipps, Dunkelgräfin, 51

2 Details ebd., 51 ff

3 16.12.1792, Bergmann, 119; 8.4.1793, ebd., 127

4 3.9.1792, Wilson, 355

5 10.9.1792, ebd., 362

6 28.10.1792, LATh-HStAW F 1532^{IV}, Bl. 185 f

7 Bojanowski, 183

8 Wilson, 44

9 Dezember 1792, ebd., 46

10 Einzelheiten ebd., 49

11 LATh-HStAW HA A XVIII 43, Bl. 11 ff

12 12.10.1792, Bergmann, 116

13 Philipps, Dunkelgräfin, 80

14 13.9.1793, Bergmann, 130

15 Berger Diss, 217

16 11.7.1792, Bergmann, 111; 3.8.1792, ebd., 113

17 Sigismund, 267

18 20.7.1793, LATh-HStAW F 1532^{IV}, Bl. 190 f

19 5.7.1793, Anna Amalia an Goethe, GSA 28/767

20 Gleim, 89

21 5.7.1793, Anna Amalia an Goethe, GSA 28/767 I

22 LATh-HStAW HA A XVIII 43, Bl. 13 f

23 Ebd. 22c, Bl. 130

24 7.9.1793, Karl August an Fritsch, zit. n. Berger Diss, 220

25 13.9.1793, aus Tiefurt, LATh-HStAW F 1532^{IV}, Bl. 195

26 20.9.1793, Wilson, 68

27 2.10.1793, Bergmann, 131

28 11.10.1793, Friedrich Heinrich Jacobi

29 3.11.1793, an Christoph von Beckendorf, Berger Diss, 217

30 Bode Amelie III, 205 f

31 22.5.1806, zit. n. Berger Diss, 218

32 Wieland Göttergespräche, Kap. XII

33 Annalen, Goethe's sämmtliche Werke 4, 698

34 Bode Amalie III, 147

35 Annalen, Goethe's sämmtliche Werke 4, 698

36 Ebd.

37 5.1.1790, Bergmann, 99 f

38 Bode Amalie III, 72 f

39 13.12.1789, Weimar's Album, 94 f

40 Bode Amalie III, 38

41 Ebd.

42 28. 4. 1802, Ense, 208

43 Bode Amalie III, 32

44 Ebd., 192

45 7. 2. 1791, Ense, 205 f

46 Hollmer, 38

47 Ebd., 19

48 Ebd., 63

49 Ebd., 64

50 Italienische Reise, 224 ff

51 Annalen, Goethe's sämmt-
    liche Werke 4, 698

52 5. 7. 1796, Ense, 206

53 LATh-HStAW HA A XVIII
    127, Bl. 2

54 3. 8. 1796, an Böttiger, Bode
    Amalie III, 94 f

55 LATh-HSTAW HA A XVIII
    150b

56 LATh-HSTAW HA A XVIII
    129, Bl. 2 ff

57 1. 8. 1796, Keil, 332

58 Berger Musenhof, 132

59 Beaulieu-Marconnay, 236

60 24. 2. 1796, Böttiger an
    Schulz, Bode Goethe 2, 59

61 o. D., GSA 93/114

62 o. D., ebd.; Goethekalender
    auf das Jahr 1932, 96 – 105

63 LATh-HSTAWHA XVIII
    128, 6

64 Holzinger, 49

65 Beaulieu-Marconnay, 230

66 LATh-HStAW HA A XVIII,
    128, Bl. 2r

67 LATh-HSTAWHA A XVIII
    134, Bl. 2

68 4. 2. 1804, GSA 54/248,
    Bl. 209

69 Goethe's sämmtliche
    Werke 1, 566 ff

3. Verschiedene Welten

1 Ebd., 64

2 20. 9. 1794, Bode Goethe 2,
   17

3 7. 11. 1794, ebd., 21

4 9. 7. 1795, ebd., 36

5 27. 7. 1795, Herzogin Louise,
   nach Charlotte von Stein an
   Charlotte Schiller, ebd., 42

6 27. 7. 1795, Böttiger an
   Schulz, Bode 2, 41 f

7 19. 11. 1796, Bode Goethe 2,
   85

8 27. 7. 1795, an Schulz, Bode
   Goethe 2, 41 f

9 5. 7. 1795, an Friedrich Christian von Augustenburg,
   Bode Goethe 2, 34

10 GSA 54/482, Bl. 1

11 12. 9. 1797, Einsiedel an
    Knebel, Ense, 240

12 LATh-HStAW HA A XVIII
    150d, Bl. 300

13 Ebd.

14 Schiller, 197 – 302

15 Böttiger an Jacobs, Bode 2,
    76

16 30. 10. 1796, an Schulz, ebd.,
    81

17 15. 10. 1796, Sander an Bötti-
    ger, ebd., 77

18 2. 12. 1796, ebd., 87

19 12.11.1796, an Unbekannt, ebd., 84

20 14.12.1796, an ihren Sohn Fritz, ebd., 89

21 19.1.1797, ebd., 98

22 LATh-HStAW HA A XVIII 128, Bl. 1 f

23 9.9.1799, GSA 28/767, Bl. 45

24 4.11.1791, Gerlach/Sternke, 47 f

25 Ebd., 48 ff

26 26.11.1795, Bode Goethe 2, 50

27 7.2.1799, ebd., 142

28 Grumach 4, 270 f

29 3.1.1800, Bode, Goethe 2, 157

30 6.2.1800, ebd., 159

31 Huschke, 155 ff

32 12.3.1801, Grumach 2, 187

33 Huschke, 155 ff

34 13.9.1801, GSA 28/767

35 Huschke, 158

36 4.2.1803, GSA 54/253, Bl. 27

37 1.3.1802, Karoline Herder an Gleim, Bode Goethe 2, 212

38 21.1.1802, Böttiger an Rochlitz, ebd., 206

39 8.2.1802, an A.W. Schlegel, ebd., 210

40 25.1.1802, ebd., 207

41 12.3.1802, C. Bertuch an L. von Seckendorff, Grumach 4, 220

42 2.6.1804, zit. n. Berger Musenhof, 148

43 Grumach 4, 270 f

44 Ebd.

45 5.7.1802, ebd., 273

46 8.3.1802, Böttiger an Rochlitz, Bode Goethe 2, 214

47 11.3.1802, ebd., 215

48 26.2.1803, ebd., 1803

49 *Der Freimütige*, 7 – 8

50 7.2.1803, Bode Goethe 2, 234

51 LATh-HStAW HA A XVIII, Bl. 344

52 26.2.1803, GSA 54/482, Bl. 27

53 26.1.1803, an Knebel, Bode Goethe 2, 234

54 21.2.1803, Ernestine Voss an Overbeck, ebd., 236

55 7.2.1803, an Wilhelm von Humboldt, ebd., 235 f

56 3.8.1803, Caroline Herder an Gerning, zit. n. Berger Biografie, 211

57 LATh-HStAW HA A XVIII 43

58 16.4.1801, Berger Biografie, 207 f

59 Bode Amalie III, 133

60 Berger Biografie, 207 f

61 Zit. n. Schmidt, 356 Anm. 31

62 Ebd., 355 f

63 29.10.1798, zit. n. Berger Biografie, 204

64 3.8.1802, an Caroline Herder, Berger Musenhof, 213

65 Deetjen, 128

66 27.1.1801, GSA 28/767

67 Februar 1805, Brief an Böttiger, LATh-HStAW F 1532[IV],
Bl. 268

68 Die Freundschaftstage des
Fräulein von Goechhausen.
Eine Skizze von Cäcilie,
Weimar's Album 1840, 132 ff

69 9. 2. 1803, an Wieland, GSA
93/114, Bl. 7

70 14. 2. 1803, GSA 93/114,
Bl. 9 f

71 7. 1. 1804, Anna Amalia an
Knebel, Ense, 208 f

72 GSA 54/253, Bl. 21

73 7. 1. 1804, an Knebel, Ense,
208 f

74 Staël, 128

75 Ebd., 74 f

76 Deetjen, 133

77 22. 4. 1799, GSA 54/253

78 29. 12. 1805, an Knebel, Ense,
211

79 Ebd., 135

80 Bojanowski, 221 und 250

81 Berger Diss, 207

82 20. 9. 1804, an Böttiger,
Deetjen, 135

83 GSA 13/58, Bl. 3 f

84 26. 4. 1804, Anna Amalia an
Knebel, Bode Amalie III,
200

85 28. 11. 1804, an Luise von
Knebel, GSA 54/482, Bl. 36

86 13. 12. 1804, an Böttiger,
Deetjen, 141

87 3. 1. 1804, GSA 54/253,
Bl. 21

88 10. 5. 1805, an Knebel, Deetjen, 145

89 27. 5. 1805, GSA 28/767

90 8. 10. 1805, Bode Amalie III,
201 f

91 9. 10. 1805, an Knebel, Deetjen, 153

92 14. 7. 1805, Wieland Briefe,
342

93 1. 11. 1805, an Luise von
Knebel, Bode Amalie III,
203

94 29. 10. 1805, Ense, 211 f

95 7. 11. 1805, Deetjen, 156

96 6. 12. 1805, an Nikolaus
Meyer, Bode Goethe 2, 313

97 19. 11. 1805, an Böttiger,
Deetjen, 157 f

98 28. 10. 1805, Frau von
Goechhausen an Knebel,
ebd., 160

99 28. 12. 1805, an Luise von
Knebel, GSA 54/482,
Bl. 282 f

100 9. 3. 1806, Anna Amalia an
Knebel, Ense, 212

101 14. 2. 1806, Louise an Bruder, Bojanowski, 280 f

102 Ebd., 279

103 28. 3. 1806, Bode Goethe 2,
325

104 1. 5. 1806, Anna Amalia an
Tischbein, Bode Amalie
III, 204 f

105 Bojanowski, 279

106 Ebd., 281 f

107 10. 8. 1806, Wieland Briefe, 345

108 16. 9. 1806, GSA 54/248, Bl. 292 ff

109 3. 10. 1806, Tagebuch Köes, Bode Goethe 2, 332

110 Bode Amalie III, 148

111 3. 11. 1806, an Böttiger, Deetjen, 164

112 20. 10. 1806, Vulpius an Nikolaus Meyer, Bode Goethe 2, 333

113 Bojanowski, 287 ff

114 Schmidt, 364

115 Zit. n. Schmidt, 364 Anm. 68

116 Ebd., 361

117 10. 10. 1806, Bode Goethe 2, 334

118 19. 10. 1806, an Sohn Fritz, ebd., 333

119 15. 12. 1806, ebd., 342

120 3. 11. 1806, an Böttiger, Deetjen, 164

121 3. 11. 1806, Wieland Briefe, 355 f

122 Bode Amalie III, 208

123 Zit. n. ebd., 164

124 12. 12. 1806, an Frau von Knebel, GSA 54/482, Bl. 61 f

125 29. 11. 1806, an Luise von Knebel, ebd., Bl. 63

126 12. 12. 1806, an Frau von Knebel, ebd., Bl. 61 f

127 19. 11. 1806, an ihren Sohn Fritz, Bode Goethe 2, 338

128 1. 1. 1807, aus Berlin, Carl August an seine Mutter, LATh-HStAW F 1532^{IV}, Bl. 303

129 4. 2. 1807, an Knebel, ebd., Bl. 305

130 6. 2. 1807, Bode Amalie III, 210

131 Bojanowski, 303

132 24. 4. 1807, an K. W. von Fritsch, GSA 20/103

133 24. 8. 1807, zit. n. Maurer-Constant, 197

134 Schulz, 22

135 Ebd., 74 ff

136 Berger Biografie, 236

137 28. 4. 1807, Bode Goethe 2, 355

138 Goethe's sämmtliche Werke 4, 762

139 LATh-HStAW HA A XVIII, 156

Bayerns beliebteste Königin – spannende neue Erkenntnisse

Carolin Philipps

Therese von Bayern

Eine Königin zwischen
Liebe, Pflicht und Widerstand

Piper Taschenbuch, 400 Seiten
ISBN 978-3-492-30444-3

Fünf Tage lang feierten die Bayern im Jahr 1810 die Hochzeit Therese von Sachsen-Hildburghausens mit Kronprinz Ludwig. Doch das Eheglück währte nur kurz. Der bayerische Thronfolger demütigte Therese durch seine zahlreichen Affären – bis seine Liaison mit Lola Montez beide die Krone kostete. Das Volk aber stand zu seiner Königin. Carolin Philipps' Nachforschungen zeigen den Weg einer Frau, die unerfahren an den Münchener Hof kam, an ihren Aufgaben wuchs und schließlich ihre gesellschaftliche Macht aufs Klügste ausspielte.

Leseproben, E-Books und mehr unter www.piper.de